L'ÈRE DES RÉVOLUTIONS

E.J. HOBSBAWM

L'ÈRE DES RÉVOLUTIONS

*Traduit de l'anglais
par Françoise Braudel
et Jean-Claude Pineau*

FAYARD

Collection « Pluriel » fondée par Georges Liébert
et dirigée par Joël Roman

Cet ouvrage est la traduction
intégrale du livre de langue anglaise :
THE AGE OF REVOLUTIONS
Weidenfeld and Nicolson, Londres
© 1962, 1969, E.J. Hobshawm
© 1969, Librairie Arthème Fayard

Préface

Ce livre traite de la transformation du monde, entre 1789 et 1848, dans la mesure où elle est issue de ce qu'on appellera ici « la double révolution » : la Révolution française de 1789, et sa contemporaine britannique, la Révolution industrielle. C'est pourquoi il n'est, à strictement parler, ni une histoire de l'Europe, ni une histoire du monde. Chaque fois qu'un pays a été touché par les répercussions de la double révolution, pendant cette période, j'ai essayé de m'y référer, le plus souvent avec brièveté. Mais si l'impact de la révolution a été négligeable sur un pays, pendant cette même période, j'ai omis d'en parler. Le lecteur trouvera donc ici quelques notes sur l'Egypte, mais rien sur le Japon; bien plus sur l'Irlande que sur la Bulgarie, sur l'Amérique latine que sur l'Afrique. Naturellement, il ne s'ensuit pas que les histoires des pays et des peuples négligés par cet ouvrage soient d'intérêt ou d'importance moindres que celles qu'il inclut. Si ses perspectives sont essentiellement européennes, ou plus précisément franco-britanniques, c'est qu'à cette époque le monde, ou du moins une grande partie du monde, s'est transformé à partir d'une base européenne, et plus précisément franco-britannique. Cependant, certains sujets qui auraient mérité plus de détails ont été laissés de côté, non seulement faute de place, mais parce que (c'est le cas par exemple de l'histoire des Etats-Unis) ils ont été traités à loisir dans d'autres volumes de cette collection.

Ce livre ne veut pas être un récit détaillé, mais une interprétation, ce qu'en français on appelle « haute vulgarisation ». Son lecteur idéal est ce citoyen intelligent et cultivé qui ne serait pas simplement curieux du passé, mais désirerait comprendre comment et pourquoi le monde en est arrivé là où il est aujourd'hui, et vers quoi il va. Il serait donc peu justifié et quelque peu pédant de charger le texte du lourd appareil d'érudition que

*réclamerait un public plus savant. Mes notes généralement ne
donnent que les sources des citations et des chiffres fournis, ou,
plus rarement, elles signalent l'auteur de telle ou telle affirmation
qui paraîtrait particulièrement discutable ou surprenante au premier abord.*

*Néanmoins, il n'est que juste de dire un mot du matériel sur
lequel s'appuie un livre d'aussi large ouverture que celui-ci. Tous
les historiens sont plus avertis (ou si l'on veut plus ignorants)
en certains domaines qu'en d'autres. En dehors d'une zone assez
étroite, ils doivent largement s'en remettre aux travaux d'autres
historiens. Pour la période 1789-1848, cette littérature de seconde
main forme, à elle seule, une masse imprimée tellement vaste
qu'elle dépasse les capacités d'un individu. Une bonne part de ce
livre est donc de seconde, ou même de troisième main, et il contient
inévitablement des erreurs, de même que d'inévitables raccourcis
que le spécialiste regrettera, comme l'auteur lui-même. Une biblio-
graphie est donnée comme guide pour une étude plus poussée.*

*Bien qu'on ne puisse séparer tous les fils du réseau mêlé de
l'histoire, sans le détruire, une certaine subdivision du sujet
s'impose pratiquement. J'ai essayé, en gros, de diviser le livre en
deux parties. La première traite largement des principaux développements de la période envisagée, tandis que la seconde esquisse
quel genre de société est finalement issue de la double révolution.
Il y a cependant des recoupements délibérés, de l'une à l'autre
partie, et la distinction est affaire non de théorie, mais de pure
commodité.*

Londres, décembre 1961,
E. J. H.

Introduction

Les mots sont des témoins qui parlent souvent mieux que les documents. Considérons quelques mots anglais inventés, ou qui prirent leur signification actuelle, pendant la période de soixante années dont traite ce volume. Ce sont des mots tels que « industrie », « industriel », « usine » *(factory)*, « bourgeoisie », « classe ouvrière », « capitalisme » et « socialisme », « aristocratie » aussi bien que « chemin de fer »; « libéral » et « conservateur » au sens politique de ces termes; « nationalité »; « savant » *(scientist)* et « ingénieur »; « prolétariat » et « crise » (économique); « utilitaire » et « statistique »; « sociologie », ainsi que toute une série d'appellations d'autres sciences modernes; « journalisme » et « idéologie »; autant de fabrications ou d'adaptations de cette époque *. De même « grève » et « paupérisme ».

Imaginer le monde moderne sans ces mots (c'est-à-dire sans les objets et les concepts auxquels ils donnent un nom), c'est mesurer la profondeur de la révolution qui éclata entre 1789 et 1848, la plus grande mutation de l'histoire humaine, depuis les temps reculés où l'homme inventa l'agriculture et la métallurgie, l'écriture, la cité et l'Etat. Cette révolution a transformé et continue à transformer le monde entier. Mais nous devons soigneusement distinguer entre ses conséquences de longue portée — qui ne peuvent être ramenées à aucune structure sociale, à aucune organisation politique ou distribution définie des ressources et du pouvoir internationaux — et sa phase première et décisive qui, au contraire, fut liée étroitement à une situation sociale et internationale par-

---

* La plupart d'entre eux ou bien furent monnaie internationale, ou bien furent littéralement traduits dans les différentes langues. Ainsi « socialisme » ou « journalisme » sont bel et bien internationaux, tandis que la combinaison *« iron road »* est la base du mot « chemin de fer », partout sauf dans son pays d'origine où il est devenu *railway*.

ticulière. La grande révolution de 1789-1848 a été le triomphe
non pas de « l'industrie » comme telle, mais de l'industrie *capitaliste*; non pas de la liberté et de l'égalité en général, mais de la
classe moyenne ou de la société *bourgeoise libérale*; non pas de
« l'économie moderne », ou de « l'Etat moderne », mais des économies et des Etats d'une région géographique particulière du
monde (une partie de l'Europe et quelques contrées de l'Amérique
du Nord), avec, pour centre, les Etats voisins et rivaux de Grande-
Bretagne et de France. La métamorphose de 1789-1848 est essentiellement le double bouleversement qui intervint dans ces deux
pays et qui se propagea ensuite dans le monde entier.

Mais, ces révolutions jumelles — la française plus politique, la
britannique plus industrielle —, il n'est pas déraisonnable de les
considérer, non pas tant comme une partie intrinsèque de l'histoire
des deux pays qui en furent les messagers et les symboles essentiels,
que comme le double cratère d'un volcan passablement plus
étendu. Il n'est certes pas accidentel, ni dépourvu d'intérêt que
ces éruptions simultanées se soient produites en France et en
Grande-Bretagne et que, de l'une à l'autre, il y ait des différences
légères de caractère. Mais, du point de vue de l'historien, disons de
l'an 3000, comme du point de vue de l'observateur chinois ou
africain, il est plus à propos de noter qu'elles sont intervenues
quelque part dans l'Europe du Nord-Ouest et dans ses prolongements d'Outre-Mer; et que, probablement, il n'y avait guère de
chances qu'elles surviennent, à cette époque, dans aucune autre
partie du monde. Il serait également à propos de remarquer qu'en
ce temps-là, elles sont à peu près inimaginables sous une forme
qui ne serait pas celle d'un capitalisme bourgeois, libéral et triom-
phant.

Il est évident qu'une transformation aussi profonde, ne peut
se comprendre sans un retour en arrière historique, bien avant
1789, ou même avant les décennies précédentes qui reflètent clairement (en rétrospective) la crise des « anciens régimes » de l'Occident nordique, ceux qu'allait balayer la double révolution. Que
l'on considère ou non la Révolution américaine de 1776 comme
une éruption de même portée que les révolutions française et
anglaise, ou simplement comme leur stimulant; que l'on
attache ou non une importance capitale aux crises constitution-
nelles et aux fluctuations et mouvements économiques de 1760-
1789, on ne peut y chercher d'explications claires que sur l'occasion
et l'heure de la grande rupture, non sur ses causes fondamentales.

Jusqu'où l'analyste devrait remonter dans l'histoire — à la
Révolution anglaise du milieu du XVIIᵉ siècle; ou bien à la Réforme
et aux débuts de la conquête militaire du monde et de l'exploita-

tion coloniale européenne, au début du XVIe siècle; ou même plus tôt encore — la question est pour nous hors de propos, car une telle analyse en profondeur nous entraînerait bien au-delà des limites chronologiques de ce volume.

Ici il nous faut noter, simplement, que les forces sociales et économiques, les outils politiques et intellectuels de cette transformation étaient déjà prêts, en tout cas dans une partie de l'Europe suffisamment grande pour révolutionner le reste. Notre problème n'est pas de suivre l'apparition d'un marché mondial, d'une classe suffisamment active d'entrepreneurs privés, ou même (en Angleterre) d'un Etat converti à cette conception que la maximisation du profit privé doit être le fondement de la politique gouvernementale. Il n'est pas non plus de suivre l'évolution de la technologie, de la connaissance scientifique, ou de l'idéologie d'une foi individualiste, matérialiste et rationaliste : la foi dans le progrès. Dès 1780, nous pouvons tenir pour sûre l'existence de toutes ces nouveautés, même si nous ne pouvons pas encore affirmer qu'elles étaient alors suffisamment puissantes ou suffisamment répandues. Au contraire, la tentation à éviter, c'est de méconnaître la nouveauté de la double révolution à cause de la trop grande familiarité de son aspect extérieur et de quelques faits indéniables : que le costume, les manières et les discours de Robespierre ou de Saint-Just par exemple n'auraient pas été déplacés dans un salon de l'Ancien Régime; que le Jeremy Bentham dont les idées réformistes sont si représentatives du bourgeois britannique de 1830 est l'homme même qui avait proposé ces idées à Catherine de Russie et que les déclarations les plus extrêmes de l'économie politique de la bourgeoisie furent le fait de membres de la Chambre des lords anglaise, au XVIIIe siècle.

Ainsi notre problème est d'expliquer, non pas l'apparition de ces éléments d'une économie et d'une société nouvelles, mais leur victoire; nous voulons retracer non pas le progrès de leur travail de sape et de mine au cours des siècles antérieurs, mais comment ils ont conquis la forteresse. Et aussi suivre les changements profonds que ce brusque triomphe entraîna à l'intérieur des pays le plus directement touchés, et également dans le reste du monde qui brusquement s'ouvrait au plein choc explosif de la force nouvelle des « bourgeois conquérants », pour reprendre le titre d'une récente histoire du monde de cette époque.

Inévitablement, étant donné que la double révolution eut lieu dans une certaine partie de l'Europe et que ses effets les plus manifestes et les plus immédiats s'y montrèrent avec le plus d'évidence, l'histoire dont traite ce volume sera surtout régionale. Inévitablement aussi, puisque la révolution mondiale se répandit à l'extérieur à partir du double foyer de l'Angleterre et de la France, elle prit initialement la forme d'une expansion de l'Europe et d'une conquête par elle du reste de l'univers. En fait, son résultat le plus frappant pour l'histoire du monde fut d'établir une domination du globe par un petit nombre de gouvernements occidentaux (particulièrement le britannique), domination sans équivalent dans l'histoire. Devant les marchands, les machines à vapeur et les canons de l'Occident — et devant ses idées — d'antiques civilisations et empires du monde capitulèrent et s'effondrèrent. L'Inde devint une province administrée par des proconsuls britanniques; les Etats islamiques furent secoués par des crises graves; l'Afrique s'ouvrit à une conquête directe. Le grand empire chinois lui-même fut contraint, en 1839-1842, d'ouvrir ses frontières à l'exploitation occidentale. Dès 1848, rien ne faisait plus obstacle à la conquête par l'Occident de n'importe quel territoire, si l'occupation en paraissait avantageuse à ses gouvernements ou à ses hommes d'affaires; de même qu'aucun obstacle, sinon le temps, ne s'opposait plus au progrès de l'entreprise capitaliste occidentale.

Et pourtant, l'histoire de la double révolution n'est pas seulement celle du triomphe de la nouvelle société bourgeoise. C'est aussi l'histoire de l'apparition d'autres forces, capables dans le siècle qui suivra 1848, de transformer l'expansion en recul. Qui plus est, dès 1848, ce futur et si extraordinaire revers de fortune de l'Europe pouvait s'apercevoir, dans une certaine mesure. Sans doute la révolte du monde entier contre l'Occident — qui dominera le milieu du XXe siècle — n'était guère encore discernable. Seul le monde islamique, avec les débuts de la réforme intérieure d'occidentalisation dans l'empire turc des années 1830 et, plus encore, la carrière significative, bien qu'on en parle peu, de Mohammed Ali en Egypte, permet d'observer les premières étapes de ce processus, selon lequel ceux qui avaient été conquis par l'Occident retournent la situation grâce à ses propres idées et techniques. Mais, à l'intérieur même de l'Europe, se faisaient déjà jour les forces et les idées qui étaient résolues à affronter la nouvelle société triomphante. Le « spectre du communisme » hantait déjà l'Europe vers 1848. Cette année-là, il fut exorcisé et, pendant bien longtemps, il devait rester aussi impuissant que le sont tous les spectres, surtout dans le monde occidental que la double révolution avait le plus radicalement transformé. Mais, si nous faisons le tour du monde de 1960, nous ne serons pas tentés de sous-estimer la force historique de l'idéologie révolutionnaire socialiste et communiste, née de la réaction contre cette double révolution, et qui, en 1848, venait de trouver sa première formulation classique. La période historique qui commence avec la cons-

truction de la première usine du monde moderne dans le Lancashire et avec la Révolution française de 1789 s'achève avec la
construction du premier réseau de chemins de fer et avec la publication du *Manifeste Communiste*.

Première partie

Évolution

1.

Le monde en 1780

Le XVIII siècle doit être mis au Panthéon.*

SAINT-JUST [1] :

I

La première chose à observer à propos du monde de 1780, c'est qu'il était à la fois beaucoup plus petit et beaucoup plus grand que le nôtre. Il était plus petit géographiquement, parce que même le plus cultivé et le mieux informé des hommes d'alors — disons un homme comme Alexander von Humboldt (1769-1859), grand voyageur et savant — ne connaissait que des parcelles du monde habité. Pour des sociétés moins avancées d'un point de vue scientifique, et moins expansionnistes que celles de l'Europe occidentale, le « monde connu » était nettement plus petit encore; il se réduisait à ce minuscule morceau de terre à l'intérieur duquel le paysan illettré sicilien, ou le cultivateur des collines birmanes passait sa vie entière, au-delà duquel il ignorait tout, et dont il ne dépasserait jamais l'horizon. Une grande partie de la surface des océans, mais nullement sa totalité, était déjà explorée et cartographiée, grâce à la remarquable compétence des navigateurs du XVIIIe siècle, tels que James Cook, bien que la connaissance des fonds marins soit restée négligeable jusqu'au milieu du XXe siècle. Dans leur majorité, les contours des continents et de la plupart des îles étaient connus, bien que sans grande précision, selon nos critères modernes. Les dimensions et la hauteur des chaînes de montagnes d'Europe étaient connues, elles aussi, avec ce qu'on pourrait presque appeler de la précision, celles de l'Amérique latine l'étaient approximativement, celles d'Asie à peine, celles d'Afrique (à l'exception de l'Atlas) pratiquement pas

du tout. Le tracé des grands fleuves du monde, sauf ceux de
Chine et de l'Inde, était encore mystérieux, sinon pour une poignée
de trappeurs sibériens ou de *coureurs des bois* nord-américains,
qui en avaient, ou pouvaient en avoir une idée exacte, dans le cercle
de leurs activités. En dehors de quelques rares régions — dans
plusieurs continents ne s'étendant pas au-delà de quelques milles
à l'intérieur des terres — la carte du monde était faite de vastes
espaces blancs que traversaient les pistes marquées par les marchands ou les explorateurs. Encore faut-il dire que, sans les ren-
seignements approximatifs, de seconde ou troisième main, recueil-
lis par des voyageurs ou par des fonctionnaires perdus dans de
lointains avant-postes, ces espaces blancs auraient été beaucoup
plus vastes encore.

Ce n'est pas seulement « le monde connu », mais le monde tout
court qui était plus petit qu'aujourd'hui, au moins en termes
humains. Etant donné qu'aucun recensement n'est pratiquement
utilisable, toutes les évaluations démographiques qu'on peut faire
sont de pures conjectures. Il est certain cependant que la terre
ne portait qu'une fraction de la population actuelle, probablement guère plus du tiers. Si les suppositions les plus habituellement admises ne sont pas trop éloignées de la vérité, l'Asie et
l'Afrique abritaient un pourcentage de la population mondiale
qui, relativement, était légèrement plus élevé qu'aujourd'hui; celui
de l'Europe, avec environ 187 millions d'habitants en 1800 (contre
à peu près 600 aujourd'hui) était légèrement plus faible, et celui
des Amériques manifestement beaucoup plus petit. En gros, deux
hommes sur trois auraient été asiatiques en 1800, un sur cinq
européen, un sur dix africain, un sur trente-trois américain ou
océanien. Forcément, cette population beaucoup moins nombreuse
était beaucoup plus clairsemée à travers la surface du globe, sauf
peut-être dans certaines petites régions d'agriculture intensive ou
de forte concentration urbaine, comme certaines parties de la
Chine, de l'Inde, de l'Europe occidentale ou centrale, où des den-
sités comparables à celles des temps modernes ont pu exister. Si
le nombre des hommes était moins grand, la surface qu'ils occupaient effectivement l'était également. Les conditions du climat
(probablement un peu plus froid et plus humide qu'aujourd'hui,
bien que jamais aussi froid et humide que pendant les dures
années de la période dite du « petit âge glaciaire », de 1300 à
1700) mettaient des bornes strictes à la colonisation dans l'Arctique.
Les maladies endémiques, comme la malaria, la restreignaient
aussi dans de nombreuses régions, comme l'Italie du Sud où les
plaines côtières, longtemps inoccupées, ne se peuplèrent que petit
à petit au cours du XIXᵉ siècle. Les formes primitives de l'écono-

mie, notamment la chasse et (en Europe) la transhumance sai-
sonnière du bétail qui est un gaspillage de terres, interdisaient
tout peuplement dense dans des régions entières, telles les plaines
d'Apulie : les images touristiques du début du XIX⁰ siècle sur la
campagne romaine, un espace vide où règne la malaria, avec quelques ruines, quelques têtes de bétail et le pittoresque brigand, sont
des illustrations familières de tels paysages. Et bien sûr, beaucoup
de terres qui, depuis, ont été soumises à la charrue étaient encore,
même en Europe, des landes stériles, des marais spongieux, des
forêts ou de maigres pâturages.

Plus petite que la nôtre, l'humanité l'était encore sous un
troisième aspect : les Européens étaient, somme toute, nettement
plus petits et plus légers qu'ils ne le sont aujourd'hui, à en juger
d'après les statistiques très abondantes tirées de l'examen médical
des conscrits. C'est ainsi que dans un canton de la côte ligurienne,
72 % des recrues, en 1792-1799, mesuraient moins de 1,50 m².
Ce qui d'ailleurs ne signifie pas que les hommes, en cette fin du
XVIII⁰ siècle, étaient plus fragiles que nous ne le sommes. Les
soldats de la Révolution française, affamés, nus et mal équipés
se montrèrent d'une endurance physique que n'égalent aujour-
d'hui que les petits *guérilleros* montagnards, dans les guerres coloniales. Une semaine de marche ininterrompue, avec un équipement
complet à l'allure de 50 kilomètres par jour, était alors chose commune. Cependant le fait demeure que le physique humain était
alors, selon nos normes, fort médiocre, comme l'indique l'exceptionnelle valeur que les rois et les généraux attachaient aux
« grands gaillards » dont on faisait les régiments d'élite, ceux de
la garde, des cuirassiers, etc.

Toutefois, si, sous de nombreux aspects, le monde était alors
plus petit, la grande difficulté ou l'incertitude des communications
le rendaient, en réalité, bien plus vaste qu'il ne l'est aujourd'hui.
Je ne voudrais point exagérer ces difficultés. Selon les critères
du Moyen Age ou du XVI⁰ siècle, la fin du XVIII⁰ était déjà un âge
de communications nombreuses et rapides. Dès avant la révolution
du chemin de fer, le perfectionnement du réseau routier, des voitures à chevaux et des services de poste sont vraiment remarquables. Entre 1760 et la fin du siècle, le voyage de Londres à Glasgow
ne prend plus, au lieu de dix à douze jours, que soixante-deux
heures. Le système des malle-postes, ou diligences, instauré dans
la seconde moitié du siècle et largement étendu entre la fin des
guerres napoléoniennes et l'apparition du chemin de fer, ne signifie pas seulement une vitesse accrue — le service postal de Paris
à Strasbourg prenait trente-six heures en 1833 — mais aussi la
régularité. Toutefois, par la voie de terre, les moyens de transport

pour les passagers étaient de faible capacité; pour les marchandises, ils restaient lents et d'un prix prohibitif. Ceux qui avaient des fonctions gouvernementales ou qui s'occupaient de commerce n'étaient sans doute pas gênés dans leur liaisons : on estime que vingt millions de lettres passaient par les malles britanniques, au début des guerres avec Bonaparte (à la fin de notre période, ce chiffre était multiplié par dix); mais pour la grande majorité des habitants du monde, les lettres étaient inutiles, puisqu'ils ne savaient pas lire, et voyager, sauf peut-être pour aller et revenir des marchés, leur était tout à fait inhabituel. Si eux, ou leurs marchandises, circulaient par voie de terre, c'était au prix d'une pénible marche, ou au pas lent des charrettes qui, jusqu'au début du XIX⁰ siècle, transportaient les cinq sixièmes du trafic des marchandises françaises, à la vitesse de 35 kilomètres par jour. Sans doute des courriers couvraient de longues distances avec leurs dépêches; des postillons conduisaient leurs diligences qui, chacune, emportaient une douzaine de passagers qu'elles secouaient horriblement, à moins qu'équipées avec la nouvelle suspension de cuir, elles ne leur donnent un violent mal au cœur. Les gens de qualité allaient grand train dans des voitures particulières. Mais pour la plus grande partie du monde, la vitesse du charretier marchant à côté de son cheval ou de sa mule commandait les transports terrestres.

Dans ces conditions, le transport par voie d'eau n'était pas seulement plus commode et meilleur marché, souvent aussi il était plus rapide, sauf en cas d'irrégularité des vents ou du temps. Gœthe mit deux jours pour aller de Naples en Sicile, trois jours pour en revenir, pendant son périple italien. On frémit à l'idée du temps qu'il lui aurait fallu pour faire un semblable trajet par terre, dans des conditions fort éloignées de tout confort. Avoir un port à sa portée, c'était avoir à sa portée le monde : au sens strict, Londres était plus proche de Plymouth ou de Leith que des villages du Breckland ou de Norfolk; Séville était plus accessible en partant de Vera Cruz que de Valladolid, Hambourg plus facile à atteindre à partir de Bahia que de l'hinterland poméranien. Le principal inconvénient du transport par eau, c'était son intermittence. En 1820, il n'y avait encore que deux départs par semaine de Londres pour Hambourg et la Hollande; pour la Suède et le Portugal, un par semaine; pour l'Amérique, un seul par mois. Et cependant, il n'est pas douteux que Boston et New York étaient beaucoup plus près de Paris que, disons, le comté de Maramaros, dans les Carpathes, ne l'était de Budapest. Et de même que, lorsqu'il s'agissait de grosses quantités et de longues distances, il était plus facile de transporter marchandises et hommes sur l'Océan —

plus facile par exemple à 44 000 personnes, en cinq années (1769-1774), de trouver à s'embarquer pour l'Amérique dans les ports de l'Irlande du Nord qu'à 5 000 autres de gagner simplement Dundee, en trois générations — de même les liaisons étaient plus simples de capitale à capitale, même éloignées, que de ville à campagne. La nouvelle de la prise de la Bastille est parvenue au peuple de Madrid en 13 jours, tandis qu'à Péronne, à 133 kilomètres de la capitale, on ignora les « nouvelles de Paris » jusqu'au 28 juillet.

C'est pourquoi le monde de 1789, pour la majorité de ses habitants, était infiniment vaste. La plupart d'entre eux, à moins d'être poussés hors de chez eux par un hasard extraordinaire, tel que le recrutement militaire, vivaient et mouraient dans la province, souvent dans la paroisse où ils étaient nés : en 1861 encore, dans 70 des 90 départements français, neuf personnes sur dix vivaient dans le département de leur naissance. Le reste du globe, c'était le monde des agents du gouvernement et des rumeurs incessantes. Il n'y avait pas de journaux, sinon pour l'étroite élite des classes moyennes et supérieures — 5 000 exemplaires était le tirage ordinaire d'un journal français, en 1814 — et de toute façon ceux qui savaient lire étaient rares. Les nouvelles étaient diffusées surtout par les voyageurs et par la fraction mobile de la population : les marchands et les colporteurs, les journaliers sans travail fixe, les artisans ambulants et les travailleurs agricoles saisonniers, enfin le vaste peuple interlope des vagabonds errant sur les routes et qui englobait les moines itinérants ou les pèlerins comme les contrebandiers, les voleurs de grand chemin et les forains. Une autre source de nouvelles venait des contacts de la population avec les soldats, soit à l'occasion des guerres, soit lors de paisibles garnisons. Naturellement elles arrivaient aussi par certains canaux officiels — l'Etat ou l'Eglise — mais la masse des agents locaux d'organismes gouvernementaux ou religieux, étaient eux-mêmes des gens du cru, ou bien qui s'étaient installés à vie parmi les hommes de leur espèce. En dehors des colonies, le fonctionnaire nommé par le gouvernement central et envoyé successivement dans une série de postes provinciaux commençait à peine à exister. De tous les agents subalternes de l'Etat, seul peut-être l'officier de régiment pouvait normalement s'attendre à vivre une vie sans foyer fixe, avec, pour seule compensation, la variété des vins, des femmes et des chevaux de son pays.

II

Le monde de 1789 était, dans une proportion écrasante, un monde rural, et personne ne peut le comprendre s'il ne s'est d'abord convaincu de cette vérité fondamentale. Dans des pays comme la Russie, la Scandinavie, les Balkans où les villes ne s'étaient jamais développées avec exubérance, 90 à 97 % de la population était rurale. Même dans certaines régions où la tradition urbaine était puissante, quoique déchue, le pourcentage rural ou agricole était extraordinairement fort : 85 % en Lombardie, 72 à 80 % en Vénétie, plus de 90 % en Calabre et en Lucanie, suivant des estimations probables [3]. En fait, en dehors de quelques zones industrielles ou commerciales très prospères, nous aurions du mal à trouver un Etat européen de quelque importance dans lequel quatre habitants sur cinq ne soient pas des campagnards. Et même en Angleterre, la population urbaine ne commencera à dépasser en nombre la population rurale qu'en 1851, pour la première fois.

Le mot « urbain », il est vrai, est ambigu. Il s'applique aux deux seules villes européennes qui, en 1789, peuvent vraiment être qualifiées de « grandes » suivant nos critères — Londres avec environ un million d'habitants, Paris avec environ un demi-million — et à cette vingtaine de villes peut-être qui atteignent ou dépassent 100 000 habitants : deux en France, deux en Allemagne, peut-être quatre en Espagne, peut-être cinq en Italie (la Méditerranée était par tradition la patrie d'élection des villes), deux en Russie, une au Portugal, en Pologne, en Hollande, en Autriche, en Irlande, en Ecosse et dans la Turquie européenne. Mais le mot s'applique aussi à la multitude des petites villes provinciales où vivaient en fait la grande majorité des citadins, ces villes qu'un homme pouvait traverser en quelques minutes de la place de la Cathédrale, entourée des édifices publics et des maisons des notables, jusqu'aux champs des alentours. A la fin de notre période 1834), 19 % des Autrichiens seulement demeuraient dans les villes; mais pour les trois quarts d'entre eux, il s'agissait de villes de moins de 20 000 habitants, et pour la moitié environ, d'agglomérations ne dépassant pas 2 000 à 5 000 habitants. C'étaient ces villes que les compagnons français traversaient l'une après l'autre dans leur tour de France; celles dont les poètes romantiques allemands évoquaient les silhouettes du XVIe siècle, préservées comme des mouches dans l'ambre par la stagnation de plusieurs siècles, avec l'arrière-plan de leurs tranquilles paysages; celles que dominaient les murailles des cathédrales espagnoles; celles où les juifs chassidiques vénéraient leurs rabbins faiseurs de miracles, où les orthodoxes discutaient les divines subtilités de la loi; où l'inspecteur général de Gogol se donnait pour tâche de terrifier les riches et Chichikov de méditer sur le rachat des âmes mortes. Mais c'étaient aussi les villes dont jaillirent tant de jeunes hommes ardents et ambitieux, à la conquête de la révolution, ou de leur premier million, ou de l'un et l'autre à la fois. Robespierre sort d'Arras, Gracchus Babeuf de Saint-Quentin, Napoléon d'Ajaccio...

Ces villes provinciales, pour être petites, n'en étaient pas moins urbaines. Les citadins authentiques regardaient de haut les campagnards des environs, avec le dédain de l'esprit délié et cultivé pour la force lente, ignorante et stupide (quoique, au yeux d'un véritable homme du monde, ces bourgades endormies perdues dans leur province n'eussent pas tant de sujets de gloire : les comédies populaires allemandes se moquaient de « Kraehwinkel » — la petite municipalité insignifiante — avec autant de cruauté que des rustres authentiquement paysans). La frontière entre ville et campagne, ou plutôt entre les occupations de la ville et celles de la campagne, était très nette. Dans bien des pays, la barrière de l'octroi, ou même parfois la vieille ligne des murailles séparait les deux mondes. Dans certains cas extrêmes, comme en Prusse, le gouvernement, anxieux de conserver sous sa propre surveillance ses citoyens imposables, maintenait une séparation quasi absolue entre activités rurales et activités urbaines. Là-même où une division administrative aussi rigide n'existait pas, citadins et paysans se distinguaient par leur seul aspect *physique*. Dans une vaste zone de l'Europe orientale, il y avait des îlots allemands, juifs ou italiens, au milieu des eaux slaves, magyares ou roumaines. Or, même lorsqu'ils étaient de même religion et de même nationalité, les citadins, dans ces petites patries, avaient une autre *apparence* que les paysans : ils portaient un costume différent et, dans de nombreux cas (si l'on excepte la population citadine des artisans et des salariés exploités, ils étaient de taille plus élevée, bien que peut-être aussi plus minces [*]. Ils étaient probablement, et se flattaient sans conteste, d'être d'esprit plus vif et d'avoir plus de lettres. Cependant, pour leur façon de vivre, ils étaient presque aussi mal informés de ce qui se faisait hors du district proche, presque aussi fermés sur eux-mêmes que les villageois.

La ville de province relevait encore essentiellement d'une économie et d'une société rurales. Elle vivait aux dépens de la paysannerie environnante et (à quelques exceptions près, relativement

---

[*] Ainsi, en 1823-1827, les Bruxellois avaient en moyenne 3 centimètres de plus que les hommes des communes rurales environnantes, les habitants de Louvain 2 centimètres. Nous possédons sur ce point une série considérable de statistiques militaires, mais toutes du XIXe siècle [4].

peu nombreuses) n'avait d'autres ressources que celles qu'elle puisait dans son propre environnement. Ses classes moyennes étaient représentées par les marchands de blé et de bétail; les transformateurs de produits agricoles; les hommes de loi et les notaires qui s'occupaient des affaires des domaines seigneuriaux ou des interminables procès qui sont le sort de toute communauté de propriétaires terriens ou de fermiers; les marchands entrepreneurs qui distribuaient du travail aux fileurs et tisserands ruraux; les plus respectables représentants du gouvernement, du seigneur ou de l'Eglise. Les artisans et les boutiquiers approvisionnaient les paysans des environs, ou les citadins qui vivaient de cette paysannerie. La cité provinciale avait beaucoup décliné depuis les temps de son premier printemps, à la fin du Moyen Age. Il était rare qu'elle soit encore une « ville libre », ou un Etat-ville. Rare aussi qu'elle soit un centre de manufacture pour un marché plus large qu'elle-même, ou une étape sur les chemins du commerce international. Au fur et à mesure qu'elle avait décliné, elle s'était accrochée avec une obstination croissante au monopole de son marché local, qu'elle défendait contre tous les nouveaux venus. Une bonne part du povincialisme que raillaient les jeunes radicaux et les « arrivistes » de la grande ville, dérivait de ce mouvement d'auto-défense économique. Dans l'Europe du Sud, les gentilhommes et même parfois la grande noblesse vivaient dans ces petites villes des rentes de leurs domaines. En Allemagne, les bureaucraties des innombrables petites principautés, qui elles-mêmes n'étaient guère plus que de vastes domaines, subvenaient aux désirs de leur prince avec les revenus collectés sur une paysannerie soumise et silencieuse. Les villes provinciales, à la fin du XVIII⁰ siècle, ont pu être des communautés prospères et en expansion, comme leurs perspectives, dominées par des édifices de pierre de style classique assez modeste, ou de style baroque, en témoignent encore dans certaines zones de l'Europe occidentale. Mais cette prospérité leur venait de la campagne.

III

Le problème agraire était donc le problème fondamental dans le monde de 1789 et il est aisé de voir pourquoi la première école systématique d'économistes, les physiocrates français, a admis comme une évidence que la terre, et le produit de la terre, étaient les seules sources de profit. Et le nœud du problème agraire était la relation entre ceux qui cultivaient la terre et ceux qui la possédaient, ceux qui produisaient la richesse et ceux qui l'accumulaient.

De ce point de vue des relations de la propriété agraire, nous pouvons diviser l'Europe — ou plutôt le complexe économique dont le centre se trouve en Europe occidentale — en trois larges zones. D'abord, à l'Ouest de l'Europe, les colonies d'Outre-Mer. Là, si on met à part l'exception notable des Etats-Unis de l'Amérique du Nord et quelques régions moins importantes de paysannerie indépendante — le cultivateur typique est l'Indien, serf virtuel qu'on oblige à travailler la terre; ou le Noir soumis à l'esclavage; plus rarement un paysan locataire, avec partage des récoltes, ou autre système analogue; (dans les colonies des Indes orientales où la culture directe par les planteurs européens était plus rare, la forme typique de domination pour ceux qui contrôlaient la propriété était la délivrance obligatoire d'une partie des récoltes, par exemple les épices ou le café dans les possessions néerlandaises). En d'autres termes, le paysan typique était ou privé de liberté, ou politiquement contraint. Le propriétaire typique était le possesseur du large domaine quasi féodal (*hacienda, finda estancia*), ou d'une plantation à main-d'œuvre servile. L'économie caractéristique du domaine quasi féodal était primitive et autarcique, en tout cas ne répondait qu'à des demandes purement régionales : l'Amérique espagnole exportait les métaux tirés de ses mines — qui eux aussi étaient extraits à l'aide de ce qui, en fait, était un vrai servage indien — mais peu de choses dans le secteur des produits agricoles. L'économie caractéristique de la zone de plantation esclavagiste, dont le centre se trouvait dans les îles Caraïbes, sur les côtes nord de l'Amérique du Sud (spécialement le Brésil septentrional) et sur les côtes sud des Etats-Unis, consistait à produire, pour l'exportation, des denrées d'importance vitale, essentiellement le sucre, dans une moindre mesure le tabac, le café, et les produits de teinture; puis, à partir de la révolution industrielle, en priorité le coton. Cette économie faisait ainsi partie intégrante de l'économie européenne et, par le commerce des esclaves, de l'économie africaine. Fondamentalement, l'histoire de cette zone, pendant notre période, peut être décrite comme le déclin du sucre, concurrencé par la montée du coton.

A l'est de l'Europe occidentale — plus précisément à l'est d'une ligne courant grossièrement le long de l'Elbe, et des frontières ouest de ce qui est aujourd'hui la Tchécoslovaquie et, de là, au sud, jusqu'à Trieste, en éliminant l'est de l'Autriche — s'étend la zone du servage agraire. Par leurs sociétés l'Italie, au sud de la Toscane et de l'Ombrie, l'Espagne méridionale appartenaient à ce même secteur, tandis que la Scandinavie (à l'exception d'une partie du Danemark et de la Suède méridionale) n'en faisait pas partie. Cette vaste zone contenait quelques enclaves de paysans libres : les colons allemands éparpillés de la Slovénie jusqu'à la Volga, les clans virtuellement indépendants des montagnes rocailleuses et sauvages de l'arrière-pays illyrien, ces paysans guerriers presque aussi sauvages qu'étaient les Pandurs et les Cosaques sur ce qui, jusqu'à des temps récents, avait été la frontière militaire entre chrétiens et Turcs ou Tartares; tous les pionniers libres assez éloignés pour échapper au seigneur et à l'Etat, ou ceux qui vivaient dans les vastes forêts où la culture sur une large échelle était hors de question. Dans l'ensemble cependant, l'agriculteur typique n'était pas libre, au vrai presque noyé dans ce flot de servitude qui avait commencé sa montée presque ininterrompue depuis la fin du XVᵉ siècle, ou les premières années du XVIᵉ. Le phénomène était moins évident dans les territoires balkaniques qui avaient été, ou étaient encore sous l'administration directe des Turcs. Bien que le système agraire originel du préféodalisme turc, division grossière de la terre en unités qui chacune faisait vivre un guerrier turc et ne pouvaient être transmises par héritage, eût dégénéré depuis longtemps en un système de domaines agricoles héréditaires aux mains de seigneurs musulmans, c'est un fait que ces seigneurs ne s'engageaient guère eux-mêmes dans la culture. Ils se contentaient de tondre leurs paysans autant qu'ils le pouvaient. C'est pourquoi les Balkans, au sud du Danube et de la Save, lorsqu'ils émergeront de la domination turque aux XIXᵉ et XXᵉ siècles, apparaîtront comme des pays de paysannerie, fort pauvres il est vrai, mais non comme des pays de propriété agricole concentrée entre quelques mains. Cependant, le paysan balkanique était légalement privé de liberté en tant que chrétien, et pratiquement privé de liberté parce que paysan, au moins aussi longtemps qu'il resta à portée de ses maîtres.

Mais, dans le reste de la zone, le paysan typique était un véritable serf, consacrant une grande partie de la semaine à des corvées sur la terre du seigneur, ou à un travail équivalent sous une autre forme. Sa servitude était si lourde parfois qu'elle était difficile à distinguer d'un esclavage pur et simple, c'était le cas, par exemple, en Russie et dans ces régions de Pologne où il pouvait être vendu séparément de la terre : une annonce dans la *Gazette de Moscou* en 1801 proposait : « à vendre, trois cochers, bien entraînés et très présentables, plus deux jeunes filles, de dix-huit et quinze ans, toutes deux de bonne apparence et habiles à divers travaux manuels. La même maison a deux coiffeurs à vendre, l'un de vingt et un ans qui sait lire, écrire, jouer de la musique et servir comme postillon, l'autre excellent pour coiffer dames et messieurs; à vendre également des pianos et des orgues »; (il faut dire que bon nombre de serfs servaient comme domestiques; en Russie, ils représentaient à peu près 5 % du *total* des serfs en 1851) [5]. Dans l'arrière-pays qui débouchait sur la Baltique — la principale route commerciale en direction de l'Europe occidentale — l'agriculture *servile* était largement exploitée, pour exporter ses produits en direction de l'Occident, du blé, du lin, du chanvre et des produits forestiers, en particulier pour les constructions navales. Ailleurs, elle s'appuyait davantage sur les marchés régionaux, qui comprenaient au moins une région accessible, avec un réseau urbain développé et une manufacture active, la Saxe, la Bohême et la grande capitale Vienne [6]. Mais dans l'ensemble, l'agriculture restait très primitive. L'ouverture de la route de la mer Noire et l'urbanisation croissante de l'Europe occidentale, particulièrement de l'Angleterre, venait tout juste de commencer à stimuler les exportations céréalières des terres noires de Russie, qui devaient, jusqu'à l'industrialisation de l'U.R.S.S., rester l'élément principal du commerce russe avec l'étranger. La zone servile de l'est peut donc aussi être considérée, à l'égal des colonies d'Outre-Mer, comme une « économie dépendante » de l'Europe occidentale, produisant pour elle de quoi l'alimenter et la fournir en matières premières.

Dans les quelques zones d'Italie et d'Espagne où existait également ce régime servile, les caractéristiques économiques étaient similaires, bien que l'aspect légal et technique du statut des paysans y fût quelque peu différent. C'étaient en gros des régions de grands domaines nobiliaires et il est fort possible qu'un certain nombre d'entre eux, en Sicile et en Andalousie, aient été les héritages directs de *latifondia* romains, les esclaves et les *« coloni »* étant devenus les journaliers sans terre caractéristiques de ces régions. L'élevage, la production du blé (la Sicile est un très ancien grenier exportateur) et l'extorsion de tout ce qui pouvait être extorqué aux misérables paysans, tels étaient les revenus des ducs et barons qui possédaient ces terres.

Dans la zone servile, donc, le propriétaire foncier était un noble qui cultivait, ou exploitait de grands domaines dont les dimensions, au vrai, défient l'imagination : Catherine de Russie donnait à ses favoris personnels 40 000 à 50 000 serfs; les Radziwil de Pologne avaient des terres aussi grandes que la moitié de l'Irlande; Potocki possédait trois millions d'acres en Ukraine; les Esterhazy de Hongrie (les protecteurs de Haydn) ont eu dans les mains, à une certaine époque, presque sept millions d'acres. Les domaines comptant plusieurs centaines de milliers d'acres étaient courants *. Aussi négligée, primitive et inefficace qu'en ait été souvent l'exploitation, ils valaient à leurs propriétaires des revenus princiers. Les grands d'Espagne pouvaient, selon le mot d'un Français visitant les terres désolées du duc de Medina Sidonia « régner comme le lion de la forêt, dont le rugissement fait fuir de terreur quiconque veut l'approcher [7] », mais il n'était jamais à court d'argent, même s'il s'agissait de répondre aux amples besoins d'un lord anglais.

Au-dessous de ces magnats, une classe de gentilshommes campagnards dont le rang et la richesse étaient fort variables, exploitaient de leur côté la masse paysanne. Dans certains pays, ils étaient très nombreux, et par conséquent pauvres et insatisfaits. Seuls les distinguaient de la roture leurs privilèges politiques et sociaux et leur répugnance à se livrer à toute occupation non aristocratique, telle que travailler par exemple. En Hongrie et en Pologne, ils représentaient environ 10 % de la population totale; en Espagne, à la fin du siècle, ils étaient presque un demi-million (soit, en 1827, le dixième de l'ensemble de la noblesse européenne) [8]. Mais généralement, le pourcentage était beaucoup plus faible.

IV

Dans le reste de l'Europe — la troisième zone —, la structure agraire n'était pas très différente du point de vue social; c'est-à-dire que, pour le paysan ou le laboureur, toute personne qui possédait un domaine était un « gentilhomme » et un membre de la classe dirigeante, et, réciproquement, la condition de noble ou de gentilhomme (qui donnait des privilèges sociaux et politiques et qui était encore, en principe, la seule voie d'accès aux hauts postes de l'Etat) était inconcevable si elle ne s'accompagnait pas d'un domaine. Dans la plupart des pays d'Europe occidentale, l'ordre féodal qu'impliquait une telle forme de pensée, était encore très vivant, bien que, économiquement, de plus en plus périmé. En fait, cette désintégration économique, responsable de ce que les revenus de la culture ne suivaient que de très loin, d'une marche claudicante, la montée des prix et des dépenses, poussa l'aristocratie à exploiter avec une intensité toujours croissante, son seul capital économique inaliénable, les privilèges de sa naissance et

* Après 1918, 80 domaines de plus de 25 000 acres (10 000 hectares) furent confisqués en Tchécoslovaquie. Parmi eux, 500 000 acres appartenant aux Schoenborn et aux Schwarzenberg, 400 000 aux Liechtenstein, 170 000 aux Kinsky [6].

de son rang. Dans toute l'étendue de l'Europe occidentale, les nobles poussent leurs rivaux qui ne sont pas bien nés, hors des offices profitables dépendant de la couronne, ceci de la Suède, où la proportion des officiers roturiers tombe de 66 % en 1719 (42 % en 1700) à 23 % en 1780 [9], jusqu'à la France où cette « réaction féodale » a précipité la Révolution française (voir chap. 3). Mais même dans les sociétés où l'ordre ancien était visiblement ébranlé (comme en France, où il était relativement facile d'entrer dans la noblesse terrienne) ou bien n'était plus qu'un souvenir (comme en Angleterre où les terres et les titres nobiliaires étaient la récompense de la richesse, quelle que fût son origine, pourvu qu'elle fût assez grande), le lien entre la propriété terrienne et la classe dirigeante se maintenait, et même il tendait à devenir plus étroit.

Economiquement, cependant, la société rurale occidentale était très différente de l'orientale. Le paysan typique y avait perdu beaucoup de ses attributs de serf, à la fin du Moyen Age, tout en retenant souvent de nombreux signes irritants d'une dépendance légale. Le domaine caractéristique avait cessé d'être une unité économique d'exploitation; il n'était plus qu'un système pour collecter des fermages et d'autres revenus en argent. Le paysan, plus ou moins libre, gros, moyen ou petit, était le cultivateur typique. S'il était locataire de sa terre, sous une forme ou une autre, il payait un fermage (ou, dans certaines régions, donnait une partie de sa récolte) au propriétaire. Si, techniquement, il possédait sa terre, il y avait des chances pour qu'il soit redevable au seigneur local d'une série d'obligations, qui pouvaient ou non être transformées en redevances en argent (ainsi l'obligation de porter son blé au moulin du seigneur), à quoi s'ajoutaient les taxes au prince, les dîmes à l'Eglise et quelques corvées. Toutes charges qui contrastaient étrangement avec les exemptions relatives accordées aux couches sociales plus élevées. Mais il eût suffi de rompre ces entraves politiques pour qu'une grande partie de l'Europe émerge aussitôt comme une zone d'agriculture paysanne, généralement avec une minorité de riches paysans tendant à devenir des fermiers négociants, vendant régulièrement les surplus de leur récolte au marché urbain — et une majorité de paysans petits et moyens qui vivaient à peu près en autosuffisance, à moins que, par trop petits, ils fussent obligés de gagner un salaire complémentaire en consacrant une partie de leur temps à des journées de travail, agricole ou artisanal.

Ce n'est que dans quelques rares régions privilégiées que le développement agraire avait été capable de franchir une étape de plus dans la direction d'une agriculture purement capitaliste. En

Angleterre surtout, où la propriété était extrêmement concentrée,
mais où l'agriculteur type était un fermier à bail, capable de
s'adjoindre une main-d'œuvre salariée et de commercialiser sa
récolte. Une multitude de propriétaires, petits ou minuscules,
vivant sur leur lopin de terre, cachaient cette réalité. Mais quand
ces derniers furent éliminés (en gros entre 1760 et 1830), ce qui
surgit alors ne fut pas une agriculture paysanne, mais une classe
d'entrepreneurs agricoles, les fermiers, et un large prolétariat rural.
Quelques autres territoires d'Europe semblaient évoluer dans le
même sens, soit parce que l'investissement commercial s'y faisait
traditionnellement en direction de l'agriculture — par exemple
dans certaines parties de l'Italie du Nord et des Pays-Bas — soit
parce que s'y étaient développées des cultures spécialisées destinées à tel ou tel marché; mais ces cas étaient exceptionnels. Une
autre exception était l'Irlande, l'île malheureuse qui combinait
les désavantages des pays arriérés de l'Europe avec ceux que lui
valait la proximité d'une économie très avancée. Une poignée
de latifondiaires ne résidant pas sur leurs terres, semblables à
ceux de Sicile ou d'Andalousie, y exploitaient, grâce au système
des redevances en argent, une masse de petits cultivateurs vivant
en autosuffisance.

Sur le plan de la technique, l'agriculture européenne, exception faite de ses rares régions développées, était encore traditionnelle et de faible rendement. Elle produisait ce qu'elle avait toujours produit : le seigle, le blé, l'orge, l'avoine et, dans l'Europe
de l'Est, le sarrasin, base de la nourriture populaire; des bœufs,
des moutons, des chèvres et leurs produits laitiers, des cochons
et des volailles, une certaine quantité de fruits et de légumes, du
vin et quelques matières premières à usage industriel : laine, lin,
chanvre pour les cordages, orge pour la bière, etc. La nourriture
était encore, dans toute l'Europe, à base régionale. Les produits
cultivés sous d'autres climats y étaient encore des raretés, presque
un luxe, sauf peut-être le sucre, la plus importante de ces denrées
alimentaires importées des tropiques, celle dont la douceur avait
créé plus d'amertume humaine que n'importe quelle autre. En
Angleterre (qu'on admet être le pays le plus avancé), sa consommation annuelle moyenne par tête d'habitant, vers 1790, était de
14 livres. Mais même en Angleterre, cette même moyenne, pour
le thé, était en 1789 de 1,16 livre seulement, ou un peu plus d'une
once par mois.

Les denrées nouvelles importées des Amériques ou d'autres
régions tropicales, ont fait en Europe un certain chemin. Dans
sa partie méridionale et dans les Balkans, le maïs (le « blé indien »)
était déjà très répandu — il avait aidé, dans les Balkans, à fixer

les paysans errants à leurs terres — et dans l'Italie du Nord, le riz avait fait quelques progrès. Le tabac était cultivé dans plusieurs principautés, surtout comme monopole gouvernemental et dans un but fiscal, bien que sa consommation par rapport à l'actuelle soit négligeable : l'Anglais moyen, en 1790, fumait, prisait ou mâchait environ une once un tiers par mois. L'élevage du ver à soie était commun dans l'Europe méridionale. La principale des nouvelles denrées, la pomme de terre, commençait seulement sa carrière, sauf peut-être en Irlande où sa capacité de nourrir plus de gens par acre que n'importe quelle autre denrée en avait déjà étendu la diffusion. En dehors de l'Angleterre et des Pays-Bas, la culture systématique de la betterave et du fourrage (autre que le foin) était encore assez exceptionnelle, et ce sont seulement les guerres napoléoniennes qui ont provoqué la production massive de la betterave sucrière.

Le XVIIIe siècle n'a pas été, bien sûr, un siècle de stagnation agricole. Au contraire, une longue période d'expansion démographique, d'urbanisation croissante, de commerce et de manufacture en développement, a encouragé les progrès de l'agriculture et même, au vrai, les a exigés. La seconde moitié du siècle a vu les débuts de cette montée de la population extraordinaire, et depuis lors ininterrompue, qui est tellement caractéristique du monde moderne : entre 1755 et 1784, par exemple, la population rurale du Brabant (Belgique) a augmenté de 4 %. Mais ce qui impressionnait les nombreux promoteurs des campagnes pour l'amélioration de l'agriculture, qui à cette époque multiplièrent leurs sociétés, leurs rapports aux gouvernements et leurs brochures de propagande de l'Espagne à la Russie, c'était l'importance des obstacles qui s'opposaient à cette amélioration plutôt que les progrès déjà réalisés.

V

Le monde de l'agriculture était languissant, sauf peut-être dans son secteur capitaliste. Celui du commerce, de la manufacture et des activités technologiques et intellectuelles qui les accompagnaient tous deux, étaient sûrs d'eux-mêmes, alertes et en progrès ; les classes qui en tiraient bénéfice étaient pleines de décision, d'activité et d'optimisme. L'observateur contemporain devait être frappé surtout par le vaste déploiement du commerce qui était étroitement lié à l'exploitation coloniale. Un système de courants commerciaux maritimes, dont le volume et la capacité grossissaient rapidement, entourait la terre, apportant ses profits aux groupes marchands de l'Europe atlantique. Ceux-ci se servaient du pouvoir colonial pour dépouiller les habitants des Indes Orientales des produits qu'ils exportaient ensuite en Europe; et également en Afrique, où ce trafic et celui des marchandises européennes permettaient l'achat d'esclaves pour les plantations des deux Amériques, elles aussi en expansion rapide. En échange, celles-ci exportaient leur sucre, leur coton, etc., en quantités toujours plus grandes et à des prix toujours plus bas, vers les ports de l'Atlantique et de la mer du Nord d'où ils étaient redistribués plus à l'est, en même temps que les articles traditionnels du commerce européen d'ouest en est, textiles, vins, sel, etc. De la Baltique et de l'Europe orientale — ou seconde, zone coloniale — revenaient en échange les céréales, les bois de charpente, le lin et les toiles (objet d'une exportation profitable vers les tropiques), le chanvre et le fer. En même temps, entre les économies relativement développées d'Europe — qui incluaient, économiquement parlant, les communautés de plus en plus actives de colons blancs installés dans les colonies anglaises d'Amérique (après 1783 les U.S.A.) — les liens commerciaux devenaient de plus en plus denses.

Le *nabab*, ou planteur, revenait des colonies avec une fortune dépassant tous les rêves de la cupidité provinciale; le marchand et l'armateur, pour qui des ports splendides — Bordeaux, Bristol, Liverpool — avaient été construits, ou reconstruits au cours du siècle, apparaissaient comme les vrais vainqueurs économiques du temps, auxquels seuls pouvaient se comparer les grands fonctionnaires ou financiers qui tiraient leur fortune du service fructueux des Etats — car on était encore à l'époque où le terme *Office of profit under the CROWN(Bureau des bénéfices de la COURONNE)** avait son sens littéral. A côté de ces grands personnages, la classe moyenne des hommes de loi, des gérants de domaines, des brasseurs, des commerçants locaux, etc. qui accumulaient une fortune modeste aux dépens du monde agricole, vivaient d'une existence médiocre et tranquille, et même les manufacturiers, par comparaison, ne semblent que d'assez piètre catégorie. Car, malgré la progression rapide des mines et des manufactures dans toutes les parties de l'Europe, le marchand (et en Europe orientale, souvent aussi le seigneur féodal) demeurait le véritable maître.

* Et aussi, dans une certaine mesure, d'Extrême-Orient, où ils achetaient thé, soieries, porcelaines, etc., pour lesquels il y avait en Europe une demande de plus en plus forte. Mais l'indépendance politique de la Chine et du Japon imposait encore certaines limites au brigandage commercial.
* Nom officiel de certains postes de la fonction publique en Grande-Bretagne.

Ceci parce que la principale forme de la production industrielle était encore le système dit « domestique » ou de « travail à domicile », selon lequel le marchand achetait les produits de l'artisanat, ou du travail artisanal intermittent de la paysannerie, pour les écouler sur un marché plus large. La simple croissance de ce commerce créait inévitablement les conditions rudimentaires d'un précoce capitalisme industriel. L'artisan vendant sa production pouvait presque se transformer en ouvrier travaillant à la pièce (surtout quand le marchand lui fournissait la matière première, parfois lui louait l'outillage nécessaire à son travail). Le paysan qui tissait à ses heures pouvait devenir un tisserand travaillant à l'occasion son lopin de terre. La spécialisation des activités et des fonctions pouvait diviser les anciennes organisations des métiers, ou créer un complexe d'ouvriers semi-spécialisés parmi les paysans. Les vieux maîtres des métiers, ou certains groupes particuliers des métiers, ou certains intermédiaires locaux pouvaient devenir des espèces d'employeurs, ou de sous-entrepreneurs. Mais celui qui contrôlait au sommet ces formes décentralisées de production, celui qui formait le lien entre le travail de villages perdus ou de quartiers éloignés et le marché mondial, c'était un certain type de marchand. Comparés à lui, les « industriels » qui émergeaient, ou étaient sur le point d'émerger parmi la foule des producteurs, n'étaient eux-mêmes que de petits personnages, même quand ils ne dépendaient pas directement de lui. Il y avait pourtant quelques exceptions, particulièrement dans l'Angleterre industrielle. Certains maîtres de forge, des hommes tels que le grand céramiste Josiah Wedgwood, étaient dignes et respectés, leurs établissements visités par les curieux de toute l'Europe. Mais l'industriel type (le mot d'ailleurs n'était pas encore inventé) était encore un sous-officier plutôt qu'un capitaine d'industrie.

Néanmoins, sous quelque forme qu'elles se présentassent les activités du commerce et de l'industrie étaient florissantes. Le plus brillant des États européens du XVIIIe siècle, la Grande-Bretagne, ne devait sa puissance qu'à son progrès économique, et spécialement à son développement économique que tout gouvernement européen sérieux tentait d'imiter bien qu'avec des résultats très variables. Les sciences, que le XIXe siècle n'avait pas encore divisées en une science « pure » supérieure, et une branche inférieure « appliquée », se consacraient à la solution des problèmes de la production : les progrès les plus frappants vers 1780 furent ceux de la chimie qui, par tradition, avait des liens très étroits avec la pratique artisanale et les besoins industriels. La *Grande Encyclopédie* de Diderot et d'Alembert n'est pas seulement un résumé de la pensée progressiste, sociale ou politique, mais aussi des réali-

sations du progrès technique et scientifique. Car au vrai, la foi dans
le progrès des connaissances de l'homme, de sa raison, de sa
richesse, de sa civilisation, de sa maîtrise sur la nature, cette foi dont
le XVIII° siècle (des « Lumières ») était si profondément imprégné, tirait d'abord sa force de la montée évidente de la production
et du commerce et la pensée rationnelle, économique et scientifique, croyait être associée inéluctablement à cette montée. Ses
grands champions, d'ailleurs, se trouvaient dans les rangs des
classes économiquement les plus avancées, celles qui étaient directement impliquées dans les progrès tangibles de l'époque : les cer-
cles de marchands et de propriétaires fonciers économiquement
« éclairés », les financiers, les administrateurs économiques et
sociaux aux préoccupations à l'esprit scientifique, les classes
moyennes cultivées, les manufacturiers et les entrepreneurs. Ce
sont ces hommes qui ont salué en Benjamin Franklin, typographe et
journaliste, inventeur et entrepreneur, homme d'Etat et homme
d'affaires avisé, le symbole du citoyen de l'avenir, homme d'action,
intellectuel et *self made man*. En Angleterre, les hommes de ce
genre existaient déjà en abondance, sans la nécessité de s'inspirer
d'outre-Atlantique; ils formaient ces sociétés provinciales d'où
jaillissait le progrès, qu'il soit industriel, scientifique ou politique.
Dans la *Lunar Society* de Birmingham, se trouvaient le céramiste
Josiah Wedgwood, l'inventeur de la machine à vapeur moderne,
James Watt, et son associé, l'homme d'affaires Matthew Boulton;
le chimiste Priestley; le gentilhomme biologiste et pionnier des
théories évolutionnistes, Erasmus Darwin (grand-père du grand
Darwin); le grand imprimeur Baskerville. Partout ces hommes se
pressaient dans les loges de la franc-maçonnerie où les distinctions
de classe ne comptaient pas et où l'idéologie des Lumières était
propagée avec un zèle désintéressé.

Il est significatif que les deux principaux centres de cette
idéologie aient été aussi ceux de la double révolution : la France
et l'Angleterre; bien qu'en fait leurs idées aient gagné le grand
courant international sous leur forme française (même lorsqu'il
s'agissait de simples traductions gallicisées de formules britanniques). Un individualisme séculaire, rationaliste et progressiste
dominait la pensée « éclairée ». Libérer l'individu des chaînes qui
l'entravaient était son but essentiel; le libérer du traditionalisme
ignorant du Moyen Age qui projetait encore son ombre sur le
monde, de la superstition des Eglises (distinguées de la religion
« naturelle ou rationnelle »), de l'irrationalité qui divisait les
hommes en une hiérarchie de hautes et basses conditions, selon
leur naissance ou quelque autre critère aussi peu fondé. La liberté,
l'égalité et, en conséquence, la fraternité de tous les hommes, tels

étaient ses slogans. A point nommé, ils devinrent ceux de la Révolution française. Le règne de la liberté individuelle ne pouvait qu'avoir les conséquences les plus bénéfiques. Les résultats les plus extraordinaires devaient être attendus du libre exercice du talent individuel dans un monde de raison, et déjà, au vrai, les premiers signes en étaient visibles. La foi passionnée dans le progrès qui habitait tout adepte des Lumières reflétait la montée bien réelle de la science et de la technique, de la richesse, du bien-être et de la civilisation, telle qu'il pouvait l'observer autour de lui et, avec une certaine équité, l'attribuer à la montée croissante de ses propres idées. Au début du siècle, on brûlait encore les sorcières; à la fin, des gouvernements éclairés comme l'Autriche avaient déjà aboli non seulement la torture judiciaire, mais aussi l'esclavage. Que ne pouvait-on espérer de l'avenir si les derniers obstacles sur la route du progrès — tels que les privilèges de la féodalité et de l'Eglise — étaient enfin balayés?

Il n'est pas absolument exact de qualifier les Lumières d'idéologie de classe moyenne, bien que de nombreux philosophes éclairés — et politiquement les plus décisifs — aient admis comme allant de soi que la société libérée serait une société capitaliste [11]. Mais, en théorie, leur objectif était de libérer la totalité des êtres humains. Toutes les idéologies progressistes, rationalistes et humanistes ultérieures, admettent implicitement cet objectif, en fait elles en sont nées directement. Mais dans la pratique, les leaders de cette émancipation que les Lumières appelaient de leurs vœux avaient des chances de sortir de la classe moyenne, de ce groupe d'hommes nouveaux, rationnels, qui possédaient talent et mérite plutôt que naissance; et l'ordre social qui émergeait grâce à leurs efforts serait un ordre « bourgeois » et capitaliste.

Il est plus juste d'appeler les Lumières une idéologie révolutionnaire, en dépit de la prudence et de la modération politique de bon nombre de ses champions du continent européen, dont la plupart — jusqu'aux années 1780 — ont gardé leur foi dans la monarchie absolue éclairée. Car la nouvelle doctrine impliquait l'abolition de l'ordre social et politique qui prévalait alors dans la plus grande partie de l'Europe. C'était trop attendre des anciens régimes que de penser qu'ils se détruiraient eux-mêmes volontairement. Au contraire, nous l'avons vu, ils se renforçaient sous certains aspects contre l'assaut des nouvelles forces économiques et sociales. Et leurs forteresses (en dehors de l'Angleterre, des Provinces-Unies et de quelques autres régions où déjà ils avaient été détruits) étaient les monarchies auxquelles les tenants des Lumières gardaient encore toute leur confiance.

VI

En dehors de l'Angleterre (qui avait déjà fait sa révolution au XVIIᵉ siècle) et de quelques autres Etats de moindre importance, les monarchies absolues gouvernaient tous les Etats du continent européen; ceux qu'elles ne dominaient pas étaient tombés dans l'anarchie et avaient été engloutis par leurs voisins comme la Pologne. Des monarques héréditaires de droit divin étaient à la tête de hiérarchies de seigneurs terriens, épaulés par l'organisation et l'orthodoxie traditionnelles des Eglises et entourés par des institutions de plus en plus incohérentes qui n'avaient d'autre raison d'être que leur très long passé. Il est vrai que les simples nécessités de la cohésion et de l'efficacité gouvernementales, à une époque de rivalités internationales exacerbées, avaient longtemps obligé les monarques à réfréner les tendances anarchiques de leurs nobles et autres privilégiés, et à placer dans l'appareil gouvernemental des serviteurs civils qui ne fussent pas des aristocrates. En outre, dans la deuxième moitié du XVIIIᵉ siècle, ces nécessités et le succès international évident de la puissance capitaliste anglaise avaient conduit la plupart des souverains (ou leurs conseillers) à mettre au point des programmes de modernisation économique, sociale, administrative et intellectuelle. Les princes adoptèrent alors les slogans des Lumières comme, de nos jours et pour des raisons analogues, les gouvernements adoptent ceux de la « planification ». Et, tout comme aujourd'hui, certains de ceux qui les adoptaient en théorie ne firent guère pour les mettre en pratique, ou s'ils firent quelque chose, ce fut moins par intérêt pour les idéaux de la société « éclairée » (ou « planifiée ») que pour les avantages pratiques que pouvaient réserver des méthodes plus modernes, en termes de multiplication des revenus, de richesse et de pouvoir.

Inversement, les classes moyennes et cultivées, tous ceux qui croyaient au progrès se tournaient souvent vers le puissant appareil gouvernemental des monarchies « éclairées » pour réaliser leurs espérances. Le prince avait besoin de la classe moyenne et de ses idées pour moderniser son Etat; la peu puissante classe moyenne avait besoin du prince pour abattre la résistance au progrès des privilégiés de la noblesse et du clergé, retranchés sur leurs positions.

Cependant, dans les faits, la monarchie absolue, toute moderniste et novatrice qu'elle fût, vérifia l'impossibilité (et au vrai ne témoigna guère d'un réel désir) de se couper totalement de la

hiérarchie des nobles terriens à laquelle elle appartenait elle-
même après tout, et dont elle symbolisait et incarnait les valeurs.
Elle dépendait largement de leur appui, car, bien que théoriquement libre de faire ce qu'elle voulait, la monarchie absolue appartenait en pratique à ce monde que le XVIIIe siècle éclairé avait
baptisé de *féodalité*, ou féodalisme, terme que devait populariser
plus tard la Révolution française. Une telle monarchie était prête
à employer tous les moyens à sa portée pour augmenter à l'intérieur de ses frontières son autorité et ses revenus fiscaux, et à
l'extérieur sa puissance. Ce qui pouvait parfaitement aussi la
conduire à favoriser des tendances qui étaient en fait celles de
la société montante. Elle était prête à renforcer sa mainmise politique en jouant d'un « Etat », d'une classe ou d'une province
contre les autres. Cependant ses horizons étaient ceux de son
histoire, de ses fonctions et de sa classe. Elle n'avait jamais
fortement désiré, et ne fut jamais capable de réaliser, sur le plan
social et économique, cette révolution de fond en comble qu'exigeaient les progrès de l'économie et les vœux des nouveaux groupes
sociaux.

Prenons un exemple clair. La majorité des esprits rationnels,
parmi les conseillers des princes, était déjà convaincue de la
nécessité d'abolir le servage et les liens qui subsistaient encore
de dépendances paysannes féodales. Une telle réforme était sans
doute reconnue comme un des points essentiels de tout programme
« éclairé » et il n'y avait à peu près aucun prince qui, de Madrid
à Saint-Pétersbourg et de Naples à Stockholm, à un moment ou
à un autre pendant le quart de siècle précédant la Révolution
française, n'ait souscrit à un tel programme. Cependant, dans
la pratique, les seules libérations paysannes qui se soient produites avant 1789 concernaient des Etats petits et non représen-
tatifs, comme le Danemark et la Savoie, ou les domaines personnels de tel ou tel prince. Une expérience à plus large échelle
fut tentée par Joseph II d'Autriche, en 1781, mais elle échoua en
face de la résistance politique des privilégiés et d'une révolte
paysanne qui, dépassant les objectifs qui avaient été fixés, obligea
à tout abandonner. Ce qui devait *vraiment* mettre fin aux relations féodales dans toute l'Europe occidentale et centrale, c'est la
Révolution française, par action directe, réaction ou exemple;
et aussi, plus tard, la Révolution de 1848.

Il y avait donc, encore latent mais destiné à s'ouvrir bientôt,
un conflit entre les forces de l'ordre ancien et celles de la nouvelle société bourgeoise, conflit qui ne pouvait se régler dans le
cadre des régimes politiques en place, sauf, bien sûr, là où triomphait une bourgeoisie déjà fortement organisée, comme en Angle-

terre. Ces régimes étaient d'autant plus vulnérables qu'ils étaient
soumis à une forte pression dans trois directions différentes :
celle des nouvelles forces, celles des anciens privilégiés ancrés dans
une résistance qui se raidissait de jour en jour, enfin celle de leurs
rivaux étrangers.

Leur point le plus vulnérable était celui où se rejoignaient les
oppositions des partisans de l'ordre ancien et du nouveau, c'est-à-
dire les mouvements autonomistes des provinces et colonies éloignées, ou mal contrôlées. Ainsi, dans la monarchie des Habsbourg,
les réformes de Joseph II, après 1780, produisirent une effervescence dans les Pays-Bas autrichiens (la Belgique actuelle) et un
mouvement révolutionnaire qui, en 1789, se souda naturellement
à celui des Français. Le plus souvent, ces autonomismes étaient le
fait des communautés de Blancs dans les colonies d'Outre-Mer des
Etats européens qui s'irritaient de la politique de leur gouvernement central et de la façon très étroite dont il subordonnait
les intérêts coloniaux aux métropolitains. Dans tous les territoires
des Amériques, qu'ils fussent espagnols, français ou anglais, de
même qu'en Irlande, ces mouvements de colons réclamaient
l'autonomie — en faveur de régimes qui ne représentaient pas
toujours des forces économiquement plus progressistes que la
métropole — et plusieurs colonies anglaises l'obtinrent, soit pacifi-
quement, pour un temps au moins, comme l'Irlande; soit par une
révolution, comme les U.S.A. L'expansion économique, le développement colonial et les tensions produites par les essais de
réforme du « despotisme éclairé » multiplièrent les occasions de
conflits de ce genre entre 1770 et 1790.

En soi-même, la dissidence coloniale ou provinciale n'avait
rien de fatal. Les monarchies anciennement établies survivaient
sans peine à la perte d'une ou deux provinces, et la principale victime de l'autonomisme colonial, la Grande-Bretagne, ne souffrant
pas des faiblesses des anciens régimes, sut conserver, en dépit de
la Révolution américaine, toute sa stabilité et son dynamisme. Il
y avait peu de régions où la situation purement intérieure se prêtât
à un transfert de pouvoir important. Ce qui rendait la situation
explosive, c'était plutôt, au vrai, la rivalité internationale.

Car cette rivalité internationale, c'est-à-dire la guerre, était
pour tout Etat le test le plus sûr de ses ressources. Les nations
qui ne pouvaient passer ce test étaient sérieusement ébranlées, ou
disparaissaient. Or, une grande rivalité a dominé la scène internationale européenne durant la plus grande partie du XVIII\e siècle
et se trouve au cœur de toutes ses guerres générales périodiques :
1689-1713, 1740-1748, 1756-1763, 1776-1783, et, à l'intérieur de la
période qui nous intéresse, 1792-1815. Il s'agit, bien entendu, du

conflit entre Grande-Bretagne et France qui fut aussi, en un
sens, un conflit entre anciens et nouveaux régimes. Car la France,
bien qu'éveillant l'hostilité britannique par le rapide développement de son commerce et de son empire colonial, était aussi la
monarchie absolue qui avait le plus de puissance, de prestige
et d'influence, bref la monarchie aristocratique classique. Nulle
part la supériorité de l'ordre social nouveau par rapport à l'ancien
n'est illustrée plus vivement que dans le conflit entre ces deux
puissances. Car non seulement les Anglais ont gagné, d'une façon
plus ou moins décisive, toutes ces guerres sauf une; mais ils ont
supporté avec une aisance relative l'effort qu'il leur fallut faire
pour les organiser, les financer et les mener à bien. La monarchie
française, elle, pourtant beaucoup plus vaste, plus peuplée et, en
termes de ressources potentielles, plus riche que l'Angleterre, plia
sous la charge. Après sa défaite dans la guerre de Sept Ans (1756-
1763), la révolte des colonies américaines lui avait offert une occasion de retourner la situation contre son adversaire. La France s'en
saisit. Et, en vérité, dans le conflit international qui suivit, la
Grande-Bretagne subit une dure défaite, puisqu'elle perdit la partie
la plus importante de son empire américain. La France, alliée des
nouveaux U.S.A., était donc victorieuse. Mais le prix de cette victoire était excessif et les difficultés du gouvernement telles, qu'elles
le menèrent inéluctablement à cette période de troubles internes
dont, six années plus tard, allait sortir la révolution.

VII

Pour achever cet examen préliminaire de la situation mondiale à la veille de la double révolution, il nous reste à dire un
mot des relations entre l'Europe (ou plus précisément l'Europe
occidentale du Nord) et le reste du monde. La complète domination du monde, domination à la fois politique et militaire, établie
au profit de l'Europe (et de ses prolongements d'outre-mer, les
communautés de colons blancs), tel devait être le résultat de la
période de double révolution. A la fin du XVIIIᵉ siècle, plusieurs
grandes puissances et civilisations non européennes étaient encore
capables de faire face, sur un pied d'apparente égalité, aux Blancs,
à leurs marchands, leurs marins, leurs soldats. Le grand empire
chinois, alors au sommet de sa puissance sous la dynastie mandchoue (Ch'ing) ne jouait nullement, sur la scène du monde, le
rôle de vaincu. Au contraire, le courant des influences culturelles
coulait plutôt de l'Orient vers l'Occident et les philosophes de
l'Europe étaient attentifs aux leçons d'une civilisation très diffé-

rente, mais, sans contredit, de haut niveau, tandis que ses artistes et ses artisans transposaient, dans leurs œuvres, les motifs d'Extrême-Orient, souvent d'ailleurs en les interprétant malencontreusement, et adaptaient ses matériaux (la porcelaine, dite en anglais *china*) aux usages européens. Les puissances islamiques, bien que (telle la Turquie) périodiquement secouées par les incursions militaires des Etats européens voisins (l'Autriche et surtout la Russie), n'avaient encore que de lointaines ressemblances avec ces masses amorphes qu'elles devaient devenir au XIXe siècle. Pratiquement, l'Afrique restait à l'abri de la pénétration militaire européenne. Si l'on met à part quelques petites zones autour du cap de Bonne-Espérance, les Blancs étaient confinés dans quelques comptoirs commerciaux, le long des côtes.

Déjà, cependant, l'expansion rapide et incroyablement massive du commerce européen et de l'entreprise capitaliste minait l'ordre social de ces vieux pays : en Afrique à cause de l'intensité sans précédent de l'affreux trafic des esclaves; autour de l'océan Indien à cause de la pénétration des puissances coloniales rivales; dans le Moyen et le Proche-Orient à cause du commerce et des luttes militaires. Déjà la conquête européenne directe commençait à s'étendre d'une façon très significative au-delà de la zone occupée depuis si longtemps par la colonisation pionnière, celle des Espagnols et des Portugais au XVIe siècle, des colons blancs nord-américains au XVIIe. L'avance décisive fut faite par les Anglais qui avaient déjà établi un contrôle territorial direct sur une partie de l'Inde (entre autres le Bengale), renversant pratiquement l'empire Moghol, premier pas sur un chemin qui allait faire d'eux les administrateurs et les maîtres de l'Inde tout entière. Déjà on pouvait entrevoir la faiblesse relative des civilisations non européennes quand elles seraient confrontées avec la supériorité technologique et militaire de l'Occident. Ce qu'on avait appelé « l'âge de Vasco de Gama », ces quatre siècles d'histoire mondiale pendant lesquels une poignée d'Etats européens et la puissance du capitalisme européen établirent sur tout le globe une domination totale (bien que temporaire, nous le savons bien aujourd'hui), cet âge allait atteindre son sommet. La double révolution allait rendre l'expansion européenne irrésistible, si par ailleurs elle procurerait au monde non européen les conditions et les moyens d'une éventuelle contre-attaque.

2.

La Révolution industrielle

I

Commençons par la révolution industrielle, c'est-à-dire par la Grande-Bretagne. À première vue, le point de départ est paradoxal, étant donné que les répercussions de cette révolution ne se sont pas fait sentir d'une façon claire et évidente — tout au moins en dehors de l'Angleterre — avant une date très avancée de la période qui nous intéresse (certainement pas avant 1830, probablement pas avant 1840, à peu près à ce moment-là). Ce n'est qu'avec les années 1830 que la littérature et les arts commencèrent à être manifestement obsédés par cette montée de la société capitaliste, ce monde dans lequel tous les liens sociaux s'écroulaient, à l'exception de ces liens d'or et de billets de banque, si implacables, que noue le monde de l'argent (la phrase est de Carlyle). *La Comédie humaine* de Balzac, le plus extraordinaire monument littéraire qui ait célébré cette montée, date de la décennie 1830-1840. Mais il faut en attendre la fin pour que commence à couler le grand flot de la littérature officielle et non officielle sur les conséquences sociales de la Révolution industrielle : les *Bluebooks* et les enquêtes statistiques en Angleterre, le *Tableau de l'état physique et moral des ouvriers* de Villermé, la *Condition de la classe ouvrière en Angleterre* d'Engels, les travaux de Ducpétiaux en Belgique et ceux de toute une série d'autres observateurs, inquiets ou atterrés, depuis l'Allemagne jusqu'en Espagne et aux Etats-Unis. Ce ne fut pas avant 1840, non plus, que le prolétariat, cet enfant de la Révolution industrielle, et le communisme qui accompagnait maintenant ses mouvements sociaux — le spectre du *manifeste communiste* — commencent leur marche à travers le continent. Le nom même de Révolution industrielle indique que son impact sur l'Europe fut relativement tardif. La chose a existé en Grande-Bretagne bien avant le mot, car c'est seulement vers les années 1820 que les socialistes anglais et français — groupe qui n'avait lui-même aucun précédent — inventèrent le terme, probablement par analogie avec la révolution politique de la France [3].

Cependant il y a un double avantage à examiner d'abord la Révolution anglaise. En premier lieu parce qu'elle « éclata » — si l'on peut employer cette expression qui fait elle-même question — avant la prise de la Bastille; et en second lieu parce que sans elle, nous ne saurions comprendre cette aveugle lame de fond de l'histoire dont sont sortis les hommes et les événements les plus éminents de notre période; ni la complexité de son rythme inégal.

Que signifie l'expression : « la Révolution industrielle éclata »? Qu'à un moment ou un autre de la décennie qui commence en 1780, et pour la première fois dans l'histoire humaine, on débarrassa de ses chaînes le pouvoir de production des sociétés humaines, le rendant capable désormais d'assurer la multiplication constante, rapide et, jusqu'à aujourd'hui, ininterrompue, des hommes, des biens et des services. Il s'agit du phénomène auquel les économistes ont donné le nom technique de *take-off,* ou « décollage » introduisant à une autocroissance, c'est-à-dire une croissance trouvant en elle-même de quoi poursuivre son mouvement ascensionnel. Aucune société antérieure n'avait été capable d'aller au-delà du niveau qu'une structure sociale préindustrielle, une science et une technique encore insuffisantes, entraînant périodiquement crises, famines et pertes humaines, imposaient à la production. Le « décollage » ne fut pas, bien entendu, un de ces phénomènes qui, tels les tremblements de terre ou les météores, aurait pris par surprise un monde ignorant de toute technique. Il a des antécédents historiques que l'on peut, en Europe, au gré de l'historien et selon son centre particulier d'intérêt, faire remonter jusqu'à l'an 1000, si ce n'est au-delà; plusieurs tentatives pour s'élancer dans les airs, aussi maladroites que les efforts des jeunes canetons, ont été décorées du nom flatteur de « révolution industrielle » — au XIIIe siècle, au XVIe et dans les dernières décennies du XVIIe. A partir du milieu du XVIIIe siècle, le processus d'accélération précédant le *take-off* est si net que la tendance des historiens d'hier était de faire remonter la révolution industrielle à 1760. Mais une recherche minutieuse semble conduire la plupart des experts à retenir 1780, plutôt que 1760, comme le départ de la décennie décisive, car c'est à ce moment-là, autant qu'on puisse l'affirmer, que toutes les courbes statistiques importantes amorcent cette montée brusque, nette, presque à la verticale, qui est celle du *take-off.* L'économie est désormais, si l'on peut dire, lancée en plein ciel.

Appeler ce processus « la révolution industrielle » est à la fois logique et dans la ligne d'une tradition bien établie, bien que, en un temps, parmi certains historiens conservateurs qu'intimidaient peut-être des concepts trop incendiaires, la mode ait été de nier son existence même et de la rebaptiser de noms plus anodins, tels que « évolution accélérée ». Si cette transformation qualitative soudaine et fondamentale, qui se produisit autour des années 1780, n'a pas été une « révolutions », alors c'est que le mot n'a aucun sens raisonnable. Sans doute la révolution industrielle n'est-elle pas un épisode avec un début et une fin. Demander quand elle s'est « terminée » n'aurait pas de sens, car son essence, c'était justement de faire que le changement révolutionnaire devienne dorénavant la norme. Elle se poursuit donc aujourd'hui encore. Tout au plus pourrions nous demander quand les transformations économiques ont été assez poussées pour que s'établisse une économie substantiellement industrialisée, capable de produire, d'une façon générale, tout ce qu'elle voulait, dans la gamme des techniques à sa portée, une « économie industrielle mûre », pour utiliser le terme technique. En Grande-Bretagne, et donc dans le monde, il est probable que cette période de première industrialisation a coïncidé presque exactement avec la période dont traite ce livre, car si elle a commencé avec le *take-off* de 1780, on peut dire avec vraisemblance qu'elle s'est achevée avec la construction des chemins de fer et la mise en place en Grande-Bretagne, d'une industrie lourde massive, vers 1840. Mais si l'on veut dater la révolution elle-même, c'est-à-dire la période du *take-off*, avec le maximum de précision possible en pareille matière, on la placera à un moment ou un autre des vingt années qui vont de 1780 à 1800 : donc elle est contemporaine de la Révolution française, tout en la précédant légèrement.

En tout cas, ce fut l'événement le plus important dans l'histoire du monde, à tout le moins, depuis l'apparition de l'agriculture et des villes. Et l'initiative en revint à la Grande-Bretagne. Que ce ne n'ait pas été là hasard pur, c'est l'évidence. Il aurait dû y avoir une course pour ouvrir la voie à la révolution industrielle, au XVIIIe siècle, alors qu'il n'y eut en fait qu'un seul partant. Pourtant mille progrès s'étaient réalisés, en matière d'industrie et de commerce, avec la complicité des ministres ou fonctionnaires civils de toutes les monarchies éclairées d'Europe, depuis le Portugal jusqu'à la Russie, gens fort intelligents et, en matière d'économie, très éloignés de toute naïveté, aussi préoccupés de problèmes de « croissance économique » que le sont aujourd'hui nos administrateurs. Quelques provinces ou petits Etats s'étaient même industrialisés d'une façon tout à fait frappante, par exemple la Saxe, l'Evêché de Liège, bien que leurs complexes industriels fussent trop étroits et trop localisés pour exercer une influence révolutionnaire à l'échelle du globe, comme ceux des Britanniques. Et il semble clair que, dès avant la révolution, la Grande-Bretagne était déjà loin en avant de son principal concurrent, si l'on calcule par tête d'habitant les chiffres de la production et du commerce; elle se trouve sensiblement à égalité avec lui si on les calcule globalement, pour l'ensemble des deux pays.

Quelles que soient les causes de l'avance anglaise, il ne s'est pas agi d'une supériorité scientifique et technique. Dans le domaine des sciences de la nature, les Français étaient presque sûrement en avance sur les Britanniques, avantage que la Révolution française accentua vigoureusement, en tout cas pour les mathématiques et la physique, car elle encouragea le mouvement scientifique en France, tandis que la réaction le suspectait en Angleterre. Même en ce qui concerne les sciences sociales, les Britanniques étaient encore très éloignés de cette supériorité qui fit — et fait encore — de l'économie politique un domaine anglo-saxon par excellence; mais ici c'est la révolution industrielle qui, incontestablement, les mit à la première place. L'économiste de 1780 lisait Adam Smith, mais aussi — et peut-être avec plus de profit — les physiocrates français et les théoriciens du revenu national, Quesnay, Turgot, Dupont de Nemours, Lavoisier..., peut-être aussi un ou deux Italiens. Les Français avaient à leur actif des inventions plus originales, telles que le métier Jacquard (1804) — mécanisme beaucoup plus compliqué que tout ce qui avait été imaginé en Angleterre — et construisaient de meilleurs bateaux. Les Allemands possédaient des instituts de formation technique, tels que la *Bergakademie* de Freiberg, qui n'avaient pas leur équivalent en Angleterre et la Révolution française créa cet établissement si remarquable, unique, l'Ecole polytechnique. L'enseignement britannique était une plaisanterie de mauvais goût, quoique ses insuffisances fussent d'une certaine façon compensées par les écoles rigides des campagnes et par les universités de l'Ecosse calviniste, austères, turbulentes et démocratiques, qui déversaient sur le sud du pays un flot de jeunes gens brillants, durs au travail, arrivistes et rationalistes : James Watt, Thomas Telford, Loudon McAdam, James Mill. Oxford et Cambridge, les deux seules universités anglaises, étaient nulles intellectuellement, de même que les lycées et collèges somnolents, à l'exception des académies fondées par les « dissidents protestants », qui étaient en dehors du système de l'enseignement (essentiellement anglican). A tel point que les familles aristocratiques qui tenaient pour leurs fils à un enseignement de qualité, recouraient à des précepteurs, ou aux universités écossaises. Enfin, il n'y eut en Angleterre aucune organisation, quelle qu'elle fût, d'enseignement primaire jusqu'à ce que le quaker Lancaster (imité par la suite par ses adversaires anglicans) ait pris l'initiative d'une sorte d'alphabétisation schématique, au début du XIXᵉ siècle, ce qui, soit dit en passant, enferma à jamais l'enseignement anglais dans de pesantes querelles de sectes. Quant aux pauvres, la pression sociale les écartait résolument de tout enseignement.

Heureusement la Révolution industrielle ne demandait que peu de subtilités intellectuelles *. Ses inventions techniques — la navette volante, les métiers à filer dits *spinning Jenny* et *mule Jenny* — furent extrêmement modestes, ne dépassant aucunement le niveau d'artisans intelligents, formés par la pratique de leur atelier, ou les capacités constructives de bons charpentiers, constructeurs de moulins ou serruriers. Même la machine à vapeur rotative de James Watt (1784), scientifiquement la plus raffinée de ces inventions, ne faisait pas appel à d'autres notions de physique que celles qui étaient courantes depuis presque un siècle — la *théorie* exacte des machines à vapeur ne fut développée que *post facto* par le Français Carnot dans les années 1820 — et elle s'appuyait sur l'expérience pratique que plusieurs générations avaient déjà de machines à vapeur, principalement dans les mines. Quand les circonstances leur furent favorables, les innovations techniques de la révolution industrielle se firent pour ainsi dire toutes seules, sauf peut-être dans l'industrie chimique. Ce qui ne veut pas dire d'ailleurs que les premiers « industriels » ne furent pas souvent très intéressés par les sciences et très attentifs à leurs avantages pratiques [4].

Or, manifestement, toutes les conditions favorables étaient rassemblées en Grande-Bretagne, où plus d'un siècle s'était écoulé depuis que le premier roi avait été passé en jugement et exécuté par son peuple et que le profit individuel et le développement

---

* « En un sens, il est réconfortant de voir que les Anglais, pour leur vie politique, ont tiré mille richesses de l'étude des Anciens, quel que soit le pédantisme qu'ils y aient mis; au point que les orateurs parlementaires citaient fréquemment les Anciens, habitude qui était accueillie favorablement par l'assemblée et avait sur elle un effet certain. D'un autre côté, nous ne pouvons qu'être stupéfaits que, dans un pays tourné avec prédilection vers la manufacture et donc éprouvant le besoin de familiariser les esprits avec les sciences et les arts capables de la faire progresser, on ne se préoccupe guère de l'absence de ces matières dans les programmes de l'enseignement. Il est tout aussi étonnant de constater ce qui, malgré tout, a été fait par des hommes à qui n'avait été donné aucun enseignement formel pour l'exercice de leurs professions. » *Cf.* W. WACHSMUTH : *Europaeische Sittengeschichte 5, 2*, Leipzig, 1839, p. 736.

économique avaient été admis comme l'objectif suprême de la
politique gouvernementale. Des raisons purement pratiques y
avaient fait découvrir au problème agraire une solution singulière-
ment révolutionnaire. Quelques grands propriétaires à l'esprit commercial avisé avaient réussi un quasi-monopole de la terre, laquelle
était cultivée par de gros fermiers employant comme main-d'œuvre
de tout petits propriétaires et des ouvriers agricoles. Bon nombre
de survivances de l'ancienne économie collective de village restaient encore à éliminer — ce fut l'œuvre des *Enclosure Acts* (1760
1830) et de transactions privées — mais nous ne pouvons déjà
plus parler d'une « paysannerie anglaise » dans le sens où
nous parlons d'une paysannerie française, allemande ou russe.
La production agricole était déjà en priorité destinée au marché;
les activités manufacturières s'étaient depuis longtemps diffusées
à travers un pays ignorant les liens féodaux. L'agriculture était
prête à assurer ses trois fonctions fondamentales dans une ère
d'industrialisation : accroître sa production et sa productivité, afin
de nourrir une population non agricole en rapide montée; fournir
un surplus de plus en plus large de main-d'œuvre potentielle pour
les villes et les industries; procurer enfin un mécanisme pour
l'accumulation de capitaux à utiliser dans les secteurs plus
modernes de l'industrie (deux autres fonctions de l'agriculture sont
probablement moins importantes en ce qui concerne l'Angleterre : celles de créer un marché suffisamment large parmi la
population agricole — normalement la grande masse du peuple —
et de fournir un surplus exportable contribuant à assurer les
importations vitales.) Enfin un capital social très important — le
coûteux équipement général nécessaire pour que l'ensemble de
l'économie avance d'un mouvement régulier — était déjà en voie
de création, notamment sous forme de navires, d'équipement por-
tuaire, d'amélioration des routes et des voies navigables. La politique était déjà engrenée sur le profit. Les demandes particulières
des hommes d'affaires pouvaient se heurter à la résistance d'autres
groupes d'intérêt, et comme nous le verrons, le secteur agraire
allait dresser une dernière barrière pour tenter de contenir l'avance
du secteur industriel, entre 1795 et 1846. Dans l'ensemble cependant, c'était chose partout admise que l'argent n'avait pas seulement le droit de parler, mais de gouverner. Tout ce qu'il fallait
à l'industriel pour être accepté parmi les dirigeants de la société,
c'était de l'argent en suffisance.

Or l'homme d'affaires était assurément en train d'augmenter
ses bénéfices, car la plus grande partie du XVIIIᵉ siècle fut, pour
la plupart des pays d'Europe, une période de prospérité et d'expansion économique confortable. C'est le fond réel de l'aimable opti-

misme du docteur Pangloss, de Voltaire. On pourrait soutenir qu'un peu plus tôt, un peu plus tard, cette expansion, soutenue par une inflation modérée, aurait forcément poussé certains pays au-delà de ce seuil qui sépare l'économie préindustrielle de l'industrielle. Mais le problème n'est pas si simple. Une bonne part, en fait, du développement industriel du XVIIIe siècle ne menait pas immédiatement, ni même dans un futur prévisible, à la *révolution* industrielle, c'est-à-dire à la création d'un « système d'usines » mécanisé, lequel, à son tour, soit capable de produire en quantités si vastes et à un prix de revient si rapidement décroissant qu'il ne dépende plus de la demande existante, mais crée son propre marché *. Par exemple, le secteur du bâtiment ou les nombreuses petites industries produisant des articles ménagers métalliques (clous, batteries de cuisine, couteaux, ciseaux, etc.) dans les Midlands ou le Yorkshire, se sont très fortement développées durant cette période, mais toujours en fonction du marché déjà existant. En 1850, bien que produisant beaucoup plus qu'en 1750, elles n'avaient pas changé substantiellement leurs anciens procédés de fabrication. Ce qui était nécessaire pour les temps modernes, ce n'était pas n'importe quelle sorte d'expansion, mais cette espèce spéciale qui a été l'œuvre de Manchester plutôt que de Birmingham.

En outre, les révolutions industrielles pionnières sont intervenues dans une situation historique particulière, où la croissance économique se dégage du jeu croisé d'innombrables entrepreneurs et investisseurs privés, guidés chacun par le premier commandement de leur époque : acheter le meilleur marché possible, vendre le plus cher possible. Comment allaient-ils découvrir que le profit maximum serait obtenu grâce à l'organisation d'une révolution industrielle plutôt qu'aux activités plus familières (et jadis plus fructueuses) du commerce? Comment allaient-ils apprendre, ce que personne ne pouvait connaître encore, à savoir que la révolution industrielle produirait une accélération sans précédent de l'extension de leurs marchés? Etant donné que les principales fondations d'une société industrielle avaient déjà été posées — elles l'ont été en Angleterre presque certainement dès la fin du XVIIIe siècle — il ne leur manquait plus que deux choses : premièrement, une industrie qui offrit déjà des bénéfices exceptionnels au manufacturier qui saurait augmenter rapidement le débit de sa production, au besoin par des innovations simples et de

---

* L'industrie automobile moderne en est un bon exemple. Ce n'est pas la demande des automobiles, telle qu'elle était en 1894, qui a créé une industrie de la taille de la nôtre, mais au contraire la capacité de produire des voitures bon marché qui a créé une demande de masse dans ce secteur.

prix raisonnable; deuxièmement, un marché *mondial* largement monopolisé par une seule nation productrice *.

D'une certaine manière, ces remarques s'appliquent à tous les pays, pendant la période qui nous intéresse. Par exemple, dans chacun d'entre eux, le premier rôle dans la croissance industrielle est pris par la fabrication d'articles de très grande consommation massive — principalement, mais pas exclusivement, les textiles [6] — parce qu'un marché de masse existait déjà pour de telles marchandises et que les hommes d'affaires pouvaient sans difficulté envisager ses possibilités de développement. Cependant, d'une certaine manière également, ces remarques ne s'appliquent qu'à la seule Grande-Bretagne, car ce sont les pionniers de l'industrie qui ont eu à résoudre les problèmes les plus difficiles. Une fois que l'Angleterre eut fait ses premiers pas dans l'industrialisation, les autres pays commencèrent aussitôt à ressentir les bénéfices d'une expansion économique rapide que stimulait la révolution industrielle britannique. D'autre part, le succès britannique indiquait le chemin à prendre, on pouvait imiter la technique britannique, importer même l'habileté et le capital d'outre-Manche. L'industrie textile de Saxe, incapable d'inventer elle-même, copia les inventions anglaises, parfois sous la surveillance de spécialistes anglais. Des Anglais ayant le goût du continent, comme les Cockerills, s'établirent en Belgique et dans différentes villes d'Allemagne. Entre 1789 et 1848, l'Europe et l'Amérique furent envahies par les experts anglais, les machines à vapeur anglaises, les fileuses à coton anglaises et les capitaux anglais.

La Grande-Bretagne ne jouissait pas de ces avantages. Mais, d'un autre côté, elle disposait d'une économie assez forte et d'un Etat assez agressif pour être à même de s'emparer de tous les marchés de ses rivaux. En effet, les guerres de 1793-1815, dernière phase et phase décisive d'un duel franco-anglais déjà centenaire, rejetèrent pratiquement tous ses rivaux hors du monde non européen, à l'exception partielle des Etats-Unis. Par surcroît, la Grande-Bretagne possédait une industrie admirablement faite pour une révolution industrielle pionnière poursuivie en système capitaliste, et une double conjoncture économique qui la rendait possible : l'industrie cotonnière, l'expansion coloniale.

---

* « C'est lentement seulement que le pouvoir d'achat a augmenté, en même temps que la population, le revenu par tête d'habitant, le prix des transports et les difficultés du commerce. Mais le marché était en expansion et la question vitale était de savoir quand le fabricant de certains articles de consommation massive capturerait une part de ce marché assez grande pour lui permettre une augmentation rapide et continue de leur production. » [5].

II

Comme toutes les autres industries cotonnières, l'anglaise s'était à l'origine développée comme un sous-produit du commerce d'outre-mer qui lui fournissait sa matière première (ou plutôt une de ses matières premières, car les premiers tissus de coton furent les *futaines,* mélange de coton et de lin) et ces cotonnades indiennes, les « calicots », qui conquirent tous les marchés où, à leur suite, les imitations des manufactures anglaises essayèrent de pénétrer à leur tour. Au début sans grand succès : elles savaient mieux reproduire les articles grossiers et bon marché que les beaux tissus finement travaillés. Mais, heureusement pour elles, les privilèges puissants et anciennement établis du commerce lainier obtenaient périodiquement des interdictions d'importation frappant les calicots indiens (les intérêts purement mercantiles de l'East India Company étant, au contraire, d'exporter des Indes les plus grandes quantités possibles) et donnèrent ainsi leur chance aux produits de substitution de l'industrie cotonnière insulaire. Meilleur marché que la laine, le coton et les tissus mixtes de coton se taillèrent un marché national modeste, mais honorable. Toutefois, leurs plus grandes chances d'expansion se trouvaient outre-mer.

Le commerce colonial qui avait créé l'industrie cotonnière continua à la nourrir. Au XVIIIᵉ siècle, elle se développa à l'arrière des grands ports coloniaux, Bristol, Glasgow et surtout Liverpool, le grand centre du commerce des esclaves, et chaque étape de ce commerce inhumain, mais en rapide montée, lui apporta un nouveau stimulant. En fait, pendant toute la période qui intéresse ce livre, esclavage et coton marchent d'un même pas. Les esclaves africains étaient achetés, en partie au moins, contre les cotonnades indiennes. Mais quand la guerre, ou des révoltes aux Indes et dans leurs parages, en interrompait l'approvisionnement, le Lancashire était capable d'intervenir. Les plantations des Antilles où les esclaves étaient emmenés, fournissaient la grosse masse du coton brut nécessaire à l'industrie anglaise et, en retour, les planteurs achetaient les cotonnades de Manchester, en quantités appréciables. Jusqu'à l'époque précédant immédiatement le *take off,* la grande majorité des exportations cotonnières du Lancashire allait vers les marchés associés de l'Afrique et de l'Amérique [7]. Le Lancashire devait plus tard payer sa dette à l'esclavage en aidant à son maintien, car à l'extrême fin du XVIIIᵉ siècle, les plantations des Etats-Unis du sud furent étendues et soutenues par la demande insatia-

ble et grimpant « en chandelle » des filatures du Lancashire, auxquelles elles fournissaient presque tout son coton brut.

L'industrie cotonnière fut ainsi lancée, comme un planeur,
par l'élan du commerce colonial auquel elle était liée, un commerce
qui promettait un accroissement non seulement considérable, mais
rapide, et dont, surtout, on ne pouvait apercevoir les limites.
Pour rester à sa hauteur, les entrepreneurs furent entraînés à adopter les techniques révolutionnaires nécessaires. Entre 1750 et 1769,
les exportations de cotons anglais firent plus que décupler. Dans de
telles circonstances, les bénéfices de celui qui arrivait le premier
sur le marché avec le plus grand nombre de cotonnades étaient
astronomiques et valaient bien le risque d'un saut dans l'aventure
technologique. Mais indépendamment de ces montées dramatiques,
brusques et intermittentes, le marché d'outre-mer, surtout dans les
« zones sous-développées », pauvres et arriérées, s'élargissait régulièrement et apparemment sans limitation. Sans doute tout secteur
donné, considéré isolément, était-il petit selon des critères industriels et, s'il était disputé par la compétition de plusieurs « économies avancées », plus médiocre encore pour chacune d'elles. Mais,
comme nous l'avons vu, à supposer que l'une des économies
avancées puisse réussir pour un temps suffisamment long, à mono-
poliser tout, ou presque tout ce marché extérieur, alors ses perspectives étaient réellement sans limites. C'est précisément ce à quoi
parvint l'industrie cotonnière britannique, avec l'appui agressif du
gouvernement de Londres. En termes de ventes, la révolution
industrielle peut être décrite, si l'on met à part les toutes premières
années de la décennie 1780-1790, comme le triomphe du marché
d'exportation sur le marché national. En 1814, la Grande-Bretagne
exportait environ quatre yards de cotonnades contre trois utilisées
sur son propre territoire; en 1850, treize contre huit [8]. Et dans ce
marché d'exportation sans cesse grandissant, les marchés coloniaux
et semi-coloniaux, longtemps le principal débouché des produits
anglais, prirent le pas sur les autres. Pendant les guerres napoléoniennes, alors que les marchés européens étaient largement coupés
par les guerres de blocus, la chose était naturelle. Mais cette période
terminée, ceux-ci continuèrent à s'affirmer de plus en plus. En
1820, l'Europe, à nouveau librement ouverte aux importations
anglaises, absorbait 128 millions de yards de cotons anglais; l'Amérique — U.S.A. exceptés —, l'Afrique et l'Asie 80 millions. Mais
en 1840, la part de l'Europe était de 200 millions de yards, contre
529 aux pays « sous-développés »...

C'est que, dans ces pays, l'industrie anglaise avait établi son
monopole en profitant de la guerre, des révolutions des autres
peuples et de sa propre domination impériale. Deux régions méri-

tent une mention particulière. Pendant les guerres napoléoniennes, l'Amérique latine, pratiquement, avait dépendu entièrement des importations britanniques; et après sa rupture avec les métropoles d'Espagne et du Portugal (voir *infra,* p. 143-144), elle devint en quelque sorte une simple dépendance économique de la Grande-Bretagne, car elle était coupée de toute interférence politique des autres pays d'Europe qui auraient pu être, pour l'Angleterre, des rivaux éventuels. En 1820, les cotonnades que les Anglais exportaient dans ce continent représentaient plus du quart de tous les achats européens dans l'île et, en 1840, cette proportion était passée à presque 150 %. Quant aux Indes Orientales, elles avaient été, traditionnellement, nous l'avons vu, exportatrices d'étoffes de coton, avec l'encouragement de l'East India Company. Mais, comme les intérêts industriels étaient maintenant prioritaires en Grande-Bretagne, les intérêts purement mercantilistes de la compagnie — ne parlons pas de ceux des Indes elles-mêmes — furent brutalement écartés. L'Inde fut systématiquement désindustrialisée, au point de devenir à son tour une cliente pour les cotons du Lancashire : en 1820, elle en absorbait déjà 145 millions de yards.

Qu'on ne voie pas là simplement un bel exploit du Lancashire. Il s'agit d'un grand moment de l'histoire du monde, car depuis la nuit des temps, l'Europe avait toujours importé davantage de l'Est qu'elle ne lui avait vendu : il n'y avait pas grand chose que l'Orient désirât de l'Occident, en échange des épices, des soies, des indiennes, des pierres précieuses, etc., qu'il lui vendait. Les cotonnades de la révolution industrielle, pour la première fois, ont retourné le sens de relations qui, jusque-là, n'avaient pu s'équilibrer que par un savant mélange d'exportations de monnaies et de brigandage. Seuls les Chinois, conservateurs et satisfaits de leurs propres ressources, refusaient encore d'acheter ce que leur offrait l'Occident, ou les économies contrôlées par l'Occident; et ce refus se prolongea jusqu'à ce que, entre 1815 et 1842, les commerçants occidentaux, aidés par les vaisseaux armés de l'Europe, aient découvert un produit idéal, susceptible d'être exporté *en masse,* celui-là, de l'Inde vers la Chine : l'opium.

Le coton a donc ouvert des perspectives astronomiques, assez tentantes pour jeter les entrepreneurs privés dans l'aventure de cette révolution industrielle que, d'autre part, l'expansion même, si soudaine, exigeait. Fort à propos, le coton offrait en même temps les autres conditions nécessaires à la réussite du processus. Les nouvelles inventions dont il était l'objet, la machine à filer dite *Jenny,* la fileuse à eau; la *mule-Jenny* et, un peu plus tard, le métier à tisser mécanique, étaient relativement simples et peu coûteuses; elles promettaient de rembourser presque sur-le-champ, grâce à un plus haut rendement, les frais qu'elles entraînaient. Elles pouvaient être installées, au besoin par petites étapes successives, par des hommes de petits moyens qui commençaient avec quelques livres empruntées, car ceux qui contrôlaient les grandes accumulations de richesses faites au XVIIIe siècle n'étaient guère inclinés à faire de gros investissements dans l'industrie. Mais cette dernière pouvait fort bien être financée grâce aux bénéfices normaux, car la combinaison qu'elle offrait de la conquête de marchés importants et d'une inflation des prix continue procurait une marge de profit fantastique. « Ce n'est pas avec des 5 %, des 10 % de bénéfice, dira plus tard et non sans justesse un politicien anglais, mais avec des centaines pour cent et des milliers pour cent que se sont faites les fortunes du Lancashire. » En 1789, l'ex-commis d'un drapier, Robert Owen, pouvait débuter en empruntant 100 livres à Manchester; en 1809, il achetait la part de ses associés dans les New lanark Mills pour 84 000 livres *comptant*. Et son histoire est celle d'un succès d'affaires relativement modeste. Or il faut se souvenir que vers 1 800 encore, moins de 15 % des familles britanniques jouissaient d'un revenu annuel supérieur à 50 livres, et qu'un quart seulement de ces favorisés gagnait plus de 200 livres par an [9].

Mais la manufacture de coton avait d'autres atouts encore. Toute sa matière première arrivait de l'étranger et on pouvait donc répondre à l'augmentation de ses besoins d'approvisionnement en usant des procédés expéditifs permis au Blanc dans les colonies — esclavage et mise en culture de nouvelles surfaces — au lieu des procédés plus lents de l'agriculture européenne. Et sans être arrêté en chemin par les privilèges accordés aux agricultures nationales *. A partir de 1790, le coton anglais trouve sa source d'approvisionnement — à laquelle sa fortune restera liée jusqu'en 1860 — dans les Etats du Sud des Etats-Unis récemment ouverts à de nouvelles plantations. A nouveau, à certaines étapes essentielles de sa transformation, notamment le filage, le coton souffrait d'un manque de main-d'œuvre efficace et bon marché, et il était donc poussé sur la voie de la mécanisation. Une industrie comme celle du lin, qui initialement avait plutôt de meilleures chances d'expansion coloniale que le coton, souffrit à long terme de la trop grande facilité qu'elle trouva à organiser une production non mécanisée et de faible prix de revient dans les régions de paysannerie apauvrie où elle était le plus florissante (surtout l'Europe centrale, mais aussi l'Irlande).

* Par exemple, les envois de laine d'outre-mer restèrent d'une importance négligeable pendant toute notre période et ne prirent une certaine importance qu'à partir de 1870.

Car le chemin *naturel,* évident du développement industriel au XVIIIe siècle, en Saxe et en Normandie comme en Angleterre, ce n'était pas de construire des fabriques, mais d'étendre le système dit « domestique », ou « à domicile », selon lequel les ouvriers — tantôt des artisans autrefois indépendants, tantôt des paysans disposant de loisirs à la morte saison — travaillaient la matière brute dans leur propre maison, avec leur propre outillage ou celui qui leur était loué, rapportant leur travail au marchand qui le leur avait confié et qui était en voie de devenir un employeur *. En fait, en Grande-Bretagne comme dans le reste du monde alors en progression économique, l'essentiel de l'expansion continua à se faire sur ce modèle, dans la période initiale de l'industrialisation. Même dans l'industrie cotonnière, le tissage par exemple fut développé en créant des armées de tisserands domestiques, usant de métiers à main, pour desservir les centres de machines à filer, le métier à main primitif étant un outil bien plus efficace que le rouet. Partout le tissage ne fut mécanisé que bien après le filage, le temps d'une génération, et partout, soit dit en passant, les tisserands travaillant à la main moururent de mort lente, parfois se révoltant contre leur affreux destin, quand l'industrie n'eut plus besoin de leurs services.

III

Le point de vue traditionnel qui est de décrire l'histoire industrielle britannique essentiellement en termes de coton, est donc un point de vue correct. Le coton est la première industrie qui ait été l'objet d'une révolution et il est difficile de voir quel autre secteur eût été capable de pousser dans la révolution une armée d'entrepreneurs privés. En 1830 encore, le coton était la seule industrie britannique dans laquelle la fabrique, ou le « moulin » (le nom dérivant du plus répandu parmi les établissements préindustriels employant une lourde machinerie mécanique) avait un rôle prédominant, au début (1780-1815) surtout pour le filage, le cardage et autres opérations ancillaires, puis, de façon croissante après 1815, pour le tissage également. Les « fabriques » dont parlent les nouveaux Factory Acts, désignaient tacitement,

---

* Le « système domestique », étape universelle du développement manufacturier sur le chemin qui va du travail familial ou artisanal à l'industrie moderne, peut prendre des formes innombrables, dont certaines très proches de la fabrique. Si un auteur du XVIIIe siècle parle de « manufactures », c'est presque toujours à ces formes qu'il pense, et ceci dans tous les pays d'Occident.

jusque vers 1860, les seules fabriques textiles, et surtout les « moulins à coton ». La production en fabrique, dans les autres branches
du textile, fut lente à se développer avant 1840, et dans les autres
secteurs de production, elle était négligeable. Même la machine
à vapeur, bien qu'appliquée à un grand nombre d'industries vers
1816, ne fut pas employée abondamment ailleurs que dans les
mines, qui l'avait lancée. En 1830, « industrie » ou « fabrique »
dans l'acception moderne de ces mots, n'avaient encore de sens
que pour les zones de coton du Royaume-Uni.

Le constater n'est pas sous-estimer les nombreuses forces qui
jouaient en faveur des innovations dans d'autres secteurs de biens
de consommation, notamment les autres textiles *, les nourritures
et boissons, la céramique et autres articles de la vie quotidienne,
fortement stimulés par la croissance rapide des villes. Mais, en
premier lieu, ces activités employaient fort peu de monde : aucune
industrie n'approchait, même de loin, du million et demi d'individus qui, en 1833, étaient employés dans l'industrie du coton directement ou dans les industries annexes [11]. En second lieu, leur pouvoir
d'action sur le milieu environnant était beaucoup plus faible :
la *brasserie* qui, sous bien des aspects, était une affaire techniquement et scientifiquement beaucoup plus avancée et mécanisée que
le coton et qui avait fait sa révolution bien avant lui, n'avait à peu
près aucune incidence sur l'économie dans laquelle elle évoluait,
comme en est la preuve la grande brasserie Guiness de Dublin, dont
la construction n'apporta à peu près aucun changement au reste
de l'économie de Dublin et de l'Irlande, bien qu'elle ait eu une
influence sur les goûts locaux [12]. Les demandes provoquées par
le coton — demandes de bâtiments supplémentaires et autres
activités annexes dans les nouvelles zones industrielles, demandes
de machines, d'améliorations des procédés chimiques, d'éclairage
industriel, de navires, etc. — représentent à elles seules un large
pourcentage de la croissance économique en Grande-Bretagne,
jusqu'en 1830. En troisième lieu, le développement de l'industrie
du coton a été si vigoureux et son poids si grand dans le commerce extérieur de la Grande-Bretagne qu'il a dominé les mouvements de son économie tout entière. La quantité de coton brut
importé en Angleterre est passée de 11 millions de livres en 1785
à 588 millions en 1850; la production de tissu de 40 millions à
2 025 millions de yards [13]. Les articles de coton comptaient pour 40
à 50 % de la valeur annuelle déclarée de *toutes* les exportations

---

* Dans tous les pays possédant des manufactures, les textiles tendaient
à prédominer : en Silésie (1800), ils représentaient 74 % de la valeur de la
production manufacturière tout entière [10].

anglaises entre 1816 et 1848. Si le coton était florissant, l'économie l'était également; si le coton s'effondrait, l'économie le suivait dans sa chute. Le mouvement des prix du coton déterminait la balance commerciale du pays. Seule l'agriculture avait eu un pouvoir comparable, mais il était visiblement en déclin.

Néanmoins, et bien que le développement de l'industrie du coton et de l'économie industrielle dominée par lui « défie tout ce que l'imagination la plus follement romantique aurait pu concevoir, dans n'importe quelles circonstances » [14], ses progrès furent loin d'avoir un cours paisiblement régulier et, entre 1830 et les premières années de la décennie 1840-1850, se présentèrent de vifs problèmes de croissance, pour ne pas parler d'une agitation révolutionnaire sans équivalent dans aucune autre période de l'histoire britannique récente. Ce premier ébranlement général de l'économie industrielle capitaliste se traduit par un marché dont le développement se ralentit, peut-être même par un déclin du revenu national britannique à cette époque [15]. Mais cette première crise générale sérieuse du capitalisme n'est pas un phénomène purement britannique.

Ses conséquences les plus sérieuses furent sociales : la transition entre ancienne et nouvelle économie créait misère et mécontentement, ces matériaux de toute révolution sociale. En effet, une révolution sociale finit par éclater, prenant la forme de soulèvements spontanés parmi les pauvres des villes et des zones industrielles. Ce furent les révolutions de 1848 sur le continent, le vaste mouvement chartiste en Angleterre. D'ailleurs le mécontentement n'était pas le seul fait des travailleurs besogneux. Certains petits entrepreneurs ayant des difficultés à s'adapter, des petits-bourgeois, certains secteurs particuliers de l'économie se trouvaient aussi parmi les victimes de la révolution industrielle et de ses implications. Des ouvriers naïfs se rebellèrent contre le nouveau système en brisant les machines qu'ils jugeaient responsables de leurs malheurs; mais un groupe étonnamment large de négociants locaux et de fermiers sympathisèrent profondément avec ces actes de vandalisme, parce qu'ils se regardaient eux-mêmes comme les victimes d'une minorité diabolique de novateurs égoïstes. L'exploitation d'une classe ouvrière qui continuait à ne recevoir que juste de quoi subsister, permettant ainsi aux riches d'accumuler les profits qui finançaient l'industrie (mais aussi leur propre et large confort), éveillait l'antagonisme des prolétaires. Cependant un autre aspect de ce détournement du revenu national, retiré aux pauvres pour le profit des riches et à la consommation pour le profit de l'investissement, rencontrait l'antagonisme du petit entrepreneur. Les grands financiers, le cercle étroit des détenteurs de

rentes sur l'Etat, à qui revenait tout ce que les autres payaient
d'impôts (voir le chapitre sur la guerre) — quelque chose comme
8 % du revenu national total [16] — étaient peut-être plus impopulai-
res encore parmi les petits entrepreneurs, les fermiers et autres
gens de ce niveau, que parmi les ouvriers, car ils en savaient suffisamment en matière de monnaie et de crédit pour ressentir avec
une vive colère personnelle les désavantages de leurs positions.
C'était fort bien pour les riches, qui obtenaient tout le crédit
qu'ils voulaient, de vouloir imposer à l'économie une déflation
rigide et l'orthodoxie monétaire, après les guerres napoléoniennes :
ceux qui en souffriraient, c'étaient les petits, ceux qui, dans tous les
pays et tout au long du XIX⁰ siècle, réclamaient au contraire
des facilités de crédit et la non-orthodoxie financière *. C'est
pourquoi la classe ouvrière et les petits bourgeois aigris, parce
que sur le point de rouler dans le gouffre des non-possédants, se
retrouvaient dans un commun mécontentement. Et celui-ci, à son
tour, les liait à tous ces mouvements de masse, dits « radicalisme », « démocratie » ou « républicanisme », et dont les radicaux
anglais, les républicains français et les démocrates jacksoniens
américains furent les représentants les plus redoutables, entre
1815 et 1848.
    Du point de vue des capitalistes, cependant, ces problèmes
sociaux n'avaient d'importance pour le progrès économique que
dans la mesure où, par quelque horrible accident, ils seraient
appelés à renverser l'ordre social existant. Mais, d'un autre côté,
il semblait bien que certaines failles dans le processus économique
menaçaient sa force motrice fondamentale : le profit. Et si le
revenu du capital tombait à zéro, une économie dans laquelle
les hommes ne produisaient qu'en vue du profit ne saurait que
descendre lentement jusqu'à cet « état stationnaire » que prophéti-
saient certains économistes [17].
    Les trois plus évidentes de ces failles étaient le cycle écono-
mique qui faisait se succéder expansion et dépression, la tendance
à décliner du taux du profit et (ce qui revenait au même) le
manque de bonnes occasions d'investissements.
    La première difficulté n'était pas considérée comme grave,
sinon par ceux qui critiquaient le capitalisme en tant que tel :
ils furent les premiers à étudier ce phénomène du cycle et à le
considérer comme une partie intégrante du processus économique

----

    * Depuis le radicalisme post-napoléonien en Angleterre jusqu'aux popu-
listes des Etats-Unis, tous les mouvements protestataires comprenant des
fermiers et de petits entrepreneurs peuvent se reconnaître aisément à ce
qu'il réclament la non-orthodoxie financière : ils étaient tous partisans de
« la planche à billets ».

capitaliste, comme un symptôme de ses contradictions inhérentes *. Les crises périodiques de l'économie conduisant au chomage, aux chutes de la production, aux faillites, etc., étaient bien connues.

Au XVIIIᵉ siècle, généralement, elles correspondaient à quelque catastrophe agraire (mauvaises récoltes, etc.) et, sur le continent européen, comme on l'a affirmé, les difficultés agricoles restèrent la cause première des dépressions les plus profondes, jusqu'au milieu du XIXᵉ siècle. Dans les secteurs plus étroits de la manufacture et de la finance, des crises périodiques étaient également habituelles, en Grande-Bretagne au moins jusqu'en 1793. Après les guerres napoléoniennes, le drame intermittent du boom et de la crise — en 1825-26, en 1839-42, en 1846-48 — domine nettement la vie économique de la nation. A partir de 1830 et de la décennie décisive qui suivit, on se rendit compte plus ou moins vaguement que c'était là phénomènes périodiques réguliers, au moins dans le commerce et la finance [18]. Cependant, les hommes d'affaires les considéraient encore communément comme provoqués soit par des fautes particulières — par exemple les excès de la spéculation sur les titres américains —, soit par une intervention extérieure pesant sur les opérations normales de l'économie capitaliste. En dehors des socialistes, nul ne croyait qu'ils reflétaient des difficultés fondamentales du système lui-même.

Il n'en était pas de même pour la marge décroissante du profit, cette autre faille qui se marquait avec beaucoup de clarté dans l'industrie cotonnière. A l'origine, cette industrie avait bénéficié d'avantages extraordinaires. La mécanisation avait vivement accru la productivité (c'est-à-dire le prix de revient par unité produite) de sa main-d'œuvre, qui était toujours abominablement rétribuée, d'autant qu'elle était composée, pour une bonne part, de femmes et d'enfants **. Sur les 12 000 personnes qu'employaient les moulins à coton de Glasgow en 1833, 2 000 seulement gagnaient en moyenne plus de 11s. par semaine. Dans les 131 moulins de Manchester, les salaires moyens étaient inférieurs à 12s et ne dépassaient ce niveau que dans 21 établissements seulement [19]. Or, la construction des fabriques était relativement bon marché : même en 1846, l'installation complète nécessaire pour 410 machines à tisser, y compris le prix du terrain et des bâtiments, revenait à environ

* Le Suisse Sismonde de Sismondi et ce conservateur à l'esprit provincial qu'était Malthus furent les premiers à engager la discussion dans ce sens, dès avant 1825. Les socialistes firent de leur théorie des crises la clef de voûte de leur critique du capitalisme.
** E. Baines, en 1835, estimait le salaire moyen de tous les ouvriers du filage et du tissage à 10s. par semaine — compte tenu de deux semaines de vacances non payées par an — et celui des tisserands à main à 7s.

11 000 livres [20]. Surtout, les plus gros frais, ceux de la matière première, furent diminués radicalement par la rapide extension de
la culture du coton dans les Etats-Unis du sud, après l'invention
de la machine à égrener le coton, par Eli Whitney, en 1793. Si
nous ajoutons que les entrepreneurs bénéficiaient en plus de l'inflation du profit (c'est-à-dire de la tendance générale des prix
à être plus hauts lorsqu'ils vendaient leurs produits que lorsqu'ils
les fabriquaient), on comprendra pourquoi les classes de la manufacture se sentaient pleines de dynamisme.

Mais après 1815, ces avantages sont progressivement contre-
balancés par le rétrécissement de la marge de profit. En premier
lieu, la révolution industrielle elle-même et la concurrence provo-
quaient une chute spectaculaire et continue du prix des articles
finis, que n'accompagnait pas une baisse analogue de tous les
coûts de production [21]. En second lieu, après 1815, le climat général
était, pour les prix, à la déflation, et non à l'inflation, ce qui signifie
que les bénéfices, loin de profiter d'un gonflement supplémentaire,
souffraient au contraire d'une légère rétraction. Ainsi, alors qu'en
1784, le prix de vente d'une livre de filés de coton avait été de
10s 11d., le coût de la matière première qui y avait été employée
de 2s. (soit une marge brute de 8s. 11d. pour couvrir les frais
de transformation et le bénéfice), en 1812, ces chiffres devenaient respectivement 2s. 6d. et 1s. 6d. (marge brute 1s.) ; en 1832,
11 ¼d. et 7 ½d, ce qui réduisait la marge brute à 4d. seulement [22].
Naturellement, cette situation qui était générale dans l'industrie
britannique — et, en l'occurrence, dans toute industrie avancée —
n'était pas tragique. « Les profits sont encore suffisants », écrivait
en 1835, avec une modestie inhabituelle, le champion du coton
qui s'en était fait l'historien, pour permettre une grande accumulation de capital dans la manufacture » [23]. Comme le chiffre total
des ventes montait à vive allure, le total des bénéfices en faisait
autant, malgré la diminution du taux du profit. Tout ce qu'il
fallait, c'était que l'expansion continue à ce rythme astronomique.
Néanmoins, il semblait que le rétrécissement de la marge bénéficiaire devait être stoppé, à tout le moins atténué. On ne pouvait y
réussir qu'en abaissant les frais de production. Et, de tous ces frais,
les *salaires* — que Mc Culloch évaluait comme coûtant chaque
année trois fois le montant de la matière première — étaient assurément les plus facilement compressibles.

Plusieurs moyens s'offraient pour les réduire : soit les diminuer directement, soit substituer des machines bon marché aux
ouvriers qualifiés les plus coûteux, soit faire jouer la concurrence
de la machine. Cette dernière formule réduisit le salaire hebdomadaire moyen, à Bolton, d'un tisserand à main de 33s. en 1795 et 14s.

en 1815, à 5*s.* 6*d.* (ou plus précisément un revenu net de 4*s.* 1 ½*d.*)
en 1829-34 [24]. En fait, les salaires nominaux baissèrent sans arrêt
dans la période post-napoléonienne. Mais il y avait une limite phy-
siologique à de telles réductions, sans quoi les ouvriers seraient
vraiment morts de faim, comme le faisaient les 250 000 tisserands à
main. Pour que les salaires puissent tomber plus bas que ce niveau,
il aurait fallu au moins que le prix de la vie baisse. Les manufacturiers étaient tous d'avis que celui-ci était maintenu artificiellement
haut par le monopole des intérêts des propriétaires, qu'aggravait
encore les tarifs douaniers hautement protectionnistes dont un
Parlement de propriétaires terriens avait entouré l'agriculture
britannique après la guerre, les Corn Laws. Celles-ci avaient en
outre cet inconvénient supplémentaire de menacer l'accroissement
si essentiel des exportations britanniques, car si l'on empêchait le
reste du monde encore non industrialisé de vendre ses produits
agricoles, comment pourrait-il payer les articles manufacturés que
seule la Grande-Bretagne pouvait — et devait — lui fournir? Le
monde des affaires à Manchester, devint donc le centre d'une
opposition active et de plus en plus acharnée contre les propriétaires de terres en général et les Corn Laws en particulier; il se fit
la cheville ouvrière de l'Anti-Corn Law League, de 1838 à 1846.
Ce n'est qu'en 1846 qu'il obtint l'abolition de ces lois, laquelle
n'entraîna pas immédiatement une chute du coût de la vie; on
peut douter que même des importations totalement libres de produits alimentaires eussent été capables de l'abaisser avant l'âge
des chemins de fer et des bateaux à vapeur.

L'industrie était ainsi soumise à une pression intense pour
mécaniser (c'est-à-dire abaisser le prix de revient par des économies de main-d'œuvre), rationaliser et développer sa production et ses ventes, façon de compenser par une masse de bénéfices,
petits à l'unité, les diminutions de la marge bénéficiaire. Le succès
fut inégal. Comme nous l'avons vu, la montée de la production
et des exportations fut réellement gigantesque; de même, après
1815, la mécanisation des activités qui étaient encore manuelles,
ou en partie seulement mécanisées, notamment le tissage. Celle-ci
se présenta surtout sous la forme d'une généralisation des
machines, telles qu'elles existaient ou avec de légères améliorations, plutôt que comme une nouvelle révolution technologique.
Pourtant, il y avait un fort mouvement en ce sens — 39 nouveaux brevets sont pris pour le filage du coton, etc., en 1800-1820,
51 en 1820-1830, 86 en 1830-1840 et 156 pendant la décennie suivante [25] — mais l'industrie britannique du coton se stabilise
technologiquement pendant les années 1830. D'un autre côté, si la
production par ouvrier s'est accrue pendant la période post-

napoléonienne, elle ne l'a pas fait dans des proportions qui puissent
être qualifiées de révolutionnaires. L'accélération substantielle des
phases de la fabrication devait se produire seulement dans la
seconde moitié du siècle.

Une pression comparable s'exerçait sur le taux de l'intérêt
sur le capital, que la théorie contemporaine assimilait au profit.
Mais ce problème nous conduit à la phase suivante du développement industriel — la construction d'une industrie de base de
biens d'équipement.

IV

Il est évident qu'aucune économie industrielle ne peut dépasser
un certain point de développement si elle ne possède pas la capacité requise en biens d'équipement. C'est pourquoi, aujourd'hui
encore, le seul indice vraiment sûr du potentiel industriel d'un
pays est le montant de sa production de fer et d'acier. Mais il est
non moins évident que dans un système d'entreprise privée, l'investissement extrêmement coûteux nécessaire à ce développement
n'a guère de chances de se réaliser sous la pression de motivations
analogues à celles qui jouent dans l'industrialisation du coton,
ou d'autres biens de consommation. Pour ceux-ci, un marché de
masse existe déjà, au moins potentiellement : même les hommes
très primitifs portent des chemises, se servent d'articles ménagers
ou de produits alimentaires. Le problème est simplement de savoir
comment mettre suffisamment vite un marché suffisamment vaste
à la portée des hommes d'affaires. Mais aucun marché préalable
n'existe, par exemple, pour l'industrie métallurgique de l'équipement lourd, tel que les poutres métalliques. Il ne saurait se créer
qu'au cours d'une révolution industrielle (qui ne l'implique pas
forcément) et ceux qui, sans attendre son apparition, immobilise-
raient leur argent dans les investissements qu'exigent une métallurgie même modeste (investissements énormes si on les compare
à ceux de la plus grande fabrique de coton), ceux-là seraient beaucoup plus probablement des spéculateurs, des aventuriers ou des
rêveurs que des hommes d'affaires sérieux. De fait, en France,
c'est une secte d'aventuriers de la spéculation technologique, les
saint-simoniens (voir ci-dessous), qui ont été les plus ardents
propagandistes de cette sorte particulière d'industrialisation, dont
la condition est un investissement important et à long terme.

Ces désavantages s'appliquaient particulièrement au cas de
la métallurgie, surtout celle du fer. Sa capacité était pourtant en
augmentation, grâce à quelques innovations simples, telles que

celles du puddlage et du laminage, vers 1780; mais la demande non militaire restait, dans ce secteur, relativement modeste et l'armée, bien que de dimensions flatteuses à cause d'une série de guerres entre 1756 et 1815, avait nettement diminué après Waterloo; elle n'était certainement pas assez importante pour faire de la Grande-Bretagne un producteur de fer de taille exceptionnelle. De fait, en 1790, celle-ci ne dépassait la France, dans ce domaine, que de 40 %, et même en 1800, elle représentait beaucoup moins que la moitié de la production totale du continent. Un quart de millions de tonnes : le chiffre paraît minuscule d'après nos critères. Et la part de l'Angleterre dans la production mondiale de fer avait plutôt tendance à s'amenuiser, durant les dernières décennies du XVIIIᵉ siècle.

Heureusement, les difficultés étaient moindres pour les mines, qui étaient surtout des mines de charbon. Car le charbon avait l'avantage de ne pas être seulement la source majeure de l'énergie industrielle au XIXᵉ siècle; il était aussi la forme majoritaire du combustible domestique en Grande-Bretagne. La poussée des villes (et spécialement de Londres) avait provoqué depuis la fin du XVIᵉ siècle une augmentation rapide de l'extraction du charbon qui, au début du XVIIIᵉ, se présentait déjà comme une industrie moderne, employant même, pour le pompage, les premières machines à vapeur (conçues primitivement, dans le même dessein, pour les mines de métaux non ferreux, en Cornouaille surtout). C'est pourquoi, pendant notre période, les mines de charbon n'ont guère éprouvé le besoin et n'ont pas fait l'expérience d'une révolution technologique plus poussée. Elles se contentèrent d'améliorer plutôt que de transformer leurs procédés. Mais leurs capacités étaient déjà immenses et, à l'échelle du temps, astronomiques. En 1800, la Grande-Bretagne a dû extraire environ 10 millions de tonnes de charbon, soit 90 % de la production mondiale. Sa plus proche rivale, la France, restait au-dessous du million de tonnes.

Cette énorme industrie, quoique d'un rythme d'expansion trop peu rapide pour une industrialisation vraiment massive, à l'échelle du XIXᵉ siècle, était suffisamment importante pour susciter une invention de base, celle qui devait transformer les industries de biens d'équipement : le chemin de fer. Car les mines ne réclamaient pas seulement des machines à vapeur nombreuses et puissantes; il leur fallait des moyens de transport efficaces, des galeries aux puits, et, plus encore, du carreau de la mine au point d'embarquement. Le « tramway », ou « railway », ce chemin métallique le long duquel courent des wagons, était une solution naturelle; faire tirer ces wagons par des machines fixes était tentant; les

faire tirer par des machines elles-mêmes mobiles ne paraissait pas
trop difficile. Enfin, le coût du transport par terre des marchandises pondéreuses était tellement élevé qu'il était fatal que les
propriétaires de charbon, dans les gisements de l'intérieur,
s'avisent un jour que ces moyens de transport à courte distance
pouvaient être étendus avec profit pour les distances longues. La
ligne qui joint à la côte le gisement intérieur de Durham (Stockton-
Darlington, 1825) fut le premier des chemins de fer modernes.
Technologiquement, le chemin de fer est donc un enfant de la
mine, et spécifiquement des mines de charbon du Nord de l'Angleterre. George Stephenson commença sa vie comme « machiniste »
de Tyneside et, pendant des années, pratiquement tous les conduc-
teurs de locomotive recrutés étaient originaires des zones de gisements de charbon.

Aucune innovation de la révolution industrielle n'a davantage enflammé les imaginations que le chemin de fer, comme en
témoigne le fait qu'il est le seul produit de l'industrialisation du
XIX⁰ siècle qui ait passé dans l'imagerie et la poésie, tant populaire
que littéraire. Il avait à peine fait ses preuves en Angleterre comme
une technique réalisable et profitable que déjà, dans la plupart
des pays d'Occident, des plans étaient élaborés pour construire
des lignes dont, il est vrai, l'exécution fut en général remise à
plus tard. Les premières voies ferrées, fort courtes, furent ouvertes
aux Etats-Unis en 1827, en France en 1828 et 1835, en Allemagne et
en Belgique en 1835 et en Russie même, en 1837. La raison de ce
succès est sans doute qu'aucune autre invention n'a révélé aussi
dramatiquement au profane la puissance et la vitesse de l'âge
nouveau; et la révélation fut d'autant plus frappante que les
chemins de fer, même les tout premiers, étaient d'une remarquable maturité technique. (Des vitesses atteignant 95 kilomètres
à l'heure, par exemple, étaient parfaitement praticables vers 1830
et ne furent pas substantiellement améliorées par les locomotives
à vapeur ultérieures.) Ces chemins de fer, poussant leurs immenses
serpents empanachés de fumée à la vitesse du vent, à travers
les nations et les continents, et dont les quais et les talus, les ponts
et les stations formaient un ensemble d'ouvrages publics auprès
duquel les pyramides, les aqueducs romains et même la Grande
Muraille de Chine paraissaient d'un pâle provincialisme, c'était
le symbole même du triomphe de l'homme armé par la technologie.

En fait, du point de vue de l'économie, les vastes frais qu'ils
entraînèrent furent leur principal avantage. Sans doute, à long
terme, leur capacité d'ouvrir des pays jusque-là isolés des marchés mondiaux par le haut prix des transports, la forte augmen-

tation en vitesse et en volume qu'ils signifiaient pour les communications terrestres, tant des hommes que des marchandises, autant de résultats qui devaient se révéler d'un grand poids, mais qui, avant 1848, restèrent économiquement secondaires : hors d'Angleterre parce que les chemins de fer y étaient rares, en Angleterre parce que, pour des raisons géographiques, les problèmes de transport y étaient beaucoup moins insolubles que dans les grands pays entièrement encerclés par des terres *. Mais, selon les perspectives de qui étudie le développement économique, l'immense appétit des chemins de fer pour le fer et l'acier, le charbon, les machines lourdes, la main-d'œuvre, les investissements de capitaux, furent, à ce stade du développement, d'une importance primordiale. Car ils procurèrent justement cette demande massive nécessaire pour que les industries de biens d'équipement se transforment, aussi profondément que l'avait fait l'industrie du coton. Dans les deux premières décennies de la vie des chemins de fer (1830-1850), la production du fer en Grande-Bretagne passa de 680 000 à 2 250 000 tonnes, donc tripla. Celle du charbon, pendant la même période, tripla également, passant de 15 millions à 49 millions de tonnes. Cette montée spectaculaire était due avant tout aux voies ferrées, car en moyenne, chaque mile de lignes exigeait 300 tonnes de fer, pour les seuls rails [26]. Les progrès industriels qui, pour la première fois, rendirent possible la production en masse de l'acier se firent tout naturellement, pendant les décennies qui suivirent.

Cette expansion soudaine, immense et tellement capitale s'explique par la passion apparemment irrationnelle avec laquelle hommes d'affaires et actionnaires se jetèrent dans les constructions de chemins de fer. En 1830, il y avait quelques douzaines de kilomètres de voies ferrées dans le monde entier — la ligne de Liverpool à Manchester en représentant l'essentiel. En 1840, il y en avait plus de 4 500 miles; en 1850, plus de 23 500. La plupart avaient été conçues pendant ces quelques explosions de spéculation frénétique connues sous le nom de « manies du chemin de fer », en 1835-1837 et, plus encore, 1844-1847. Et la plupart furent construites avec des capitaux britanniques, du fer britannique, des machines britanniques **... Ces booms de l'investissement semblent déraisonnables, car en fait les chemins de fer étaient rares qui donnaient au bailleur de fonds plus de bénéfices que d'autres formes d'entreprise; la plupart ne lui apportaient qu'un profit

---

* Aucun point du territoire anglais ne se trouve à plus de 70 milles de la mer, et toutes les grandes zones industrielles du XIXe siècle, une exception mise à part, sont soit sur la mer, soit à sa portée immédiate.
** En 1848, le tiers du capital investi dans les chemins de fer français était d'origine britannique [27].

très modeste, et beaucoup rien du tout : en 1855, l'intérêt des capitaux engloutis dans les chemins de fer n'était, en moyenne, que de 3,7 %. Bien entendu, les promoteurs, les spéculateurs etc., y firent d'excellentes affaires, mais certainement pas l'actionnaire ordinaire. Et cependant, 28 millions de livres en 1840, 240 millions en 1850 y ont été investis, avec un bel optimisme [28].

Pourquoi? L'explication fondamentale, en ce qui concerne la Grande-Bretagne des deux premières générations de la révolution industrielle, c'est que les classes riches et aisées ont accumulé les revenus si rapidement et en quantités telles qu'ils dépassaient toutes leurs possibilités et de dépense et d'investissements. (Les surplus annuels investissables étaient estimés, vers les années 1840, à environ 60 millions de livres [29].) Sans aucun doute une société féodale et aristocratique est parvenue à dissiper une grande partie de telles sommes dans une vie somptuaire, dans des constructions luxueuses et autres activités non économiques *. Même en Grande-Bretagne, le sixième duc de Devonshire dont le revenu normal était plutôt princier, réussit à laisser à son héritier un million de livres de dettes, au milieu du XIXᵉ siècle (que celui-ci paya en empruntant à son tour 1 500 000 livres et récupéra grâce à l'augmentation de la valeur vénale de son patrimoine immobilier [30]). Mais la masse des classes moyennes qui formait le gros du public des actionnaires, avait encore tendance à épargner plutôt qu'à dépenser, bien que, vers les années 1840, il semble à bien des signes qu'elle se soit senti suffisamment riche pour, à la fois, dépenser et investir. Les femmes de ces bourgeois commencent à devenir des *ladies* qui prennent des leçons dans les ouvrages de savoir-vivre dont les publications se multiplient à cette époque; eux-mêmes se mettent à reconstruire leurs chapelles dans un style pompeux et coûteux et même à célébrer leur gloire collective en édifiant ces horribles hôtels de ville et autres monstrueux bâtiments publics en faux style gothique et Renaissance dont le prix exact et impérial est rapporté avec orgueil et précision par les historiens locaux **.

Sans doute une société moderne — société socialiste ou de sécurité sociale — eût-elle consacré partie de ces vastes disponibilités à des réalisations sociales. Dans la période qui nous inté-

---

* Naturellement, des dépenses de ce genre stimulent aussi l'économie, mais d'une façon très peu efficiente, et pas du tout dans le sens de la croissance industrielle.

** Quelques cités ayant des traditions du XVIIIᵉ siècle n'ont jamais interrompu leurs constructions publiques. Mais une métropole nouvelle, typiquement industrielle, comme Bolton, dans le Lancashire, n'a pour ainsi dire construit aucun édifice non utilitaire de quelque importance avant 1847-1848 [31].

resse, rien n'était plus improbable. Echappant pratiquement à l'impôt, les classes moyennes continuèrent donc à accumuler au milieu d'une populace affamée, dont la faim était la contrepartie de leur épargne. Et comme ils n'étaient point de ces paysans qui se contentent de thésauriser en remplissant des bas de laine ou en entassant les anneaux d'or, il leur fallait bien trouver pour ces fonds quelque placement profitable. Mais où? Les industries existantes, par exemple, étaient trop bon marché, désormais, pour absorber plus qu'une fraction des surplus disponibles pour l'investissement : en supposant même un doublement des dimensions de l'industrie cotonnière, le prix de l'opération n'en aurait épongé qu'une partie. Ce qu'il fallait, c'était une éponge assez grande pour ramasser le tout *.

Investir à l'étranger était manifestement une solution. Le reste du monde — à commencer par les Etats, les vieux cherchant à réparer les pertes des guerres napoléoniennes, les nouveaux empruntant avec leur alacrité et leur insouciance habituelles pour des buts indéterminés — n'était que trop avide de prêts illimités. Et l'actionnaire anglais prêta avec empressement. Mais hélas, les emprunts sud-américains qui semblaient si prometteurs vers 1820, les emprunts nord-américains si alléchants vers 1830 se transformèrent trop souvent en morceaux de papier sans aucune valeur : sur vingt-cinq emprunts de gouvernements émis entre 1818 et 1831, seize (soit la moitié des 42 millions de livres du prix d'émission) ne répondaient pas à leurs obligations en 1831. En principe, ils auraient dû apporter aux actionnaires 7 à 9 % ; en fait, en 1831, ceux-ci recevaient 3,1 % en moyenne. Qui n'eût été découragé par des expériences telles que celles des emprunts grecs à 5 %, de 1824 et 1825, pour lesquels aucun intérêt ne fut payé jusqu'en 1870 [32] ? Il est donc naturel que les capitaux flottants, au moment de la fièvre de spéculation de 1825 et 1835-1837, aient cherché des placements apparemment moins décevants.

John Francis se reportant rétrospectivement à cet engouement de 1851 parle de ces riches qui « ont veillé à ce que les capitaux accumulés, grâce auxquels un peuple industrieux peut toujours faire des investissements dépassant le niveau ordinaire, soient employés de façon légitime et juste... Ils ont veillé à ce que l'argent qui, au moment de leur jeunesse, avait été jeté dans les emprunts de guerre et au moment de leur maturité gaspillé dans les mines de l'Amérique du Sud, serve à faire des routes, à donner du travail et à développer les affaires. L'absorption du capital par les che-

---

* Le capital total — fixe et circulant — de l'industrie cotonnière était estimé par McCulloch à 34 millions de livres en 1833, 47 millions en 1845.

mins de fer, même si elle n'a pas été un succès, a servi au moins au pays qui avait produit ce capital. Il ne pouvait pas arriver ce qui s'est passé avec les mines étrangères et les emprunts étrangers qui se sont épuisés et ont perdu toute valeur » [33].

Savoir s'ils auraient pu découvrir — par exemple dans le bâtiment — d'autres formes d'investissement national, est une question académique à laquelle on ne saurait répondre avec certitude. Le fait est qu'ils trouvèrent les chemins de fer, dont on ne saurait comprendre la construction si rapide et à si large échelle sans ce torrent de capitaux qui coula vers eux, particulièrement vers 1845. Ce fut une heureuse conjoncture, car le hasard fit que les chemins de fer purent résoudre, pratiquement tous à la fois, les problèmes de la croissance économique.

V

Reconstituer l'élan qui a fait l'industrialisation n'est qu'une partie de la tâche de l'historien; l'autre étant de suivre la mobilisation et la redistribution des ressources économiques, l'adaptation de l'économie et de la société qu'à exigées le maintien de la nouvelle voie révolutionnaire.

Le premier élément, le plus crucial peut-être, qu'il fallut mobiliser et redistribuer fut la main-d'œuvre, car une économie industrielle signifie un vif déclin proportionnel de la population agricole (c'est-à-dire rurale) et une vive montée de la population non agricole (c'est-à-dire, de plus en plus, urbaine). Et presque à coup sûr (c'est le cas ici) un rapide accroissement général de la population. C'est pourquoi elle implique en premier lieu une vive montée du ravitaillement en denrées alimentaires, surtout sur le marché de l'agriculture nationale — c'est-à-dire une « révolution agricole » *.

La croissance rapide des villes et des établissements non agricoles en Grande-Bretagne avait naturellement, depuis longtemps, stimulé l'agriculture qui, heureusement, est de si faible rendement sous ses formes préindustrielles que de très petites améliorations — un peu d'attention rationnelle apportée à l'élevage, à l'assolement, aux engrais et à l'organisation des exploitations, à l'adoption de nouvelles cultures — peuvent donner des résultats tout à fait

---

* Avant l'âge du chemin de fer et du bateau à vapeur — c'est-à-dire avant la fin de notre période — la possibilité d'importer du dehors de vastes quantités de nourriture fut limitée, bien que, en net, la Grande-Bretagne fut largement importatrice de denrées alimentaires à partir des années 1780.

disproportionnés à l'effort. Des transformations agricoles de ce genre avaient précédé la révolution industrielle et rendu possibles les premières étapes de la croissance très rapide de la population. L'élan donné se poursuivit, naturellement, bien que l'agriculture britannique ait beaucoup souffert de l'effondrement qui suivit les hausses anormales de prix, durant les guerres napoléoniennes. En termes de technologie et d'investissement de capital, les changements intervenus pendant notre période ont été probablement assez modestes jusque vers 1840; c'est seulement dans la décennie qui suit qu'on peut dire que la science et la machinerie agricoles ont atteint leur majorité. Le vaste accroissement de la production — qui a permis aux exploitations britanniques, entre 1830 et 1840, de fournir 98 % des denrées nécessaires à une population deux à trois fois plus importante qu'au milieu du XVIIIᵉ siècle [34] — s'acheva par l'adoption générale des méthodes qui avaient été inaugurées dès le début du XVIIIᵉ siècle, par la rationalisation et l'expansion des surfaces cultivées.

Toutes ces réformes furent complétées, à leur tour, par une transformation sociale plutôt que technologique : elle liquida les cultures communales médiévales, avec leur champ ouvert et leurs prés communs (ce fut l'œuvre de l'*enclosure movement*) et fit disparaître l'exploitation paysanne de simple subsistance et les attitudes démodées, acommerciales, en face des problèmes de la terre. Grâce à une évolution préparatoire du XVIᵉ au XVIIIᵉ siècle, cette solution si originale et radicale du problème agraire qui a fait de la Grande-Bretagne un pays de quelques grands possesseurs de terres, avec un nombre modéré de fermiers marchands et un grand nombre d'ouvriers agricoles s'est imposée avec un minimum de troubles, malgré les résistances intermittentes non seulement des ruraux les plus pauvres, mais aussi des gentilhommes campagnards traditionalistes. On a considéré le *Speenhamland System* de secours aux pauvres, adopté spontanément par les magistrats de la justice de pays, tous gentilshommes, dans plusieurs comtés, avant et après la famine de 1795, comme la dernière tentative systématique faite pour sauvegarder la vieille société rurale contre le progrès de l'esprit capitaliste *. Les Corn Laws, par lesquelles les intérêts agraires cherchèrent, en dépit de toutes les orthodoxies économiques, à protéger l'agriculture contre les effets de la crise des lendemains de 1815, furent en partie une sorte de manifeste contre toute tendance à voir dans l'agriculture une indus-

---

* Par ce système, un salaire minimum devait être garanti aux pauvres, grâce à des subsides prélevés si nécessaire sur les impôts locaux, le système, malgré ses bonnes intentions, pouvait mener éventuellement à une plus grande paupérisation encore que par le passé.

trie comme les autres, susceptible d'être jugée suivant les seuls critères de la rentabilité. Mais ce n'étaient là que des combats d'arrière-garde, sans espoir, contre l'introduction définitive du capitalisme dans le monde rural; ils se terminèrent finalement par une défaite, avec la vague de l'avance radicale de la classe moyenne, après 1830, l'adoption en 1834 de la nouvelle Poor Law et l'abolition des Corn Laws en 1846.

En termes de productivité économique, cette transformation sociale était un succès immense; en termes de souffrance humaine, une tragédie qu'aggravait cette dépression de l'agriculture qui, après 1815, réduisit les pauvres des campagnes à une indigence désespérée. Dès 1800, même un champion du remembrement et du progrès agricole aussi enthousiaste qu'Arthur Young avait été bouleversé par leurs résultats sociaux [35]. Du point de vue de l'industrialisation toutefois, même ces conséquences-là étaient désirables, car une économie industrielle a besoin de main-d'œuvre et d'où pourrait-elle donc venir, sinon de l'ancien secteur non industriel? La population rurale, autochtone ou fournie par l'immigration étrangère (surtout irlandaise), était la source la plus naturelle, complétée par les petits producteurs et les ouvriers pauvres de toutes origines *. Il fallait attirer ces hommes vers des métiers nouveaux, ou si — comme il était très probable — ils restaient insensibles à cet effort d'attraction et peu désireux d'abandonner leur mode de vie traditionnel [36], il faudrait les y forcer. Les difficultés économiques et sociales, dans ce cas, seraient le plus efficace des fouets; et les salaires plus hauts, la liberté plus grande de la ville, la carotte qu'il fallait y ajouter. Pour diverses raisons, le mouvement tendant à valoriser les hommes capables de se libérer de l'ancrage social que leur avait donné l'histoire, était encore relativement faible à cette époque, comparativement à la seconde moitié du XIXe siècle. Il fallut une catastrophe vraiment extraordinaire, comme la famine irlandaise, pour provoquer cette espèce

* Selon une autre opinion, l'apport de main-d'œuvre serait venu non de transferts de ce genre, mais de l'accroissement de l'ensemble de la population, dont nous savons qu'elle augmentait alors très rapidement. Mais c'est ne pas voir le problème. Dans une économie industrielle, ce n'est pas seulement le nombre, mais la proportion de la main-d'œuvre non agricole qui doit monter en flèche. Ce qui signifie que les hommes et les femmes qui, autrement, seraient restés dans leur village, y vivant comme avaient vécu leurs pères, doivent partir ailleurs, à un moment ou un autre de leur vie, parce que les villes grandissent à un rythme plus rapide que leur taux naturel d'accroissement, et que ce dernier, d'autre part, tend normalement à être plus bas que dans les villages. Le problème reste le même, que la population agricole diminue effectivement, qu'elle se maintienne, ou même qu'elle s'agrandisse.

d'émigration massive (1 million et demi sur une population totale de 8 millions et demi, de 1835 à 1850) qui devint habituelle après 1850. Néanmoins, ce mouvement était plus puissant en Grande-Bretagne qu'ailleurs. Sans lui, le développement industriel anglais eut peut-être été freiné, comme celui de la France le fut à cause de la stabilité et de l'aisance relative de sa paysannerie et de sa petite bourgeoisie, laquelle priva son industrie de l'appel de main-d'œuvre nécessaire *.

Acquérir un nombre suffisant d'ouvriers, c'était une chose; en acquérir suffisamment qui possèdent les qualifications et les talents requis, c'en était une autre. L'expérience du XXᵉ siècle a démontré que ce second problème, aussi décisif que le premier, est plus difficile à résoudre. D'abord, la main-d'œuvre tout entière devait apprendre à travailler suivant les normes de l'industrie, c'est-à-dire au rythme d'un labeur quotidien, régulier et ininterrompu, ce qui ne ressemble en rien aux hauts et bas saisonniers des tâches agricoles, ou au travail intermittent de l'artisan indépendant qui règle à volonté ses heures d'activité. Elle devait aussi, cette main-d'œuvre, apprendre à se laisser tenter par l'argent. Les employeurs britanniques d'alors, comme ceux de l'Afrique du Sud aujourd'hui, se plaignaient sans cesse de la « paresse » des ouvriers, ou de leur tendance à travailler jusqu'à ce qu'ils aient gagné ce qui pour eux, traditionnellement, représentait le salaire d'une semaine, puis à s'arrêter là. La solution fut trouvée dans une discipline draconienne du travail (amendes, codes du « maître et du serviteur » mobilisant au profit de l'employeur l'autorité de la loi, etc.), mais surtout, chaque fois que possible, dans la pratique de salaires si bas que la main-d'œuvre ait à travailler toute la semaine pour gagner le revenu minimum pour vivre (cf. ci-dessus). Dans les fabriques où le problème de la discipline du travail était plus pressant, on trouva souvent plus commode d'employer les femmes et les enfants, main-d'œuvre plus docile (et meilleur marché) : sur l'ensemble du personnel des usines de coton anglais en 1834-1847, un quart environ était des hommes adultes, plus de la moitié des femmes et des jeunes filles, le reste des garçons de moins de dix-huit ans [37]. Un autre procédé courant, pour assurer la discipline du travail — et qui reflète une industrialisation de petite échelle encore en ces premiers stades de son existence — c'était le sous-contrat, qui revenait à peu près à faire d'ouvriers qualifiés les employeurs véritables des apprentis encore inexpérimentés qu'on leur donnait pour aides. Par exemple, dans l'indus-

* Comme solution, la Grande-Bretagne, tels les Etats-Unis, aurait pu recourir à une immigration massive. En fait elle recourut partiellement à l'immigration irlandaise.

trie du coton, deux tiers environ des garçons et un tiers des filles
se trouvaient ainsi « au service direct d'ouvriers », et donc plus
étroitement surveillés; en dehors des fabriques proprement dites,
les arrangements de ce genre étaient plus répandus encore. Le
sous-employeur, naturellement, avait un intérêt financier direct
à veiller sur l'apprenti qui lui était alloué, et à l'empêcher de flâner.

Un problème plus difficile était celui du recrutement, ou de
l'entraînement de travailleurs manuellement ou techniquement
qualifiés, car il n'y avait guère de capacités préindustrielles qui
fussent de grande utilité pour l'industrie moderne, même si, naturellement, beaucoup de métiers, comme ceux du bâtiment, étaient
encore pratiquement inchangés. Heureusement, la lente semi-
industrialisation de la Grande-Bretagne, dans les siècles qui ont
précédé 1789, lui avait constitué un large réservoir de talents
adéquats, à la fois dans la technique des textiles et dans la mani-
pulation des métaux. Ainsi, sur le continent, c'est le serrurier, un
des rares artisans habitué à un travail de précision sur métaux,
qui fut l'ancêtre du constructeur de machines et quelquefois lui
donna son nom; tandis qu'en Grande-Bretagne, c'est le constructeur de moulins, et « l'engineer » ou «engine-man » (qu'on trouve
déjà communément dans les mines et dans leurs alentours) qui
eut ce rôle. Ce n'est pas par hasard que le mot anglais *engineer*
désigne à la fois l'ouvrier en métallurgie qualifié et celui qui
dessine et invente les projets; car la masse des meilleurs techniciens pouvait être, et fut effectivement recrutée parmi ces hommes
doués en mécanique et dignes de confiance. En fait, l'industrialisation britannique a pu se vouer à ces grands talents qui lui
étaient offerts sans qu'elle ait eu à les former, ce qui ne fut pas le
cas sur le continent. C'est l'explication de l'extraordinaire négligence dont fit preuve l'Angleterre sur le plan de l'éducation générale et technique, et dont elle devait plus tard payer le prix.

A côté de ces problèmes d'approvisionnement en main-d'œuvre,
ceux de l'approvisionnement en capitaux furent très secondaires.
Contrairement à la plupart des pays d'Europe, la Grande-Bretagne
ne manqua jamais de capitaux disponibles pour un investissement
immédiat. Sa plus grande difficulté fut que ceux qui en contrôlaient la majeure partie au XVIIIᵉ siècle — grands propriétaires
terriens, marchands, armateurs, financiers, etc. — répugnaient à
les investir dans les industries nouvelles; il fallut donc, plus d'une
fois, que celles-ci démarrent grâce à la petite épargne, ou à
l'emprunt, puis qu'elles attendent pour se développer le retour
des bénéfices. Le manque local de capitaux rendit les premiers
industriels — surtout ceux qui s'étaient faits eux-mêmes — plus
durs, plus économes et plus avides; leurs ouvriers, par suite,

furent particulièrement exploités. Mais tout ceci est à imputer à une distribution défectueuse des surplus de l'investissement national non à leur insuffisance. D'ailleurs les riches du XVIIIᵉ siècle plaçaient volontiers leur argent dans certaines entreprises dont l'industrialisation bénéficiait; particulièrement dans les communications (canaux, aménagements portuaires, routes, plus tard aussi chemins de fer) ainsi que dans les mines, dont les propriétaires tiraient des redevances même lorsqu'ils ne les exploitaient pas eux-mêmes *.

Il n'y eut pas de difficultés non plus dans le secteur de la technique commerciale et financière, tant privée que publique. Les banques et billets de banque, les lettres de change, les titres et les actions, l'armature juridique du commerce en gros ou du trafic d'outre-mer, étaient toutes choses familières aux Anglais et les hommes capables de s'en occuper ou d'en apprendre aisément le maniement étaient légion. En outre, à la fin du XVIIIᵉ siècle, la politique gouvernementale fut fermement prise en main par la suprématie des affaires. D'anciennes ordonnances visant le but inverse (celles par exemple du code social des Tudor) étaient depuis longtemps tombées en désuétude et furent finalement abolies (sauf lorsqu'elles touchaient l'agriculture), de 1813 à 1830. D'un point de vue théorique, les lois et les institutions financières, ou commerciales de la Grande-Bretagne étaient maladroitement conçues et faites pour gêner plutôt que pour favoriser le développement économique; par exemple, elles rendaient obligatoire le recours, fort coûteux, à des « actes privés » du Parlement chaque fois qu'un groupe voulait former une compagnie par actions. Et certes la Révolution française dota les Français — et, grâce à leur influence, le reste du continent — d'un mécanisme beaucoup plus rationnel et efficace, pour des problèmes de cet ordre. Mais, dans la pratique, les Anglais se tiraient parfaitement d'affaire et même, il faut le dire, beaucoup mieux que leurs concurrents.

C'est de cette façon très fortuite, très empirique et sans plan préconçu que s'est construite la première grande économie industrielle. Selon nos références modernes, elle était bien petite et archaïque, et cet archaïsme marque encore l'Angleterre d'aujourd'hui. Selon les critères de 1848, elle paraissait monumentale, bien qu'assez choquante également, car ses nouvelles villes étaient plus laides, son prolétariat plus malheureux que partout ailleurs **, et

---

* Dans de nombreuses régions du continent, ces droits sur les mines étaient la prérogative de l'Etat.
** « Dans l'ensemble, la condition de la classe ouvrière semble nettement pire en Angleterre qu'en France, pendant la période 1830-1848, conclut un historien moderne ³⁸. »

ses villes où, sous un ciel limité par le brouillard, chargé de fumée, des foules au teint pâle se pressaient en tout sens, inquiétaient le visiteur étranger. Mais la puissance d'un million de chevaux animait ses machines à vapeur, 2 millions de yards de tissus de coton sortaient chaque année de ses 17 millions, et davantage, de métiers mécanique; elle extrayait de ses mines presque 50 millions de tonnes de charbon, importait et exportait pour plus de 170 millions de livres en une seule année. Son commerce était double de celui de sa rivale la plus proche, la France, alors qu'en 1780, il ne la dépassait qu'à peine. Sa consommation de coton était deux fois celle des Etats-Unis, quatre fois celle de la France. Elle produisait plus de la moitié de toute la fonte du monde économiquement développé, et en utilisait deux fois autant par habitant que le pays le plus industrialisé après elle (la Belgique), trois fois autant que les Etats-Unis, plus de quatre fois autant que la France. 200 à 300 millions de livres d'investissements britanniques (dont le quart aux Etats-Unis, presque un cinquième en Amérique latine) ramenaient dans l'île les dividendes et les commandes de toutes les parties du monde [39]. Elle était, en fait, « l'atelier de l'univers ».

Et la Grande-Bretagne savait, le monde savait, que la Révolution industrielle lancée dans leur pays par des marchands et des entrepreneurs dont la seule règle était d'acheter sur les marchés au plus bas prix, pour vendre sans restriction là où les prix étaient les plus hauts, cette révolution était en train de transformer le monde. Rien ne pouvait s'opposer à elle. Les dieux et les rois du passé étaient impuissants devant les hommes d'affaires et les machines à vapeur du présent.

3.

La Révolution française

Un Anglais qui n'est pas pénétré d'estime et d'admiration pour la façon sublime *dont se réalise en ce moment une des plus importantes révolutions que le monde ait jamais vu, est sans doute mort à tout sens de la vertu et de la liberté; il n'est pas un de mes compatriotes ayant eu l'heureuse fortune d'assister aux événements des trois derniers jours dans cette grande cité, qui ne témoignera que mon langage n'est pas hyperbolique.*

The Morning Post, *21 juillet 1789*, sur la prise de la Bastille.

Bientôt les nations éclairées feront le procès à ceux qui ont régné sur elles; les rois fuiront dans les déserts, parmi les animaux féroces leurs semblables, & la nature reprendra ses droits.

Texte extrait de : Convention Nationale, Discours de Saint-Just sur la Constitution de la France, prononcé dans la séance du 24 avril 1793, à la Convention Nationale, et imprimé par son ordre. Page 16. B.N. Imp. 8°. Le[38] 232. Paris.

I

Si l'économie du monde, au XIXᵉ siècle, s'est formée surtout sous l'influence de la Révolution industrielle anglaise, sa politique et son idéologie sont, pour l'essentiel, d'origine française. La

Grande-Bretagne a fourni le modèle des chemins de fer et des usines, l'explosif économique qui a fait éclater les structures économiques et sociales traditionnelles du monde non européen; mais c'est la France qui lui a donné ses grandes révolutions et qui en a fabriqué les idées, au point qu'un drapeau tricolore d'une couleur ou d'une autre, est devenu l'emblème d'à peu près toutes les nations nouvelles et que la politique européenne (et même mondiale) entre 1789 et 1917, fut largement une lutte pour et contre les principes de 1789, ou contre ceux, plus incendiaires encore, de 1793. C'est la France qui a fourni le vocabulaire et les solutions de la politique libérale et radicale démocrate, dans presque tout l'univers; la France qui a fourni le premier grand exemple, le concept même et le vocabulaire du nationalisme; la France qui a fourni les codes civils, le modèle d'une organisation scientifique et technique, le système métrique adopté par la plupart des pays. C'est par l'influence française que l'idéologie du monde moderne a pénétré les civilisations anciennes qui, jusque-là, avaient résisté aux idées européennes. Et tout ceci fut l'œuvre de la Révolution française *.

La seconde moitié du XVIII⁰ siècle, comme nous l'avons vu, fut une période de crise pour les anciens régimes d'Europe et pour leurs systèmes économiques. Les dernières décennies du siècle furent remplies d'agitations politiques, qui allèrent quelquefois jusqu'à la révolte, de mouvements autonomistes qui aboutirent parfois à la sécession : non seulement aux Etats-Unis (1776-1783), mais aussi en Irlande (1782-1784), en Belgique et à Liège (1787-1790), en Hollande (1783-1787), à Genève et même, on l'a soutenu, en Angleterre (1779). Cette série d'agitations politiques est tellement frappante que certains historiens contemporains ont parlé d'un « âge de la révolution démocratique », dont la Révolution française ne serait qu'un épisode, le plus dramatique sans doute et le plus gros de conséquences [1].

Dans la mesure où la crise de l'Ancien Régime ne fut pas uniquement un phénomène français, ces observations sont d'un certain poids. On peut soutenir de la même façon que la Révolution russe de 1917 (qui a une importance analogue pour le XXᵉ siècle) fut simplement le plus spectaculaire de toute une série de mouvements

* Cette différenciation entre les influences britannique et française ne doit pas être poussée trop loin. Aucun des deux centres de la double révolution n'a eu une influence limitée à un champ particulier de l'activité humaine et l'un et l'autre furent plutôt complémentaires que rivaux. Cependant, même quand leurs positions se sont trouvées en nette convergence — comme dans le « socialisme » qui naquit presque simultanément et avec le même nom de baptême dans les deux pays — cette convergence s'exerça à partir de sources assez différentes.

similaires, comme ceux qui, quelques années avant 1917, mirent définitivement fin aux vieux empires turc et chinois. Mais c'est ne pas voir le problème. Il se peut que la Révolution française n'ait pas été un phénomène isolé, mais elle a été beaucoup plus fondamentale qu'aucune autre de ses contemporaines et ses conséquences furent de ce fait beaucoup plus profondes. D'abord, elle s'est produite dans l'Etat le plus puissant et le plus peuplé d'Europe (la Russie mise à part). En 1789, quelque chose comme un Européen sur cinq était Français. Ensuite, seule de toutes les révolutions qui l'ont précédée ou suivie, elle fut une révolution sociale de masse et infiniment plus radicale qu'aucune insurrection qu'on voudrait lui comparer. Ce n'est pas un hasard si les révolutionnaires américains et les « jacobins » britanniques, émigrés en France à cause de leurs sympathies politiques, s'y retrouvèrent des modérés. Tom Paine avait été un extrémiste en Grande-Bretagne et en Amérique; mais à Paris il était l'un des girondins les plus modérés. Le résultat des révolutions américaines, ce fut d'une manière générale, de soustraire des pays (qui en gros continuèrent à vivre comme auparavant) au contrôle politique des Anglais, des Espagnols ou des Portugais. Mais la Révolution française, elle, eut pour résultat de faire succéder l'époque de Balzac à celle de la Du Barry.

En troisième lieu, seule, cette fois encore, de toutes les révolutions contemporaines, la Révolution française fut œcuménique. Ses armées s'étaient mises en route pour révolutionner le monde; ses idées y réussirent effectivement. La Révolution américaine est restée un événement crucial dans l'histoire américaine, mais (sauf dans les pays directement impliqués) elle a laissé à l'étranger peu de traces importantes. La Révolution française, elle, est comme une borne dans l'histoire de toutes les nations. Ce sont ses répercussions, non celles de la Révolution américaine, qui entraînèrent les soulèvements responsables de la libération de l'Amérique latine, après 1808. Son influence directe a irradié jusqu'au Bengale où Ram Mohan Roy s'en inspira pour fonder le premier mouvement de réforme hindou, ancêtre du nationalisme indien moderne (lorsqu'il visita l'Angleterre en 1830, il insista pour faire la traversée sur un bateau français, comme un témoignage de son enthousiasme pour les principes de 1789). Cette révolution, c'était, comme on l'a dit si justement, « le premier grand mouvement d'idées dans la chrétienté d'Occident qui ait eu un effet réel sur le monde de l'Islam [2], et ceci presque immédiatement. Sous son influence, vers le milieu du XIXe siècle, le mot turc *vatan* qui, jusque-là, avait représenté simplement le lieu de naissance d'un individu et l'endroit où il habitait, avait commencé à glisser

vers un sens assez proche de celui de « patrie »; le terme « liberté »,
jusqu'en 1800 terme surtout juridique, désignant le contraire d' « esclavage », avait commencé à se charger d'un nouveau contenu
politique. Quant à l'influence indirecte de la Révolution française,
elle fut universelle, car elle a servi de modèle à tous les mouvements révolutionnaires qui l'ont suivie et ses enseignements (que
chacun interpréta à son gré) se sont incorporés au socialisme
moderne et au communisme *.

La Révolution française reste donc *la* révolution de son époque
et non pas simplement une révolution entre quelques autres, ni
même la plus importante d'entre elles. Ses origines, par conséquent,
ne doivent pas être recherchées dans les seules conditions générales
de l'Europe, mais dans la situation particulière de la France.
Sa singularité s'illustre peut-être mieux dans une perspective internationale. Tout au long du XVIIIᵉ siècle, la France a été la plus
grande rivale économique de la Grande-Bretagne. Son commerce
extérieur qui quadrupla entre 1720 et 1780, paraissait inquiétant;
son système colonial était, dans certaines zones (comme les
Antilles), plus dynamique que celui de la Grande-Bretagne. Pourtant la France n'était pas, comme celle-ci, une puissance dont la
politique étrangère fût déterminée à l'avance dans ses grandes
lignes par les intérêts de l'expansion capitaliste. Elle était la plus
puissante et, par bien des points, la plus typique des vieilles
monarchies absolues aristocratiques en Europe. En d'autres termes,
le conflit entre la structure officielle et les privilèges de l'Ancien
Régime d'une part, et les forces sociales nouvelles montantes de
l'autre, était plus aigu en France que nulle part ailleurs.

Les forces nouvelles savaient très précisément ce qu'elles voulaient. Turgot, l'économiste physiocrate, était partisan d'une exploitation de la terre efficace, de la liberté pour l'entreprise et pour
le commerce, d'une administration uniformisée et efficiente à
l'intérieur d'un territoire national un et homogène, de l'abolition
de toutes les entraves et de toutes les inégalités sociales qui
s'opposaient au développement des ressources nationales et à une
administration, à une fiscalité qui fussent rationnelles et équitables.
Cependant, lorsqu'il tenta d'appliquer ce programme comme premier ministre de Louis XVI, en 1744-1776, il échoua lamentable-
ment et cet échec est très significatif. Des réformes de cet ordre,

---

* Il ne s'agit pas de sous-estimer l'influence de la Révolution américaine.
Elle a sans aucun doute contribué à stimuler la Révolution française, et,
dans un sens plus restreint, elle a fourni à plusieurs Etats d'Amérique latine
des modèles constitutionnels — son influence rivalisant et quelquefois
alternant avec celle de la France. Elle a également, de temps à autre, inspiré
certains mouvements radicaux démocrates.

à faibles doses, n'étaient certes pas incompatibles avec les monarchies absolues, ni honnies par elles. Au contraire, étant donné qu'elle raffermissaient leur autorité, elles furent, comme nous l'avons vu, largement répandues à cette époque parmi les « despotes éclairés ». Mais, dans la plupart des pays soumis au despotisme éclairé, de telles réformes étaient soit inapplicables, et donc pure théorie ostentatoire, soit peu susceptibles de transformer le caractère général des structures politiques et sociales; ou bien encore, elles échouaient devant la résistance des aristocraties locales ou d'autres privilégiés, et le pays retournait à son état ancien, dans une version un peu plus systématisée. En France, l'échec fut plus rapide que partout ailleurs, parce que la résistance des privilégiés y était plus forte. Mais les résultats en furent, plus qu'ailleurs, catastrophiques pour la monarchie. Les forces de la réforme bourgeoise étaient bien trop puissantes pour retourner à l'inaction. Elles renoncèrent purement et simplement aux espoirs qu'elles avaient mis dans une monarchie éclairée pour les reporter sur le « peuple », ou « la nation ».

Néanmoins cette explication générale ne nous aide guère à comprendre pourquoi la révolution éclata au moment où elle éclata, ni pourquoi elle prit l'étrange chemin qu'elle prit. Pour cela, il y a grand intérêt à examiner ce qu'on a appelé la « réaction féodale »; elle fut l'étincelle qui fit exploser la poudrière française.

Les 400 000 personnes environ qui, parmi 23 millions de Français, composaient la noblesse, sans contredit le « premier ordre » de la nation, n'étaient pas aussi parfaitement à l'abri d'une intrusion des classes intérieures que l'était la noblesse de Prusse, par exemple, mais elle était assez protégée cependant. Elle jouissait de privilèges considérables, dont l'exemption de diverses taxes (ces exemptions étaient pourtant moins nombreuses que celles du clergé, beaucoup plus fortement organisé) et le droit de percevoir des redevances féodales. Politiquement, sa situation était moins brillante. La monarchie absolue, tout aristocratique et même féodale qu'elle fût dans son éthique, avait privé les nobles de leur responsabilité et de leur indépendance politiques; elle avait aboli autant que possible leurs vieilles institutions représentatives : les états et les parlements. La chose continuait à entretenir une certaine irradiation parmi la haute aristocratie et la « noblesse de robe », beaucoup plus récente, créée par les souverains pour des motifs variés, la plupart du temps pour des raisons de finance ou d'administration, cette classe moyenne annoblie qui, dans la mesure où elle le pouvait, grâce aux parlements et aux états provinciaux, exprimait le double mécontentement d'aristocrates et de bourgeois. D'un point de vue économique, les difficultés de la

noblesse n'étaient en aucune façon négligeables. Leur naissance
et la tradition leur donnaient pour occupation la guerre, plutôt
que le soin de gagner leur subsistance (il était même formellement
interdit aux nobles d'exercer un commerce ou une profession);
ils dépendaient donc des revenus de leurs domaines, ou, s'ils
appartenaient à la minorité privilégiée de la grande noblesse
ou de la noblesse de cour, d'un riche mariage, des grâces du roi,
de pensions, dons et sinécures. Mais les dépenses inhérentes à
leur condition de noble étaient énormes et en constante augmentation; et comme ils étaient rarement des administrateurs avisés
de leur fortune — si même ils l'administraient —, leurs revenus,
par contre, étaient en baisse. Car l'inflation tendait à réduire la
valeur des revenus fixes, tels que les fermages.

Il était donc naturel que les nobles fussent tentés d'utiliser
leur seule ressource importante, les privilèges reconnus de leur
ordre. Tout au long du XVIIIe siècle, en France comme dans beaucoup d'autres pays, ils s'octroyèrent constamment les offices que
la monarchie absolue aurait préféré confier à des bourgeois, techniquement plus compétents et politiquement sans danger. Vers 1780,
il fallait quatre quartiers de noblesse pour acheter un simple
grade d'officier dans l'armée; tous les évêques étaient nobles et
même les intendances, le poste clé de l'administration royale,
avaient été largement ressaisies par eux. Par là, la noblesse ne
fit pas qu'exaspérer les sentiments de la classe moyenne, du fait
de sa course incessante aux charges publiques, mais elle mina
l'Etat lui-même, à cause de sa propension chaque jour plus grande
à s'emparer de l'administration provinciale et centrale. En outre,
soucieux d'arrêter la chute de leurs revenus, les nobles — et plus
spécialement les gentilhommes peu fortunés de la province qui
ne pouvaient guère compter sur d'autres ressources — entreprirent
de tirer le maximum possible de ces droits féodaux si considérables
qui les autorisaient à extorquer aux paysans de l'argent, ou, plus
rarement, des services. Une véritable profession, les *feudistes,*
se créa pour ressusciter des droits de ce genre, tombés en désuétude, ou pour augmenter le rendement de ceux qui étaient toujours
en vigueur. Le plus célèbre de ses feudistes, Gracchus Babeuf, allait
devenir le chef de la première révolte communiste de l'histoire
moderne, en 1796. Par là, la noblesse n'exaspéra pas seulement
la bourgeoisie, mais aussi les paysans.

La position de ces derniers, vaste classe qui comprenait peut-
être 80 % des Français, était loin d'être brillante. Il est vrai qu'ils
étaient en général libres, et souvent propriétaires de leurs terres.
Si l'on veut parler chiffres, les domaines de la noblesse couvraient
seulement un cinquième des terres, ceux du clergé peut-être encore

6 %, avec quelques variantes suivant les régions[3]. Ainsi, dans le diocèse de Montpellier, les paysans possédaient déjà 38 à 40 % des terres; la bourgeoisie 18 à 19; les nobles 15 à 16; le clergé 3 à 4, tandis qu'un cinquième était composé de terres communales[4]. Cependant, en fait la grande masse des paysans ne possédaient pas de terre, ou en possédaient trop peu, déficience qui était aggravée par une technique agricole partout très arriérée; par le fait aussi que la montée de la population intensifiait la demande générale de terres. Les redevances féodales, les dîmes et les taxes prenaient une part considérable et sans cesse accrue des revenus du paysan; ce qui lui restait, l'inflation en réduisait la valeur. Car seule la minorité de paysans qui disposaient régulièrement d'un excédent à mettre sur le marché tiraient profit de la hausse des prix. Les autres, d'une façon ou d'une autre, en étaient les victimes, particulièrement pendant les années de mauvaises récoltes, quand la famine réglait le niveau des prix. Pour toutes ces raisons, il est à peu près certain que, dans les vingt années qui précédèrent la révolution, la situation des paysans avait empiré.

Les difficultés financières de la monarchie précipitèrent les choses. La structure administrative et fiscale du royaume était plus que surannée et, comme nous l'avons vu, la tentative faite pour y remédier, grâce aux réformes de 1774-1776, fut un échec, la résistance des privilégiés représentés par les parlements l'ayant fortement battue en brèche. C'est alors que la France se trouva mêlée à la guerre d'Indépendance américaine. La victoire sur l'Angleterre fut remportée au prix de la banqueroute, si bien que la Révolution américaine peut se targuer d'être la cause directe de la Révolution française. On essaya divers expédients, avec un succès de moins en moins grand, mais rien sinon une réforme radicale qui eût mobilisé le potentiel fiscal du pays, assurément considérable, ne pouvait redresser une situation dans laquelle les dépenses excédaient les recettes d'au moins 20 %, sans laisser place à aucune possibilité d'économies substantielles. Car bien que l'extravagance de Versailles ait été souvent blâmée comme responsable de la crise, le budget de la cour se montait seulement à 6 % des dépenses totales, en 1788. Un quart en était absorbé par la guerre, l'entretien de la flotte et la diplomatie) la moitié était affectée au service de la dette de l'Etat. La guerre et la dette — la guerre américaine et les dettes qu'elle avait entraînées — réglèrent le compte de la monarchie.

La crise gouvernementale fournit à l'aristocratie et aux parlements une occasion propice. Ils refusèrent de payer sans la contrepartie d'une extension de leurs privilèges. La première brèche ouverte dans le mur de l'absolutisme fut une « assemblée de notables », réunie en 1787 pour examiner les demandes du gouvernement, et qui, triée sur le volet, ne s'en montra pas moins indocile. La seconde, plus décisive, fut la décision désespérée de faire appel aux Etats généraux, cette vieille assemblée féodale du royaume enterrée depuis 1614. La révolution commença donc par une tentative des aristocrates pour reprendre l'Etat en main. Ce fut un mauvais calcul, pour deux raisons : il sous-estimait les aspirations à l'indépendance du Tiers Etat — entité fictive qui était censée représenter tous ceux qui n'étaient ni la noblesse ni le clergé, mais qui en réalité était dominée par la bourgeoisie — et il faisait fi de la profonde crise économique et sociale au milieu de laquelle surgissaient ces prétentions politiques.

La Révolution française ne fut pas faite ni dirigée par un parti ou un mouvement organisé, au sens moderne du terme, ni par des hommes essayant de mener à bonne fin un programme systématique. C'est à peine si elle eut des meneurs du type auquel les révolutions du XXᵉ siècle nous ont accoutumés, en tout cas jusqu'à l'intervention de Napoléon, figure post-révolutionnaire. Néanmoins, un accord surprenant d'idées générales, liant un groupe social passablement cohérent, donna au mouvement révolutionnaire une unité effective. Ce groupe, c'était la bourgeoisie. Ses idées étaient celles du libéralisme classique, tel que l'avaient formulé des « philosophes » et les « économistes » et propagé la franc-maçonnerie et d'autres associations non officielles. De ce point de vue, on peut à juste titre donner la responsabilité de la révolution aux « philosophes ». Elle se serait produite sans eux; mais c'est eux sans doute qui ont fait toute la différence entre ce qui aurait pu être la simple chute d'un Ancien Régime, et qui fut l'instauration rapide et efficace d'un nouveau système politique.

Dans sa forme la plus générale, l'idéologie de 1789 était celle de la franc-maçonnerie, exprimée avec tant de sublime innocence dans la *Flûte enchantée* de Mozart (1791), l'une des premières grandes œuvres de propagande d'une époque qui a si souvent dédié à la propagande ses plus hauts achèvements artistiques. C'est avec plus de précision, bien entendu, que les doléances des bourgeois de 1789 s'expriment dans la fameuse Déclaration des Droits de l'homme et du citoyen, qui date de cette année-là. Ce document est un manifeste contre la société hiérarchisée par les privilèges de la noblesse, mais nullement en faveur d'une société démocratique et égalitaire. « Les hommes naissent libres et égaux en droit », dit le premier article. Mais il admet ensuite l'existence de distinctions sociales, si c'est au nom de l'utilité publique. La propriété privée est un droit naturel, sacré, inaliénable et inviolable. Les hommes sont égaux devant la loi et toutes les carrières sont ouvertes également au talent; mais si la course devait commencer sans handicap, on admettait aussi que les concurrents n'arriveraient pas ensemble au but. La déclaration affirmait (contre la hiérarchie de la noblesse ou l'absolutisme) que « tous les citoyens ont le droit de participer à l'élaboration des lois », mais, ajoutait-elle, « ou personnellement ou par leurs représentants ». Et l'assemblée représentative qu'elle envisageait comme l'organe de base du gouvernement n'était pas nécessairement une assemblée élue démocratiquement, pas plus que le régime qu'elle impliquait n'éliminait obligatoirement la royauté. Une monarchie constitutionnelle, fondée sur une oligarchie de propriétaires s'exprimant à travers une assemblée représentative, convenait mieux à la plupart des bourgeois libéraux qu'une république démocratique qu'on aurait pu croire l'expression plus logique de leurs aspirations de principe. Il en fut pourtant quelques-uns pour se faire sans hésitation les avocats de cette dernière formule. Mais, tout compte fait, le bourgeois libéral classique de 1789 (et le libéral de 1789-1848) n'était pas un démocrate. Il faisait confiance au constitutionalisme, à un Etat laïque avec des libertés civiques et des garanties pour l'entreprise privée; à un gouvernement géré par des contribuables et des « propriétaires ».

Néanmoins, officiellement, un tel régime n'exprimait pas simplement ces intérêts de classe, mais la volonté générale du « peuple », lequel à son tour, d'une façon très significative, s'identifiait avec la « nation française ». Le roi n'était plus : Louis, par la grâce de Dieu roi de France et de Navarre, mais : Louis, par la grâce de Dieu et de la loi constitutionnelle de l'Etat, roi des Français. « La source de toute souveraineté, dit la Déclaration, réside essentiellement dans la nation ». Et la nation, selon les termes de l'abbé Sieyès, ne reconnaissait aucun intérêt sur la terre au-dessus du sien, et n'acceptait d'autre loi et d'autre autorité que les siennes propres — ni celles de l'humanité en général ni celles des autres nations. Il ne fait aucun doute que la nation française à l'origine (comme ses imitateurs par la suite) n'a pas conçu ses intérêts comme en contradiction avec ceux des autres peuples. Elle se voyait au contraire inaugurant (ou tout au moins participant à) un mouvement qui libérerait tous les peuples de la tyrannie. Mais, en fait, la rivalité nationale (par exemple celle des hommes d'affaires français contre les hommes d'affaires britanniques) et la subordination nationale (par exemple celle des nations conquises ou libérées aux intérêts de *la grande nation* *)

* En français dans le texte.

étaient implicites dans le nationalisme auquel le bourgeois de 1789 donnait sa première expression officielle. « Le peuple » identifié avec « la nation » était un concept révolutionnaire; plus révolutionnaire que le programme de la bourgeoisie libérale qui prétendait l'exprimer. Mais c'était aussi un concept à double tranchant.

Puisque les paysans et la classe ouvrière pauvre étaient illettrés, politiquement sans prétentions, ni maturité, et que le processus des élections était indirect, les 610 hommes élus pour représenter le tiers état étaient pour la plupart marqués au coin de cet esprit bourgeois. Il s'agissait surtout d'avocats qui jouaient un rôle économique important dans la France provinciale. Une centaine environ étaient des capitalistes et des hommes d'affaires. La classe moyenne avait réussi, au prix d'un dur combat, à obtenir une représentation aussi importante que celle de la noblesse et du clergé réunis, ambition modérée pour un groupe qui, officiellement, représentait 95 % de la population. Elle luttait maintenant avec la même détermination pour avoir le droit d'exploiter la majorité potentielle de ses voix en transformant les Etats généraux en une assemblée de députés considérés individuellement et votant comme tels, au lieu du corps féodal traditionnel délibérant et votant par « ordres », situation dans laquelle la noblesse et le clergé pouvaient toujours avoir l'avantage des votes. C'est par cette voie que se fit la première percée révolutionnaire. Quelques six semaines après l'ouverture des Etats généraux, les députés du tiers état, anxieux de prévenir une intervention du roi, de la noblesse et du clergé, se constituèrent de leur propre autorité (avec tous ceux qui acceptèrent de se joindre à eux en adoptant leur base d'action) en Assemblée nationale, habilitée à refondre la constitution. Une tentative de contre-révolution les amena à formuler leurs revendications à peu près dans les mêmes termes que la Chambre des communes en Angleterre. Les jours de l'absolutisme étaient comptés du moment où Mirabeau, noble aussi brillant que perdu de réputation, pouvait s'adresser au roi en ces termes : « Sire, vous êtes un étranger dans cette assemblée; ici vous n'avez pas droit à la parole [5]. »

Le tiers état l'emporta, face à la résistance conjuguée du roi et des ordres privilégiés, parce qu'il ne représentait pas seulement les points de vue d'une minorité militante cultivée, mais ceux de forces beaucoup plus puissantes : les ouvriers pauvres des villes, en particulier ceux de Paris, et aussi, peu après, la paysannerie révolutionnaire. Car ce qui transforma une agitation réformiste limitée en une révolution, c'est que la convocation des états généraux coïncida avec une crise économique et sociale très profonde. Les dix années précédentes avaient été, pour toutes sortes de raisons, une période de grosses difficultés, pratiquement, dans toutes les branches, de l'économie française. Une mauvaise récolte en 1788 (et à nouveau en 1789), puis un hiver très rigoureux donnèrent à la crise un caractère aigu. Ces mauvaises années touchaient durement les paysans, car, alors qu'elles signifiaient pour les gros producteurs la possibilité de vendre leur grain au prix des temps de famine, la majorité des cultivateurs, sur leurs lopins trop petits, risquaient d'être obligés de manger jusqu'à leur blé de semence, ou d'acheter eux-mêmes à ces hauts prix, particulièrement durant les mois de soudure précédant immédiatement la nouvelle récolte (c'est-à-dire mai-juillet). Naturellement, les pauvres des villes étaient durement touchés, eux aussi; le pain étant la nourriture de base, le coût de la vie pour eux pouvait passer du simple au double. Ils étaient d'autant plus vulnérables que l'apauvrissement des campagnes réduisait le marché des manufactures et entraînait donc aussi un marasme industriel. C'est pourquoi les pauvres des campagnes, désespérés, se jetaient alors dans l'émeute et le brigandage, cependant que les pauvres des villes se désespéraient doublement parce que le chômage commençait au moment même où le coût de la vie montait en flèche. Dans des circonstances ordinaires, il n'y aurait sans doute eu que quelques émeutes à l'aveuglette. Mais, en 1788 et 1789, un grand tumulte dans le royaume, une campagne de propagande et d'élections, donnèrent au désespoir du peuple une perspective politique. L'idée de la libération, l'idée, terrible et bouleversante, d'échapper à l'oppression de la noblesse, faisait son apparition. Un peuple séditieux se dressait derrière les députés du tiers état.

La contre-révolution fit de cette masse d'émeutiers en puissance de véritables insurgés. Sans doute était-il bien naturel que l'Ancien Régime tentât de se défendre, les armes à la main, si nécessaire, bien que l'armée ne fût plus désormais totalement sûre. (Seuls des rêveurs dénués de tout réalisme pouvaient laisser croire que Louis XVI accepterait la défaite et se transformerait aussitôt en monarque constitutionnel; c'était chose impossible, même s'il n'avait pas été un homme insignifiant et peu doué, marié à une femme irresponsable, sans trop de cervelle, même s'il avait été disposé à écouter des conseillers moins nocifs). Le fait est que la contre-révolution mobilisa les masses parisiennes, déjà affamées, soupçonneuses et enfiévrées. Le résultat le plus sensationnel de leur mobilisation fut la prise de la Bastille, prison d'Etat qui symbolisait l'autorité du roi et où les révolutionnaires avaient pensé trouver des armes. A l'heure des révolutions, rien n'a plus de force que la chute des symboles. La prise de la Bastille qui a fait, à bon droit, du 14 juillet le jour de la fête nationale française,

signa la chute du despotisme et fut saluée dans le monde entier
comme le commencement de la libération. Même Emmanuel Kant,
l'austère philosophe de Kœnigsberg, dont les habitudes étaient si
régulières que les citoyens de la ville réglaient leurs montres sur
ses apparitions, retarda, dit-on, l'heure de sa promenade de l'après-
midi lorsqu'il reçut la nouvelle; du coup les habitants de Kœnigsberg furent convaincus qu'un événement mondial avait eu lieu.
Ce qui est plus sûr, c'est que la chute de la Bastille propagea
la révolution dans les villes de province et dans les campagnes.

Les révolutions paysannes sont des mouvements amples,
informes, anonymes, mais irrésistibles. Ce qui transforma une épidémie d'agitations paysannes en une convulsion sans remède, ce
fut la combinaison, en province, de soulèvements citadins avec
une vague de panique collective qui se répandit obscurément, mais
avec rapidité, à travers les vastes espaces ruraux : ce qu'on a
appelé la *Grande Peur* de la fin juillet et du début août 1789.
Trois semaines après le 14 juillet, la structure du féodalisme rural
et l'appareil d'Etat de la France royale était complètement dislo-
qués. Tout ce qui demeurait du pouvoir de l'Etat, c'étaient des
régiments éparpillés et de fidélité douteuse, une Assemblée nationale sans force coercitive, enfin une multitude d'administrations
municipales ou provinciales, aux mains de la classe moyenne, et
qui bientôt, sur le modèle de Paris, recrutèrent, parmi les bourgeois, des « gardes nationaux » armés. La classe moyenne et l'aristocratie acceptèrent sur le champ l'inévitable : tous les privilèges
féodaux furent abolis officiellement, bien que, après le rétablissement de la situation politique, leur rachat ait été fixé à un prix
élevé. Finalement le féodalisme ne disparut pas avant 1793. A la
fin d'août, la révolution était en possession d'un manifeste en
bonne forme, la Déclaration des droits de l'homme et du citoyen.
Le roi, au contraire, continua à résister avec son obstination
habituelle et certains groupes révolutionnaires de la classe
moyenne, effrayés par les implications sociales du soulèvement des
masses, commencèrent à penser que l'heure du conservatisme avait
sonné.

Bref, on voyait maintenant se dessiner clairement les aspects
essentiels de la politique française, qui seront ceux de toutes les
politiques révolutionnaires bourgeoises qui suivront. Cette dramatique danse dialectique allait dominer les générations de l'avenir.
Mainte et mainte fois, nous verrons des réformateurs de la bourgeoisie modérée mobiliser les masses contre une résistance, ou une
contre-révolution acharnées à survivre. Nous verrons les masses
dépasser les objectifs des modérés dans leur poussée vers leurs

propres révolutions sociales, et les modérés à leur tour, se diviser
en un groupe conservateur, faisant désormais cause commune avec
les réactionnaires, et un groupe de l'aile gauche décidé à poursuivre
jusqu'au bout l'exécution interrompue du programme des modérés,
avec l'aide des masses et même au risque de perdre leur contrôle
sur elles. Et ainsi de suite, à travers les répétitions et les variations
gauche, scission parmi les modérés et glissement vers la droite,
du modèle, résistance, mobilisation des masses, glissement vers la
jusqu'à ce que le gros de la classe moyenne passe dans le camp
qui est devenu celui du conservatisme, ou soit battu par la révolution sociale. Dans la plupart des révolutions bourgeoises qui ont
suivi celle de la France, les libéraux modérés ont dû, dès les premières phases du phénomène, ou reculer, ou passer dans le camp
conservateur. D'ailleurs, au XIXᵉ siècle, on s'aperçoit que de plus
en plus (surtout en Allemagne) ils ont perdu toute envie de
commencer une révolution, par crainte de ses conséquences impré-
visibles, et qu'ils préfèrent la solution de compromis avec le roi
et l'aristocratie. La particularité de la Révolution française est
justement qu'une partie de la bourgeoisie libérale était prête à
rester dans les rangs de la révolution, en allant au besoin jusqu'au
bord d'une révolution antibourgeoise, et même au-delà : c'étaient
les jacobins, dont le nom allait partout désigner, par la suite, les
tenants de la « révolution radicale ».

Pourquoi cette position? En partie, bien sûr, parce que la
bourgeoisie française n'avait pas encore, pour s'en effrayer, comme
les libéraux des époques qui suivirent, le souvenir horrible de la
Révolution française. Après 1794, il serait clair pour les modérés
que le régime des jacobins avait conduit la révolution trop avant
pour la quiétude et les perspectives bourgeoises; tout comme il
serait clair pour les révolutionnaires que le « soleil de 1793 », s'il
devait se lever à nouveau, aurait à briller sur une société non-
bourgeoise. En outre, les jacobins pouvaient s'offrir le luxe du
radicalisme parce que, à leur heure, aucune classe n'existait qui
aurait pu élaborer une solution sociale cohérente face à la leur.
Cette classe est née seulement au cours de la révolution industrielle, en même temps que le « prolétariat » ou, plus précisément,
que les idéologies et les mouvements fondés sur lui. Au temps de
la Révolution française, la classe ouvrière — encore le terme est-il
abusif pour désigner cet agrégat de travailleurs salariés, mais pour
la plupart non-industriels — n'avait pas encore joué un rôle vraiment indépendant. Ils mouraient de faim, ils se révoltaient, ils
faisaient peut-être des rêves; mais, pour des raisons pratiques, ils
suivaient des chefs qui n'étaient pas des prolétaires. Quant à la
paysannerie, jamais elle n'a offert de solution politique à qui que

ce soit, tout au plus, en certaines occasions, une puissance quasi irrésistible, ou un obstacle quasi insurmontable. En dehors du radicalisme bourgeois le seul choix possible (si nous exceptons de petits groupes d'idéologues ou de militants sans pouvoir lorsqu'ils étaient privés de l'appui des masses) c'étaient les Sans-Culottes, un mouvement informe, surtout urbain, de travailleurs pauvres, de petits artisans, de minuscules entrepreneurs et autres gens de peu. Les Sans-Culottes étaient organisés, notamment dans les « sections » de Paris et dans les clubs politiques locaux, et ils fournirent la principale force de frappe de la révolution, les vrais manifestants, les vrais insurgés, les vrais constructeurs de barricades. Par l'intermédiaire de journalistes tels que Marat et Hébert, par l'organe d'orateurs locaux, ils ont aussi formulé une politique, derrière laquelle flotte un idéal social vaguement défini et contradictoire : respect de la propriété privée (petite) s'alliant à l'hostilité envers les riches, garantie de l'Etat pour le travail, les salaires et la sécurité sociale des pauvres, soit une démocratie poussée à l'extrême, égalitaire et libertaire. En fait, les Sans-Culottes étaient un rameau de cette tendance politique importante et universelle qui cherchait à exprimer les intérêts de la grande masse des « petites gens », de ceux qui se trouvaient entre les deux pôles de la « bourgeoisie » et du « prolétariat », souvent peut-être plus proche de celui-ci que de celle-là parce que, après tout, pour la plupart, ils étaient pauvres. On peut observer cette même tendance aux Etats-Unis (c'est la démocratie, ou le populisme de Jefferson et de Jackson), en Grande-Bretagne (c'est le radicalisme), en France (ce sont les ancêtres des futurs « républicains » et radicaux socialistes), en Italie (ce sont les partisans de Mazzini et de Garibaldi) et ailleurs encore. Le plus souvent, elle semble s'assagir pendant les périodes post-révolutionnaires, en une sorte d'aile gauche du libéralisme de classe moyenne, mais abandonnant alors à regret ses anciens principes, à savoir qu'il n'y a pas d'ennemis à gauche, et, dans les périodes de crise, toujours prête à se révolter contre le « mur de l'argent », ou les « royalistes de l'économie », ou contre « la croix d'or qui crucifie l'humanité ». Toutefois, les Sans-Culottes, eux non plus, ne représentaient pas une véritable solution de remplacement à la révolution bourgeoise. Leur idéal, un passé doré de villageois et de petits artisans, ou un futur doré de petits fermiers et d'artisans qui ne seraient pas dérangés par les banquiers et les millionnaires, était irréalisable. L'histoire joua lourdement contre eux. Tout ce qu'ils pouvaient faire — et ceci ils y réussirent en 1793-1794 — c'était de dresser sur ce chemin de l'histoire des obstacles qui, jusqu'à aujourd'hui encore, sont restés une entrave pour la croissance de l'économie française. En fait, le mouvement des Sans-Culottes était un phénomène sans espoir, à tel point que son nom même est largement oublié, ou qu'on s'en souvient seulement comme d'un synonyme du jacobinisme, celui-ci lui ayant fourni à la révolution ses chefs pendant l'an II.

II

Entre 1789 et 1791, la bourgeoisie modérée victorieuse, agissant par l'intermédiaire de ce qui était désormais l'Assemblée constituante, mit sur pied la rationalisation et la réforme gigantesque de la France, qui était son objectif. La plupart des réussites institutionnelles de la révolution qui durent encore, datent de cette époque, de même que les incidences internationales les plus remarquables, le système métrique et la première émancipation des Juifs. Du point de vue de l'économie les perspectives de l'Assemblée constituante étaient entièrement celles des libéraux : sa politique était à l'égard des paysans le partage des biens communaux et l'encouragement de l'entreprise rurale; à l'égard de la classe ouvrière la prohibition des syndicats; à l'égard des petits artisans, l'abolition des guildes et des corporations. Elle ne donna que peu de satisfactions concrètes aux gens du commun, sauf à partir de 1790 par la sécularisation et la vente des biens d'Eglise (ainsi que des biens des émigrés), ce qui avait le triple avantage d'affaiblir le cléricalisme, de soutenir les entreprises de la province rurale et de donner à un grand nombre de paysans une compensation concrète pour leur activité révolutionnaire. Mais la constitution de 1791 barrait la route à une démocratie excessive, grâce à un système de monarchie constitutionnelle, fondé sur le droit de vote censitaire des « citoyens actifs ». Quant aux citoyens « passifs » on espérait qu'ils mèneraient une vie qui s'accorde avec ce qualificatif.

En fait, ce ne fut pas le cas. D'une part la monarchie bien que désormais fortement soutenue par une puissante faction bourgeoise d'ex-révolutionnaires, ne pouvait pas se résigner au nouveau régime. La cour multipliait rêves et intrigues en vue d'une croisade que tout le cousinage royal mènerait pour expulser du gouvernement la racaille parlementaire et rétablir l'oint du Seigneur, le roi très chrétien de France, à sa place légitime. La Constitution civile du clergé (1790), dont l'intention mal interprétée était de démolir non pas l'Eglise mais l'allégeance absolue de l'Eglise à Rome, entraîna la majorité du clergé et de ses fidèles dans l'opposition et contribua à pousser le roi dans la tentative désespérée et qui s'avéra un véritable suicide, s'enfuir à l'étranger.

Il fut repris à Varennes (juin 1791) et c'est alors que les républicains devinrent une force massive; car les rois traditionnels qui abandonnent leur peuple perdent leurs droits à sa fidélité. D'autre part, l'économie de libre entreprise incontrôlée des modérés, accentua les fluctuations des prix des denrées alimentaires, et par conséquent le militantisme des pauvres des cités, particulièrement à Paris. Le prix du pain réglait la température politique de Paris avec la précision d'un thermomètre; et les masses parisiennes représentaient la force révolutionnaire décisive : ce n'est pas pour rien que le nouveau drapeau tricolore français fut formé par la combinaison du blanc, l'ancienne couleur royale et du rouge et bleu, les couleurs de Paris.

La brusque déclaration de guerre précipita les événements, c'est-à-dire qu'elle mena à la seconde révolution de 1792, à la république des jacobins de l'an II, et finalement à Napoléon. En d'autres termes elle fit de l'histoire de la Révolution française l'histoire même de l'Europe.

Deux forces poussèrent la France à une guerre générale : l'extrême droite et la gauche modérée. Pour le roi, pour la noblesse française et pour les aristocrates et les ecclésiastiques émigrés, de plus en plus nombreux à s'établir dans diverses villes de l'Allemagne occidentale *, il était bien évident que seule une intervention étrangère pourrait rétablir l'Ancien Régime.

Une telle intervention n'était pas facile à organiser, étant donné la complexité de la situation internationale et la tranquillité politique relative des autres pays. Cependant il était de plus en plus évident pour la noblesse et pour les souverains étrangers de droit divin que la restauration du pouvoir de Louis XVI n'était pas seulement une affaire de solidarité de sang, mais une importante sauvegarde contre la propagation des idées terrifiantes qui se répandaient à partir de la France. C'est pourquoi des forces prêtes à reconquérir la France se rassemblèrent à l'étranger.

Au même moment les libéraux modérés eux-mêmes, plus particulièrement le groupe des politiciens qui entouraient les députés du département de la mercantile Gironde, constituaient eux aussi une force belliqueuse. Ceci en partie parce que toute révolution authentique a tendance à devenir œcuménique. Pour les Français, comme pour les nombreuses personnes qui sympathisaient avec eux à l'étranger, la libération de la France n'était que la première étape du triomphe universel de la liberté; attitude qui entraînait aisément la conviction que c'était un devoir pour la patrie de la révolution de libérer les peuples qui gémissaient sous l'oppression

* Environ 300 000 Français émigrèrent entre 1789 et 1795

et la tyrannie. Il y avait parmi tous les révolutionnaires, les extrêmistes et les modérés, une passion sincèrement enthousiaste et
généreuse de répandre la liberté, une incapacité non moins sincère
à séparer la cause de la nation française de celle de toute l'humanité enchaînée. Comme le français, tous les autres mouvements
révolutionnaires allaient désormais, et jusqu'en 1848, accepter ce
point de vue, ou l'adapter à leur propre position. Tous les plans
pour la libération de l'Europe jusqu'à 1848 ont tourné autour d'un
soulèvement commun des peuples sous la direction de la France,
pour jeter à bas la réaction européenne; et après 1830 certains
mouvements de révolte nationale et libérale, comme le mouvement
italien ou polonais, furent également entraînés à considérer leurs
propres nations un peu comme des messies destinés, de par leur
propre liberté, à être les initiateurs de tous les autres peuples.

D'autre part, considérée d'un point de vue moins idéaliste, la
guerre aiderait aussi à résoudre les nombreux problèmes intérieurs. Il était tentant et naturel d'attribuer les difficultés du nouveau régime aux conspirations des émigrés et des tyrans étrangers,
et de reporter contre eux le mécontentement populaire. Plus particulièrement, les hommes d'affaires arguaient que l'incertitude
des perspectives économiques, la dévaluation de la monnaie et
autres troubles divers ne pouvaient trouver de remède que si la
menace d'une intervention étrangère était écartée. Peut-être pensaient-ils, eux et leurs tenants en idéologie instruits par l'exemple
de la Grande-Bretagne, que la suprématie économique était fille
d'une agressivité systématique. (Le XVIIIe siècle n'était pas du
tout une époque où l'homme d'affaires prospère était enclin à épouser la paix). En outre comme on le verra bientôt, il était possible
de faire la guerre pour en tirer du profit. Pour toutes ces raisons,
la majorité de l'Assemblée législative (sauf une petite partie de
son aile droite et une petite partie de son aile gauche conduite
par Robespierre) se fit l'apôtre de la guerre. Pour ces raisons également, quand la guerre vint, les conquêtes de la révolution
devaient combiner la libération, l'exploitation et la diversion politique.

La guerre fut déclarée en avril 1792. La défaite que tout le
peuple (assez plausiblement) attribua au sabotage et à la trahison
du roi entraîna une radicalisation politique. En août et septembre,
la monarchie fut balayée, la République, une et indivisible, mise
en place, un nouvel âge de l'histoire humaine proclamé avec l'institution de l'an I du calendrier révolutionnaire grâce à l'insurrection
armée des Sans-Culottes de Paris. L'âge de fer, l'âge héroïque de
la Révolution française commençait au milieu des massacres des
prisonniers politiques, des élections à la Convention nationale —

probablement la plus remarquable assemblée dans l'histoire du parlementarisme — et des appels à la résistance intégrale contre les envahisseurs. Le roi fut emprisonné, l'invasion étrangère arrêtée par un duel d'artillerie peu spectaculaire à Valmy.

Les guerres révolutionnaires obligent à une logique qui leur est propre. Le parti dominant de la nouvelle Convention était celui des girondins, belliqueux à l'étranger, modérés pour les problèmes intérieurs. Un groupe parlementaire d'orateurs de charme et d'éclat, qui représentait les grosses affaires, la bourgeoisie provinciale et la fine fleur intellectuelle. Leur politique était parfaitement absurde. En effet seul un Etat qui aurait engagé des campagnes limitées avec des forces régulières éprouvées pouvait avoir l'espoir de maintenir la guerre et les affaires intérieures dans deux compartiments étanches, bien séparées comme les dames et les messieurs de la bonne société dans les romans anglais de Jane Austen, à la même époque. Or, il n'était question pour la révolution ni de campagnes limitées, ni de forces régulières, car la guerre qu'elle menait, ce serait ou la plus grande victoire de la révolution mondiale ou la plus grande défaite, c'est-à-dire la contre-révolution absolue; quant à son armée — ce qui restait de la vieille armée française — on ne pouvait compter ni sur son efficacité, ni sur sa loyauté. Dumouriez, le plus grand général de la République, fut déjà sur le point de passer dans le camp ennemi. Seules des méthodes révolutionnaires et sans précédent pouvaient venir à bout d'une guerre de ce genre, même si la victoire ne devait signifier que la simple défaite de l'intervention étrangère — mais ces méthodes, on les trouva effectivement. Au cours de cette crise, la jeune République française découvrit, inventa la guerre totale : la mobilisation totale des ressources de la nation grâce à la conscription, le rationnement et une économie de guerre sévèrement contrôlée, l'abolition de fait, à l'intérieur ou à l'étranger, de toute distinction entre soldats et civils. A quel point, les implications de cette découverte sont effrayantes, cela n'est devenu réellement clair qu'à notre propre époque. Comme la guerre révolutionnaire de 1792-1794 est restée un épisode exceptionnel, la plupart des observateurs du XIXᵉ siècle n'en ont tiré aucune conclusion, sinon cette leçon (qui sera elle-même oubliée dans l'opulence de la période victorienne) que les guerres conduisent aux révolutions et que les révolutions remportent des victoires qu'on croirait autrement impossibles. C'est seulement aujourd'hui que l'on peut découvrir combien la République jacobine et la Terreur de 1793-1794 ont un sens, qui est tout simplement celui qu'implique l'effort d'une guerre totale moderne.

Les Sans-Culottes ont accueilli favorablement un gouverne-

ment révolutionnaire et militaire non seulement parce que — ils
l'affirmaient avec justesse — la contre-révolution et l'intervention
étrangère ne pouvaient être vaincues que de cette façon, mais
aussi parce que ses méthodes mobilisaient le peuple et rapprochait
l'heure de la justice sociale. (Ils oubliaient le fait qu'il n'y a pas
d'effort de guerre moderne efficace qui soit compatible avec la
démocratie directe, volontaire et décentralisée qu'ils chérissaient).
Les girondins d'autre part, craignaient les conséquences politiques
de cette combinaison de révolution de masse et de guerre, qu'ils
avaient déchaînée. Ils n'étaient pas non plus armés pour une compétition avec la gauche. Ils ne voulaient pas faire passer le roi
en jugement ni l'exécuter mais ils eurent à rivaliser avec la Montagne (les jacobins), pour prouver leur zèle révolutionnaire. C'est
la Montagne qui y gagna du prestige, non eux. D'autre part, ils
souhaitaient que la guerre s'étende aux dimensions d'une croisade
idéologique de libération et d'un défi direct jeté à la grande rivale
économique, la Grande-Bretagne. Ils y réussirent. Vers mars 1793,
la France était en guerre avec la plus grande partie de l'Europe,
et avait commencé ses annexions étrangères (légitimées par la
doctrine récemment inventée selon laquelle la France avait droit
à ses « frontières naturelles »). Mais l'extension de la guerre,
d'autant qu'elle s'accompagnait d'échecs français, ne fit que renforcer le pouvoir de la gauche, qui était seule à pouvoir la gagner.
Battant en retraite et mis hors du jeu, les girondins furent finalement conduits à des attaques mal avisées contre la gauche et ils
organisèrent une révolte de la province contre Paris. Un coup
rapide des sans-culottes les renversa le 2 juin 1793. La République
des jacobins était née.

III

Pour le profane ayant quelque culture qui songe à la Révolution française, ce sont les événements de 1789 mais plus particulièrement la république jacobine de l'an II qui lui viennent
surtout à l'esprit. Robespierre tiré à quatre épingles, le gros Danton
et ses débauches, la froide élégance révolutionnaire de Saint-Just,
la vulgarité de Marat, le Comité de salut public, le tribunal révolutionnaire et la guillotine, telles sont les images qui se présentent
à nous avec clarté. Quant aux révolutionnaires modérés qui se
placent entre Mirabeau et Lafayette en 1789 et les meneurs jacobins
de 1793, leurs noms mêmes ont disparu de toutes les mémoires,
sauf de celles des historiens. On ne se rappelle les girondins que

comme un groupe et peut-être seulement à cause de ces femmes
sans importance politique, mais romanesques qui en firent partie
— Mme Roland ou Charlotte Corday. Qui en dehors des spécialistes,
connaît seulement les noms de Brissot, Vergniaud, Guadet et la
suite? Les conservateurs ont créé une image indélébile de la Terreur, dictature et déchaînement de folie sanguinaire bien que, au
vrai, à l'échelle du XX° siècle, ou, comparées à certaines répressions
de la révolution sociale par les conservateurs, telles que les massacres de Paris après la Commune de 1871, les exécutions massives
de la Terreur soient relativement modérées : 17 000 exécutions
officielles en quatorze mois [7]. Les révolutionnaires, particulièrement en France, ont pour leur part considéré cette période comme
la première république populaire, inspiratrice de toutes les révoltes
qui suivirent. L'opinion unanime, c'est qu'il s'agit d'un épisode
qu'on ne saurait mesurer selon les critères de l'humanité ordinaire.

Tout cela est vrai sans doute. Mais pour le bon français
moyen qui a vécu derrière le rideau de la Terreur, celle-ci n'était
ni pathologique, ni apocalyptique, mais d'abord et avant tout la
seule façon efficace de protéger son pays. C'est ce que fit la république des jacobins, et son œuvre fut surhumaine. En juin 1793,
60 des 80 départements français étaient révoltés contre Paris; les
armées des princes germaniques envahissaient la France par le
nord et par l'est, celles des Britanniques attaquaient par le sud
et par l'ouest : le pays était sans appui et ruiné. Quatorze mois
plus tard, la France entière était fermement contrôlée; les envahisseurs avaient été expulsés; les armées françaises à leur tour
occupaient la Belgique; bientôt allait commencer cette longue
période de vingt années qui fut pour elles un triomphe militaire
facile et presque ininterrompu. Dès mars 1794 une armée dont les
effectifs s'étaient multipliés par trois était sur pied et elle coûtait
moitié moins que celle de mars 1793. La valeur de la monnaie
française (ou plutôt des assignats de papier qui l'avaient largement
remplacée) était relativement stable, en contraste marqué avec
la situation passée aussi bien que future. Il n'est donc pas étonnant
que Jean Bon Saint-André, un membre jacobin du Comité de
salut public qui, bien que solide républicain, devint plus tard un
des préfets les plus compétents de Napoléon, ait été plein de
mépris pour la France impériale, lorsqu'elle chancela sous les
défaites de 1812-1813. La République de l'an II avait su faire face
à des crises plus graves et avec des ressources plus minces [*].

Pour ces hommes-là, comme d'ailleurs pour la majorité de

---

* Voir J. Savant : *Les Préfets de Napoléon*, 1958, pp. 111-112.

la Convention nationale, qui au fond a conservé le pouvoir tout
au cours de cette période héroïque, le choix était simple : ou bien
la Terreur avec tous les inconvénients qu'elle avait pour la classe
moyenne, ou bien l'anéantissement de la révolution, la désintégration de l'Etat national, et probablement — n'y avait-il point
l'exemple de la Pologne? — la disparition du pays. Très vraisemblablement, n'eût été la crise désespérée de la France, beaucoup
d'entre eux auraient préféré un régime moins draconien, et certainement aussi une économie moins sévèrement contrôlée : la
chute de Robespierre entraîna avec elle un relâchement du contrôle
dans l'économie et une épidémie de corruption à grande échelle
qui culminèrent dans l'inflation galopante et la banqueroute nationale de 1797. Mais même du point de vue le plus étroit, les chances
de la classe moyenne en France dépendaient de celles d'un Etat
national fortement unifié et centralisé. Et de toute manière, la
révolution qui avait créé en pratique les termes de « nation » et
de « patriotisme » dans leur sens moderne, pouvait-elle abandonner
la « grande nation » ?

La première tâche du régime jacobin fut de mobiliser l'appui
des masses contre les girondins dissidents et les notables de la
province, tout en conservant l'appui massif, déjà mobilisé celui-là,
des Sans-Culottes de Paris, d'autant que parmi les requêtes de ces
derniers en faveur d'un effort de guerre révolutionnaire, certaines
—la conscription générale (la « levée en masse »), la terreur
instituée contre les « traîtres », le contrôle général des prix (le
« maximum ») — coïncidaient en tout cas avec le réalisme des
jacobins, si certaines autres devaient bientôt se révéler gênantes.

Une nouvelle constitution plus radicale et jusque-là différée
par la Gironde, fut proclamée. Suivant ce noble et académique
document, le peuple se voyait offrir le suffrage universel, le droit
à l'insurrection, au travail (ou à une aide sociale), et — plus
significatif que le reste — il était reconnu officiellement que le
bonheur de tous était l'objectif du gouvernement et que les droits
du peuple ne devaient pas seulement être établis théoriquement,
mais passer dans la pratique. C'était la première constitution réellement démocratique proclamée par un Etat moderne. Plus concrè-
tement, les jacobins abolirent tous les droits féodaux encore existants, sans indemnité, facilitèrent les chances du petit acquéreur
pour les achats de biens confisqués des émigrés, et — quelques
mois plus tard — abolirent l'esclavage dans les colonies françaises,
afin d'encourager les Noirs de Saint-Domingue à combattre pour
la République contre les Anglais. Ces mesures eurent les résultats
de la plus grande portée. En Amérique, ils aidèrent à la création
du premier chef d'Etat révolutionnaire indépendant d'une certaine

stature, dans la personne de Toussaint Louverture *. En France
ils établirent cette citadelle inébranlable de paysans, petits ou
moyens propriétaires, de petits artisans et de boutiquiers, certes
rétrogrades d'un point de vue économique, mais passionnément
dévoués à la révolution et à la République, et qui, depuis ce temps,
n'ont jamais cessé de dominer le pays. La transformation capitaliste de l'agriculture et de la petite entreprise, condition essentielle pour un développement économique rapide, fut fortement
ralentie dans son mouvement; et avec elle la vitesse de l'urbanisation, l'expansion du marché intérieur; l'augmentation de la classe
ouvrière et, du même coup, l'avance ultérieure de la révolution
prolétarienne. La grosse entreprise et le mouvement ouvrier seront,
l'un et l'autre, condamnés longtemps à demeurer en France des
phénomènes de minorités, îlots entourés par la mer des épiciers
du coin, des petits propriétaires de terres et des patrons de café
(cf. ci-dessous chapitre X).

Le centre du nouveau gouvernement, qui représentait en
somme une alliance des jacobins et des Sans-Culottes, se déplaça
donc sensiblement vers la gauche. On en vit le reflet, dans le
Comité de salut public remanié qui devint rapidement la vraie
direction générale de la guerre. Il avait perdu Danton, ce révolutionnaire puissant, dissolu, probablement même corrompu, mais
d'un talent extraordinaire, plus modéré qu'il n'en avait l'air (il
avait été ministre dans le dernier gouvernement royal), mais il
avait gagné Maximilien Robespierre qui devint le plus influent de
ses membres. Peu d'historiens n'ont pas cédé à la passion devant cet
avocat fanatique, frêle, d'une élégance de dandy, qui avait le sentiment quelque peu excessif de posséder le monopole de la vertu.
C'est qu'il continue à incarner ce terrible et glorieux an II à l'égard
duquel pas un homme ne reste neutre. Il n'était pas certes un
individu agréable; et même ceux qui de nos jours lui donnent
raison ont tendance à lui préférer la brillante rigueur mathématique de cet architecte des paradis de Sparte, qu'était le jeune
Saint-Just. Il n'était pas un grand homme; il lui arrivait même
souvent d'être un petit monsieur. Mais il est (en dehors de Napoléon) l'unique individu lancé par la révolution autour duquel un
culte ait grandi. Et ceci parce que pour lui, comme pour l'histoire,
la république jacobine n'était pas un expédient pour gagner la

---

* L'échec de la France napoléonienne pour reconquérir Haïti fut une
des raisons principales pour liquider tout ce qui subsistait de l'empire
colonial français en Amérique, qui fut vendu aux États-Unis par le Louisiana
Purchase (1803). Ainsi une conséquence lointaine de la diffusion du jacobinisme en Amérique sera de faire des U.S.A. une puissance aux dimensions
d'un continent.

guerre, mais un idéal : le règne terrible et glorieux de la justice et de la vertu où tous les bons citoyens étaient égaux aux yeux de la nation et où le peuple châtiait les traîtres. Toute sa force, il la tirait de Jean-Jacques Rousseau (voir ci-dessous p. 316) et de sa certitude claire comme de l'eau de roche qu'il était dans le vrai. Il n'avait pas de pouvoirs dictatoriaux, ni même une charge spéciale, il était simplement un des membres du Comité de salut public, qui n'était lui-même qu'un simple sous-groupe — le plus puissant, quoique jamais tout-puissant — de la Convention. Son pouvoir était celui du peuple — les masses de Paris —; sa « terreur » était la leur. Quand elles l'abandonnèrent, il tomba.

La tragédie de Robespierre et de la république des jacobins, c'est l'obligation où ils se trouvèrent de s'aliéner eux-mêmes cet appui vital. Le régime était une alliance entre la classe moyenne et les masses ouvrières; mais pour les jacobins bourgeois, les concessions faites aux Sans-Culottes n'étaient tolérables que parce que et pour autant qu'elles liaient les masses en régime sans susciter la terreur des propriétaires; et dans cette alliance, les jacobins bourgeois avaient un rôle décisif. En outre, les nécessités mêmes de la guerre obligeaient tout gouvernement à centraliser et à discipliner — aux dépens de la démocratie libre, directe et locale des clubs et des sections — la garde nationale volontaire et les libres élections raisonnées sur lesquelles les Sans-Culottes fondaient tous leurs succès. Le même processus qui, durant la guerre civile d'Espagne de 1936-1939 raffermit les communistes aux dépens des anarchistes, renforça les jacobins du genre de Saint-Just aux dépens des Sans-Culottes du genre d'Hébert. En 1794, le gouvernement et la politique ne formaient qu'un seul bloc et étaient étroitement tenus par les agents directs du Comité ou de la Convention — par l'intermédiaire de délégués « en mission » — et par un large corps de fonctionnaires et d'agents jacobins, conjointement avec les organisations locales des partis. Enfin les besoins économiques de la guerre aliénèrent l'appui du peuple. Dans les villes le contrôle des prix et le rationnement favorisaient les masses; mais le blocage des salaires qui en était l'accompagnement les irritait. Dans les campagnes, la réquisition systématique des denrées alimentaires (que les Sans-Culottes des villes avaient été les premiers à réclamer) aliéna les paysans.

Les masses se replièrent donc dans le mécontentement ou dans une passivité hostile, particulièrement après le jugement et l'exécution des hébertistes, les porte-parole les plus éloquents du mouvement des Sans-Culottes. Cependant les modérés s'alarmaient des attaques de l'aile droite de l'opposition, maintenant dirigée par Danton. Cette fraction avait servi de refuge à de nombreux

profiteurs, spéculateurs, trafiquants du marché noir et autres éléments corrompus mais entassant des capitaux avec d'autant plus
d'entrain que Danton lui-même, incarnait ces personnages amo-
raux, falstaffiens, aussi libertins que prodigues qui apparaissent
toujours au commencement des révolutions sociales, jusqu'à ce
qu'il soient écrasés par le puritanisme rigide qui invariablement
finit par les dominer. Les Danton de l'histoire sont toujours vaincus
par les Robespierre (ou par ceux qui ont la prétention de se comporter comme des Robespierre) parce que le dévouement profond
et aveugle peut réussir là où échoue la bohème. Cependant si
Robespierre s'acquît l'appui des modérés pour éliminer la corruption, ce qui servait après tout les intérêts de l'effort de guerre,
les restrictions ultérieures sur la liberté et sur les profits individuels furent plus déconcertantes pour les hommes d'affaires. Enfin,
aucun grand groupe d'opinion n'éprouva de sympathie pour les
divagations idéologiques quelque peu fantaisistes de cette période.
Les campagnes de déchristianisation systématique (dues au zèle
des Sans-Culottes) et la nouvelle religion civique de Robespierre
de l'Etre Suprême, bourrée de cérémonies dont l'intention était
de contrecarrer les athées et de répandre les préceptes du divin
Jean-Jacques. Quant au couperet de la guillotine, il était toujours
là pour remettre en mémoire à tous les politiciens que personne
n'était réellement à l'abri.

En avril 1794, et la droite et la gauche avaient fini sous la
guillotine et les partisans de Robespierre étaient donc politiquement isolés. Seule la crise de la guerre les maintenait au pouvoir.
Quand, à la fin de juin 1794, les nouvelles armées de la République
prouvèrent leur solidité en battant définitivement les Autrichiens
à Fleurus et en occupant la Belgique, la fin était proche. Le 9 thermidor, selon le calendrier révolutionnaire, (27 juillet 1794), la
Convention renversa Robespierre. Le jour suivant, il était exécuté
avec Saint-Just et Couthon et quelques jours plus tard, 87 membres
de la Commune révolutionnaire de Paris.

IV

Thermidor clôt la phase héroïque et mémorable de la Révolution, l'époque des Sans-Culottes en haillons et des honnêtes
citoyens en bonnet rouge qui se prenaient pour Brutus et Caton,
l'époque des phrases grandiloquentes, classiques et nobles, mais
également implacables — « Lyon n'est plus » * ; 10 000 hommes sont

* En français dans le texte.

nu-pieds dans l'armée; il faut que vous déchaussiez tous les aristocrates de Strasbourg dans le jour, et que demain, à 10 heures du matin, les 10 000 paires de souliers soient en marche pour le quartier général. » [8] — Ce ne fut pas une période facile à vivre; la plupart des hommes eurent faim et beaucoup eurent peur. Mais ce fut un phénomène aussi terrible et irréversible que la première explosion nucléaire et l'histoire entière en a été changée pour toujours. L'énergie qu'elle engendra suffit à balayer les armées des anciens régimes de l'Europe ainsi que pailles au vent.

Le problème que la bourgeoisie française eut à affronter pendant le reste de ce que l'on appelle encore en principe la période révolutionnaire (1794-1799), fut de savoir comment atteindre à la stabilité politique et au progrès économique, tout en conservant les bases du programme libéral primitif, celui de 1789-1791. Ce problème, elle n'est jamais parvenue à le résoudre d'une façon adéquate depuis ce temps-là jusqu'au nôtre, bien que, après 1870, elle ait découvert dans la république parlementaire une formule s'adaptant à presque toutes les circonstances. L'alternance rapide des régimes — Directoire (1795-1799), Consulat (1799-1804), Empire (1804-1814), monarchie restaurée (1815-1830), monarchie constitutionnelle (1830-1848), République (1848-1851) et Second Empire (1852-1870) — correspond chaque fois à une nouvelle tentative pour maintenir une société bourgeoise tout en évitant le double danger de la république démocratique jacobine et de l'Ancien Régime.

La grande faiblesse des thermidoriens est de n'avoir rencontré aucun soutien politique réel, tout au plus une certaine tolérance, coincés comme ils l'étaient entre une réaction aristocratique renaissante et le Paris pauvre des jacobins sans culottes qui ne tarda pas à regretter la chute de Robespierre. En 1795, pour se protéger des uns et des autres, ils imaginèrent une constitution très élaborée, avec un jeu de freins et de contrepoids, tandis que par des glissements périodiques, tantôt vers la droite et tantôt vers la gauche, ils se maintenaient dans un équilibre précaire; mais de plus en plus, il leur fallait recourir à l'armée pour désarmer l'opposition. La situation était assez curieusement semblable à celle de la IVᵉ République et la conclusion fut la même : un général au pouvoir. Mais le Directoire ne s'en est pas remis à l'armée seulement pour anéantir les complots et les coups de force périodiques (vendémiaire en 1795, le complot de Babœuf en 1796, fructidor en 1797, floréal en 1798, prairial en 1799). Pour un régime faible et impopulaire, l'inaction était la seule garantie de conserver le pouvoir, mais l'expansion et l'initiative étaient un besoin pour la classe moyenne. L'armée résolut ce problème apparemment insoluble. Elle alla de victoire en victoire; elle se paya elle-même; bien plus, ses butins et ses conquêtes apportèrent de l'argent au gouvernement. Qui s'étonnera que finalement Napoléon Bonaparte, le plus intelligent et le plus capable des chefs de l'armée, ait décidé que l'armée pouvait parfaitement se passer d'un régime civil si inefficace?

Cette armée révolutionnaire fut l'enfant le plus redoutable de la république jacobine. D'une « levée en masse » de citoyens révolutionnaires, elle fit bientôt une force de combattants professionnels, car il n'y eut pas, entre 1793 et 1798, d'appel aux armes et ceux qui n'avaient pas de goût ou de talent pour le métier de soldat désertèrent en masse. Cette nouvelle armée, tout en conservant les caractéristiques de la révolution, s'est donc acquis celles des privilégiés, mélange très typiquement bonapartiste. La révolution lui donna cette supériorité militaire incomparable que le génie militaire de Napoléon allait exploiter. Il lui resta toujours quelque chose d'une armée improvisée, où les recrues à peine instruites apprenaient auprès des vieux grognards ce qu'est un bon moral et une vraie formation, où les soldats étaient traités comme des hommes et où la règle absolue de la promotion au mérite (c'est-à-dire suivant la distinction au combat) créait une simple hiérarchie du courage. Tout cela, et un sens arrogant de sa mission révolutionnaire, donna à l'armée française une grande indépendance vis-à-vis des ressources ordinaires dont dépendaient les troupes plus orthodoxes. Elle n'eut jamais un système d'intendance réel, car elle vivait sur le pays. Elle ne fut jamais soutenue par une industrie d'armement capable, même de loin, de répondre à ses besoins théoriques; mais elle remportait ses batailles tellement vite qu'elle n'avait pas besoin de beaucoup d'armes : en 1806, la grande machine de l'armée prussienne s'effondra devant une armée dont un corps entier ne tira que 1 400 coups de canon. Ses généraux pouvaient compter sur un courage illimité dans l'offensive et sur une bonne dose d'initiative personnelle. Il faut admettre qu'elle avait aussi la faiblesse de ses origines. A part Napoléon et quelques rares autres, ses généraux et son commandement étaient médiocres, car le général révolutionnaire, ou le maréchal napoléonien, étaient plutôt du type du sergent-major borné, ou de l'officier de compagnie promu à cause de son courage et de ses qualités de chef, non pour ses dons intellectuels : le maréchal Ney, héroïque mais fort sot, ne les représentent que trop bien. C'est Napoléon qui gagnait les batailles; ses maréchaux lorsqu'ils étaient seuls avaient tendance à les perdre. Quant au système d'intendance très sommaire, il suffisait quand il était

organisé dans les pays riches où il y avait quelque chose à piller :
en Belgique, dans le nord de l'Italie, en Allemagne. Mais dans
les vastes étendues de Pologne et de Russie, comme nous le
verrons, il fut catastrophique. L'absence totale de services sanitaires multipliait les morts : entre 1800 et 1815, Napoléon perdit
40 % de ses forces — dont un bon tiers il est vrai par la déser-
tion —; mais 90 à 98 % de ces pertes concernent des hommes
qui moururent non pas au combat, mais de blessures, de maladies,
d'épuisement et de froid. En somme, ce fut une armée qui conquit
l'Europe par une série de coups brefs et violents, non seulement
parce qu'elle le pouvait, mais parce qu'elle ne pouvait faire autrement.

D'autre part, l'armée était une carrière comme toutes les
autres que la révolution bourgeoise avait ouverte à tous les talents;
et ceux qui y réussissaient en obtenaient les privilèges, dans un
régime intérieur stable, comme tout autre bourgeois. C'est ce
qui fit de l'armée, en dépit de son jacobinisme intrinsèque, un
pilier du gouvernement d'après thermidor, et de son chef, Bonaparte, l'homme qui convenait pour mettre un terme à la révolution
bourgeoise et instaurer le régime bourgeois. Napoléon, bien que
de bonne naissance selon les critères de sa rude île natale, la
Corse, était lui-même un exemple typique de cette façon de faire
carrière. Né en 1769, il fit doucement son chemin dans l'artillerie, l'une des peu nombreuses branches de l'armée royale dans
laquelle la compétence technique était indispensable. C'était déjà
alors un ambitieux, un mécontent et un révolutionnaire. Pendant
la révolution, et plus particulièrement sous la dictature jacobine
à laquelle il donna tout son appui, il fut distingué, sur un front
important, par un commissaire local — comme par hasard un
Corse lui aussi, ce qui ne pouvait être un mal dans l'affaire —
qui reconnut en lui un soldat magnifiquement doué et plein de
promesses. L'an II fit de lui un général. Il survécut à la chute de
Robespierre et le don qu'il avait pour cultiver les relations utiles
à Paris l'aida à traverser les difficultés du moment. Il saisit sa
chance pendant la campagne d'Italie, en 1796 : elle fit de lui,
incontestablement, le premier soldat de la République qui mena
une politique pratiquement indépendante de toute autorité civile.
Le pouvoir, on le lui imposa autant qu'il le saisit, lorsque les
invasions étrangères de 1798 révélèrent combien le Directoire était
faible et combien il était lui-même indispensable. Il devint Premier
Consul; puis Consul à vie; puis Empereur. Et avec son arrivée,
comme par miracle, les problèmes insolubles du Directoire se
trouvèrent résolus. En l'espace de quelques années, la France
eut un code civil, un concordat avec l'Eglise et même, symbole

frappant de stabilité bourgeoise, une banque nationale. Et le
monde eut son premier mythe séculaire.

Les plus âgés de nos lecteurs ou ceux qui vivent dans des pays
fidèles encore à des modes anciennes, doivent connaître le mythe
napoléonien tel qu'il a existé tout au long du siècle, alors qu'aucun
bureau bourgeois n'était complet sans le buste de l'Empereur et
que les pamphlétaires pouvaient avancer, même si c'était sur le
ton de la plaisanterie, que ce n'était pas un homme, mais un dieu-
soleil. Le pouvoir extraordinaire de ce mythe ne peut être vraiment expliqué ni par les victoires napoléoniennes, ni par la propagande napoléonienne, ni par l'indubitable génie de Napoléon
lui-même. En tant qu'homme, il ne fait pas question qu'il fut
brillant, versatile, intelligent et plein d'imagination, bien que
le pouvoir l'ait rendu plutôt déplaisant. En tant que général,
il n'eut point d'équivalent; en tant que chef d'Etat, ce fut un
planificateur, un chef et un réalisateur d'une merveilleuse effi-
cience, avec des dons intellectuels largement suffisants pour
comprendre et superviser le travail de ses subordonnés. En tant
qu'individu, il semble qu'il ait irradié le sens de grandeur, mais
la plupart de ceux qui en témoignent — Gœthe par exemple —
l'ont vu au faîte de sa renommée, quand déjà le mythe l'entourait.
Il fut, sans discussion aucune, un très grand homme, et peut-être
— si on met à part Lénine — son image est-elle la seule que
l'homme le plus modérément cultivé reconnaîtrait aussitôt, même
aujourd'hui, dans la galerie des portraits de l'histoire, ne serait-ce
que par la triple caractéristique de sa petite taille, de sa mèche
sur le front et de sa main glissée dans l'ouverture de son gilet.
Peut-être n'y-a-t-il aucun sens à vouloir le comparer à tous les
candidats à la grandeur du XXᵉ siècle.

Car le mythe napoléonien est moins fondé sur les mérites
de Napoléon que sur le fait, alors unique, de sa carrière. Les
grands hommes connus qui, jadis, avaient secoué le monde avaient
commencé leur ascension en qualité de rois, comme Alexandre,
ou de patriciens comme Jules César; Napoléon, lui est « le petit
caporal » qui, par son seul talent personnel, s'est élevé jusqu'à
gouverner un continent. (Ceci n'est pas l'exacte vérité, mais sa
montée fut suffisamment haute et météorique pour justifier la
description). Tout jeune intellectuel qui dévorait des livres, comme
le jeune Bonaparte l'avait fait, qui, comme lui, écrivait de mauvais poèmes et romans et qui adorait Rousseau, pouvait désormais
ne voir devant lui que le ciel pour limite et imaginer des lauriers
entourant son monogramme. Tout homme d'affaires désormais
savait quel nom donner à son ambition : devenir — comme disent
les clichés eux-mêmes — un « Napoléon de la finance » ou de

l'industrie. Tous les gens du peuple étaient fascinés par le spectacle unique d'un homme du peuple, devenu plus grand que ceux
qui naissaient avec une couronne sur la tête. Napoléon a donné
un nom propre à l'ambition, à un moment où la double révolution
avait ouvert le monde aux ambitieux. Pourtant il fut plus que cela
encore. Il fut cet homme civilisé au XVIIIe siècle, rationaliste,
curieux, « éclairé », mais suffisamment disciple de Rousseau pour
être aussi l'homme romantique du XIXe siècle. Il fut l'homme de
la révolution, et l'homme qui apportera la stabilité. En un mot
le personnage avec lequel tout homme qui brisait avec la tradition pouvait s'identifier en rêve.

Pour les Français, il fut encore quelque chose de beaucoup
plus simple : le plus heureux de tous les chefs de leur longue
histoire. Il triompha glorieusement à l'étranger; mais chez lui
également, il mit, ou remit, sur pied le système d'institutions
françaises qui survit encore aujourd'hui. Il est généralement admis
que, pour la plupart des ses idées — sinon toutes —, il avait été
devancé par la révolution et le Directoire; sa contribution personnelle consista plutôt à les rendre plus conservatrices, plus
hiérarchiques et plus autoritaristes. Mais, ce que ses prédécesseurs avaient anticipé, il le réalisa. Les grands monuments lumi-
neux de la jurisprudence française, les codes qui devinrent des
modèles pour le monde bourgeois tout entier — sauf les Anglo-
Saxons — sont de Napoléon. La hiérarchie des fonctionnaires,
depuis les préfets jusqu'au bas de l'échelle, de la justice, des universités et des écoles, tout cela est de lui. Les grandes « carrières »
de la vie publique française, l'armée, les fonctions civiles, l'éducation, le droit conservent encore la marque napoléonienne. Il
apporta la stabilité et la prospérité à tous, sauf à ce quart de million
de Français qui ne revinrent pas de ses guerres; encore apporta-
t-il la gloire à leurs familles. Sans aucun doute, les Anglais crurent
combattre pour la liberté contre la tyrannie; mais en 1815, la
plupart des Anglais étaient probablement plus pauvres et dans
une situation bien pire qu'en 1800; tandis qu'il est quasi certain
que la plupart des Français étaient plus à l'aise, et, à part
les ouvriers salariés en quantité encore négligeable, personne
n'avait perdu les bénéfices économiques importants de la révolution.

Il n'y a guère de mystère dans la persistance du bonapartisme,
en tant qu'idéologie, après la chute de l'Empereur, parmi les
Français qui ne s'occupaient pas de politique et tout spécialement
chez les paysans riches. Il fallut un second Napoléon, plus petit
que l'autre, pour la dissiper entre 1851 et 1870.

Napoléon n'avait détruit qu'une seule chose : la révolution

jacobine, ce rêve d'égalité, de liberté et de fraternité, le rêve du peuple se dressant dans sa majesté pour détruire l'oppression. Et ce mythe était plus puissant encore que le sien, puisque après sa chute, c'est lui, et non le souvenir de l'Empereur, qui inspira les révolutions du XIX⁰ siècle, dans son propre pays.

4.

La guerre

Tout ce qui n'est point nouveau dans un temps d'innovation est pernicieux. L'art militaire de la monarchie ne nous convient plus, ce sont d'autres hommes & d'autres ennemis, la puissance des peuples, leurs conquêtes, leur splendeur politique & militaire dépendent d'un point unique, d'une seule inspiration forte.
Notre nation a déjà un caractère; son système militaire doit être autre que celui de ses ennemis; or, si la nation Française est terrible par sa fougue, son adresse, & si ses ennemis sont lourds, froids & tardifs, sont système militaire doit être impétueux.

> Convention Nationale, Rapport fait au nom du Comité de Salut Public, par le citoyen Saint-Just. Séance du 19 du premier mois, l'an second de la République.

Il n'est point vrai que, même contre l'étranger, la guerre soit divine; il n'est point vrai que la terre soit avide de sang. La guerre est maudite de Dieu et des hommes mêmes qui la font et qui ont d'elle une secrète horreur.

> ALFRED DE VIGNY :
> *Servitude et grandeur militaires*
> *Livre deuxième, Chapitre I*
> *Sur la responsabilité.*

I

De 1792 jusqu'à 1815, l'Europe fut le théâtre d'une guerre presque ininterrompue qui parfois s'est mêlée, ou a coïncidé, avec des guerres d'outre-mer : ainsi dans les Antilles, au Levant et dans les Indes pendant la dernière décennie du XVIIIe siècle et les premières années du XIXe; plus tard lors de certaines rencontres navales aux Etats-Unis, en 1812-1814. Les conséquences de la victoire ou de la défaite dans ces guerres-là furent considérables, car elles transformèrent la carte du monde. Nous les examinerons donc en premier lieu. Mais nous aurons aussi à considérer un problème moins tangible. Quelles furent les conséquences du processus concret de la guerre, de la mobilisation, des opérations militaires, et des mesures politiques et économiques qui en découlent? Il y a, s'affrontant l'une l'autre tout au long de ces vingt et quelques années, deux catégories tout à fait différentes de belligérants : les puissances et les systèmes. La France, en tant qu'Etat, avec ses intérêts et ses aspirations, s'affrontait (ou s'alliait) à d'autres Etats; mais, sur un autre plan, la France, en tant que représentant de la révolution, appelait les peuples du monde à se libérer de la tyrannie et à embrasser la liberté, et dans ce combat elle trouvait en face d'elle les forces conservatrices et réactionnaires. Il est certain qu'après les premières années d'apocalypse de la guerre révolutionnaire, la différence entre ces deux lignées de conflits diminua. Vers la fin du règne de Napoléon, l'élément de la conquête impériale et de son exploitation prévalait sur celui de libération, partout où les troupes françaises occupaient ou annexaient un pays. Le conflit international se trouvait alors beaucoup moins mêlé à la guerre civile internationale (pour chaque pays, guerre intérieure). Inversement, les puissances anti-révolutionnaires étaient résignées alors à l'irréversibilité, en France de la plupart des succès révolutionnaires et par conséquent assez disposées à négocier (dans certaines limites) les termes de la paix comme s'il s'agissait d'un règlement entre pouvoirs représentant normalement leurs pays, et non entre la lumière et l'obscurité. Elles étaient même, quelques semaines avant la première défaite de Napoléon, prêtes à admettre à nouveau la France comme un joueur à égalité dans le jeu traditionnel des alliances, des contre-alliances, des bluffs, des menaces et des guerres qui était la règle diplomatique des rapports entre grands Etats. Il n'empêche que cette double nature des guerres de l'époque, à la fois conflits entre Etats et entre systèmes sociaux, se maintint.

Sous ce deuxième aspect de la guerre, les belligérants étaient très inégalement partagés. En dehors de la France elle-même, il n'y avait qu'un seul Etat important que ses origines révolutionnaires et ses sympathies pour la Déclaration des droits de l'homme aurait pu incliner idéologiquement vers la France : les Etats-Unis d'Amérique. Et de fait, les Etats-Unis penchèrent de ce côté; au moins en une occasion (1812-1814), ils combattirent sinon comme alliés des Français, du moins contre leur ennemi commun, les Anglais. Cependant les Etats-Unis restèrent presque toujours neutres et leurs frictions avec les Britanniques ne demandent aucune explication d'ordre idéologique. Pour le reste, les alliés en idéologie de la France furent des partis, ou des courants de pensée à l'intérieur des autres pays, et non des Etats qui représentaient ces pays de plein droit.

Dans un sens très large, on peut dire qu'en principe, toutes les personnes ayant de la culture, du talent et des affinités avec la philosophie des Lumières ont sympathisé avec la Révolution française, en tout cas jusqu'à la dictature des jacobins, et souvent bien au-delà. (Ce n'est qu'après que Napoléon se fût nommé lui-même empereur que Beethoven revint sur la dédicace qu'il lui avait faite de la *Symphonie héroïque*.) La multitude des Européens de talent et de génie qui soutinrent la révolution à ses débuts ne peut se comparer qu'au mouvement de sympathie analogue et presque universel qu'a suscité la République espagnole, après 1930. En Grande-Bretagne, en faisaient partie les poètes Wordsworth, Blake, Coleridge, Robert Burns, Southey; des savants, le chimiste Joseph Priestley et plusieurs membres très distingués de la Birmingham Lunar Society *, des technologues et des industriels, comme Wilkinson le maître de forge, l'ingénieur Thomas Telford, et d'une manière générale, tous les intellectuels *whig* et *dissidents*. En Allemagne, les philosophes Kant, Herder, Fichte, Schelling et Hegel) les poètes Schiller, Hœlderlin, Wieland et le vieux Klopstock, et le musicien Beethoven. En Suisse, le pédagogue Pestalozzi, le psychologue Lavater et l'historien Obmann Füssli. En Italie, à peu près tous ceux qui étaient de tendances anticléricales. Cependant, bien que les révolutionnaires aient été très sensibles à ces appuis intellectuels et bien qu'ils aient honoré ces sympathisants étrangers éminents et ceux qu'ils pensaient favoriser leurs principes en leur octroyant le titre de citoyens français d'honneur **, ni un Beethoven, ni un Robert Burns ne furent par eux-mêmes d'une grande importance politique ou militaire.

* Le fils de James Watt partit même pour la France, à la grande consternation de son père.
** A savoir Priestley, Bentham, Wilberforce, Clarkson (l'agitateur anti-

Un sentiment politique profond, pro-jacobin ou pro-français, exista surtout dans certaines régions limitrophes de la France, où les conditions sociales étaient comparables et les contacts culturels permanents (les Pays-Bas, la plaine du Rhin, la Suisse et la Savoie) ; en Italie et, pour des raisons légèrement différentes, en Irlande et en Pologne. En Grande-Bretagne, le « jacobinisme » eut été sans aucun doute un phénomène de plus grande incidence politique, même après la Terreur, s'il ne s'était heurté au préjugé antifrançais traditionnel du nationalisme populaire anglais, composé pour moitié du mépris d'un John Bull grassement nourri pour les continentaux affamés (tous les Français des caricatures populaires de l'époque sont maigres comme des clous) et pour moitié d'hostilité envers celle qui, après tout, était « l'ennemi héréditaire » de l'Angleterre, tout en étant également l'alliée héréditaire de l'Ecosse * Or, le « jacobinisme » britannique fut le seul à se développer comme un mouvement de la classe artisanale et ouvrière, du moins une fois passé l'enthousiasme général du début. Les « Corresponding Societies », peuvent se vanter d'avoir été les premières organisations politiques indépendantes de la classe ouvrière. Mais celle-ci trouva un interprète d'une incomparable puissance dans *Les Droits de l'homme* de Tom Paine (dont il se vendit bien un million d'exemplaires) et un certain appui politique chez les whigs qui, se cachant eux-mêmes à l'abri des poursuites en raison de leur richesse et de leur position sociale, étaient prêts à défendre les traditions britanniques de liberté civile et l'opportunité d'une paix négociée avec la France. La faiblesse du jacobinisme anglais est cependant démontrée par le fait que même la flotte qui s'était mutinée à Spithead, à un moment critique de la guerre (1797), réclama à grands cris qu'on l'autorisât à faire voile pour attaquer les Français, dès que ses réclamations d'ordre économique eurent été satisfaites.

Dans la péninsule ibérique, dans les possessions des Habsbourg, l'Allemagne du centre et de l'Est, la Scandinavie, les Balkans et la Russie, la sympathie suscitée par le jacobinisme ne fut qu'une force négligeable. Elle attira quelques jeunes gens ardents, quelques intellectuels « éclairés » et quelques rares individus, comme Ignatius Martinovics en Hongrie, ou Rhigas en Grèce, qui sont

esclavagiste), James Mackintosh, David Williams en Angleterre; Klopstock, Schiller, Campe et Anacharsis Cloots en Allemagne; Pestalozzi en Suisse, Kosziusko en Pologne; Gorani en Italie; Cornelius de Pauw en Hollande; Washington, Hamilton, Madison, Tom Paine et Joel Barlow aux Etats-Unis. D'ailleurs, tous ces hommes ne furent pas des partisans de la révolution.
   * Il se peut qu'il y ait là une relation avec ce fait que le jacobinisme en Ecosse fut un mouvement populaire beaucoup plus puissant.

honorés comme des précurseurs dans l'histoire de la lutte pour la libération sociale et nationale de leurs pays. Mais le fait qu'aucun appui massif ne fut donné à ces petits groupes parmi les classes moyennes et supérieures, sans parler de leur manque total de contact avec les paysans bigots et illettrés, rendit facile la suppression du jacobinisme dans ces pays, même lorsque, comme en Autriche, il était allé jusqu'à la conspiration. Une génération devait passer avant que la tradition libérale espagnole ne surgisse, violente et militante, des quelques petites conspirations d'édudiants ou d'émissaires jacobins, en 1792-1795.

La vérité, c'est que, la plupart du temps, à l'étranger, le jacobinisme s'adressait directement, dans son idéologie, aux classes moyennes et cultivées et que sa puissance politique dépendait donc de la réponse plus ou moins empressée qu'elles faisaient à cet appel. Ainsi en Pologne, la Révolution française a laissé des traces profondes. La France resta longtemps la principale puissance étrangère en qui les Polonais espéraient, pour trouver un appui contre les cupidités conjuguées de la Prusse, de la Russie et de l'Autriche, lesquelles avaient déjà annexé de vastes territoires du pays et menaçaient de se le partager intégralement. La France fournissait aussi le modèle de cette réforme interne et profonde qui seule, à ce que pensaient les intellectuels polonais, pourrait donner à leur pays les moyens de résister à ses bourreaux. Il n'est donc guère surprenant que la réforme constitutionnelle de 1791 ait été, consciemment et profondément, influencée par la Révolution française; ce fut la première des constitutions modernes à manifester cette influence *. Mais en Pologne, la noblesse et la haute bourgeoisie, responsables des réformes, avaient une grande liberté d'action. Cette liberté n'existait pas en Hongrie où le conflit endémique entre Vienne et les autonomistes locaux avait provoqué, chez les gentilhommes du pays, une incitation analogue à s'intéresser aux théories de la résistance (le comté de Gömör réclamait l'abolition de la censure comme contraire au *Contrat Social* de Rousseau). De sorte que le jacobinisme hongrois fut à la fois plus restreint et beaucoup moins efficace que le polonais. Mais en Irlande, le mécontentement agraire et le mécontentement national donnèrent au jacobinisme une grande force politique, beaucoup plus puissante que l'appui concret accordé à la libre pensée et à l'idéologie franc-maçonne par les

---

* Comme la Pologne était essentiellement une république de seigneurs et de petite noblesse, la constitution ne fut « jacobine » que très superficiellement : le pouvoir des nobles en fut plutôt renforcé, et non détruit.

chefs des « Irlandais Unis ». Des messes étaient célébrées dans
les églises de ce pays très catholique pour la victoire des Français
sans Dieu et les Irlandais étaient prêts à saluer l'invasion de
leur pays par les forces françaises, non parce qu'ils aimaient
Robespierre, mais parce qu'ils détestaient les Anglais et cherchaient
des alliés contre eux. En Espagne, au contraire, où le catholicisme
et la misère étaient aussi prédominants l'un que l'autre, le jacobinisme ne put réussir à gagner du terrain, pour la raison inverse :
aucun étranger n'opprimait les Espagnols et les seuls susceptibles
de le faire étaient les Français.

Ni la Pologne, ni l'Irlande ne furent des exemples typiques
de la sympathie pro-jacobine à l'étranger, car le programme réel
de la révolution ne les attirait guère. Il en était tout autrement
dans les pays où les problèmes sociaux et politiques étaient très
souvent similaires à ceux de la France. Ils se partagent en deux
groupes; les Etats dans lesquels le « jacobinisme » local avait une
chance raisonnable de prendre le pouvoir politique et ceux dans
lesquels seule la conquête française pouvait l'imposer. Les Pays-
Bas, certaines régions de la Suisse et sans doute un ou deux
Etats italiens appartenaient au premier groupe; la plus grande
partie de l'Allemagne occidentale et de l'Italie au second. La Belgique (les Pays-Bas autrichiens) était déjà en pleine révolte en
1789 : on oublie souvent que Camille Desmoulins a intitulé son
journal *Les Révolutions de France et de Brabant*. L'élément pro-
français et révolutionnaire (les démocrates « vonckistes ») y était
certainement plus faible que les « statistes » conservateurs, mais
suffisamment puissant pour engendrer un mouvement révolutionnaire authentique en faveur de la conquête — qu'ils favorisèrent —
de leurs pays par la France. Dans les Provinces-Unies, les
« patriotes » qui recherchaient une alliance avec la France étaient
également assez forts pour songer à une révolution, quoique pleins
de doute sur la possibilité de la réussir sans une aide extérieure.
Ils représentaient la petite bourgeoisie et d'autres éléments
qu'avaient rassemblés l'opposition à l'oligarchie dominante des
grands marchands patriciens. En Suisse, l'élément de gauche, dans
certains cantons protestants, avait toujours été fort et il réussit
à installer la révolution à Genève, en 1792. Là encore, la conquête
française renforça les forces révolutionnaires locales plus qu'elle
ne les créa.

Dans l'Allemagne occidentale et en Italie, il en allait tout
autrement. L'invasion française avait été bien accueillie par les
jacobins allemands, particulièrement à Mayence et dans le Sud-
Ouest, mais personne ne prétendait qu'ils étaient en état, à eux
seuls, dans un avenir proche, de créer des difficultés réelles aux

gouvernements en place *. En Italie, la prédominance de la philosophie des Lumières et de la franc-maçonnerie donna à la révolution une très grande popularité parmi l'élite cultivée, mais le
jacobinisme local ne fut sans doute réellement puissant que dans
le royaume de Naples où il conquit à peu près toute la bourgeoisie
« éclairée » (c'est-à-dire anticléricale) et une partie de la noblesse;
et où il s'organisa très solidement dans les loges et sociétés
secrètes qui florissaient si facilement sous le soleil de l'Italie méridionale. Mais, même là, il pâtit du fait de son incapacité totale à
créer le moindre contact avec les masses sociales révolutionnaires.
La République de Naples fut proclamée sans difficulté sur la
simple nouvelle de l'avance des Français; mais elle fut aussi
aisément renversée par une révolution sociale de la droite, sous
la bannière du pape et du roi. C'est pourquoi les paysans et les
lazzaroni napolitains définissaient le jacobin, non sans quelque
justification, comme « un homme avec un carrosse ».

D'une manière générale, l'utilité militaire des mouvements
jacobins à l'étranger fut surtout d'aider la conquête française et de
lui fournir, dans les pays conquis, des administrateurs politiquement sûrs. Et d'ailleurs, la tendance fut d'ordinaire, dans toutes
les régions qui possédaient une force jacobine locale, de créer
des républiques satellites et, par la suite, si l'occasion s'en présentait, de les annexer à la France. La Belgique fut annexée en
1795; les Pays-Bas devinrent la République batave la même année
et, finalement, un royaume familial des Bonaparte. La rive gauche
du Rhin fut annexée et, sous Napoléon, les Etats satellites (comme
le Grand-Duché de Berg — l'actuelle région de la Ruhr — et le
royaume de Westphalie), ou directement annexés, s'étendirent plus
loin, à travers l'Allemagne du Nord-Ouest. La Suisse devint la
République helvétique en 1798 et fut, en fin de compte, annexée.
En Italie, une kyrielle de républiques furent créées : la République
cisalpine (1797), la République ligure (1797), la République
romaine (1798) et la République de Naples (1798); elles devinrent
ensuite partiellement territoire français, mais surtout des Etats
satellites (le royaume d'Italie, le royaume de Naples).

Le jacobinisme étranger eut donc une certaine importance
militaire et les jacobins étrangers en France jouèrent un rôle de
grande portée dans la formation de la stratégie de la République, en particulier le groupe de Saliceti qui, soit dit en passant,
eut sa part de responsabilité dans l'ascension de l'Italien Napoléon
Bonaparte, au sein de l'armée française, et plus tard dans ses succès

* Les Français échouèrent même dans leur tentative d'établir une
République rhénane satellite.

en Italie. Mais rares sont ceux qui affirmeraient que le rôle
de tel groupe fut décisif. Un seul mouvement étranger pro-
français aurait pu l'être s'il avait été effectivement exploité : le
mouvement irlandais. La révolution irlandaise combinée à une
invasion française, particulièrement en 1797-1798 quand la Grande-
Bretagne fut pour un temps l'unique belligérant qui restât en
face de la France, aurait bien pu contraindre les Anglais à signer
la paix. Mais les problèmes techniques d'une invasion à travers
une étendue de mer aussi vaste étaient compliqués, les efforts
français en ce sens hésitants et mal formulés, et l'insurrection
irlandaise de 1798, bien que jouissant d'un appui populaire massif, était mal organisée et fut aisément étouffée. Il est donc oiseux
de faire des suppositions sur les chances théoriques de succès
d'une opération franco-irlandaise.

Mais si les Français jouissaient de l'appui de certaines forces
révolutionnaires à l'étranger, les ennemis de la France en pro-
fitèrent également. Car on ne peut dénier une composante sociale
et révolutionnaire aux mouvements spontanés de résistance à la
conquête française, même lorsque les paysans qui les déclenchaient
leur donnaient l'expression d'un conservatisme militant en faveur
de l'Eglise et du roi. Il est significatif que la tactique militaire qui,
en notre XXe siècle, s'identifie presque totalement avec la notion
de combat révolutionnaire, la guerilla ou la lutte de partisans,
fut, entre 1792 et 1815, presque exclusivement réservée au parti
antifrançais. En France même, les chouans de Vendée et de Bretagne poursuivirent, avec quelques interruptions, leurs guerillas
en faveur du roi, de 1793 jusqu'en 1802. A l'étranger, en 1798-1799,
les bandits de l'Italie méridionale furent probablement les pionniers de la guerilla populaire menée contre les Français. Les Tyroliens en 1809, guidés par l'aubergiste Andreas Hofer, mais surtout les Espagnols, à partir de 1808, et dans une certaine limite
les Russes en 1812-1813, la pratiquèrent avec un succès considérable. Paradoxalement, cette tactique révolutionnaire eut certainement plus d'importance militaire pour les ennemis de la France
que celle du jacobinisme étranger n'en eut pour les Français. Il
n'est pas une région, au-delà des frontières de la France même,
qui ait maintenu, fût-ce pour un instant, un gouvernement pro-
jacobin après la défaite ou le retrait des troupes françaises, tandis
que le Tyrol, l'Espagne et jusqu'à un certain point, l'Italie du Sud,
présentèrent pour les Français un problème militaire beaucoup
plus sérieux qu'autrefois après la défaite de leurs armées régulières
et de leurs gouvernements. La raison va de soi : il s'agissait de
mouvements paysans. Là où le nationalisme antifrançais n'était
pas fondé sur la paysannerie locale, son importance du point de

vue militaire fut négligeable. Un patriotisme rétrospectif a créé de toutes pièces une « guerre de libération » allemande de 1813-1814, mais on peut dire sans risque d'erreur que, dans la mesure où elle est supposée s'être appuyée sur une résistance populaire aux Français, il ne s'agit que d'une pieuse fiction [1]. En Espagne, le peuple a tenu les Français en échec là où les armées avaient échoué. En Allemagne, des armées orthodoxes les ont battus d'une façon parfaitement orthodoxe.

D'un point de vue social donc, il n'est pas complètement faux de parler de la guerre comme d'une guerre de la France et des territoires limitrophes contre le reste de l'Europe. Selon les termes des relations traditionnelles entre puissances, la situation était plus compliquée. Le principal conflit, ici, était celui qui, opposant la France et l'Angleterre, avait dominé tous les rapports internationaux de l'Europe, pendant une bonne partie du siècle. Du côté des Britanniques, il s'agissait d'un conflit presque uniquement économique. Ils désiraient éliminer de leur route leur principal concurrent afin d'établir la prédominance absolue de leur commerce sur les marchés européens, le contrôle sans fissure des marchés coloniaux et d'outre-mer, contrôle qui, à son tour, impliquait celui des mers. Et de fait, c'est à peu près ce à quoi ils parvinrent, grâce aux guerres. En Europe, cet objectif n'impliquait aucune ambition territoriale, sauf en ce qui concerne le contrôle de certaines bases maritimes stratégiques ou, à tout le moins, la garantie que celles-ci ne tomberaient pas entre les mains d'Etats assez puissants pour être dangereux. Quant au reste, la Grande-Bretagne était prête à se satisfaire de n'importe quelle solution sur le continent, pourvu que tout rival puissant y fût tenu en échec par les autres Etats. Mais, hors de l'Europe, ses ambitions réclamaient la destruction complète des empires coloniaux des autres peuples et de considérables annexions par les Britanniques.

Cette politique était, par elle-même, suffisante pour fournir à la France quelques alliés potentiels, car tous les Etats maritimes, commerçants ou coloniaux la considéraient avec appréhension ou hostilité. En réalité, leur attitude normale eût été celle de la neutralité, le bénéfice qu'il y avait à commercer librement en temps de guerre étant considérable; mais la tendance des Anglais qui consistait à traiter tout bateau neutre (d'une façon très réaliste) comme une force plus utile à la France qu'à eux-mêmes, les entraîna dans le conflit, jusqu'à ce que la politique française du blocus, après 1806, les pousse dans la direction opposée. La plupart des puissances maritimes étaient trop faibles et celles qui étaient en Europe trop isolées pour nuire sérieusement aux

Anglais; mais la guerre anglo-américaine de 1812-1813 fut le résultat d'un conflit de ce genre.

L'hostilité française à l'endroit de la Grande-Bretagne était
un peu plus complexe que celle de son adversaire, mais, comme
la britannique, elle incluait un élément qui n'était prêt à se satisfaire que d'une victoire totale, et celui-ci fut vigoureusement renforcé par la révolution qui porta au pouvoir une bourgeoisie
française dont les appétits, à leur façon, étaient aussi démesurés
que ceux des Anglais. La victoire sur les Anglais nécessitait, à tout
le moins, la destruction de leur commerce, dont on pensait, non
sans raison, que la Grande-Bretagne était tributaire; et une garantie contre un redressement futur de l'Angleterre, à tout le moins sa
destruction définitive. (Le parallèle entre le conflit franco-britannique et celui de Rome-Carthage se présentait volontiers aux
esprits français dont les métaphores politiques étaient largement
empruntées aux classiques.) Avec plus d'ambition encore, la bourgeoisie française pouvait espérer faire contrepoids à la supériorité économique de la Grande-Bretagne en usant seulement de
ses propres ressources politiques et militaires, par exemple en
se créant pour elle-même un vaste marché, fortement tenu, dont
ses rivaux seraient exclus. Ces considérations donnèrent au conflit
anglo-français une persistance et une opiniâtreté toutes particulières. Aucune des parties n'était réellement disposée — chose
rare en ces temps bien que courante aujourd'hui — à l'apaise-
ment que dans le cas d'une victoire totale. La seule période de
paix qu'elles connurent (1802-1803) ne dura guère parce que chacune répugnait à la maintenir. Ceci était d'autant plus remarquable que la situation strictement militaire imposait une « partie
nulle » : il était bien évident, depuis la fin du siècle, que les
Anglais ne pourraient jamais s'engager réellement sur le continent, pas plus que les Français ne pourraient réellement en sortir.

Les autres puissances francophobes étaient engagées dans des
luttes moins meurtrières. Elles avaient toutes espéré anéantir la
Révolution française, sans que ce fût toutefois aux dépens de
leur propre ambitions politiques, mais, après 1792-1795, il devint
clair que la chose n'était plus possible. L'Autriche dont les liens
de famille avec les Bourbons furent renforcés par les menaces
directes que la France faisait peser sur ses possessions, sur ses
zones d'influence en Italie et sur sa position dominante en Allemagne, était l'Etat le plus fermement francophobe et elle entra
dans toutes les grandes coalitions contre la France. La Russie
se prononça contre elle de façon intermittente, ne prenant part
à la guerre qu'en 1798-1801, 1805-1807, et 1812. La Prusse était
déchirée entre sa sympathie pour le parti contre-révolutionnaire,

sa défiance vis-à-vis de l'Autriche et ses ambitions personnelles en Pologne et en Allemagne, lesquelles bénéficiaient de l'initiative française. Elle entra donc dans la guerre occasionnellement et d'une façon semi-indépendante : en 1792-1795, 1806-1807 (elle fut alors pulvérisée) et en 1813. La politique des autres Etats qui entrèrent une fois ou l'autre dans les coalitions contre la France, montre des fluctuations comparables. Ils étaient contre la Révolution, mais la politique étant la politique, ils avaient bien d'autres chats à fouetter et rien dans leurs intérêts d'Etat ne leur imposait une hostilité inflexible et permanente vis-à-vis de la France, spécialement d'une France victorieuse qui se chargeait de redistributions périodiques du territoire européen.

Mais les ambitions diplomatiques permanentes et les intérêts des Etats européens procuraient aussi à la France un certain nombre d'alliés en puissance : car, dans tout système d'Etats en rivalité, ou en tension, les uns avec les autres, l'inimitié de A implique la sympathie des anti-A. Et parmi ces derniers, les plus sûrs étaient ces petits princes allemands dont l'intérêt avait été longtemps — généralement en alliance avec la France — d'affaiblir le pouvoir de l'empereur (c'est-à-dire de l'Autriche) sur les principautés et dont certains avaient à souffrir du pouvoir grandissant de la Prusse. Les Etats de l'Allemagne du Sud-Ouest — Bade, Wurtemberg, Bavière, qui devinrent le noyau de la Confédération du Rhin (1806) — et la Saxe, vieille rivale et victime de la Prusse, étaient les plus importants de ces Etats. La Saxe fut d'ailleurs le dernier et plus fidèle allié de Napoléon, ce qui peut aussi s'expliquer en partie par ses intérêts économiques, car en tant que centre de manufactures hautement développé, elle bénéficiait du « système continental » de Napoléon.

Pourtant, même en tenant compte des divisions du parti antifrançais et des alliés virtuels sur lesquels la France pouvait compter, les coalitions contre la France, sur le papier, étaient invariablement beaucoup plus fortes que les pro-françaises, en tout cas au début. Et cependant, l'histoire militaire des guerres est celle d'une victoire française hallucinante et presque ininterrompue. Après qu'elles aient repoussé les premières coalitions des attaques étrangères, en même temps que la contre-révolution intérieure (1793-1794), il n'y eut qu'une seule période où les armées françaises durent se tenir sérieusement sur la défensive : en 1798, lorsque la seconde coalition mobilisa la formidable armée russe, conduite par Suvorov, pour ses premières opérations en Europe occidentale. Pratiquement, la liste des campagnes et des batailles sur terre, entre 1794 et 1812, est une série presque ininterrompue de triomphes français. La raison en est à chercher dans la révo-

lution en France. Son rayonnement politique à l'étranger, nous
l'avons vu, ne fut pas décisif. Tout au plus pourrions-nous prétendre qu'elle empêcha la population des Etats réactionnaires de
résister aux Français qui leur avaient apporté la liberté; mais en
fait la stratégie et la tactique militaires orthodoxes des Etats
du XVIIIᵉ siècle ne comptait jamais sur la participation des civils
à la conduite de la guerre et ne l'appréciait guère : Frédéric
le Grand avait fermement conseillé à ses fidèles Berlinois qui
s'offraient à résister aux Russes, de laisser la guerre aux professionnels dont c'était l'affaire. Mais cette participation transforma
le combat et rendit ses armées immensément supérieures à celles
de l'Ancien Régime. Techniquement, ces dernières étaient mieux
entraînées et mieux disciplinées; et là où ces qualités étaient
décisives, comme dans les combats navals, les Français furent
nettement inférieurs. C'étaient de bons corsaires, excellents dans
un raid éclair, mais rien ne pouvait compenser leur manque de
marins suffisamment exercés et surtout le manque d'officiers de
marine compétents, catégorie d'hommes que la révolution avait
décimés car ils sortaient surtout de la petite noblesse royaliste
de Normandie et de Bretagne. Or il n'était pas facile d'impro-
viser dans ce domaine. Dans six engagements navals importants
et huit mineurs, entre Anglais et Français, les pertes en hommes de
ces derniers furent à peu près dix fois supérieures à celles des
Britanniques[2]. Mais partout où comptaient l'improvisation, la mobilité, la flexibilité et surtout le courage tout simple à l'attaque et le
moral des troupes, les Français furent sans rivaux. Ces avantages ne dépendaient nullement du génie militaire d'un homme,
puisque les records militaires des Français, avant que Napoléon
ne soit en charge de l'armée, avaient été assez frappants et qu'en
moyenne, les généraux français n'étaient pas exceptionnels. Mais
il se peut très bien qu'il faille les attribuer aussi en partie au
rajeunissement des cadres français, à l'intérieur et à l'étranger,
qui est toujours une des caractéristiques principales de toute révolution. En 1806, sur cent quarante-deux généraux de la puissante
armée prussienne, soixante-dix-neuf avaient dépassé soixante ans,
de même qu'un quart des commandants de régiments[3]. Mais en
cette même année, Napoléon (qui avait été général à l'âge de
vingt-quatre ans), Murat (qui avait commandé une brigade alors
qu'il en avait vingt-six), Ney (qui en fit autant à vingt-sept) et
Davout, avaient tous entre vingt-six et trente-sept ans.

II

La relative monotonie des succès français rend inutile de suivre avec beaucoup de détails les opérations militaires de la guerre sur terre. En 1793-1794, les Français sauvèrent la révolution. En 1794-1795, ils occupèrent les Pays-Bas, la plaine du Rhin, une partie de l'Espagne, la Suisse et la Savoie (la Ligurie). En 1796, la célèbre campagne d'Italie de Bonaparte leur donna toute la péninsule et brisa la première coalition contre la France. L'expédition de Napoléon à Malte, en Egypte et en Syrie (1779-1799) fut coupée de ses bases par la puissance navale britannique et, en son absence, la seconde coalition expulsa les Français d'Italie et les repoussa jusqu'en Allemagne. La défaite des armées alliées en Suisse (Bataille de Zurich, 1799) sauva la France de l'invasion et, peu après le retour de Napoléon et la prise par lui du pouvoir, les Français passaient à nouveau à l'offensive. En 1801, ils avaient imposé la paix aux alliés continentaux encore en action; en 1802, ils l'imposèrent aux Anglais eux-mêmes. Dès lors leur suprématie dans les régions conquises ou contrôlées depuis 1794-1798, resta incontestée. Une tentative renouvelée de lancer la guerre contre eux, en 1805-1807, ne servit qu'à étendre l'influence française jusqu'aux confins de la Russie. L'Autriche fut battue en 1805, à la bataille d'Austerlitz (en Moravie) et la paix lui fut imposée. La Prusse qui intervint séparément et tard, fut exécutée dans les batailles d'Iéna et Auerstaedt, en 1806, puis démembrée. La Russie, battue à Austerlitz, malmenée à Eylau (1807) et battue à nouveau à Friedland (1807) conservait cependant une puissance militaire intacte. Le traité de Tilsit (1807), bien qu'établissant l'hégémonie française sur le reste du continent (la Scandinavie et les Balkans turcs exceptés), la traitait avec des égards justifiés. Une tentative autrichienne pour secouer le joug en 1809 fut réprimée dans les batailles d'Aspern-Essling et de Wagram. Cependant, la révolte des Espagnols en 1808 contre Joseph, le frère de Napoléon qu'on leur imposait comme roi, ouvrit un champ d'opérations aux Anglais et maintint dans la péninsule une activité militaire permanente : les défaites périodiques et les retraites des Anglais (par exemple en 1809-1810) n'y changèrent rien.

Sur mer, pourtant, les Français avaient essuyé une défaite totale. Après la bataille de Trafalgar (1805), aucune chance n'existait plus pour eux non seulement d'envahir la Grande-Bretagne, en traversant la Manche, mais même de maintenir des relations avec l'outre-mer. Il devenait évident qu'il n'y avait aucun moyen de battre la Grande-Bretagne, sinon par une pression économique, et c'est ce que Napoléon tenta effectivement de faire grâce au Blocus continental (1806). Les difficultés qu'il rencontra pour imposer ce blocus minèrent profondément la stabilité qu'avait apporté l'accord de Tilsit et entraînèrent cette rupture avec la Russie qui fut le tournant de la fortune de Napoléon. La Russie fut envahie et Moscou occupé. Si le tsar avait fait la paix, comme avant lui la plupart des ennemis de Napoléon dans des circonstances semblables, les jeux auraient été faits. Mais il n'en fit rien et Napoléon se trouva acculé, soit à une guerre sans fin, sans perspective claire de victoire, soit à la retraite. Les deux solutions étaient également désastreuses. Comme nous l'avons dit, les méthodes de l'armée française supposaient des campagnes rapides, dans des régions suffisamment riches et peuplées pour permettre de vivre sur le pays. Mais ce qui avait réussi en Lombardie et dans la plaine du Rhin, où de tels procédés avaient été employés pour la première fois, ce qui était encore faisable dans l'Europe centrale, échoua totalement dans les vastes étendues pauvres et désertes de la Pologne et de la Russie. Napoléon fut vaincu non pas tellement par l'hiver de Russie, que par l'impossibilité où il fut d'assurer un ravitaillement convenable à la Grande Armée. La retraite de Moscou fut la destruction de son armée. Sur les 610 000 hommes qui avaient franchi, à un moment ou à un autre, la frontière russe, 100 000 à peu près la repassèrent.

Dans ces conditions, à la coalition finale contre la France ne participèrent pas seulement ses vieux ennemis et ses victimes, mais encore tous ceux qui étaient soucieux de se trouver du côté qui était clairement, maintenant, le côté des vainqueurs. Seul le roi de Saxe se décida trop tard. Une nouvelle armée française, sans la moindre expérience, fut battue à Leipzig (1813) et les alliés avancèrent inexorablement à travers la France, en dépit des manœuvres éblouissantes de Napoléon, tandis que les Anglais y pénétraient à partir de la péninsule ibérique. Paris était occupé et l'Empereur abdiquait, le 6 avril 1814. Il tenta de reprendre le pouvoir en 1815, mais la bataille de Waterloo, en juin 1815, mit définitivement fin à son règne.

III

Les frontières politiques de l'Europe furent retouchées plusieurs fois pendant ces dizaines d'années de guerre. Il nous faut seulement considérer les changements qui, d'une façon ou d'une autre, furent assez stables pour survivre à la défaite de Napoléon.

La plus importante de ces modifications fut la rationalisation générale de la carte de l'Europe, particulièrement en Allemagne et en Italie. En termes de géographie politique, la Révolution française a mis fin au Moyen Age de l'Europe. L'Etat moderne caractéristique, qui s'est développé au cours d'une évolution de plusieurs siècles, est une région territorialement cohérente et ininterrompue, avec des frontières nettement définies, gouvernée par une seule autorité souveraine et selon un seul système administratif et juridique de base (depuis la Révolution française, on a aussi soutenu qu'il devait représenter une seule « nation », ou un groupe linguistique unique, mais à ce moment-là, un Etat territorial souverain n'impliquait pas encore cette condition). L'Etat féodal européen caractéristique, bien qu'il ait pu ressembler parfois au moderne — ce fut le cas par exemple de l'Angleterre médiévale — n'avait pas tant d'exigences. Il était plutôt constitué sur le modèle du « domaine ». Exactement de la même façon que le terme « les domaines du duc de Bedford » n'implique ni qu'ils forment à eux tous un seul et même bloc, ni qu'ils soient directement administrés par leur propriétaire, ni loués tous dans les mêmes termes ou conditions, ni que les sous-locations soient exclues; de même l'Etat féodal de l'Europe occidentale n'excluait pas une diversité complexe qui, de nos jours, semblerait proprement intolérable. En 1789, ces complexités étaient déjà ressenties comme gênantes. Des enclaves étrangères se trouvaient profondément enfoncées dans le territoire de tel ou tel Etat, comme le Comtat Venaissin et Avignon en France. Ou bien des territoires, à l'intérieur d'un Etat, se trouvaient, pour des raisons d'ordre historique, dépendre en même temps d'un autre seigneur, lequel appartenait justement à un autre Etat — donc, selon une terminologie moderne, ils étaient soumis à une double souveraineté *. Des « frontières », sous la forme de barrières douanières, couraient entre les différentes provinces d'un même Etat. Le Saint-Empire romain germanique comprenait les principautés privées de l'empereur, accumulées au cours des siècles sans jamais avoir été standardisées ou unifiées — jusqu'en 1804, le chef de la maison de Habsbourg n'eut même pas un titre unique pour représenter son pouvoir sur tous ces territoires ** —, plus toute une série de territoires soumis à l'autorité impériale : aussi bien des grandes puissances de plein droit, comme le royaume de Prusse (qui ne fut lui-même entièrement unifié que vers 1807), que des principautés

---

* L'unique survivance de ce genre, en Europe, est la République d'Andorre qui se trouve sous la double souveraineté de l'Evêché espagnol d'Urgel et du président de la République française.
** Il était tout simplement à lui seul duc d'Autriche, roi de Hongrie, roi de Bohême, comte du Tyrol, etc.

de toutes tailles, ou encore des Etats-villes vivant en républiques indépendantes, et les possessions des « chevaliers libres de l'empire » qui, grandes parfois comme un mouchoir de poche, avaient par hasard échappé à toute autre autorité. Chacun de ces Etats présentait, à son tour, s'il était assez grand, le même manque d'unité territoriale et de standardisation, selon les caprices d'une longue histoire d'acquisitions fragmentaires, et les divisions ou réunifications des héritages familiaux. L'ensemble de considérations économiques, administratives, idéologiques et de raisons de puissance nationale qui tendent aujourd'hui à imposer des dimensions minimum au territoire et à la population d'une unité gouvernementale moderne (et qui nous rendent vaguement perplexes à la pensée, par exemple, de l'admission en tant que membre de l'O.N.U. du Liechtenstein), n'avaient pas alors de sens. En conséquence, particulièrement en Allemagne et en Italie, les Etats nains abondaient.

La Révolution et les guerres qui la suivirent abolirent bon nombre de ces reliquats, en partie à cause du zèle révolutionnaire pour l'unification et l'uniformisation territoriales, en partie parce que les Etats petits et faibles se trouvèrent à plusieurs reprises, et durant une période d'une longueur inusitée, exposés à la cupidité de leurs puissants voisins. Des survivances toutes formelles et d'un âge dépassé, comme le Saint-Empire romain germanique et la plupart des villes-Etats ou des villes-empires, disparurent. L'empire mourut en 1806, les anciennes républiques de Gênes et de Venise en 1797, et à la fin de la guerre, la grande Ligue hanséatique avait été réduite aux trois cités libres de Hambourg, Brême et Lubeck (les deux premières survivent encore comme Etats de la République fédérale allemande pour rappeler ce noble passé). Une autre survivance médiévale caractéristique, l'Etat ecclésiastique indépendant, suivit le même chemin. Les archevêchés de Cologne, Mayence, Trêves, Salzbourg, d'autres encore, disparurent; seuls les Etats pontificaux, dans l'Italie centrale, ont survécu jusqu'en 1870. Les annexions, les traités de paix et les congrès par lesquels la France tenta systématiquement de réorganiser la carte politique de l'Allemagne (en 1797-1798 et en 1803) réduisirent à 40 les 234 territoires du Saint-Empire romain germanique — sans compter les chevaliers et autres anomalies similaires. En Italie où des générations de combat de jungle avaient déjà simplifié la structure politique — les Etats minuscules n'existaient qu'aux confins de l'Italie septentrionale et centrale — les changements furent moins drastiques. Comme une grande partie de ces transformations avait favorisé quelques Etats de solide monarchie, la défaite de Napoléon ne fit que les perpétuer. L'Autriche n'aurait jamais songé à rétablir la République de Venise sous le prétexte qu'elle avait acquis ses territoires, à l'origine, grâce à l'œuvre des armées révolutionnaires françaises, pas plus qu'elle n'aurait songé à abandonner Salzbourg (qu'elle avait acquis en 1803) par pur respect de l'Eglise catholique.

En dehors de l'Europe, bien sûr, les transformations teritoriales apportées par la guerre furent la conséquence des annexions massives, par les Anglais, des colonies appartenant aux autres peuples et des mouvement autonomistes coloniaux qu'avait inspirés la Révolution française (par exemple à Saint-Domingue), et qu'avait permis, ou imposés, l'isolement temporaire des colonies de leur métropoles (comme dans l'Amérique espagnole et portugaise). La domination des mers par la Grande-Bretagne garantissait que la plupart de ces modifications seraient irréversibles, qu'elles se soient accomplies aux dépens de la France, ou, plus souvent encore aux dépens des puissances antifrançaises (voir la carte).

Non moins importantes furent les altérations institutionnelles introduites directement ou indirectement par la conquête française. Au sommet de leur puissance (1810), les Français gouvernaient directement, comme faisant partie de la France, toute l'Allemagne sur la rive gauche du Rhin, la Belgique, les Pays-Bas et une bonne partie de l'Allemagne du Nord à l'ouest de Lubeck, la Savoie, le Piémont, la Ligurie et l'Italie à l'ouest des Apennins jusqu'aux confins de Naples au sud, ainsi que les provinces de l'Illyrie depuis la Carinthie jusqu'à la Dalmatie comprise. Les royaumes et duchés satellites, ou gouvernés par la famille de l'empereur, couvraient l'Espagne, le reste de l'Italie, le reste de la Rhénanie-Wesphalie et une grande partie de la Pologne. Dans tous ces territoires (sauf peut-être dans le grand-duché de Varsovie), les institutions de la Révolution française et de l'empire napoléonien furent automatiquement appliquées, ou servirent très évidemment de modèles à l'administration locale : le féodalisme fut officiellement aboli, le Code civil français adopté, etc. Ces novations se révélèrent beaucoup moins réversibles que les modifications de frontières. Ainsi le Code civil de Napoléon demeura, ou redevint le fondement du droit local en Belgique, en Rhénanie (même après son retour à la Prusse) et en Italie. Le féodalisme, une fois officiellement aboli, ne fut nulle part rétabli.

Puisqu'il était clair, pour les adversaires intelligents de la France, qu'ils avaient été vaincus par la supériorité d'un nouveau système politique, ou en tout cas par leur propre incapacité à instaurer des réformes équivalentes, les guerres napoléoniennes n'entraînèrent pas seulement des changements par l'intermédiaire de la conquête française, mais bien par réaction contre elle. Dans

certains cas — comme en Espagne — les deux actions se conju-
guèrent : ceux qui collaboraient avec Napoléon, les *afrancesados*,
d'un côté, de l'autre les meneurs libéraux de la *junta* antifrançaise
de Cadix, tendaient au fond à la même chose : une Espagne moder-
nisée selon les lignes de réforme de la Révolution française; et
ce que les uns ne réussirent pas, les autres le tentèrent. Un exemple
beaucoup plus clair encore de rénovation par pure réaction —
car les libéraux espagnols étaient d'abord des réformateurs, et
antifrançais par un simple hasard de l'histoire — c'est celui de la
Prusse. On y voit une forme d'émancipation paysanne se mettre en
place, une armée s'organiser sur le principe de la levée en masse,
des réformes juridiques, économiques et éducationnelles s'imposer,
le tout à cause du choc provoqué par l'effondrement de l'armée et
de l'Etat de Frédéric II, à Iéna et Auerstaedt, et dans le dessein,
primant toute autre préoccupation, de venger cette défaite.

Bref, on peut dire, en exagérant à peine, qu'aucun Etat continental important, à l'ouest de la Russie et de la Turquie, et au sud
de la Scandinavie (excepté peut-être les Etats pontificiaux), n'est
sorti de ces vingt années de guerre avec des institutions intérieures
vraiment intactes, que l'altération soit le fait de l'expansion, ou de
l'imitation de la Révolution française. Même l'ultra-réactionnaire
royaume de Naples n'a pas rétabli réellement un féodalisme légal,
après son abolition par les Français.

Mais les modifications de frontières, de lois et d'institutions
gouvernementales n'étaient rien en comparaison d'un troisième
effet de ces longues années de guerre révolutionnaire : la profonde
transformation de l'atmosphère politique. Lorsque la Révolution
française éclata, les gouvernements européens la considérèrent
avec un certain sang-froid : ce simple fait que les institutions aient
tout à coup changé, que des insurrections se soient installées, que
des dynasties aient été déposées, des rois assassinés ou exécutés,
n'était pas pour émouvoir des chefs d'Etat du XVIIIe siècle qui en
avaient vu d'autres. De telles innovations, dans les pays étrangers,
les intéressaient surtout du point de vue de leur effet sur l'équilibre
des forces et sur la position relative de leur propre pays. « Les
insurgents que je chasse de Genève sont les agents de l'Angleterre,
écrivait Vergennes, tandis que les insurgents américains sont nos
amis pour longtemps. J'ai traité les uns et les autres, non en raison
de leurs systèmes politiques, mais en raison de leurs dispositions
pour la France. « Voilà ma raison d'Etat [4]. »

Mais, en 1815, l'attitude qui prévaudra vis-à-vis de la révolution et qui dominera la politique des puissances européennes sera
toute différente.

On savait bien, désormais, que la révolution, s'enflammant dans un seul pays, pouvait devenir un phénomène européen, que ses doctrines pouvaient se propager à travers les frontières et, ce qui était pire, que les croisades de ses armées pouvaient balayer les systèmes politiques d'un continent. On savait désormais que la révolution sociale était possible; que les nations existaient comme quelque chose d'indépendant des États, les peuples comme quelque chose d'indépendant du gouvernement, et même les pauvres comme quelque chose d'indépendant des classes dirigeantes. « La Révolution française », avait observé le réactionnaire de Bonald en 1796, « est un événement unique dans l'histoire » [5]. Il avait tort : c'était un événement universel. Aucun pays n'était immunisé contre elle. Les soldats français qui ont fait campagne depuis l'Andalousie jusqu'à Moscou, depuis la Baltique jusqu'à la Syrie — sur une étendue plus vaste qu'aucune troupe de conquérants depuis les Mongols, plus vaste à coup sûr qu'aucune force militaire avant eux en Europe, sauf les Normands — ont étendu l'universalité de leur révolution intérieure plus efficacement que ne l'aurait fait n'importe quel autre agent. Et les doctrines et les institutions qu'ils ont transportées avec eux, même du temps de Napoléon, de l'Espagne jusqu'à l'Illyrie, procédaient de doctrines universelles, comme les gouvernements l'apprirent et comme les peuples eux-mêmes eurent tôt fait de l'apprendre, aussi.

Un Grec, à la fois brigand et patriote, a parfaitement exprimé ces sentiments : « Selon moi », dit Kolokotrones, « la Révolution française et les exploits de Napoléon ont ouvert les yeux au monde. Les nations ne savaient rien jusque-là, et les peuples pensaient que les rois étaient des dieux sur terre et que, quoi qu'ils fissent, il fallait dire que tout était bien fait. Avec ces changements d'aujourd'hui, il est plus difficile de gouverner les peuples. » [6]

IV

Nous avons vu les effets produits par ces vingt années de guerre, et davantage, sur la structure politique de l'Europe. Mais quelles furent les conséquences du processus concret de la guerre, de la mobilisation et des opérations militaires, ainsi que des mesures politiques et économiques qui en ont découlé?

Paradoxalement, c'est là où les effusions de sang ont été les plus faibles que ces conséquences se sont fait sentir avec le plus de force, exception faite pour la France elle-même où certainement les morts dans l'armée et les pertes indirectes dans la population ont été plus lourdes que dans n'importe quel autre pays. Les hommes des armées révolutionnaires et napoléoniennes ont eu la chance de vivre entre deux périodes de guerres barbares — le XVIIe siècle et notre époque — qui surent fort bien comment ravager un pays de façon vraiment sensationnelle. Aucune des régions touchées par les guerres de 1792-1815, pas même dans la péninsule ibérique où les opérations militaires furent plus longues que partout ailleurs et plus sauvages, du fait de la résistance populaire et des représailles — n'a été dévastée comme certaines parties de l'Europe centrale et orientale pendant la guerre de Trente Ans et les guerres nordiques du XVIIe siècle; ou comme la Suède et la Pologne au début du XVIIIe; ou comme une grande partie du monde dans les guerres et luttes civiles du XXe siècle. La longue période de progrès économique qui précéda 1798 explique que la famine et ses compagnons, la peste et les épidémies, n'aient pas ajouté lourdement leur fardeau aux ravages provoqués par les batailles et les pillages; du moins jusqu'après 1811. (La plus grande période de famine date de 1816-1817, *après* les guerres.) Les campagnes militaires, d'ailleurs, eurent tendance à être brèves et vives; les armes utilisées — une artillerie relativement légère et mobile — n'étaient pas très destructrices, selon nos standards modernes. Les sièges furent peu pratiqués. L'incendie était probablement le plus grand danger qui menaçât les habitations et les moyens de production, mais les petites fermes et les maisons étaient faciles à reconstruire. La seule destruction matérielle réellement difficile à réparer dans le cadre d'une économie préindustrielle, c'est celle des bois de haute futaie, des arbres fruitiers et des oliviers qui mettent très longtemps à pousser, mais il ne semble pas que les dommages aient été importants en ce domaine.

En conséquence, les pertes humaines provoquées par ces vingt années de guerre ne semblent pas avoir été terriblement élevées comparées à celles de notre époque; bien que, à vrai dire, aucun gouvernement n'ait jamais tenté de les chiffrer et que nos estimations modernes soient si vagues qu'elles relèvent plutôt du domaine de la supposition, sauf en ce qui concerne les Français et quelques cas particuliers. Un million de morts, pour la période tout entière [7], le chiffre serait modéré comparé aux pertes de chacun des belligérants, au cours des quatre ans et demi de la Première Guerre mondiale, ou aux 600 000 morts environ de la guerre de Sécession de 1861-1865. Même deux millions ne paraîtraient pas particulièrement meurtriers pour plus de vingt années de guerre générale, si nous songions à l'extraordinaire puissance destructrice des famines ou épidémies de ces temps-là : en 1865 encore, une épidémie de choléra, en Espagne, aurait fait, à ce qu'on a dit, 236 744 victimes [8].

Or, le fait est qu'aucun pays n'a enregistré une diminution importante du taux de croissance de sa population, au cours de cette période, si ce n'est peut-être la France et l'Espagne.

Pour la plupart des habitants de l'Europe qui n'étaient pas des combattants, la guerre ne signifia probablement guère plus qu'une interruption, pour un temps, de la vie normale, et encore! Les familles provinciales des romans de Jane Austen continuent à vaquer à leurs occupations comme si la guerre n'existait pas. Les Mecklembourgeois de Fritz Reuter font allusion aux problèmes posés par le stationnement des troupes étrangères chez eux, mais sans plus; le vieux Herr Huegelgen, racontant son enfance en Saxe (l'un des points stratégiques de l'Europe dont la situation géographique et politique attirait armées et batailles comme seuls le firent la Belgique ou la Lombardie) rappelle simplement ces étranges semaines durant lesquelles les armées marchaient sur Dresde, ou y tenaient leurs quartiers. On sait que le nombre des hommes armés engagés dans cette aventure fut beaucoup plus élevé qu'il n'avait été normal dans les guerres précédentes, bien qu'à nos yeux, ils n'aient rien d'extraordinaire. Même la conscription ne signifiait l'enrôlement que d'une partie des hommes qu'elle touchait : en France, le département de la Côte-d'Or, sous le règne de Napoléon, a fourni seulement 11 000 hommes pour 340 000 habitants, soit 3,15 % et, entre 1800 et 1815, c'est 7 % de la population totale de la France qui fut appelée, contre 21 % dans la période beaucoup plus brève de la Première Guerre mondiale [9]. Cependant, en chiffres absolus, il s'agit de quantités fort élevées. La levée en masse de 1793-1794 a mis peut-être 630 000 hommes sous les armes (sur une levée théorique de 770 000); les effectifs de Napoléon, en temps de paix, étaient en 1805 de 400 000 hommes environ et, au début de la campagne de Russie, en 1812, la Grande Armée comprenait 700 000 hommes (dont 400 000 n'étaient pas français), sans compter les troupes françaises dans le reste du continent, notamment en Espagne. Les effectifs permanents des adversaires de la France étaient beaucoup plus faibles, ne serait-ce que parce que (la Grande-Bretagne exceptée), elles ne se trouvaient sur les champs de bataille que d'une façon beaucoup plus intermittente et aussi parce que les soucis d'ordre financier et les difficultés d'organisation rendaient souvent la pleine mobilisation difficile, par exemple pour les Autrichiens qui, en 1813, avaient droit en principe à 150 000 hommes selon le traité de paix de 1809, mais n'en avaient en réalité que 60 000 prêts à combattre. Les Anglais, en revanche, gardaient sous les armes un nombre de soldats étonnamment haut. Au sommet de leur puissance (1813-1814), des fonds ayant été votés pour 300 000 hommes dans l'armée régulière et

140 000 marins et fusilliers marins, il se peut que les Anglais
aient supporté une charge plus lourde, proportionnellement à leur
potentiel humain, que celle des Français pendant la plus grande
partie de la guerre * [10].

Les pertes furent lourdes, bien que, répétons-le, nullement
extraordinaires si l'on se réfère aux normes meurtrières du XXᵉ siècle. Mais il est curieux de constater qu'il y en eut très peu qui soient
à attribuer réellement à l'ennemi. 6 à 7 % seulement des marins
anglais qui moururent entre 1793 et 1815 succombèrent du fait des
Français; 80 % moururent de maladie ou d'accident. On risquait
peu la mort, en ce temps-là, sur le champ de bataille; 2 % des
morts d'Austerlitz, peut-être 8 à 9 % à Waterloo, furent réellement
tués. Le seul risque vraiment effrayant de la guerre était la négligence, la saleté, le manque d'organisation, les services médicaux
déficients et l'ignorance de la plus élémentaire hygiène, qui faisaient des massacres parmi les blessés, les prisonniers et qui, dans
certaines conditions défavorables (comme sous les tropiques) frappaient pratiquement tout le monde.

Les opérations militaires en elles-mêmes tuèrent des hommes,
directement ou indirectement, et détruisirent l'équipement de la
production, mais comme nous l'avons vu, jamais au point d'inter-
férer sérieusement avec les conditions normales de la vie et du
développement d'un pays. Les exigences économiques de la guerre
et la guerre économique eurent des conséquences autrement plus
graves.

Selon les critères du XVIIIᵉ siècle, les guerres révolutionnaires
et napoléoniennes furent d'un prix que l'on n'avait jamais connu
jusqu'alors et, à la vérité, leur coût en argent impressionna les
gens de l'époque plus encore peut-être que leur coût en vies
humaines. Certainement l'allègement des charges financières de
la guerre dans la génération qui suivit Waterloo, se fit certainement sentir beaucoup plus fortement que la diminution des pertes
humaines : on estime que, tandis que les guerres entre 1821 et
1850, ont coûté en moyenne annuellement moins du dixième du
chiffre correspondant pour 1790-1820, la moyenne annuelle des
morts est passée, elle, à un peu moins du quart [11]. Comment ce
prix a-t-il pu être payé? La méthode traditionnelle avait été une
combinaison d'inflation monétaire (l'émission d'une nouvelle monnaie pour payer les factures du gouvernement), d'emprunts et, le
moins possible, le recours aux impôts extraordinaires, car les

---

* Tous ces chiffres sont fondés sur les crédits alloués par le Parlement,
mais le nombre des hommes effectivement levés a certainement été plus
faible.

taxes créaient le mécontentement général et (là où il fallait l'accord du Parlement ou de l'Etat) des troubles politiques. Mais le caractère anormal des exigences financières et des conditions de ces guerres-là changea tout.

Et d'abord, elles familiarisèrent le monde avec un papier-monnaie, non convertible en or *. Sur le continent, la facilité avec laquelle on pouvait imprimer des morceaux de papier pour faire face aux obligations du gouvernement se révéla irrésistible. En France, les *assignats* (1789) furent d'abord de simples bons du trésor, portant 5 % d'intérêt, destinés seulement à anticiper sur le rendement de la vente envisagée des biens de l'Eglise. Au bout de quelques mois, ils avaient été transformés en papier-monnaie, et les crises financières successives obligeaient chaque fois à en imprimer une plus grande quantité et à les dévaluer à une allure vertigineuse, dévaluation qu'aggravait le manque de confiance du public, qui allait augmentant. Lorsque la guerre éclata, la dévaluation des assignats était d'environ 40 % ; en juin 1793, elle atteignait les deux tiers. Le régime jacobin les maintint assez bien, mais le retour allègre à l'absence de tout contrôle, après thermidor, les fit descendre progressivement jusqu'à environ 3 % de leur valeur nominale, jusqu'à ce que la banqueroute officielle de l'Etat, en 1797, ait mis fin à un épisode monétaire qui devait donner aux Français, pour la plus grande partie d'un siècle, un solide préjugé contre tout billet de banque. Dans les autres pays, l'histoire du papier-monnaie fut moins catastrophique, bien qu'en 1810, les billets russes soient tombés à 20 % de leur valeur nominale et ceux de l'Autriche (deux fois dévalués, en 1810 et 1815) à 10 %. Les Anglais évitaient cette forme particulière de financement de la guerre et les billets de banque leur étaient suffisamment familiers pour ne pas les inquiéter. Pourtant, la Banque d'Angleterre ne put résister à la double pression de la vaste demande gouvernementale — en grande partie à l'intention de l'étranger, sous forme de prêts et de subsides — et de la ruée des particuliers sur les métaux précieux, s'ajoutant aux charges particulières d'une année de famine. En 1797, les paiements en or aux clients privés furent suspendus et les billets de banque, inconvertibles, devinrent *de facto* la monnaie effective : le billet d'une livre sterling en fut le résultat. La « livre-papier » ne se déprécia jamais aussi sérieusement que les billets du continent — sa cote la plus basse fut 71 % de sa valeur nominale et, en 1817, elle était de nouveau

---

* En réalité, n'importe quelle sorte de papier-monnaie, qu'il fût ou non échangeable, contre des espèces métalliques, a été relativement peu commun jusqu'à la fin du XVIIIᵉ siècle.

remontée à 98 % — mais elle dura beaucoup plus longtemps qu'on
ne l'avait prévu. Ce n'est qu'en 1821 que les paiements en argent
comptant reprirent sans restrictions.

Pour suppléer aux impôts il n'y avait d'autre choix que les
emprunts, mais l'augmentation étourdissante de la dette publique
provoquée par les dépenses de la guerre — qu'on n'avait pas pré-
vues si lourdes ni si prolongées — effrayèrent jusqu'aux pays les
plus riches et les plus habitués aux sophistications de la finance.
Après cinq années de guerre, financée surtout grâce à l'emprunt,
le gouvernement britannique fut contraint de faire ce pas, pour
lui prodigieux et sans précédent, de régler ses dépenses de guerre
en recourant à la taxation directe, et d'instituer à cet effet un
impôt sur le revenu (1799-1816). Grâce à l'essor rapide de la
richesse du pays, la chose fut parfaitement réalisable et les
dépenses de guerre furent désormais couvertes essentiellement
par les revenus ordinaires. Si un impôt adéquat avait été décidé dès
le début, la dette publique n'aurait pas grimpé de 228 millions de
livres sterling en 1796 à 876 en 1816, et les charges de la dette
annuelle de 10 millions de livres en 1792 à 30 millions en 1815,
c'est-à-dire *plus que les dépenses totales du gouvernement pendant
la dernière année qui avait précédé la guerre*. Les conséquences
sociales d'un tel endettement furent considérables, car en fait, son
action fut de canaliser une quantité toujours plus grande de
l'impôt sur le revenu payé par l'ensemble de la nation jusque dans
les poches de la classe étroite des riches « rentiers » contre lesquels les porte-parole des pauvres gens, des petits commerçants
et fermiers comme William Cobbett, lançaient leurs foudres jour-
nalistiques. A l'étranger, les emprunts furent surtout faits (du
moins en ce qui concerne les pays antifrançais) au gouvernement
britannique qui avait longtemps suivi une politique de subven-
tions à ses alliés militaires : entre 1794 et 1804, elle avait fait une
émission, à cet effet, de 80 millions de livres sterling. Les premiers
bénéficiaires de l'opération furent les sociétés financières internationales — britanniques ou étrangères, mais opérant de plus en
plus à partir de Londres qui devenait le centre principal de la
finance internationale — comme les Baring ou les Rotschild, qui
servirent d'intermédiaires dans ces transactions (Meyer Amschel
Rothschild, le fondateur, envoya son fils Nathan de Francfort à
Londres, en 1798). La grande époque de ces financiers internationaux se situe après les guerres, au moment où il fallut financer
les gros emprunts destinés à aider les anciens régimes à se relever
de la guerre et les nouveaux à se stabiliser. Mais les fondations de
cette ère où les Baring et les Rothschild dominèrent la finance du
monde comme personne ne l'avait encore fait depuis les grandes

banques allemandes du XVIᵉ siècle, furent édifiées pendant les guerres elles-mêmes.

Cependant, les finesses techniques de la finance en temps de guerre sont moins importantes que l'effet produit sur l'économie générale par cet immense mouvement qu'entraîne toute guerre et qui détourne vers les usages militaires les ressources du temps de paix. On a bien tort de considérer que l'effort de guerre est entièrement tiré de l'économie civile, ou fait à ses dépens. Les forces armées peuvent jusqu'à un certain point, ne mobiliser que des hommes qui, autrement, seraient sans emploi, ou même inemployables étant donné les limites de l'économie *. L'industrie de la guerre qui, à court terme, détourne des hommes et des matériaux du marché ordinaire, peut très bien, à long terme, inciter à des développements qui, en temps de paix et selon les idées qu'on se fait ordinairement du profit, seraient laissés pour compte. C'était alors, proverbialement, le cas des industries du fer et de l'acier qui, comme nous l'avons vu (cf. ci-dessus, chap. ii), ne jouissaient pas de possibilités d'expansion aussi rapides, par exemple, que les industries textiles du coton et qui donc, traditionnellement, comptaient sur la guerre et le gouvernement pour stimuler leur activité. «Au cours du XVIIIᵉ siècle, écrit Dionysius Lardner en 1831, les fonderies de fer s'identifièrent à peu près au moulage des canons [12].» Il nous est donc permis de considérer une partie des capitaux détournés de leurs usages pacifiques comme, en quelque sorte, un investissement à long terme dans les industries de biens de production et le développement technique. Parmi les innovations techniques qui furent créées par les guerres révolutionnaires et napoléoniennes, il faut compter l'industrie de la betterave sucrière sur le continent (comme produit de remplacement de la canne à sucre importée des Antilles) et l'industrie des boîtes de conserve (qui naquit des recherches, pour la marine anglaise, de denrées alimentaires capables de se conserver indéfiniment). Néanmoins, tout compte fait, une grande guerre signifie une grande diversion des ressources nationales et peut, éventuellement, dans les conditions d'un blocus mutuel, faire entrer les deux secteurs de l'économie, celui de la guerre et celui de la paix, en concurrence directe pour se saisir des mêmes ressources, trop rares.

L'inflation est la conséquence logique d'une telle compétion et nous savons qu'en effet, la période de guerre accéléra la montée du niveau des prix, qui avait été lente au XVIIIᵉ siècle, jusqu'à une

---

* C'est sur quoi repose la solide tradition d'émigration dans certaines régions montagneuses surpeuplées, comme la Suisse, qui fournissaient des soldats mercenaires.

hauteur vertigineuse, et ceci dans tous les pays, bien que parfois
la cause en ait été une simple dévaluation monétaire. Ceci
implique, à soi seul, ou reflète, une certaine redistribution des
revenus qui a des conséquences économiques, favorisant par
exemple les hommes d'affaires et défavorisant les salariés (puisque
les salaires normalement traînent derrière les prix), favorisant
l'agriculture qui proverbialement est satisfaite des hauts prix du
temps de guerre et défavorisant les manufactures. Inversement, la
fin de la demande de guerre, qui libère une masse de ressources
— y compris les hommes — jusque-là employées par la guerre et
les déverse sur le marché du temps de paix, apporta comme
toujours avec elle des problèmes de réajustement plus intenses.
Pour prendre un exemple clair : entre 1814 et 1818, les forces de
l'armée anglaise furent diminuées d'environ 150 000 hommes, soit
plus que la population de Manchester à l'époque; et le niveau du
prix du blé tomba de 108,5 shillings le quarter en 1813, à 64,2 en
1815. En fait, nous savons que la période d'ajustement de l'après-
guerre a signifié des difficultés économiques anormales dans toute
l'Europe, intensifiées en outre par les récoltes calamiteuses de
1816-1817.

   Il nous faut cependant poser une question plus générale.
Jusqu'à quel point la diversion des ressources, imputable à la
guerre, a-t-elle empêché, ou ralenti le développement économique
de divers pays? Il est clair que cette question est d'une importance particulière pour la France et la Grande-Bretagne, les deux
grandes puissances économiques et celles qui ont eu à porter le
plus lourd fardeau économique. Le fardeau des Français n'était
pas tellement à imputer à la guerre, au moins dans ses dernières
phases, car celle-ci était censée se payer largement elle-même,
aux frais des étrangers dont les armées conquérantes pillaient ou
réquisitionnaient le territoire et auxquels elles imposaient des
levées d'hommes, de matériel et d'argent. La moitié environ des
revenus fiscaux de l'Italie allèrent aux Français, entre 1805 et
1812 [13]. Sans doute les frais de guerre ne furent-ils pas totalement
couverts, mais ils furent beaucoup plus réduits bien entendu —
tant en argent qu'en nature — qu'ils ne l'auraient été dans d'autres
conditions. Le véritable écroulement de l'économie française a
été provoqué par ces dix années de révolution, de guerre civile et
de chaos qui, par exemple, abaissèrent le chiffre d'affaires des
manufactures de la Seine-Inférieure (Rouen) de 41 à 15 millions
entre 1790 et 1795, et le nombre de leurs ouvriers de 246 000 à
86 000. A quoi il faut ajouter la perte du commerce d'outre-mer à
cause du contrôle des mers par les Anglais. Le fardeau de l'Angleterre, lui, venait de ce qu'elle ne soutenait pas le seul effort de

guerre de son propre pays, mais aussi par le canal des subsides traditionnels à ses alliés continentaux, celui d'autres Etats. En termes monétaires, les Anglais ont porté de loin la plus lourde charge durant la guerre : celle-ci leur a coûté trois ou quatre fois plus cher qu'aux Français.

La réponse à la question générale que nous avons posée est plus facile en ce qui concerne la France que la Grande-Bretagne, car il ne fait aucun doute que l'économie française est restée relativement stagnante et que le commerce et l'industrie françaises se seraient presque certainement développés davantage et plus vite, s'il n'y avait pas eu la révolution et les guerres. Bien que l'économie du pays ait fait, sous le règne de Napoléon, un pas très considérable, celui-ci ne pouvait pas compenser le retard et l'élan perdu pendant les dernières années du XVIIIe siècle. Pour ce qui est de la Grande-Bretagne, la réponse est moins claire, car son développement fut éblouissant et la seule question est de savoir si, au cas où il n'y aurait pas eu de guerre, il eût été plus rapide encore. La réponse généralement admise est qu'il l'aurait été effectivement [14]. Quant aux autres pays, la question est généralement de moindre importance, là où le développement de l'économie a été lent, ou coupé de fluctuations, comme dans la plus grande partie de l'empire des Habsbourg, et là où l'impact de l'effort de guerre a été relativement faible.

Bien sûr, des affirmations aussi peu nuancées ne règlent pas le problème. Même les guerres franchement économiques de la Grande-Bretagne, aux XVIIe et XVIIIe siècles, n'étaient pas supposées provoquer le développement économique par elles-mêmes, ou par un élan qu'elles donneraient à l'économie, mais le progrès viendrait de la victoire : elle éliminerait les concurrents et permettrait la capture de nouveaux marchés. Le « prix » de ces guerres, du fait de l'interruption des affaires, de la diversion des ressources et autres conséquences analogues, se mesurait d'après leur « bénéfice », qui se trouvait exprimé par la position relative des belligérants, au sortir de la guerre. Dans cette perspective, les guerres de 1793-1815 ont rapporté à l'Angleterre beaucoup plus que de quoi rembourser leurs frais. Au prix d'un léger ralentissement d'un développement économique qui resta pourtant gigantesque, la Grande-Bretagne élimina d'une façon décisive le plus proche de ses concurrents possibles et devint, pour deux générations, « l'atelier du monde ». Quel que soit l'indice industriel ou commercial choisi, la Grande-Bretagne vient très loin en tête de tous les autres Etats (à l'exception peut-être des Etats-Unis) et cette avance est bien supérieure à ce qu'elle était en 1789. Si nous croyons que l'élimination temporaire de ses rivaux et le quasi-monopole des marchés maritimes et coloniaux fut une précondition essentielle de la future industrialisation britannique, le prix du succès fut modeste. Et si nous soutenons qu'en 1789, son avance initiale était déjà suffisante pour assurer à la Grande-Bretagne sa suprématie économique sans l'intervention d'une longue guerre, nous pouvons aussi soutenir que le prix payé pour défendre cette suprématie contre la menace française de regagner, par des moyens politiques et militaires, le terrain perdu dans la compétition économique, ce prix lui non plus n'a pas été excessif.

5.

La paix

Le concert actuel (des puissances) est leur seule parfaite sécurité contre les braises révolutionnaires qui couvent plus ou moins dans tous les Etats de l'Europe; et... la vraie sagesse consiste à laisser tomber les petites rivalités des temps ordinaires et à faire front tous ensemble pour soutenir les principes établis de l'ordre social.

CASTLEREAGH :
Correspondance,
3ᵉ série, XI, p. 105.

L'empereur de Russie est de plus, le seul souverain parfaitement en état de se porter dès à présent aux plus vastes entreprises. Il est à la tête de la seule armée vraiment disponible qui soit aujourd'hui formée en Europe. Gentz : 24 mars 1818 [1].

Après plus de vingt années de guerre et de révolution presque ininterrompues les anciens régimes victorieux eurent à affronter les problèmes particulièrement compliqués et dangereux de la paix à établir, de la paix à maintenir. Il fallut éliminer les décombres accumulés en vingt années, redistribuer le butin territorial. Mais surtout il devint évident, pour tout homme d'Etat intelligent, qu'aucune grande guerre européenne n'était plus désormais tolérable, car une telle guerre signifierait presque certainement une nouvelle révolution et donc la destruction des régimes anciens. « Dans l'état actuel de malaise social où se trouve l'Europe, disait, à propos d'une nouvelle crise, le roi des Belges, Léopold (l'oncle très sage, s'il fut aussi ennuyeux, de la reine Victoria), on ne saurait entendre parler de laisser libre cours... à une guerre

générale. Une telle guerre... entraînerait certainement un conflit
de principe (et) d'après tout ce que je sais de l'Europe, je pense
qu'un tel conflit changerait sa forme et bouleverserait sa structure
entière [2]. » Les rois et les hommes d'Etat n'étaient ni plus sages, ni
plus pacifiques qu'auparavant. Ils étaient indiscutablement plus
effrayés.

Leurs efforts furent aussi couronnés d'un succès peu ordinaire.
Il n'y eut en effet aucune guerre européenne généralisée, ni le
moindre conflit où une grande puissance se soit opposée à une
autre, sur un champ de bataille, entre la défaite de Napoléon
et la guerre de Crimée de 1854 à 1856. Et en fait, à part la guerre
de Crimée, il n'y eut pas de guerre mettant en cause plus de
deux grandes puissances entre 1815 et 1914. Le citoyen du
XXe siècle saura bien apprécier la grandeur de cette réussite. Elle
est d'autant plus frappante que la scène internationale était loin
d'être tranquille, et les occasions de conflit, abondantes. Les
mouvements révolutionnaires (que nous étudierons dans le
chapitre VI) détruisirent de temps à autre cette stabilité internationale durement acquise : dans les années qui suivirent 1820,
particulièrement dans l'Europe méridionale, les Balkans et l'Amérique latine; après 1830, dans l'Europe occidentale (particulièrement en Belgique), et de nouveau à la veille de la révolution de
1848. Le déclin de l'empire turc, menacé de deux côtés à la fois,
par la décomposition intérieure et par les ambitions des grandes
puissances rivales — surtout la Grande-Bretagne, la Russie et,
dans une plus faible mesure, la France — fit de ce qu'on a
appelé la « question d'Orient » une cause permanente de crise :
après 1820 elle gagna la Grèce; après 1830, ce fut l'Egypte et bien
que calmée après un combat particulièrement violent en 1839-
1841, elle resta tout aussi dangereusement explosive. La Grande-
Bretagne et la Russie étaient dans les pires termes au sujet du
Proche-Orient et du « no-man's land » entre les deux empires, en
Asie. La France était loin de se résigner à une position tellement
plus modeste que celle qui avait été la sienne avant 1815. Pourtant
en dépit de tous ces écueils et de toutes ces tempêtes, les vaisseaux
de la diplomatie naviguèrent sur ces eaux tumultueuses, sans colli-
sion.

Notre génération qui échoua d'une façon tellement plus spectaculaire dans la tâche fondamentale de la diplomatie internationale — qui est d'éviter les guerres mondiales — a donc eu
tendance à se référer aux hommes d'Etat et aux méthodes de
1815-1848, avec un sentiment de respect que n'éprouvèrent pas
toujours leurs successeurs immédiats. Talleyrand qui régna sur
la politique étrangère française de 1814 à 1815, est resté jusqu'à

nos jours un modèle pour les diplomates français. Castelreagh, George Canning et le vicomte Palmerston qui furent secrétaires des Affaires étrangères de Grande-Bretagne, respectivement de 1812 à 1822, et de 1822 à 1827, ainsi que toutes les administrations non tory de 1830 à 1852 *, se sont acquis rétrospectivement une stature un peu trompeuse de géants de la diplomatie. Quant au prince Metternich, premier ministre d'Autriche tout au long de la période qui va de la défaite de Napoléon à sa propre chute en 1848, l'habitude se perd aujourd'hui de voir en lui le simple ennemi rigide de tout changement, et on le considère beaucoup plus souvent comme le sage qui a maintenu la stabilité.

Cependant l'œil de la foi lui-même n'est pas arrivé à découvrir des ministres dignes d'être idéalisés dans la Russie d'Alexandre Ier (1801-1825) et de Nicolas Ier (1825-1855), pas plus que dans la Prusse relativement peu importante de la période qui nous occupe.

En un sens, la louange est justifiée. L'organisation de l'Europe après les guerres napoléoniennes ne fut ni plus juste, ni plus morale qu'une autre, mais étant donné le propos résolument antilibéral et antinational (c'est-à-dire antirévolutionnaire) des hommes qui l'établirent, elle fut réaliste et raisonnable. Aucune tentative ne fut faite pour exploiter la victoire totale sur les Français, qu'une provocation pouvait jeter dans un nouvel accès de jacobinisme. Les frontières du pays vaincu furent même légèrement améliorées par rapport à ce qu'elles avaient été en 1789, l'indemnité financière ne fut pas excessive, l'occupation par les troupes étrangères fut de courte durée et en 1818, la France était à nouveau admise comme membre de plein droit dans le « concert de l'Europe » (n'eût été le retour raté de Napoléon en 1815, ces termes auraient même été plus modérés). Les Bourbons furent restaurés, mais il était sous-entendu qu'ils avaient à faire des concessions à l'esprit dangereux de leurs sujets. Les transformations majeures de la révolution étaient ce symbole brûlant, une constitution leur était accordée — bien que la conception en fut bien entendu très modérée — sous le masque d'une « charte », « librement concédée » par le monarque absolu restauré, Louis XVIII.

La carte de l'Europe fut redessinée sans aucune considération ni pour les aspirations des peuples ni pour les droits des nombreux princes dépossédés, à un moment ou à un autre, par les Français, mais en tenant très grand compte de l'équilibre entre les cinq puissances qui émergeaient de la guerre : la Russie, la

---

* C'est-à-dire pendant la période tout entière, sauf en 1834-1835, pendant quelques mois, et en 1841-1846.

Grande-Bretagne, la France, l'Autriche et la Prusse. Seules parmi
celles-ci, les trois premières comptaient réellement. La Grande-
Bretagne n'avait pas d'ambitions territoriales sur le continent,
mais préférait cependant conserver un contrôle ou une main protectrice sur tels ou tels points d'importance maritime ou commerciale. Elle retint Malte, les îles Ioniennes et Héligoland, continua à
surveiller la Sicile et tira un bénéfice certain du rattachement de
la Norvège à la Suède, au lieu du Danemark, qui empêchait un
Etat unique de contrôler l'entrée de la mer Baltique — ainsi que de
l'union de la Hollande et de la Belgique (les ex-Pays-Bas autrichiens) qui mettait les bouches du Rhin et de l'Escaut entre les
mains d'un Etat inoffensif, mais suffisamment puissant — en
particulier avec ses forteresses qui formaient une barrière vers le
sud — pour résister aux appétits français bien connus pour la
Belgique. Ces deux arrangements furent profondément impopu-
laires parmi les Belges comme parmi les Norvégiens, et le second
ne se maintint pas au-delà de la révolution de 1830. On décida
alors, après quelques frictions entre la France et l'Angleterre, la
création d'un petit royaume qui resterait neutre de façon permanente et serait gouverné par un prince choisi par l'Angleterre.
Hors de l'Europe, évidemment, les ambitions territoriales de la
Grande-Bretagne étaient beaucoup plus vives bien que le contrôle
total de toutes les mers par la marine anglaise rendît hors de
propos la question de savoir si un territoire était réellement ou
non sous le drapeau anglais. Sauf aux confins nord-ouest des
Indes où seuls quelques territoires, quelques principautés faibles
et chaotiques séparaient les empires russes et britanniques. Mais
la rivalité entre la Grande-Bretagne et la Russie n'affectait guère
les régions qui devaient être réorganisées en 1814-1815. En Europe
les intérêts britanniques exigeaient seulement qu'aucune puissance
ne soit trop forte.

La Russie, la puissance militaire décisive dans les opérations
terrestres, satisfit ses ambitions territoriales limitées par l'acquisition de la Finlande (aux dépens de la Suède), de la Bessarabie
(aux dépens de la Turquie) et d'une grande partie de la Pologne,
qui se vit garantir un certain degré d'autonomie sous le gouvernement de la faction polonaise qui avait toujours été favorable à
une alliance russe (après le soulèvement de 1830-1831 cette autonomie fut abolie). Le reste de la Pologne fut partagé entre la
Prusse et l'Autriche, à l'exception de la ville et république de Cracovie, qui, elle non plus, ne survécut pas au soulèvement de 1846.
Pour le reste, la Russie se contenta d'exercer une hégémonie lointaine, mais loin d'être inefficace sur toutes les principautés absolues situées à l'est de la France, son principal intérêt étant d'éviter

les révolutions. Le tsar Alexandre parraina dans ce but une Sainte-Alliance, l'Autriche et la Prusse s'y rallièrent, mais pas la Grande-Bretagne. Du point de vue britannique, cette véritable hégémonie de la Russie sur la plus grande partie de l'Europe était peut-être un arrangement qui n'avait rien d'idéal, mais qui était le reflet des réalités militaires et qui n'aurait pu être empêché qu'en permettant à la France plus de puissance qu'aucun de ses anciens adversaires n'étaient prêts à lui en accorder, ou qu'en se résignant à l'intolérable prix de la guerre. Le statut de la France en tant que grande puissance était clairement reconnu, mais personne n'était disposé à aller plus loin.

L'Autriche et la Prusse en réalité n'étaient comptées parmi les grandes puissances que par courtoisie; ou en tout cas, c'est ce que l'on croyait avec raison en pensant à la faiblesse bien connue de l'Autriche dans les périodes de crise internationale et à tort — en se rappelant l'effondrement de la Prusse en 1806. Leur rôle principal était de se comporter comme des stabilisants de l'Europe. L'Autriche récupéra ses provinces italiennes, plus les anciens territoires vénitiens en Italie et en Dalmatie, et un protectorat sur les principautés mineures de l'Italie centrale et septentrionale, le plus souvent gouvernées par les familles de Habsbourg (sauf pour le Piémont-Sardaigne, qui absorba l'ancienne République de Gênes pour servir plus efficacement de tampon entre l'Autriche et la France). S'il fallait maintenir « l'ordre » quelque part en Italie, l'Autriche était le policier de service. Puisque son seul intérêt était la stabilité — n'importe quoi d'autre lui ferait risquer la désintégration — on pouvait être sûr qu'elle jouerait en permanence le rôle de protectrice contre toute tentative de bouleversement sur le continent. La Prusse bénéficia du désir de la Grande-Bretagne de s'assurer un pouvoir suffisant dans l'Allemagne occidentale — région dont les principautés avaient longtemps eu tendance à partager les vues de la France ou auraient pu en subir la domination — et reçut en partage la Rhénanie, dont l'immense potentiel économique échappait à l'attention de ces diplomates aristocrates. Elle tira également profit du conflit entre la Grande-Bretagne et la Russie au sujet de l'expansion russe en Pologne que les Anglais estimaient tout à fait excessive. Le résultat final de ces négociations compliquées, ponctuées de menaces de guerre, fut qu'elle abandonna une partie de ses anciens territoires polonais à la Russie, mais qu'elle reçut à la place la moitié d'une Saxe industrielle et florissante. Du point de vue territorial comme du point de vue économique, la Prusse gagna relativement plus dans le règlement de 1815 que n'importe quel autre pays et elle devint en réalité, pour la première fois, une grande puissance

européenne, en termes de ressources réelles. La chose ne deviendra
pourtant pas évidente, pour les politiciens, avant les années 1860.
L'Autriche, la Prusse et la foule des petits Etats allemands — dont
la principale fonction internationale était de constituer un réservoir de beaux partis pour les maisons royales d'Europe — se sur-
veillaient les uns les autres à l'intérieur de la Confédération germanique, l'Autriche en restant toutefois la doyenne incontestée. La
principale fonction internationale de la Confédération était de
maintenir les petits Etats hors de l'orbite de la France autour
duquel ils avaient toujours eu tendance à graviter. En dépit de
toutes les dénégations nationalistes, ils avaient été loin d'être malheureux en tant que satellites de la France napoléonienne.

Les hommes d'Etat de 1815 furent assez avisés pour savoir
qu'aucun accord aussi soigneusement élaboré fût-il, ne résisterait
éternellement à la pression des rivalités d'Etat et de circonstances
sans cesse changeantes. C'est pourquoi ils mirent sur pied un
mécanisme capable de maintenir la paix — c'est-à-dire de régler
tous les problèmes saillants au fur et à mesure qu'ils surgiraient
— au moyen de congrès réguliers. Il allait sans dire que les
décisions importantes y seraient prises par les « grandes puissances » (l'expression est elle-même une invention de cette époque). Le « concert de l'Europe » — une autre expression qui passa
dans l'usage courant au même moment — ne présentait aucune
analogie avec les Nations Unies, mais plutôt avec le Conseil de
sécurité de l'O.N.U. et ses membres permanents. Cependant, des
congrès réguliers ne furent tenus que durant quelques années —
de 1818, date à laquelle la France fut à nouveau officiellement
réadmise au concert, jusqu'en 1822.

Le système des congrès échoua parce qu'il ne put survivre
aux années qui suivirent immédiatement les guerres napoléoniennes, ces années pendant lesquelles la famine de 1816-1817 et le
marasme des affaires maintinrent partout, y compris en Grande-
Bretagne, la crainte injustifiée, mais vive, d'une révolution sociale.
Après le retour à la stabilité économique, vers 1820, chaque per-
turbation des accords de 1815 révèle seulement les divergences
d'intérêts des puissances. Face à une première crise d'agitation
et d'insurrections en 1820-1822, seule l'Autriche s'obstina à défendre
le principe que tous ces mouvements devaient être immédiatement
et automatiquement réprimés, selon les intérêts de l'ordre social
(et de l'intégrité du territoire autrichien). En ce qui concerne
l'Allemagne, l'Italie et l'Espagne, les trois monarchies de la Sainte-
Alliance et la France donnèrent leur adhésion à cette politique, bien
que la France, en s'acquittant avec empressement en Espagne de
ce rôle de policier international (1823) fût beaucoup moins intéres-

sée par la stabilité européenne que par un élargissement des limites imposées à ses activités militaires et diplomatiques particulièrement en Espagne, en Belgique et en Italie, où se trouvait la majorité de ses investissements étrangers [3]. La Grande-Bretagne elle, resta à l'écart. En partie parce que — particulièrement après que le souple Canning eut remplacé Castelreagh (1822), le rigide réactionnaire — elle était convaincue que les réformes politiques dans l'Europe absolutiste seraient tôt ou tard inévitables et parce que les hommes politiques britanniques avaient peu de sympathie pour l'absolutisme; mais aussi parce que l'application de ces principes d'intervention policière ne ferait que porter des puissances rivales (particulièrement la France) en Amérique latine, laquelle était, nous l'avons vu, une colonie économique de la Grande-Bretagne, et une colonie tout à fait vitale de ce point de vue. C'est pourquoi les Anglais défendaient l'indépendance des Etats de l'Amérique latine, de même que les Etats-Unis dans la déclaration de Monroe de 1823, manifeste qui n'eut aucune valeur pratique — si quelque chose protégeait l'indépendance de l'Amérique latine c'était la flotte anglaise — mais un intérêt considérable de prophétie. Au sujet de la Grèce, les puissances étaient plus divisées encore. La Russie, malgré toutes ses antipathies pour les révolutions, ne pouvait que bénéficier de l'agitation du peuple orthodoxe, qui affaiblissait les Turcs et qui était obligée de faire largement appel à l'aide russe. (Plus encore, elle eut par convention le droit d'intervenir en Turquie pour défendre les chrétiens orthodoxes.) La crainte d'une intervention unilatérale russe, la pression du mouvement prohellénique, les intérêts économiques et la conviction générale que la désintégration de la Turquie ne pouvait être évitée, mais pouvait au mieux être organisée, menèrent progressivement les Anglais d'une attitude primitivement hostile à la neutralité, puis à une intervention officieuse. Celle-ci acquit ainsi son indépendance (1829) grâce au double appui russe et anglais. La répercussion internationale fut minimisée par la transformation du pays en un royaume gouverné par l'un de ces nombreux petits princes allemands disponibles — qui ne serait pas un simple satellite de la Russie. Mais du coup le caractère permanent des accords de 1815, le système des congrès et le principe de la répression de toute révolution, étaient en ruine.

Les révolutions de 1830 en achevèrent la destruction, car elles n'affectèrent pas seulement de petits Etats, mais une des grandes puissances, la France elle-même. En fait, grâce à elles toute l'Europe à l'ouest du Rhin fut soustraite aux opérations de police de la Sainte-Alliance. Pendant ce temps la question d'orient —le problème de savoir quoi faire au sujet de l'inévitable désintégration de la Turquie — transformait les Balkans et le Levant en un champ de bataille pour les grandes puissances, en particulier la Russie et la Grande-Bretagne. La question d'Orient perturba la balance des forces, car tout conspirait à renforcer les Russes dont le principal objectif en matière de diplomatie, à ce moment-là comme plus tard, était d'obtenir le contrôle des détroits entre l'Europe et l'Asie Mineure, dont dépendait son propre accès à la Méditerranée. Il ne s'agissait pas seulement d'un problème d'importance diplomatique et militaire, mais, avec la montée des exportations de grains de l'Ukraine, également d'une urgence économique. La Grande-Bretagne soucieuse comme toujours de ce qui touchait à la route des Indes, était profondément contrariée de la marche vers le sud de la seule grande puissance qui pouvait être une menace sérieuse pour elle. Il était clair que la politique à jouer était de soutenir la Turquie à tout prix contre l'expansion russe (ce qui présentait l'avantage supplémentaire de favoriser le commerce britannique dans le Levant, lequel augmenta d'une façon très satisfaisante pendant cette période). Malheureusement, une telle politique était tout à fait impraticable. L'empire turc n'était en aucune manière une masse inerte en tout cas d'un point de vue militaire, mais il était au mieux capable d'engager des actions retardatrices contre une rébellion interne (qu'il pouvait encore réduire aisément) et contre la force combinée de la Russie et d'une situation internationale défavorable (qu'il n'était pas capable de vaincre). Il n'était pas non plus capable de se moderniser lui-même ou en tout cas montrait peu d'empressement à le faire; bien que les débuts d'une modernisation eussent été mis en œuvre sous le règne de Mahmoud II (1809-1839), après les années 1830. C'est pourquoi seul l'appui direct militaire et diplomatique de la Grande-Bretagne (c'est-à-dire la menace de guerre) pouvait empêcher l'accroissement régulier de l'influence russe, et l'affaissement de la Turquie sous le poids de ses divers tourments. Ceci fit de la question d'orient, le sujet de contestation le plus explosif, dans les affaires internationales au lendemain des guerres napoléoniennes, le seul propre à entraîner une guerre générale et le seul qui effectivement l'entraîna, en 1854-1856. Cependant la situation même qui pipait les dés du jeu international en faveur de la Russie et contre la Grande-Bretagne fut aussi celle qui poussa la Russie à un compromis. Celle-ci pouvait atteindre ses objectifs diplomatiques de deux façons : ou bien par la défaite de la Turquie, son partage et une éventuelle occupation russe de Constantinople et des détroits; ou bien par un protectorat de fait sur une Turquie faible et asservie. Mais l'une ou l'autre de ces solutions serait toujours possible. En d'autres termes, jamais Constantinople ne parut au tsar valoir la peine d'une grande guerre. Ainsi, après 1820, le conflit grec offrait une occasion qui cadrait avec la politique de partition et d'occupation. La Russie ne réussit pas à en tirer autant qu'elle l'avait sans doute espéré, mais elle ne voulut pas pousser trop loin ses avantages. Au contraire elle négocia un traité extraordinairement favorable à Unkiar Skelessi (1833) avec une Turquie durement éprouvée et qui était maintenant très consciente du besoin qu'elle avait d'un puissant protecteur. La Grande-Bretagne en fut outragée : les années qui suivirent 1830 virent se développer une russophobie populaire qui créa de la Russie l'image d'une sorte d'ennemi héréditaire de la Grande-Bretagne *.

Face à la pression britannique, les Russes se retirèrent à leur tour et, après 1840, proposèrent à nouveau le partage de la Turquie.

La rivalité russo-britannique en Orient fut donc dans la pratique beaucoup moins dangereuse que ne pourraient le faire croire les cliquetis d'épée qui se faisaient entendre (particulièrement en Grande-Bretagne). Mais surtout la peur beaucoup plus grande que les Anglais avaient d'une renaissance de la France réduisait en tout cas son importance. En réalité, l'expression « le grand jeu » qui devait plus tard qualifier les activités de cape et d'épée des aventuriers et agents secrets de l'une et l'autre puissance, opérant dans le « no man's land » oriental entre les deux empires, traduit assez bien les faits. Ce qui rendit la situation réellement dangereuse, ce fut le cours imprévisible des mouvements de libération à l'intérieur de la Turquie et l'intervention des autres puissances. Parmi celles-ci, l'Autriche avait un intérêt passif considérable dans l'affaire, étant elle-même un empire multinational délabré, menacé par les mouvements de ces mêmes peuples qui justement minaient aussi la stabilité de la Turquie — les Slaves des Balkans et notamment les Serbes. Cependant leur menace n'était pas immédiate (même si elle devait plus tard fournir l'occasion de la Première Guerre mondiale). La France était plus préoccupante, ayant à son actif un long passé d'influence économique et diplomatique dans le Levant, que, périodiquement, elle essayait de rétablir et d'étendre. Tout particulièrement en Egypte où depuis l'expédition de Napoléon l'influence française était fort puissante et où le pacha Mohammed Ali, souverain pratiquement indépendant, pouvait plus ou moins briser ou rassembler l'empire turc, selon son bon plaisir. Au vrai, les crises de la question d'Orient en 1831-

---

* En fait les relations anglo-russes, fondées sur une complémentarité économique avaient été, selon la tradition, extrêmement aimables, et ne commencèrent à se gâter sérieusement qu'après les guerres napoléoniennes.

1833 et 1839-1841 correspondent essentiellement aux moments critiques des relations entre Mohammed Ali et son souverain nominal, compliquées, dans le second cas, par l'appui français à l'Egypte. Cependant si la Russie se refusait à faire la guerre à propos de Constantinople, la France ne pouvait ni ne voulait non plus la faire. Il y eut des crises diplomatiques. Mais finalement, à part l'épisode de la guerre de Crimée, il n'y eut aucune grande guerre au sujet de la Turquie tout au long du XIXe siècle.

Il est donc clair, étant donné l'allure des disputes internationales pendant cette période, que l'élément inflammable, au cœur des relations internationales, n'était tout simplement pas assez explosif pour provoquer une guerre sérieuse. Parmi les grandes puissances, l'Autriche et la Prusse étaient trop faibles pour compter.

La Grande-Bretagne avait ce qu'elle voulait. Elle avait remporté la plus complète victoire qui fut jamais dans l'histoire du monde ayant émergé de vingt années de guerre contre la France comme l'unique économie industrialisée, l'unique puissance navale — la marine anglaise avait en 1840 presque autant de navires que toutes les autres flottes réunies — et pratiquement la seule puissance coloniale dans le monde. Rien ne semblait se dresser sur le chemin du seul grand intérêt expansionniste de la politique étrangère britannique, à savoir l'expansion du commerce et des investissements britanniques. La Russie, tout en n'étant pas aussi comblée, n'avait que des ambitions territoriales limitées, et rien, pour longtemps encore — à ce qu'il semblait du moins — ne pouvait faire obstacle à son progrès. En tout cas rien qui justifiât une guerre générale qui aurait été dangereuse sur le plan social. La France était la seule puissance « insatisfaite » et susceptible de rompre la stabilité de l'ordre international. Mais la France ne pouvait le faire qu'à une seule condition : qu'elle mobilise une fois encore les énergies révolutionnaires des jacobins chez elle et celles du nationalisme et du libéralisme à l'étranger. Car du point de vue des rivalités classiques entre grandes puissances, elle avait été mortellement affaiblie. Plus jamais elle ne pourrait, comme du temps de Louis XIV ou de la révolution, se mesurer à égalité avec une coalition de deux grandes puissances. Ou davantage, en ne comptant que sur ses seules ressources ou sa seule population. En 1780, la population française était deux fois et demie l'anglaise, mais en 1830 le rapport n'était même plus de 3 à 2. En 1780, il y avait presque autant de Français que de Russes, mais en 1830, il y avait presque moitié plus de Russes que de Français. Et l'allure de l'évolution économique française était tragiquement plus lente que celle de la britannique, de l'américaine, et très vite de l'allemande.

Mais pour n'importe quel gouvernement français, le jacobinisme était un trop haut prix à payer pour des ambitions internationales. En 1830 et à nouveau en 1848, lorsque la France renversa son régime et que l'absolutisme ailleurs fut ébranlé, ou détruit, les puissances tremblèrent. Elles auraient pu s'éviter bien des nuits blanches. En 1830-1831, les modérés français n'étaient pas même prêts à lever le petit doigt en faveur des rebelles polonais, avec lesquels toute l'opinion française sympathisait (de même que les libéraux européens). « Et la Pologne ? » écrivait le vieil et enthousiaste La Fayette à Palmerston en 1831. « Que ferez-vous, que ferons-nous pour elle ? [4] » La réponse était « rien ». La France aurait pu renforcer aisément ses propres ressources avec celles de la révolution européenne ; comme en réalité tous les révolutionnaires espéraient qu'elle le ferait. Mais les implications d'un tel saut dans la guerre révolutionnaire épouvantaient les gouvernements français libéraux modérés, presque autant que Metternich. Aucun gouvernement français entre 1815 et 1848 n'aurait hasardé la paix générale dans l'intérêt de son propre Etat.

En dehors de la sphère de l'équilibre européen, bien sûr rien ne faisait obstacle à l'expansion et à l'esprit belliqueux. En fait, bien qu'extrêmement étendus, les territoires effectivement conquis par les Blancs furent limités. Les Anglais se contentèrent d'occuper les points clés pour le contrôle maritime mondial et pour leurs intérêts commerciaux dans le monde entier, tels que l'extrémité sud de l'Afrique (prise aux Hollandais pendant les guerres napoléoniennes), Ceylan, Singapour (qui fut fondée à cette époque) et Hong-Kong ; et les exigences de la campagne contre le trafic des esclaves — qui satisfaisait à la fois les sentiments humanitaires à l'intérieur et les intérêts stratégiques de la marine anglaise, qui s'en servit pour renforcer son monopole mondial — les poussèrent à maintenir des points d'appui tout au long des côtes africaines. Mais en somme, à une seule exception importante près, leur opinion était qu'un monde ouvert au commerce britannique et protégé par la flotte britannique des instrusions indésirables, était exploité à bien meilleur compte, sans les dépenses administratives d'une occupation. L'exception importante, ce furent les Indes et tout ce qui se rattachait à leur contrôle. Il fallait tenir les Indes à tout prix, les plus anticolonialistes des libres commerçants n'en doutèrent jamais. Leur marché était d'une importance grandissante (cf. ci-dessus p. 49), et souffrirait certainement, affirmait-on, si les Indes étaient abandonnées à elles-mêmes. Elles étaient la clé qui ouvrait les portes de l'Extrême-Orient, du trafic de la drogue et d'autres activités aussi profitables que les hommes d'affaires européens auraient bien voulu entreprendre. La Chine fut ouverte par la guerre de l'opium de 1839-1842. En conséquence, entre 1814 et 1849 les dimensions de l'Empire britannique des Indes s'enflèrent jusqu'à atteindre les deux tiers de ce quasi-continent, après une série de guerres contre les Mahrattas, les Népalais, les Birmans, les Rajputs, les Afghans, les Sindi et les Sikhs; en même temps le filet de l'influence britannique se resserrait plus étroitement autour du Moyen-Orient, qui contrôlait la route directe des Indes, tracée depuis 1840 par les bateaux à vapeur de la compagnie P. and O., complétée par la traversée par voie de terre, de l'isthme de Suez.

Bien que le goût de l'expansion des Russes fût réputé beaucoup plus virulent (au moins de l'avis des Anglais), leurs conquêtes effectives furent plus modestes. Le tsar, à cette époque, ne fit que se ménager l'acquisition des immenses espaces déserts de la steppe Kirghize, à l'est de l'Oural, et de quelques régions montagneuses dans le Caucase qui lui furent durement contestées. Les Etats-Unis, de leur côté, acquirent pratiquement tous leurs territoires de l'Ouest, au sud des frontières de l'Oregon, dans l'insurrection et la guerre contre les infortunés Mexicains. Les français, pour leur part, durent limiter leurs ambitions expansionnistes à l'Algérie qu'ils envahirent en 1830, sous un faux prétexte, et tentèrent de conquérir pendant les dix-sept années qui suivirent. En 1847, ils avaient brisé les dernières résistances.

Il faut cependant mentionner à part l'une des clauses du traité de paix international : l'abolition du trafic international des esclaves. Les raisons en furent à la fois humanitaires et économiques : l'esclavage était horrible et parfaitement improductif. En outre, du point de vue des Britanniques qui, parmi toutes les nations se firent les principaux champions de cet admirable mouvement, l'économie de 1815-1848 ne reposait plus, comme celle du XIXᵉ siècle, sur la vente des hommes et du sucre, mais sur celle des cotonnades. L'abolition réelle de l'esclavage se fit beaucoup plus lentement (sauf, bien sûr, là où la Révolution française l'avait déjà balayé). Les Anglais l'abolirent dans leurs colonies — surtout dans les Antilles en 1834 — mais eurent vite tendance à le remplacer là où survivaient encore les grandes plantations, par l'importation de travailleurs sous contrat, venus d'Asie. Les Français ne l'abolirent à nouveau officiellement qu'avec la révolution de 1848. A cette date, il y avait encore, dans le monde, un très grand nombre d'esclaves et donc un énorme trafic (illégal) de la traite.

6.

Les révolutions

La liberté, ce rossignol à la voix de géant,
réveille les plus profonds dormeurs
... Comment peut-on aujourd'hui penser à autre
chose qu'à lutter pour ou contre la liberté?
Ceux qui ne peuvent aimer l'humanité peuvent
encore faire de grands tyrans, mais comment
peut-on rester indifférent?
LUDWIG BOERNE, 14 février 1831 :
Gesammelte Schriften, III, pp. 130-131.

Les gouvernements qui ont perdu leur équilibre,
sont effrayés, intimidés et troublés par les cris
des classes moyennes qui, placées entre les rois
et leurs sujets, brisent le sceptre des souverains
et usurpent le cri du peuple.
METTERNICH au tsar, 1820 :
Mémoires, III, p. 468.

I

Rarement, l'incapacité des gouvernements à retenir le cours
de l'histoire a été démontrée de façon, aussi éclatante que pendant la génération qui a suivi 1815. Éviter une seconde révolution
française ou, catastrophe pire encore, une révolution européenne
générale, était le plus grand souci de toutes les puissances qui
venaient de passer plus de vingt ans à écraser la première. C'était
même le souci des Anglais, qui pourtant n'avaient guère de sympathie pour les régimes absolus réactionnaires qui se rétablissaient
sur toute l'Europe et qui n'ignoraient pas qu'on ne pouvait ni

ne devait éviter les réformes; mais, plus que toute autre éventualité internationale, ils craignaient une nouvelle expansion franco-
jacobine. Pourtant jamais dans l'histoire de l'Europe, et rarement
ailleurs, le phénomène révolutionnaire n'a été aussi endémique,
aussi général et prêt à se répandre, qu'il s'agisse de contagion ou
des effets d'une propagande délibérée.

Entre 1815 et 1848, il y a eu trois grandes vagues de révolutions dans le monde occidental (l'Asie et l'Afrique n'avaient
pas encore été touchées; les premières grandes révolutions d'Asie :
la Révolte indienne et la Rébellion taiping n'éclatèrent que dans
les années 1850). La première vague se place entre 1820 et 1824.
En Europe elle resta cantonnée surtout au bassin méditerranéen,
avec pour épicentres l'Espagne (1820), Naples (1820) et la Grèce
(1821), et sauf celui de la Grèce, tous ces soulèvements furent
réprimés. En Amérique latine la Révolution espagnole redonna
de l'élan au mouvement de libération qui, après un premier effort
dans la lancée de la conquête de l'Espagne par Napoléon, en
1808, avait été étouffé et réduit à quelques bandes de réfugiés.
Les trois grands libérateurs de l'Amérique du Sud espagnole,
Simon Bolivar, San Martin et Bernardo O'Higgins, établirent respectivement l'indépendance de la « Grande Colombie » (qui comprenait les républiques actuelles de Colombie, du Vénézuela et
de l'Equateur); celle de l'Argentine, moins les zones intérieures
du Paraguay et de la Bolivie d'aujourd'hui et les pampas de l'autre
côté de la rivière de la Plata où les cowboys de la Banda Orientale (aujourd'hui l'Uruguay) se battaient contre les Argentins et
les Brésiliens; enfin celle du Chili.

San Martin, avec l'aide de la flotte chilienne sous le commandement du noble radical anglais Cochrane — qui servit de modèle
au *Capitaine Hornblower* de C.S. Forrester —, libéra le dernier
bastion de la puissance espagnole, la vice-royauté du Pérou. En
1822, l'Amérique du Sud espagnole était libre et San Martin,
homme modéré, clairvoyant et d'un désintéressement rare, la laissa
aux mains de Bolivar et du républicanisme; il se retira en Europe
et, grâce à une pension de O'Higgins, termina sa noble vie à
Boulogne-sur-mer ce refuge habituel des Anglais criblés de dettes.

Pendant ce temps, au Mexique, Iturbide, le général espagnol
envoyé contre les derniers paysans guérilleros, ralliait leur cause
sous le choc de la révolution espagnole et en 1821, il établissait
définitivement l'indépendance du Mexique. En 1822 le Brésil se
séparait sans bruit du Portugal, conservant pour souverain le
régent qu'avait établi la famille royale portugaise lorsqu'elle était
retournée en Europe après son exil napoléonien. Les plus importants de ces nouveaux Etats furent reconnus presque imMédia-

tement par les Etats-Unis, peu de temps après par les Anglais qui prirent soin de conclure avec eux des traités commerciaux et leur reconnaissance par les Français fut effective avant la fin des années 1820.

La deuxième vague de révolutions survint entre 1829 et 1834 et toucha toute l'Europe à l'ouest de la Russie et le continent nord-américain. On doit en effet y inclure la grande série de réformes du président Andrew Jackson (1829-1837), bien qu'elle ne soit pas liée directement aux bouleversements européens. En Europe, le renversement des Bourbons en France, encouragea d'autres soulèvements. En 1830 la Belgique conquit son indépendance sur la Hollande; en 1830-1831, la Pologne ne fut écrasée qu'après des opérations militaires considérables; diverses parties d'Allemagne et d'Italie s'agitaient; le libéralisme triomphait en Suisse — alors beaucoup moins pacifique que de nos jours —, tandis que s'ouvrait une période de guerre civile entre libéraux et cléricaux, en Espagne et au Portugal. Même l'Angleterre était touchée, en partie grâce à la menace d'éruption de son volcan local, l'Irlande, qui obtint l' « Emancipation catholique » en 1829 et où l'agitation reprit en faveur de la Réforme. Le « Reform Act » de 1832 correspond à la révolution de Juillet 1830 en France et de fait les nouvelles de Paris ont joué un rôle puissant dans son élaboration. C'est probablement la seule période de l'histoire contemporaine où les événements politiques ont un certain parallélisme en Angleterre et sur le continent, au point qu'une situation quasi révolutionnaire aurait pu se développer en 1831-1832, si les deux partis *whig* et *tory* n'avaient pas montré leur habituelle flexibilité politique. C'est la seule période du XIXe siècle où l'on puisse analyser ainsi la politique britannique sans que le parallèle soit tout à fait artificiel.

La vague révolutionnaire de 1830 est donc beaucoup plus importante que celle de 1820. Elle marque en fait la défaite définitive de l'aristocratie en Europe occidentale. La classe dominante, pour les cinquante années qui suivirent, allait être la « grande bourgeoisie » des banquiers, des gros industriels et parfois des hauts fonctionnaires admise : devant eux l'aristocratie s'effaçait ou acceptait de soutenir des objectifs essentiellement bourgeois, et ils n'étaient pas encore mis en question par le suffrage universel, bien que déjà inquiétés par l'hostilité des petits hommes d'affaires mécontents, de la petite bourgeoisie et des premiers mouvements ouvriers. Le système politique de cette « grande bourgeoisie », que ce soit en Angleterre, en France ou en Belgique, était fondamentalement le même : institutions libérales protégées contre la démocratie par des conditions de fortune ou d'éducation exigées des électeurs — ils n'étaient au départ en France que 168 000 — sous une monarchie constitutionnelle. Un peu l'équivalent, mais en plus restreint, des institutions de la première phase bourgeoise et modérée de la Révolution française, celles de la constitution de 1791. Aux Etats-Unis cependant, la démocratie jacksonienne allait déjà plus loin car l'oligarchie possédante antidémocratique, dont le jeu était celui-là même qui triomphait alors en Europe occidentale, devait céder le pas à la marée démocratique amenée au pouvoir par les votes des hommes des « marches de l'Ouest » des petits fermiers et des propriétaires des villes. C'était une innovation inquiétante et les penseurs du libéralisme modéré, assez réalistes pour comprendre que l'extension du droit de vote serait sans doute inévitable tôt ou tard, se penchèrent sur la question, non sans anxiété; c'est le cas en particulier d'Alexis de Tocqueville, qui en arrive à de sombres conclusions dans son livre : La démocratie en Amérique (1835). Mais nous verrons que 1830 apporte une innovation politique encore plus radicale : l'apparition de la classe ouvrière comme une force politique consciente et indépendante, en Angleterre et en France, et celle de mouvements nationalistes dans bon nombre de pays européens.

Sous ces bouleversements politiques se profilent des bouleversements économiques et sociaux. 1830 marque un tournant dans tous les aspects de la vie sociale et, de toute la période 1789-1848, c'est l'année mémorable entre toutes, mais aussi importante dans l'histoire de l'industrialisation et de l'urbanisation sur le continent et aux Etats-Unis que dans l'histoire des migrations humaines, géographiques et sociales, dans l'histoire des arts ou celle de l'idéologie. En Angleterre et d'une façon générale en Europe occidentale, elle ouvre une ère de crise dans le développement de la société nouvelle, qui s'achèvera avec l'échec des révolutions de 1848 et l'énorme bond en avant de l'économie après 1851.

La troisième et la plus importante de ces vagues de révolutions, celle de 1848, fut le résultat de cette crise. Presque simultanément, la révolution éclatait et triomphait (temporairement) en France, dans toute l'Italie, les Etats allemands, la plus grande partie de l'empire des Habsbourg, la Suisse (1847). Sous une forme plus atténuée, l'agitation gagnait aussi l'Espagne, le Danemark et la Roumanie; et de façon sporadique, l'Irlande, la Grèce et l'Angleterre. Rien n'a plus approché la révolution mondiale dont rêvaient les révolutionnaires de l'époque que cet embrasement général et spontané qui clôt la période que nous étudions. Ce qui en 1789 avait été le soulèvement d'une seule nation était maintenant, semblait-il, « le printemps des peuples », sur tout un continent.

II

A l'inverse des révolutions de la fin du XVIIIᵉ siècle, celles de l'époque post-napoléonienne ont été préméditées, ou même soigneusement élaborées. Car elles avaient à leur disposition ces modèles de soulèvements politiques que la Révolution française a établis pour les insurgés du monde entier et qui sont le plus important des legs qu'elle a transmis. Ce qui ne veut pas dire que les révolutions de 1815 à 1848 ont été seulement l'œuvre de quelques agitateurs mécontents, comme voudraient le faire croire les rapports des espions et policiers, cette engence si répandue à l'époque. Elles éclatèrent parce que les systèmes politiques imposés à nouveau à l'Europe étaient de moins en moins appropriés aux conditions politiques du continent, dans cette époque d'évolution sociale rapide; et d'autre part parce que l'acuité du malaise économique et social rendait pratiquement inévitable une série d'émeutes. Cependant les modèles politiques créés par la Révolution de 1789 donnaient un but précis au mécontentement; ils firent de l'agitation une révolution, et surtout ils lièrent toute l'Europe en un seul mouvement — il vaudrait peut-être mieux dire un seul courant — de subversion.

Plusieurs modèles se présentaient, bien que tous issus de l'expé_ rience française entre 1789 et 1797, ils correspondent aux trois grands courants de l'opposition après 1815 : le courant libéral modéré (ou en termes sociaux, celui de la haute bourgeoisie et de l'aristocratie libérale); le courant radical démocrate (celui de la petite-bourgeoisie, de certains nouveaux industriels, des intellectuels et de la petite noblesse mécontente); le courant socialiste (celui des « travailleurs pauvres » et de la nouvelle classe ouvrière industrielle). D'ailleurs ces étiquettes disent bien, à elles seules, le caractère international de l'époque : « libéral » est d'origine franco-espagnol, « radical » est anglais, et « socialiste » franco-anglais. « Conservateur » est aussi en partie d'origine française, ce qui prouve encore la correspondance exceptionnellement étroite qui exista entre la politique anglaise et celle du continent à l'époque du Reform Act.

Le premier courant s'inspirait de la Révolution de 1789 et son idéal politique était cette sorte de monarchie constitutionnelle quasi anglaise, accompagnée de ce système parlementaire censitaire et donc oligarchique, qui avait été établi par la constitution de 1791 et qui nous l'avons vu, était devenu le modèle des constitutions françaises après 1830-1832.

La meilleure façon de définir l'inspiration du second courant est de l'identifier à l'esprit révolutionnaire de 1792-1793; son idéal politique — une république démocratique orientée vers la sécurité sociale et animée d'un certain ressentiment contre les riches — correspond à la constitution jacobine idéale de 1793. Mais de même que les groupes sociaux favorables à une démocratie radicale formaient un assemblage disparate et confus, de même il est difficile de mettre une étiquette précise sur le modèle révolutionnaire français de cette démocratie. C'était un mélange de ce qu'en 1792-1793 on aurait appelé le girondinisme, le jacobinisme et même le sans-culottisme, encore que ce soit peut-être le jacobinisme de la constitution de 1793 qui représente le mieux ce courant.

Le troisième courant s'inspirait de la révolution de l'an II et des soulèvements post-thermidoriens, surtout de la « conspiration des Egaux » de Babeuf, ce soulèvement significatif des jacobins extrémistes et des premiers communistes qui marque la naissance de la tradition communiste moderne en politique. C'était l'enfant du sans-culottisme et de l'aile gauche du robespierrisme; bien qu'il n'ait guère emprunté au premier que sa haine de la classe moyenne et des riches. Politiquement, le modèle révolutionnaire babouviste était dans la tradition de Robespierre et de Saint-Just.

Du point de vue des gouvernements absolutistes, tous ces mouvements présentaient le même danger pour la stabilité et l'ordre; même si certains semblaient plus délibérément propagateurs de chaos et plus dangereux, parce que plus susceptibles d'enflammer les masses pauvres et ignorantes. C'est ainsi que la police secrète de Metternich attachait dans les années 1830 une importance qui nous paraît exagérée à la circulation du livre de Lamennais, *Paroles d'un Croyant* (1834), parce qu'il parlait le langage catholique des apolitiques et risquait d'attirer des gens que la propagande franchement athée ne touchait pas [1]. Mais en fait ces mouvements d'opposition n'étaient liés que par leur commune détestation des régimes de 1815 et par leur appartenance à ce front commun traditionnel de tous ceux qui, pour une raison ou une autre, se dressaient contre la monarchie absolue, l'Eglise et l'aristocratie. L'histoire de la période 1815-1848 est celle de la désintégration de ce front commun.

III

Pendant la Restauration (1815-1830), la réaction avait mis sous le même éteignoir tous les partis d'opposition et, dans cette ombre il était difficile d'apercevoir les différences entre bonapartistes et républicains, entre modérés et radicaux. Il n'y avait pas encore de révolutionnaires ou de socialistes conscients d'appartenir à la classe ouvrière, du moins dans le domaine politique, sauf en Angleterre où avait surgi vers 1830 un courant prolétaire indépendant, tant politique qu'idéologique, sous l'égide de la « co-opération owenite ».

En dehors de l'Angleterre, le mécontentement populaire était encore apolitique généralement ou ostensiblement légitimiste et clérical, comme une sorte de protestation muette contre la société nouvelle qui semblait n'apporter rien d'autre que le mal et le chaos. Aussi, à de rares exceptions près, l'opposition politique sur le continent se limitait-elle à de petits groupes de gens riches ou éduqués, ce qui était encore à peu près synonyme, puisque même dans un bastion de la gauche aussi puissant que l'Ecole polytechnique un tiers seulement des étudiants subversifs notoires venait de la petite-bougeoisie (la plupart en empruntant les échelons inférieurs de l'armée et de l'administration), et 0,3 % seulement des « classes populaires ». Ceux qui, parmi les classes pauvres, étaient les partisans conscients de la gauche, acceptaient les slogans classiques de la révolution bourgeoise, sous la forme radicale démocrate plutôt que sous la forme modérée; mais la note de revendication sociale s'y faisait à peine entendre, en sourdine. Le programme classique auquel les prolétaires anglais se sont ralliés à maintes reprises proposait une simple réforme parlementaire, telle que l'exposaient les « six points » de la charte du peuple *. En substance, ce programme ne différait pas du jacobinisme de la génération de Paine et il était tout à fait compatible (n'était son association avec une classe ouvrière de plus en plus consciente), avec le radicalisme politique des réformateurs bourgeois benthamistes, exprimé, disons, par James Mill. La seule différence pendant la Restauration c'est que les radicaux ouvriers préféraient déjà entendre prêcher ce programme par des hommes parlant leur langage (moulins à paroles comme Orator Hunt, 1773-1835, stylistes brillants et énergiques comme William Cobbett, 1762-1835, et bien sûr, Tom Paine, 1737-1809), plutôt que par les réformateurs bourgeois eux-mêmes.

En conséquence, les distinctions sociales ou nationales ne divisaient pas encore, à cette époque, l'opposition européenne en camps incapables de se comprendre mutuellement. Si nous laissons de côté l'Angleterre et les Etats-Unis où existait déjà une vraie forme

* 1. Suffrage universel masculin; 2. vote au scrutin; 3. égalité des circonscriptions électorales; 4. rémunération des députés; 5. assemblées annuelles; 6. abolition du régime censitaire pour les candidats.

de politique des masses (encore que paralysée par l'hystérie anti-
jacobine jusqu'au début des années 1820), les perspectives politiques qui s'offraient aux oppositions étaient à peu près identiques
dans tous les pays d'Europe, tout comme les méthodes employées
pour faire triompher la révolution, car le front uni de l'absolutisme
excluait virtuellement toute idée de réforme pacifique. Tous les
révolutionnaires se considéraient, non sans raison, comme l'élite
des gens émancipés et progressistes agissant au milieu — et pour
le bénéfice éventuel — de la masse immense et inerte du peuple
ignorant et berné; sans doute ce peuple accueillerait avec plaisir
sa libération quand elle viendrait, mais on ne pouvait guère attendre de lui qu'il y prenne part. Tous (du moins à l'ouest des Balkans) se voyaient combattre un unique ennemi, l'union des puissances absolues sous la conduite du tsar. Aussi tous concevaient-ils
la révolution comme une et indivisible, comme un phénomène
européen unique plutôt qu'un ensemble de libérations nationales
ou locales. Tous avaient tendance à adopter le même type d'organisation révolutionnaire, parfois la même organisation : la fraternité insurrectionnelle secrète.

Ces fraternités, chacune avec une hiérarchie et un rituel haut
en couleur, dérivés ou imités des exemples maçonniques, avaient
surgi vers la fin de l'ère napoléonienne. Les plus connues, parce
que les plus internationales, étaient les « bons cousins » ou *carbonari*. Issues, semble-t-il, de loges maçonniques ou de loges similaires dans l'est de la France, introduites en Italie par des officiers
français antibonapartistes, elles s'étaient formées en Italie méridionale après 1806, puis avec d'autres groupes semblables, s'étaient
répandues vers le nord et dans tout le monde méditerranéen, après
1815. On trouve ces fraternités, ou des groupes dérivés ou parallèles
jusqu'en Russie, (une organisation de ce genre unissait les « décembristes » qui firent en 1825 la première insurrection de l'histoire
russe moderne), mais surtout en Grèce. L'ère carbonariste atteignit
son apogée vers 1820-1821, la plupart des fraternités étant virtuellement détruites dès 1823. Cependant le carbonarisme (au sens
générique) resta la souche principale de l'organisation révolutionnaire, trouvant peut-être dans la tâche de soutenir la liberté grecque le moyen de garder une certaine cohésion, et après l'échec
des révolutions de 1830, les émigrés politiques de Pologne et d'Italie
le propagèrent dans une zone plus vaste encore.

Au point de vue idéologique, les carbonari et leurs semblables
formaient des groupes assez disparates, qu'unissait seulement une
haine commune de la réaction. Pour des raisons évidentes, ce
sont les radicaux, et parmi eux les jacobins et les babouvistes de
l'aile gauche, c'est-à-dire les révolutionnaires les plus décidés qui

eurent une influence croissante sur les fraternités. Filippo Buonarroti, le vieux camarade d'armes de Babeuf, était leur conspirateur
le plus capable et le plus infatigable, bien que ses doctrines fussent
sans doute très à gauche de celles de la plupart des « frères »,
ou « cousins ».

Savoir s'ils coordonnèrent leurs efforts pour faire une révolution internationale simultanée est encore matière à controverse,
bien qu'il y ait eu des tentatives renouvelées pour unir toutes les
fraternités secrètes, du moins à l'échelon le plus élevé des initiés
et pour former des conjurations supérieures internationales. Quelle
que soit la vérité en la matière, on vit pousser toute une moisson
d'insurrections de type carbonariste en 1820-1821. Elles échouèrent
totalement en France où les conditions politiques étaient défavorables et où les conspirateurs n'avaient aucun moyen d'accès au
seul levier efficace dans une situation qui par ailleurs n'était pas
mûre pour une insurrection : une armée mécontente. L'armée française, à cette époque et durant tout le XIXᵉ siècle, faisait partie
du corps des fonctionnaires, c'est-à-dire qu'elle exécutait les ordres
de tout gouvernement au pouvoir. En revanche, les mouvements
révolutionnaires triomphèrent, mais temporairement, dans quelques Etats italiens et surtout en Espagne où l'insurrection « pure »
découvrit sa formule la plus efficace, le *pronunciamento* militaire.
Des colonels libéraux organisés dans leurs propres fraternités
secrètes d'officiers, ordonnèrent à leurs régiments de les suivre
et furent obéi. (Les conspirateurs décembristes tentèrent la même
manœuvre en Russie avec leurs régiments de gardes, en 1825, mais
ils échouèrent par manque de coordination). Par la suite, les fraternités d'officiers — souvent de tendance libérale car les armées
nouvelles offraient des carrières aux jeunes gens qui n'étaient pas
de l'aristocratie — ainsi que les pronunciamentos devinrent un
trait courant de la scène politique, dans la péninsule ibérique
comme en Amérique latine, et l'une des acquisitions politiques les
plus durables et les plus douteuses de la période carbonariste. On
peut remarquer en passant que la société secrète, avec sa hiérarchie
et son rituel, tout comme la franc-maçonnerie, attirait très fortement les militaires, pour des raisons compréhensibles.

Le nouveau régime libéral espagnol fut renversé par une invasion française soutenue par la réaction européenne, en 1823. Une
seule des révolutions de 1820-1822 fut durable, en partie parce
qu'elle avait réussi à déclencher une véritable insurrection populaire, et en partie grâce à une situation politique favorable, c'est
le soulèvement grec de 1821 *. Aussi la Grèce devint-elle l'inspira-

---

* Pour la Grèce, voir aussi le chapitre 7.

trice du libéralisme international et le « philhellenisme », qui organisa une aide systématique pour les Grecs et l'enrôlement de nombreux volontaires, joua, en regroupant l'aile gauche européenne
dans les années 1820, un rôle analogue à celui que devait jouer,
vers la fin des années 1930, le soutien à la République espagnole.

Les révolutions de 1830 changèrent totalement la situation.
Nous avons vu qu'elles sont nées d'une période de malaise économique et social, aigu et généralisé, et d'une évolution sociale
très rapide. Ce qui eut deux résultats. Tout d'abord une politique
de masses et une révolution de masses, sur le modèle de 1789
étaient à nouveau possibles, et par là même rendaient moins nécessaire le recours aux fraternités secrètes. A Paris les Bourbons
furent renversés de façon caractéristique par la conjonction d'une
crise politique — du moins ce qui passait pour politique de la
monarchie de la Restauration — et d'une agitation populaire due
à la dépression économique. Et non seulement les masses ne restèrent pas inertes, mais le Paris de juillet 1830 vit surgir des barricades en plus grand nombre et en plus d'endroits qu'à aucun autre
moment, avant ou après. (De fait, 1830 a fait des barricades le
symbole de l'insurrection populaire. Bien que leur histoire révolutionnaire à Paris remonte au moins à 1588, elles n'avaient pas
joué de rôle important pendant la période 1789-1794.) Second
résultat, avec les progrès du capitalisme, « le peuple » et « les
travailleurs », c'est-à-dire les hommes qui construisaient les barricades, s'identifièrent de plus en plus avec le nouveau prolétariat
industriel, avec « la classe ouvrière ». C'est ainsi que naquit un
mouvement révolutionnaire socialiste prolétarien.

Les révolutions de 1830 ont introduit en outre deux autres
modifications de la politique de gauche. Elles ont séparé les modérés des radicaux et créé une nouvelle situation internationale. Ce
faisant, elles ont contribué à scinder le mouvement en différentes
fractions, non seulement sociales, mais nationales.

Au point de vue international, les révolutions ont divisé
l'Europe en deux grandes zones. A l'ouest du Rhin, elles ont brisé
définitivement l'emprise des puissances réactionnaires unies. Le
libéralisme modéré triompha en France, en Angleterre et en Belgique. Le libéralisme (de type un peu plus radical) ne triompha
pas totalement en Suisse ni dans la péninsule ibérique, où s'opposaient l'un à l'autre le mouvement libéral populaire et le mouvement catholique antilibéral, mais la Sainte-Alliance ne pouvait
plus intervenir dans ces régions comme elle le faisait encore partout à l'est du Rhin. Pendant les guerres civiles espagnoles et
portugaises de 1830, les forces absolutistes et les forces libérales
modérées ont chacune soutenu leur parti, avec cependant un peu

plus d'énergie du côté des libéraux, qui recevaient d'ailleurs l'aide de volontaires et de sympathisants étrangers, la situation évoquant vaguement le mouvement pro-espagnol des années 1930 *. Mais au fond, c'était au jeu des forces locales, à l'intérieur du pays, de décider de l'issue de la bataille. C'est-à-dire qu'elle resta indécise, de courtes périodes de victoire libérale (1833-1837, 1840-1843) alternant avec la reprise du pouvoir par les conservateurs.

A l'est du Rhin, la situation demeura apparemment la même qu'avant 1830, car toutes les révolutions furent écrasées, les soulèvements allemands et italiens par les Autrichiens ou grâce à eux, et le soulèvement polonais, de loin le plus important, par les Russes. De plus, dans cette région, le problème national continuait à prévaloir sur tous les autres. Tous les peuples y vivaient dans des Etats soit trop petits, soit trop grands d'après les critères nationaux : membres de nations désunies divisées en petites principautés (Allemagne, Italie, Pologne) ; membres d'empires multi-nationaux (l'empire des Habsbourg, l'empire russe et l'empire turc), où l'un et l'autre à la fois. Ne parlons pas des Hollandais ni des Scandinaves qui, bien que faisant partie en gros de la zone non absolutiste, vivaient à peu près tranquillement, à l'écart des événements dramatiques du reste de l'Europe.

Beaucoup de choses restaient communes aux révolutionnaires de part et d'autre du Rhin, ainsi qu'en témoignent les révolutions de 1848 qui éclatèrent dans les deux zones, sans les recouvrir pourtant totalement. Mais à l'intérieur de chacune d'elle, des différences commencèrent à se marquer dans l'ardeur révolutionnaire. A l'ouest, l'Angleterre et la Belgique cessèrent de suivre le rythme révolutionnaire général, tandis que l'Espagne, le Portugal et, à un degré moindre, la Suisse, étaient maintenant en proie à des guerres civiles endémiques, dont les moments de crise ne correspondaient plus que par accident aux crises des autres pays, (ainsi la guerre du Sonderbund ou Suisse de 1847). Dans le reste de l'Europe, se fit jour une nette opposition entre les nations activement « révolutionnaires » et les nations passives ou peu enthousiastes. Ainsi les services secrets des Habsbourg avaient sans cesse mille problèmes avec les Polonais, les Italiens et les Allemands non autrichiens, comme avec les Hongrois éternellement rebelles, alors que tout était calme du côté des terres alpines, ou des autres

---

* L'intérêt des Anglais pour l'Espagne avait été éveillé par les réfugiés libéraux espagnols qu'ils avaient connus dans les années 1820. L'anticatholicisme anglais a aussi joué un certain rôle, en changeant en mouvement anticarliste la vogue étonnante en faveur de l'Espagne ; vogue immortalisée par George Borow dans *La Bible d'Espagne,* et par l'éditeur Muray dans son *Guide touristique de l'Espagne.*

régions slaves. Les Russes n'avaient pas d'autres préoccupations
que les Polonais et les Turcs pouvaient encore compter sur la
tranquillité de presque tous les Slaves des Balkans.

Ces différences reflètent les variations du rythme d'évolution
et des conditions sociales, variations qui devinrent de plus en plus
évidentes de 1830 à 1850, avec de plus en plus d'incidences sur le
plan politique. C'est ainsi que l'industrialisation avancée de l'Angleterre a changé le rythme de la politique anglaise : alors que la plus
grande partie du continent a connu sa période de crise sociale
la plus aiguë en 1846-1848, l'Angleterre avait connu la sienne —
mais ce n'était qu'une dépression industrielle — dès 1841-1842
(voir ci-dessous). Pour la Russie, c'est l'inverse : si dans les années
1820, des groupes de jeunes idéalistes pouvaient valablement espérer qu'un *putch* militaire y assurerait la victoire de la liberté
aussi bien qu'en Espagne ou en France, après 1830 il fallut tenir
compte du fait que les conditions politiques et sociales en Russie
étaient bien moins mûres qu'en Espagne.

Cependant, bien que de nature différente, les problèmes de
révolution sont comparables à l'est et à l'ouest, ils conduisirent
à une tension accrue entre modérés et radicaux. A l'ouest, les
libéraux modérés cessèrent d'appartenir au front commun d'opposition à la Restauration ou de sympathiser avec lui, pour passer
du côté du gouvernement, ou du gouvernement virtuel. Ayant
conquis le pouvoir grâce aux radicaux — car qui d'autre avait
lutté sur les barricades? —, ils s'empressèrent de les trahir. Mieux
valait éviter tout contact avec des choses aussi dangereuses que la
démocratie ou la république. « Il n'y a plus de raison légitime,
disait Guizot, libéral de l'opposition sous la Restauration, premier
ministre sous la monarchie de Juillet, ni de prétexte spécieux
pour (conserver) les maximes et les passions si longtemps placées
sous la bannière de la démocratie. Ce qui était autrefois démocratie serait aujourd'hui anarchie; l'esprit démocratique est à présent
et ne sera longtemps qu'esprit révolutionnaire [2]. »

Les choses allèrent même plus loin : après une courte période
de tolérance et de zèle, les libéraux tendirent à modérer leur
enthousiasme pour de plus amples réformes et à étouffer la gauche
radicale, particulièrement les révolutionnaires de la classe
ouvrière. En Angleterre, les formations syndicales des « General
Unions » owenites, en 1834-1835, et les chartistes avaient contre
eux à la fois les adversaires du Reform Act et beaucoup de ceux
qui l'avaient soutenu. Le commandant des forces armées déployées
contre les chartistes en 1839 était favorable à beaucoup de leurs
revendications en tant que radical bourgeois, mais il ne leur en
imposa pas moins un échec. En France, la répression du soulève-

ment républicain de 1834 a marqué le tournant; la même année,
l'emploi du terrorisme contre six honnêtes ouvriers wesleyiens
qui avaient tenté de former un syndicat d'ouvriers agricoles, (les
« Martyrs de Tolpuddle », marquait une offensive semblable contre
le mouvement ouvrier anglais. Les radicaux, les républicains et les
nouveaux mouvements prolétaires cessèrent donc de s'aligner sur
les libéraux; et les modérés, quand ils étaient encore dans l'opposition, furent désormais hantés par la « république démocratique et sociale » qui devenait maintenant le mot d'ordre de la
gauche.

Dans le reste de l'Europe, aucune révolution n'avait triomphé.
La scission entre modérés et radicaux et l'apparition du nouveau
courant révolutionnaire social naquirent de réflexions sur les
causes de la défaite et de l'analyse des possibilités de victoire. Les
modérés propriétaires terriens à tendance whig et gens de la
classe moyenne mettaient leurs espoirs dans des réformes qu'accepteraient les gouvernements susceptibles d'être influencés et comptaient pour cela sur l'appui diplomatique des nouvelles puissances
libérales. Mais les gouvernements influençables étaient rares. En
Italie, la Savoie gardait de la sympathie pour le libéralisme et
gagnait le soutien des modérés qui espéraient son aide pour une
éventuelle unification du pays. Un groupe de catholiques libéraux,
encouragé par le phénomène curieux et éphémère d'une « papauté
libérale » sous le règne du nouveau pape Pie IX (1846), rêvait
vainement de mobiliser les forces de l'Eglise dans ce même but.
En Allemagne, il n'y avait aucun Etat important qui ne fût hostile
au libéralisme. Ceci n'empêcha point certains modérés — moins
nombreux que le chiffre avancé par la propagande historique
prussienne — de regarder vers la Prusse, qui avait au moins à son
crédit le *Zollverein*, une Union douanière allemande (1834), et
leur groupe tout entier de rêver à des princes convertis à point
nommé, plutôt qu'à des barricades. En Pologne, où une faction
puissante des magnats (les Czartoryski) ne pouvait plus espérer,
comme elle l'avait toujours fait, une réforme libérale soutenue
par le tsar, les modérés pouvaient au moins espérer contre toute
attente une intervention diplomatique occidentale. En fait, rien
n'était moins réaliste que d'envisager l'une quelconque de ces perspectives, étant donné la situation existant entre 1830 et 1848.

Les radicaux de leur côté furent déçus par l'impuissance des
Français à jouer ce rôle de libérateurs internationaux que leur
avaient assigné la grande révolution et la théorie révolutionnaire,
et cette déception, jointe au nationalisme grandissant des années
1830 (cf. chap. 7) et la prise de conscience nouvelle des particularités des perspectives révolutionnaires différentes pour chaque

pays, ébranlèrent l'unité internationale à laquelle les révolutionnaires avaient aspiré pendant la Restauration. Les perspectives
stratégiques demeuraient les mêmes. Une France néo-jacobine et
peut-être — comme le pensait Marx — une Angleterre radicalement
interventionniste, restaient encore la condition presque indispensable à la libération de l'Europe, à moins de l'éventualité peu probable d'une révolution russe [3]. Cependant une réaction nationaliste
contre l'internationalisme centré sur la France de la période carbonariste gagnait peu à peu du terrain et le sentiment s'accordait
bien avec le romantisme naissant (cf. chap. XIV) ; il conquit une
bonne partie de la gauche après 1830. Rien n'est plus frappant que
le contraste entre Buonarroti, maître de musique et rationaliste
réservé du XVIIIe siècle, et Joseph Mazzini (1805-1872), cet homme
inconsistant, inefficace, aux attitudes théâtrales, qui devint l'apôtre
de cette réaction anticarbonariste et créa diverses conjurations
nationales (« Jeune Italie », « Jeune Allemagne », « Jeune Pologne »,
etc.) réunies dans la « Jeune Europe ». En un sens, cette décentralisation du mouvement révolutionnaire était réaliste, car de fait,
en 1848 les nations se soulevèrent chacune de son côté, spontanément et simultanément ; mais par ailleurs elle ne l'était pas parce
que c'était de la France que venait l'impulsion donnée à ces soulèvements simultanés, encore que la réticence de la France à jouer
le rôle de libératrice les fit échouer.

Romantiques ou non, les radicaux refusaient de partager la
confiance des modérés vis-à-vis des princes et des gouvernements,
pour des raisons pratiques autant qu'idéologiques. Ils pensaient
que les peuples devaient être prêts à conquérir leur liberté eux-
mêmes, car personne ne le ferait pour eux, et ce sentiment était
bien adapté aux besoins des mouvements socialistes prolétaires
au même moment. Cette conquête devrait se faire par une action
directe, qu'on concevait encore largement à la façon des carbonaristes, au moins aussi longtemps que les masses resteraient passives. Elles ne fut donc pas d'une grande efficacité, encore qu'il
y ait un monde de différences entre une tentative ridicule comme
celle de Mazzini pour envahir la Savoie et celle, beaucoup plus
sérieuse et durable, des démocrates polonais pour entretenir ou
ranimer la guerre de partisans dans leur pays, après la défaite
de 1831.

Mais la détermination même des radicaux à prendre le pouvoir
sans, ou même contre, les forces établies, devait amener une autre
scission dans leurs rangs. Etaient-ils ou n'étaient-ils pas prêts à
réaliser cet objectif au prix d'une révolution sociale ?

IV

La question était brûlante partout sauf aux Etats-Unis où il n'était plus question de prendre ou de ne pas prendre la décision de mobiliser politiquement les masses, car la démocratie jacksonienne l'avait déjà fait *. Mais en dépit de l'apparition aux Etats-Unis d'un « parti des travailleurs » en 1828-1829, la révolution sociale de type européen n'était pas un problème important dans ce pays immense et à expansion rapide, bien que les mécontentements de certains secteurs de la population en possassent un. Aucune situation incendiaire non plus en Amérique latine où personne, si ce n'est peut-être au Mexique, ne rêvait de mobiliser les Indiens (c'est-à-dire les paysans ou les ouvriers agricoles), les esclaves noirs, ni même les métis (petits fermiers, artisans et prolétaires urbains), pour quelque cause que ce soit. Mais en Europe occidentale où une révolution sociale assumée par les classes laborieuses urbaines était une possibilité réelle, ainsi que dans la grande zone européenne de révolution agraire, le problème de savoir si, oui ou non, il fallait faire appel aux masses était urgent et inévitable.

Partout, dans cette Europe de l'Ouest, on pouvait constater la désaffection grandissante des classes pauvres, surtout dans les villes. Même dans la Vienne impériale, elle se reflétait dans le théâtre populaire des faubourgs, ce fidèle miroir de l'esprit du peuple et de la petite bourgeoisie. A l'époque napoléonienne, on y avait joué des pièces où la *Gemütlichkeit* s'alliait à une fidélité naïve aux Habsbourg. Son plus grand écrivain des années 1820, Ferdinand Raimund, avait mis en scène une série de contes de fée mélancoliques, évoquant avec nostalgie l'innocence perdue des hommes simples de jadis, dans une communauté traditionnelle et non capitaliste. Mais depuis 1835, ce théâtre était dominé par une vedette — Johann Nestroy — qui était surtout un satirique social et politique, un esprit amer et dialectique, un destructeur : il devait être un des révolutionnaires ardents de 1848. Quant aux émigrants allemands faisant escale au Havre, la raison qu'ils donnaient de leur départ pour les Etats-Unis — en passe de devenir dans les années 1830 le pays de rêve de l'Européen pauvre —c'est qu'« il n'y avait pas de roi là-bas [4] ».

Le mécontentement des villes était général à l'ouest. Un mouvement prolétaire et socialiste se manifestait avec une netteté

* Sauf bien sûr pour les esclaves du Sud.

particulière dans les pays de la double révolution, l'Angleterre
et la France (cf. aussi chap. XI). En Angleterre, il avait surgi vers
1830 et sous une forme d'une grande maturité, comme un mouvement de masse des prolétaires ouvriers, considérant les whigs
et les libéraux comme des traîtres probables et les capitalistes
comme des ennemis certains. Sa plus grande réussite fut l'immense
mouvement en faveur de la Charte du peuple qui atteignit son
apogée en 1839-1842, mais conserva une grande influence jusqu'après 1848. Beaucoup plus faible était le socialisme anglais
ou « co-opération ». Il débuta de façon impressionnante en 1829-
1834, d'abord en gagnant la masse des militants ouvriers à ses
doctrines (lesquelles avaient été propagées, surtout parmi les artisans et les ouvriers spécialisés, dès 1820) et ensuite en essayant
de façon ambitieuse de créer des « syndicats universels » de la
classe ouvrière sur le plan national; organismes qui tentèrent
même, sous l'influence owenite, d'établir une économie générale
coopérative contournant l'économie capitaliste. Déçue après le
Reform Act de 1832, la masse du mouvement ouvrier chercha un
guide dans ces owenites « coopérateurs », ces syndicalistes révolutionnaires primitifs. Mais leur incapacité à trouver une stratégie
politique efficace et à en assurer la direction et par ailleurs les
attaques systématiques des patrons et du gouvernement, détruisirent le mouvement en 1834-1836. Cet échec réduisit les socialistes
à n'être que des groupes de propagande et de formation, un peu en
marge du courant principal de l'agitation ouvrière, ou bien des
pionniers d'une coopération plus modeste, celle du consommateur,
sous la forme du magasin coopératif, expérimenté à Rochdale, dans
le Lancashire, à partir de 1844. D'où ce paradoxe que le chartisme,
sommet du mouvement de masse révolutionnaire de la classe
ouvrière anglaise, moins avancé au point de vue idéologique, n'en
eut pas moins une plus grande maturité politique que le mouvement de 1829-1834. Mais ceci ne put lui éviter une défaite qu'il faut
attribuer à l'incompétence politique de ses chefs, aux différences
locales et professionnelles, et au fait qu'en dehors de la préparation
de pétitions immenses, elle se montra incapable de toute action
nationale concertée.

Il n'existait en France aucun mouvement de masse de la classe
ouvrière industrielle comparable au mouvement anglais : les militants du mouvement ouvrier français entre 1830 et 1848, étaient
pour la plupart des artisans et compagnons urbains à l'ancienne
mode travaillant surtout dans les industries spécialisées, et dans
les centres d'indutrie à domicile traditionnelle, comme l'industrie
de la soie lyonnaise. (Ces grands révolutionnaires que furent les
Canuts de Lyon n'étaient même pas des travailleurs salariés, mais

plutôt des petits patrons.) En outre, les divers courants du nouveau socialisme utopique — disciples de Saint-Simon, de Fourier, de Cabet et autres — ne s'intéressaient pas à l'agitation politique, même si leurs petits groupes et cellules — notamment ceux des fouriéristes — étaient destinés à jouer le rôle de noyaux de direction de la classe ouvrière et à mobiliser l'action de masse au début de la révolution de 1848. D'un autre côté, la France avait une tradition de gauche solide et politiquement très développée, celle des jacobins et des babouvistes, dont une très grande partie devint communiste après 1830. Son chef le plus important était Auguste Blanqui (1805-1881), élève de Buonarroti.

En matière d'analyse sociale et de théorie, le blanquisme n'a guère apporté au socialisme que l'affirmation de sa nécessité et le postulat que seul le prolétariat exploité des travailleurs salariés était capable d'édifier le socialisme et que la classe moyenne (et non plus la classe supérieure) serait son principal ennemi. Mais en matière de stratégie et d'organisation politique il a su adapter l'organe traditionnel de la révolution, les confréries secrètes de conspirateurs aux conditions du prolétariat, leur enlevant entre autres beaucoup de ce goût du rituel et du travesti qu'elles avaient eu pendant la Restauration; il a su également adapter à la cause des travailleurs la méthode traditionnelle de révolution jacobine, insurrection et dictature populaire centralisée. Bref c'est auprès des blanquistes (qui la tenaient eux-mêmes de Saint-Just, Babeuf et Buonarroti) que le mouvement révolutionnaire socialiste moderne a acquis la conviction que son but devait être la saisie du pouvoir politique, puis la « dictature du prolétariat »: l'expression est de souche blanquiste. La faiblesse du blanquisme était celle de la classe ouvrière française. En l'absence d'un grand mouvement de masse, il restait, comme ses prédécesseurs carbonaristes, le fait d'une élite qui préparait ses insurrections un peu dans le vide, d'où ses fréquents échecs dont la tentative de soulèvement de 1839.

La révolution ouvrière ou urbaine et le socialisme apparaissaient donc comme des dangers très sérieux en Europe occidentale, bien qu'en fait dans les pays les plus industrialisés comme l'Angleterre et la Belgique, le gouvernement et le patronat les aient regardés avec une sérénité relative et justifiée : rien ne prouve que le gouvernement anglais se soit sérieusement préoccupé de la menace que représentaient pour l'ordre public les chartistes, très nombreux, mais divisés, mal organisés et plus encore mal dirigés [5]. D'un autre côté, la population rurale n'offrait rien qui pût encourager les révolutionnaires ni inquiéter les dirigeants.

En Angleterre, le gouvernement connut un instant de panique

devant la vague d'émeutes et de destruction des machines qui se
propagea rapidement à la fin de 1830 parmi les ouvriers agricoles
affamés du Sud et de l'Est. On détecta l'influence de la révolution française de juillet 1830 dans cette « dernière révolte des
ouvriers agricoles [6] », révolte spontanée, étendue, mais de courte
durée, et qui fut réprimée avec une beaucoup plus grande sauva-
gerie que les agitations chartistes, ce qui n'a rien d'étonnant, la
situation politique étant beaucoup plus tendue pendant la période
du Reform Act. Cependant l'agitation rurale revêtit bientôt des
formes beaucoup moins inquiétantes politiquement. Dans les autres
pays économiquement avancés, sauf dans une certaine mesure en
Allemagne occidentale, aucun esprit révolutionnaire n'était à
redouter dans les campagnes et les perspectives exclusivement
urbaines de la plupart des révolutionnaires n'avaient que peu
d'attrait pour les paysans. Dans toute l'Europe occidentale (à
l'exclusion de la péninsule ibérique), seule l'Irlande entretenait
un vaste mouvement endémique de révolte agraire, organisé dans
de nombreuses sociétés terroristes secrètes, comme les « Ribbon-
men » et les « Whiteboys ». Mais socialement et politiquement
l'Irlande appartenait à un autre monde que ses voisins.

Le problème de la révolution sociale a donc divisé les radicaux de la classe moyenne, c'est-à-dire ces groupes d'hommes
d'affaires mécontents, d'intellectuels, etc., qui s'opposaient encore
aux gouvernements libéraux modérés de 1830. En Angleterre il a
scindé les « radicaux de la classe moyenne » en deux groupes :
ceux qui étaient prêts à soutenir le chartisme ou à faire cause
commune avec lui (comme à Birmingham ou dans l'Union pour le
suffrage universel du quaker Joseph Sturge), et ceux qui exigeaient qu'on combatte à la fois l'aristocratie et le chartisme,
ainsi la Ligue de Manchester contre la loi sur les grains. C'est
ces derniers les intransigeants qui l'emportèrent, sûrs de la plus
grande homogénéité de leur conscience de classe, sûrs de leur
argent, dépensé en grande quantité, sûrs de l'efficacité de l'organisation de propagande qu'ils avaient instituée. En France la faiblesse de l'opposition officielle à Louis-Philippe et l'initiative des
masses révolutionnaires firent basculer la décision dans l'autre
sens. « Ainsi nous sommes redevenus républicains » écrit le poète
radical Béranger après la révolution de février 1848, cela a peut-
être été un peu trop tôt et un peu trop vite... J'aurais préféré une
procédure plus prudente mais nous n'avons pas choisi l'heure, ni
rassemblé nos forces, ni déterminé la route à suivre [7]. » La séparation des radicaux et de l'extrême gauche ne devait se faire en
France qu'après la révolution.

Pour la petite bourgeoisie mécontente, celle des artisans, des boutiquiers, des fermiers, etc., qui (avec une masse d'ouvriers spécialisés) formait sans doute le corps principal du radicalisme en Europe occidentale, le problème était moins aigu. En tant que petites gens, ils sympathisaient avec les pauvres contre les riches, en tant que petits propriétaires, avec les riches contre les pauvres. Mais leurs sympathies divisées les amenaient à hésiter et douter plutôt qu'à changer d'appartenance politique. Quand le moment critique arriva, ils furent, bien que timidement jacobins, républicains et démocrates. Quoique hésitants, ils participèrent immanquablement à tous les fronts populaires jusqu'à ce que des expropriateurs en puissance fussent au pouvoir.

V

Dans le reste de l'Europe révolutionnaire où la petite noblesse de province et les intellectuels mécontents formaient le noyau du radicalisme, le problème était beaucoup plus sérieux. En effet la masse était représentée par les paysans mais les propriétaires terriens et les hommes des villes étaient souvent d'une autre race : Slaves et Roumains en Hongrie, Ukrainiens en Pologne de l'Est, Slaves dans certaines parties d'Autriche. Et les propriétaires les plus pauvres et les moins habiles, ceux qui pouvaient le moins se permettre d'abandonner le statut social qui était la source de leurs revenus, étaient souvent les nationalistes les plus farouches. Certes tant que la masse de la paysannerie demeurait enfoncée dans l'ignorance et la passivité politique, le problème de son soutien à la révolution était moins imminent qu'il aurait pu être, mais non moins brûlant. Et dans les années 1840 on ne pouvait même plus être assuré de cette passivité. Le soulèvement des serfs de Galicie en 1846 fut la plus grande jacquerie qu'on ait vue depuis les temps de la Révolution française de 1789.

Pour brûlant qu'il fût, ce problème était aussi dans une certaine mesure rhétorique. Du point de vue économique, la modernisation des zones attardées comme celles de l'Europe de l'Est, exigeait une réforme agraire ou tout au moins l'abolition du servage qui subsistait encore dans les empires autrichien, russe et turc. Du point de vue politique, dès que la paysannerie participerait à l'activité, il était tout à fait certain qu'il faudrait faire quelque chose pour satisfaire ses revendications, au moins dans les pays où les révolutionnaires luttaient contre la domination étrangère. Car si les révolutionnaires ne mettaient pas les paysans de leur côté, les réactionnaires le feraient; les rois légitimes, les empereurs et l'Eglise avaient de toute façon cet avantage sur les seigneurs que les paysans traditionalistes leur faisaient davantage confiance et en principe étaient encore prêts à attendre d'eux la justice. Et les souverains étaient tout à fait décidés, si nécessaire, à jouer les paysans contre la petite noblesse : les Bourbons de Naples n'avaient pas hésité à le faire contre les jacobins napolitains en 1799. « Vive Radetski ! », devaient crier les paysans lombards en 1848, acclamant le général autrichien qui écrasa le soulèvement nationaliste : « Mort aux seigneurs ! » [8]. Dans les pays sous-développés, la question qui se posait aux radicaux n'était pas de savoir s'il fallait rechercher l'alliance avec la paysannerie, mais de savoir s'ils réussiraient à l'obtenir.

Les radicaux de ces pays se partagèrent donc en deux groupes : les démocrates et l'extrême gauche. Les premiers (représentés en Pologne par la Société démocratique polonaise, en Hongrie par les disciples de Kossuth, en Italie par les mazziniens) reconnaissaient la nécessité d'attirer les paysans à la cause révolutionnaire quitte à abolir le servage et à attribuer des droits de propriété aux petits cultivateurs, mais ils espéraient arriver à une sorte de coexistence pacifique entre une noblesse renonçant volontairement à ses droits féodaux — non sans compensations — et une paysannerie nationale. Cependant, quand ils ne craignaient pas le vent de la rébellion paysanne ou son exploitation par les princes (comme dans une grande partie de l'Italie) les démocrates négligeaient d'établir un programme agraire concret, ou tout programme social, préférant prêcher les généralités de la démocratie politique et de la libération nationale.

L'extrême gauche concevait franchement la lutte révolutionnaire comme une lutte des masses à la fois contre la domination étrangère et les exploiteurs intérieurs. Devançant les révolutionnaires nationaux et sociaux de notre siècle, elle doutait que la noblesse et la petite bourgeoisie (dont les intérêts étaient souvent liés à ceux du gouvernement impérial) puissent mener la nouvelle nation à l'indépendance et à la modernisation. Son propre programme était ainsi fortement influencé par le socialisme naissant de l'Ouest, bien qu'à la différence de la plupart des socialistes « utopiques » prémarxistes, ils fussent des révolutionnaires politiques aussi bien que des critiques sociaux. C'est ainsi que la république de Cracovie dont les jours furent si courts abolit en 1846 toutes les charges des paysans et promit à ses prolétaires urbains des « ateliers nationaux » leur liberté. Les carbonari les plus avancés de l'Italie du Sud adoptèrent le programme de Babeuf et Blanqui. Mais ce courant de pensée était relativement faible, sauf peut-être en Pologne, et son influence fut encore diminuée du fait que les mouvements composés essentiellement d'éco-

liers, d'étudiants, d'intellectuels déclassés d'origine noble ou plé-
béienne et de quelques idéalistes ne réussirent pas à mobiliser la
paysannerie dont ils recherchaient ardemment le concours *.
   Les radicaux de l'Europe sous-développée ne trouvèrent donc
jamais de solution efficace à leur problème, d'une part parce
que leurs partisans répugnaient à faire aux paysans les concessions
qu'il fallait et quand il le fallait, et d'autre part parce que les
paysans manquaient de maturité politique. En Italie les révolutions
de 1848 furent surtout menées par-dessus la tête d'une population rurale passive, et en Pologne (où le soulèvement de 1846
avait rapidement pris la forme d'une révolte paysanne contre
la petite noblesse polonaise, avec le soutien du gouvernement
autrichien), il n'y eut aucune révolution en 1848, sauf en Poznanie
prussienne. Même en Hongrie, la plus avancée des nations révolutionnaires, les réserves soulevées par une réforme agraire que
dirigeait la petite noblesse rendirent impossible la mobilisation
complète de la paysannerie pour la guerre de libération nationale.
Et dans la plus grande partie de l'Europe de l'Est, ce furent les
paysans slaves en uniforme de soldats impériaux qui furent les
vrais artisans de l'écrasement des révolutionnaires allemands et
magyars.

VI

   Cependant, bien que séparés maintenant par les conditions
locales particulières, les nationalités et les classes, les mouvements
révolutionnaires de 1830 à 1848 gardaient beaucoup de caractères
communs. Tout d'abord nous avons vu qu'ils restaient dans une
large mesure des organisations minoritaires de conspirateurs bourgeois et intellectuels, souvent exilés, ou enfermés dans le monde
assez restreint des lettrés. (Certes quand les révolutions éclatèrent,
le peuple y prit la part qui était la sienne. Sur les 350 morts de
l'insurrection de Milan en 1848, il n'y avait guère qu'une douzaine
d'étudiants, d'employés ou de membres de familles de propriétaires
fonciers. Soixante-quatorze étaient des femmes et des enfants,
le reste des artisans ou des ouvriers [11].) D'autre part, ces mouvements gardaient une ligne commune d'action politique, d'idées
stratégiques et tactiques, etc. dérivée de l'expérience et de l'héri-

---

   * Cependant dans quelques régions de petite propriété paysanne, de
fermage ou de métayage, comme la Romagne ou certaines parties de
l'Allemagne du Sud-Ouest, le radicalisme de type mazzinien réussit dans
une bonne mesure à gagner le soutien des masses en 1848 et après.

tage de la Révolution de 1789 ainsi qu'un sens très fort de l'unité internationale.

Le premier facteur s'explique aisément. Nulle part sauf aux Etats-Unis, en Angleterre et peut-être en Suisse, aux Pays-Bas et en Scandinavie, on ne trouvait de vieille tradition d'agitation et d'organisation des masses s'intégrant à la vie sociale en temps normal (et non pas simplement en période pré ou post-révolutionnaire); et les conditions nécessaires à une telle intégration n'existaient pas en dehors de l'Angleterre et des Etats-Unis. Qu'un journal ait une diffusion hebdomadaire supérieure à 60 000 exemplaires et un nombre bien plus grand de lecteurs, comme c'était le cas pour le *Northern Star,* chariste en avril 1839 [12], était impensable dans tout autre pays que l'Angleterre : 5 000 était, semble-t-il, un chiffre beaucoup plus courant, encore que les journaux semi-officiels ou — à partir de 1830 — les journaux récréatifs aient pu dépasser 20 000 exemplaires en France [13]. Même dans des pays constitutionnels comme la Belgique et la France l'agitation légale de l'extrême gauche n'était tolérée que de façon intermittente et souvent ses organismes étaient contraints à l'illégalité.

En conséquence, s'il existait un simulacre de politique démocratique parmi les classes restreintes qui formaient le *pays légal* * dont une partie avait une certaine répercussion parmi les non-privilégiés, il était par ailleurs pratiquement impossible d'avoir recours aux moyens fondamentaux de la politique des masses : campagnes publiques pour faire pression sur le gouvernement, organisations de masses, pétitions, tournées de discours au peuple, etc. En dehors de l'Angleterre, personne n'aurait sérieusement espéré élargir le droit de vote au moyen de pétitions massives et de démonstrations publiques, ou bien abolir une loi impopulaire par une grande campagne de publicité et de pression, comme firent respectivement le chartisme et la Ligue contre la loi sur les grains. Les grands changements constitutionnels signifient une rupture avec la légalité, comme *a fortiori* les grands changements sociaux.

Les organisations illégales sont naturellement plus restreintes que les légales et leurs membres sont loin de représenter toutes les couches sociales. Sans doute, la transformation des sociétés secrètes carbonaristes en sociétés révolutionnaires prolétariennes du genre des sociétés blanquistes, avait amené une certaine diminution de la participation bourgeoise et un accroissement de la participation ouvrière, c'est-à-dire du nombre des artisans et ouvriers spécialisés. Les organismes blanquistes, après 1835,

* En français dans le texte (N.d.T.).

tiraient leurs adhérents, paraît-il, essentiellement des classes populaires [14]. Il en était de même pour la Ligue allemande des hors-la-
loi (qui devint tour à tour la Ligue des justes et la Ligue communiste de Marx et Engels) dont l'armature était constituée par des
« compagnons » allemands expatriés. Mais c'étaient là des cas
assez exceptionnels. La masse des conspirateurs était composée,
comme autrefois, de membres des professions libérales ou de la
petite noblesse, d'étudiants et d'écoliers, de journalistes, etc.; avec
peut-être moins de jeunes officiers (en dehors de la péninsule
ibérique) qu'aux beaux jours du carbonarisme.

De plus, jusqu'à un certain point, toute la gauche européenne
et américaine continuait à combattre les mêmes ennemis, à partager les mêmes aspirations et un programme commun. « Nous
abandonnons, répudions et condamnons toutes les inégalités héréditaires et distinctions de « caste », écrivent les démocrates fraternels (composés de « natifs d'Angleterre, de France, d'Allemagne,
de Scandinavie, de Pologne, d'Italie, de Suisse, de Hongrie et
d'autres pays) dans leur déclaration de principes, en conséquence
nous tenons pour usurpateurs les rois, l'aristocratie et les classes
qui ont le monopole des privilèges en vertu de la possession des
richesses. Un gouvernement élu par le peuple entier et responsable
devant lui est notre credo politique [15] ». Quel radical ou révolutionnaire n'eût été d'accord avec eux? Bourgeois, il serait en faveur
d'un État où la propriété, tout en ne jouissant pas de privilège
politique en tant que telle (comme dans les constitutions de 1830-
1832 qui avaient instauré le cens électoral) aurait cependant ses
coudées franches; socialiste ou communiste en faveur d'un État
socialisé. Et il était bien certain que viendrait le moment (l'Angleterre l'avait atteint dès l'époque du chartisme) où les anciens
alliés unis contre le roi, l'aristocratie et les privilèges se retour-
neraient les uns contre les autres et où le conflit essentiel serait
entre les bourgeois et les ouvriers. Mais avant 1848 nulle part
ailleurs qu'en Angleterre ce moment n'avait été atteint. Seule la
grande bourgeoisie *, et dans quelques pays seulement, s'était
rangée déjà officiellement dans le camp du gouvernement. Même
les communistes prolétariens les plus conscients se considéraient et
agissaient encore comme l'aile extrême gauche du grand mouvement radical et démocratique; et ils croyaient que l'avènement
de la république « démocratique bourgeoise » était le préliminaire
indispensable à une avance ultérieure du socialisme. Le *Manifeste
communiste* de Marx et Engels est une déclaration de guerre future
contre la bourgeoisie, mais, du moins pour l'Allemagne, ne rompt

---

* En français dans le texte (*N.d.T.*).

pas l'alliance existante. Les bourgeois allemands les plus avancés
— les industriels du Rhin — demandèrent à Marx d'éditer leur
organe radical, la *Neue rheinische Zeitung*, en 1848; il accepta et
l'édita non pas comme un simple organe communiste, mais comme
le porte-parole et le guide du radicalisme allemand.

La gauche européenne n'avait pas seulement des opinions
communes, elle se faisait la même idée de ce que serait la révolution selon une image qui était celle de 1789, avec quelques
retouches de 1830. Il y aurait une crise politique qui mènerait une
insurrection. (L'idée carbonariste d'un « putsch » ou d'un soulèvement de l'élite, organisé sans liaison avec le climat général politique ou économique, se discréditait de plus en plus, sauf dans
les pays ibériques, essentiellement à cause de l'échec lamentable
des tentatives de ce genre en Italie — par exemple en 1833-1834
et 1841-1845 — et de putsch comme celui que tenta Louis-Napoléon,
neveu de Napoléon Iᵉʳ, en 1836.) Des barricades se dresseraient
dans la capitale, les révolutionnaires marcheraient sur le palais,
sur le parlement ou (pour les extrémistes qui se rappelaient
1792) sur l'hôtel de ville; ils hisseraient les trois couleurs qu'ils
auraient choisies et proclameraient la république et un gouvernement provisoire. Alors le pays accepterait le nouveau régime.
L'importance décisive de la capitale était universellement reconnue, pourtant ce n'est qu'après 1848 que les gouvernements commencèrent à en modifier le plan pour faciliter les opérations
de troupes contre les révolutionnaires.

On organiserait une garde nationale de citoyens armés, on
ferait des élections démocratiques pour élire une assemblée constituante, le gouvernement provisoire deviendrait alors définitif
et la nouvelle constitution entrerait en vigueur. Alors le nouveau
régime aiderait fraternellement les autres révolutions qui ne pourraient manquer d'éclater aussi. Ce qui arriverait ensuite appartenait déjà à l'époque post-révolutionnaire et là encore les événements français entre 1792 et 1798 offraient des modèles concrets
des choses à faire et à ne pas faire. Les plus jacobins des révolutionnaires seraient naturellement attentifs au problème de sauvegarder la révolution contre les contre-révolutionnaires étrangers
ou intérieurs. Dans l'ensemble, on peut dire également que plus
le révolutionnaire était à gauche, plus il était en faveur du principe (jacobin) de centralisation et d'exécutif fort, et contre les
principes (girondins) de fédéralisme, de décentralisation et de
division des pouvoirs.

Cette vision commune était solidement renforcée par la forte
tradition d'internationalisme toujours vivante même chez ces
nationalistes séparatistes qui refusaient à tout pays — par exemple

la France ou plutôt Paris — la direction automatique du mouvement révolutionnaire : la cause de toutes les nations était la même, mis à part le fait évident que la libération de la plupart des nations européennes semblait signifier la défaite du tsarisme. Les préjugés nationaux (dont, de tout temps, comme le soutenaient les démocrates fraternels, « les oppresseurs du peuple avaient tiré parti ») disparaîtraient dans le monde de la fraternité. D'ailleurs jamais on n'avait interrompu les efforts pour la création de corps révolutionnaires internationaux, depuis le mouvement Jeune Europe de Mazzini — lancé contre les vieux internationaux carbonaristes et maçonniques — jusqu'à l'Association démocratique pour l'union de tous les pays, de 1847. Parmi les mouvements nationalistes, un tel internationalisme tendait à perdre de son importance, à mesure que les pays conquéraient leur indépendance et que les relations entre les peuples se révélaient moins fraternelles qu'on ne l'avait cru. Mais il accrut sa puissance parmi les mouvements socio-révolutionnaires qui adoptaient de plus en plus l'orientation prolétarienne. *L'Internationale,* l'organisation comme la chanson, allait devenir un peu plus tard partie intégrante des mouvements socialistes.

Un facteur tout accidentel renforça l'internationalisme de 1830 à 1848, ce fut l'exil. La plupart des militants politiques de la gauche continentale furent pour un temps plus ou moins long des expatriés, beaucoup le furent pour des dizaines d'années, et ils se rassemblèrent dans les régions relativement peu nombreuses de refuge ou d'asile : France, Suisse, à un degré moindre, Angleterre et Belgique. (Les Amériques, bien qu'attirant certains, étaient trop lointaines pour se prêter à une émigration politique temporaire.) Le plus grand contingent de ces exilés était celui de la grande émigration polonaise, cinq à six mille hommes [16] chassés de leur pays par la défaite de 1831; ensuite c'étaient les Italiens et les Allemands (chaque groupe étant renforcé considérablement par les émigrés non politiques ou les communautés de compatriotes installés à demeure vers les années 1840, une petite colonie de riches intellectuels russes avait aussi absorbé les idées révolutionnaires de l'Ouest au cours de voyages à l'étranger, voyages d'études ou bien de recherche d'une atmosphère plus agréable que cette combinaison chère à Nicolas Ier de prison et de champ de manœuvres. On trouvait aussi des étudiants et les riches résidents de petits pays ou de pays attardés dans les deux villes qui étaient les soleils de la culture pour l'Europe de l'Est, l'Amérique latine et le Levant : Paris, et loin derrière, Vienne.

Tous ces émigrés faisaient des plans, discutaient, se querellaient, se fréquentaient et se dénonçaient les uns les autres, et préparaient la libération de leurs pays, ou, entre-temps, celle des autres pays. C'est ainsi que les Polonais, et à un degré moindre les Italiens (Garibaldi en exil se battit pour la liberté de divers pays d'Amérique latine) formèrent un corps international de militants révolutionnaires. Nulle part en Europe, entre 1831 et 1871, il n'y eut un soulèvement ni une guerre de libération sans un contingent d'experts-militaires ou de combattants polonais; pas même, dit-on l'unique soulèvement armé en Angleterre pendant la période chartiste en 1839 *. Cependant ils n'étaient pas les seuls. Un exemplaire très typique de ces expatriés libérateurs des peuples est Harro Harring (du Danemark, ajoutait-il) qui combattit successivement pour la Grèce (en 1821), pour la Pologne (en 1830-1831); comme membre des mouvements de Mazzini : la Jeune Allemagne, la Jeune Italie et la plus vague Jeune Scandinavie; au-delà des mers pour un projet d'Etats-Unis de l'Amérique latine, et à New York, avant de revenir prendre sa part de la révolution de 1848. Dans l'intervalle, il avait publié des ouvrages comme *Les Peuples, Gouttes de Sang, Paroles d'un Homme* et *Poésie d'un Scandinave* **.

Un sort comme un idéal communs liaient ces expatriés et ces voyageurs. La plupart d'entre eux avaient à faire face aux mêmes problèmes de pauvreté et de surveillance policière et de correspondance illégale, à l'espionnage, aux agents provocateurs qui semblaient avoir le don d'ubiquité. Comme le fascisme des années 1930, l'absolutisme d'un siècle plus tôt a servi à l'union de ses ennemis communs. Le communisme, qui se proposait d'expliquer la crise sociale mondiale et de lui trouver des solutions, attirait déjà les militants et les simples curieux intellectuels vers sa capitale — Paris — ajoutant ainsi un attrait sérieux aux charmes plus légers de la ville. (« N'étaient les femmes françaises, la vie ne vaudrait pas la peine d'être vécue. *Mais tant qu'il y a des grisettes,*va! *** ») [17]. Dans leurs centres de refuge, les émigrés formaient cette communauté provisoire, mais en fait si souvent permamente de l'exil, tandis qu'ils préparaient la libération de l'huma-

---

* La meilleure autorité en la matière (D. Williams : *John Frost,* Cardiff, 1939) met en doute la participation du major Beniowski qui avait écrit des articles militaires pour le journal révolutionnaire *London Democrat;* mais les conservateurs trouvaient aussi naturel vers 1830 d'accuser un Polonais d'être un fomentateur secret de révolutions, que vers 1920 d'accuser un Hongrois d'être un agent du Komintern.

** Il eut la malchance de s'attirer l'hostilité de Marx qui usa de ses dons fantastiques d'invective satirique pour le faire passer à la postérité *Die grossen Männer des Exils* (Marx-Engels : *Werke,* Berlin, 1960, Vol. 8, p. 292-298).

*** En français dans le texte (*N. d. T.*)

nité. Ils n'étaient pas toujours d'accord les uns avec les autres mais ils se connaissaient les uns les autres et ils savaient que leur destin à tous était le même. Ensemble ils préparèrent et attendirent la révolution européenne qui devait arriver et échouer en 1848.

7.

Le nationalisme

*Chaque peuple a sa mission propre qui doit
contribuer à l'accomplissement de la mission
générale de l'humanité. Cette mission constitue
sa nationalité. La nationalité est une chose
sacrée.*
Loi de fraternité de Jeune Europe, 1834.

*Le jour viendra... ou la sublime Allemagne se
tiendra sur le piedestal de bronze de la liberté
et de la justice tenant dans une main la torche
des « Lumières » dispensant le rayonnement de
la civilisation aux coins les plus reculés de la
terre, et dans l'autre la balance de la justice. Les
peuples la supplieront d'aplanir leurs différends;
ces mêmes peuples qui aujourd'hui nous montrent que le droit est dans la force et qui nous
bottent les reins sans égards, avec mépris.*
Tiré du discours de Siebenpfeiffer
au Festival de Hambach, 1832.

I

Après 1830, comme nous l'avons vu, le mouvement général en
faveur de la révolution s'est divisé. Un des fruits de cette division
mérite une attention particulière : la prise de conscience des
mouvements nationalistes.

Les mouvements qui symbolisent le mieux ce développement
sont les mouvements « Jeunes », fondés ou inspirés par Giuseppe
Mazzini, peu après la révolution de 1830 : Jeune Italie, Jeune Polo-

gne, Jeune Suisse, Jeune Allemagne et Jeune France (1831-1836) et
le mouvement analogue, Jeune Irlande, des années 1840, l'ancêtre
de la seule organisation révolutionnaire qui ait réussi et duré,
bâtie sur le modèle des sociétés secrètes de conspirateurs du
début du XIXᵉ siècle, les *Fenians,* ou Confrérie de la République
irlandaise, mieux connue d'ailleurs du nom de son organe
d'action, l'Armée républicaine irlandaise. En eux-mêmes, tous
ces mouvements n'avaient guère d'importance; à elle seule
la présence de Mazzini suffirait à nous garantir leur totale ino-
cuité! Mais, comme symbole, ils sont d'une importance extrême,
ainsi que le prouve l'adoption par les mouvements nationalistes
qui suivirent d'appellations telles que les Jeunes Tchèques, ou
les Jeunes Turcs. Ils signalent la désintégration du mouvement
révolutionnaire européen en sections nationales. Et sans doute
celles-ci avaient-elles beaucoup en commun : leur programme politique, leur stratégie, leur tactique, et même leur drapeau, presque
invariablement un assemblage tricolore. Leurs membres ne
voyaient rien de contradictoire entre leurs propres aspirations et
celles des autres nations et, certainement, ils songeaient à une
fraternité commune qui les libérerait tous simultanément. Mais
d'un autre côté, chaque mouvement désormais tendait à justifier
l'intérêt prioritaire qu'il portait à sa propre nation en s'attribuant
le rôle d'un Messie, sauveur du monde entier. Grâce à l'Italie
(selon Mazzini), grâce à la Pologne (selon Mickiewicz), les peuples
opprimés de l'univers seraient conduits vers la liberté. Or cette
attitude était aisément conciliable avec certaines politiques conservatrices, ou même impérialistes, comme en témoignent les slavo-
philes russes qui se sont fait les champions de la Sainte Russie,
la Troisième Rome, ou encore les Allemands qui allaient bientôt
annoncer au monde que tous ses maux allaient guérir, grâce à l'esprit germanique. Et sans doute faut-il convenir que cette ambiguïté
du nationalisme remontait à la Révolution française elle-même.
Mais, en son temps, il n'y avait qu'une seule grande nation révolutionnaire et il est compréhensible qu'on l'ait alors considérée —
et qu'on ait ensuite continué à la considérer comme le quartier
général de toutes les révolutions, l'inspiratrice indispensable de la
libération du monde. Regarder dans la direction de Paris était un
geste rationnel; mais en direction d'une vague « Italie », ou « Pologne », ou « Allemagne » (représentées dans la pratique par une
poignée de conspirateurs et d'émigrés) n'avait de sens que pour les
Italiens eux-mêmes, les Polonais ou les Allemands.

   Si le nouveau nationalisme s'était borné à ces mouvements de
confréries nationales révolutionnaires, il ne mériterait pas grande
attention. Mais il a été aussi le reflet de forces beaucoup plus puis-

santes qui commençaient à émerger dans la conscience politique vers les années 1830, comme une conséquence de la double révolution. De ces facteurs nouveaux, le plus agissant était le mécontentement des petits propriétaires terriens ou de la petite noblesse, et l'apparition dans plusieurs pays d'une classe moyenne, et même d'une petite-bourgeoisie; les porte-parole de l'une et de l'autre étant principalement les intellectuels de profession.

Le rôle révolutionnaire de la petite noblesse est sans doute visible surtout en Pologne et en Hongrie, où, en général, les gros propriétaires avaient depuis longtemps compris la possibilité et les avantages d'une alliance avec l'absolutisme et la domination étrangère. Les magnats hongrois, en général catholiques, étaient depuis longtemps acceptés comme les piliers de la société, à la cour de Vienne. Ils seront très peu nombreux à jouer un rôle dans la révolution de 1848. En Pologne, le souvenir de l'ancienne *Rzeszpopolita* avait avivé la sensibilité nationale et les magnats eux-mêmes en ressentaient l'effet, mais la faction la plus influente de leurs partis nationaux, ou quasi nationaux — celle des Czartoryski, opérant à l'époque à partir de leur luxueuse résidence d'émigrés, l'hôtel Lambert de Paris — avait toujours préconisé l'alliance avec la Russie et continuait à préférer la diplomatie à la révolte. Economiquement, la richesse de ces grands propriétaires suffisait à tous leurs besoins, sauf s'ils s'étaient laissé aller à des dissipations colossales, et même à assurer, s'il les désiraient, des investissements capables d'améliorer le rendement de leurs domaines et de leur permettre de participer à l'expansion économique du moment. Le comte Széchenyi, un des rares libéraux modérés de ce groupe, champion du progrès économique, fit don d'une année de ses revenus pour aider à la construction d'un pont d'utilité publique, sur le Danube; il ne semble pas que son train de vie ait souffert de cette générosité désintéressée... En revanche, les nombreux gentilshommes qui n'avaient guère que leur naissance pour les distinguer des autres agriculteurs appauvris —un huitième de la population hongroise prétendait à la condition de noble — n'avaient jamais les moyens de rendre leurs terres rentables; ni le goût de concurrencer les Allemands et les Juifs pour parvenir à la richesse roturière. S'ils ne pouvaient pas vivre décemment de leurs rentes ni des occasions du métier des armes dont cette époque de décadence les privait, alors il leur arrivait, s'ils n'étaient pas trop dépourvus d'instruction, de se tourner vers le droit, l'administration ou un quelconque métier d'intellectuel, mais non vers une profession bourgeoise. Cette catégorie de nobles avait été pendant longtemps dans leurs pays respectifs, la citadelle de l'opposition à l'absolutisme et au gouvernement des étrangers et des magnats, se proté-

geant (ainsi en Hongrie) derrière la double forteresse du calvi-
nisme et de l'organisation départementale. Il était tout naturel
que leur opposition, leur mécontentement et leur désir de voir
confier plus de responsabilités aux aristocrates locaux se teignît
maintenant de nationalisme.

Paradoxalement, la classe des hommes d'affaires nationaux,
qui apparaît à cette époque, se montra plutôt moins nationaliste.
Dans l'Allemagne et l'Italie morcelées, on convenait sans doute
volontiers des avantages d'un marché national, vaste et unifié.
L'auteur de *La Garde sur le Rhin* célébrait :

> *Jambon et ciseaux, bottes et jarretières*
> *Laine et savon et fil et bière,*

parce qu'ils avait fabriqué — ce dont l'esprit national avait été
bien incapable — un sens authentique de l'unité nationale, grâce
à l'union douanière [1]. Cependant, il n'est pas évident que, par exemple, les armateurs de Gênes (lesquels devaient plus tard fournir
à Garibaldi une bonne partie de son appui financier) préféraient
les possibilités d'un marché national à la prospérité plus ample
offerte par un commerce étendu à l'ensemble méditerranéen. Et
dans les grands empires multinationaux, les noyaux industriels
ou commerçants, qui grandissaient dans telle ou telle province
particulière, pouvaient murmurer contre la discrimination, mais
au fond ils préféraient les grands marchés, qui leur étaient ouverts
pour l'instant, aux petits qui seraient le fruit d'une éventuelle
indépendance nationale. Les industriels polonais, avec toute la
Russie à leurs pieds, prenaient alors peu de part au mouvement
nationaliste polonais. Quand Palacky s'écriait, au nom des Tchèques, que « si l'Autriche n'avait pas existé, il eût fallu l'inventer »,
il ne faisait pas seulement allusion au support monarchique contre
les Allemands; il exprimait aussi la saine logique économique
du secteur le plus avancé économiquement d'un empire vaste, et
par ailleurs arriéré. Il arrivait pourtant que le groupe des affaires
soit à la tête du nationalisme, comme en Belgique où une forte
communauté industrielle d'avant-garde, prétendait qu'elle souffrait du rattachement à la Hollande, dominée par les intérêts mercantiles. Mais c'était là un cas exceptionnel.

Les grands partisans du nationalisme, dans la classe moyenne,
se trouvaient alors dans les couches inférieures des professions
administratives ou intellectuelles, en d'autres termes les classes
cultivées (qui n'étaient pas, bien entendu, distinctes des classes
d'hommes d'affaires, surtout dans les pays arriérés où les administrateurs de domaines, les notaires, les hommes de loi et les

professions analogues se trouvaient au cœur de l'accumulation de
la richesse rurale). Pour être précis, l'avant garde du nationalisme
de la classe moyenne menait son combat sur cette frontière marquée par le progrès de l'instruction et qui avait porté un grand
nombre d'hommes nouveaux dans des secteurs jusqu'ici occupés
par une petite élite. Le progrès des écoles et des universités mesurait celui du nationalisme, en même temps que les écoles et spécialement les universités devenaient ses champions les plus conscients : le conflit germano-danois, à propos du Schleswig-Holstein,
en 1848 et encore en 1864, avait été précédé par la controverse des
universités de Kiel et de Copenhague, sur le même thème, vers
1845.

Ce progrès était frappant, quoique le nombre total des gens
« instruits » demeurât faible. Le nombre des élèves dans les lycées
français doubla, entre 1809 et 1842, et augmenta avec une rapidité
particulière sous la monarchie de Juillet. Pourtant, en 1842, il
n'était encore, malgré tout, que d'environ 19 000 (l'ensemble des
enfants recevant en Europe un enseignement secondaire était
alors d'environ 70 000 [2]). En Russie, autour de 1850, 20 000 élèves
fréquentaient des écoles secondaires, sur une population totale
de 68 millions d'habitants [3]. Le nombre des étudiants d'université
était naturellement plus faible encore, quoique en constante augmentation. Il est difficile de se représenter que la jeunesse universitaire prussienne, si sensible à l'idée de libération après 1806, ne
comprenait pas plus de 1 500 jeunes hommes, en 1805; que l'Ecole
polytechnique, le cauchemar des Bourbons d'après 1815, reçut
au total 1 581 élèves pendant toute la période 1815-1830; c'est-à-dire
une moyenne annuelle d'environ 100 élèves. Le rôle primordial
des étudiants, dans les mouvements révolutionnaires de 1848, nous
fait oublier que, pour l'ensemble du continent européen, y compris
les Iles britanniques non révolutionnaires, il n'y avait pas plus
probablement de 40 000 étudiants en tout [4]. Cependant leur nombre
augmentait. Et, n'eût-il pas augmenté, que la transformation de
la société et des universités (voir chapitre XV) ne leur en eût pas
moins donné une conscience nouvelle d'eux-mêmes, en tant que
groupe social. Personne ne se souvient qu'en 1789, il y avait à peu
près 6 000 étudiants à l'université de Paris, parce qu'ils n'ont joué
aucun rôle particulier dans la révolution [5]. Mais en 1830, personne
ne pourrait fermer les yeux sur un tel nombre de jeunes universi-
taires.

Des élites réduites peuvent être agissantes en se servant de
langues étrangères. Mais dès que le cadre des gens cultivés s'est
suffisamment étoffé, le langage national s'impose (comme en
témoigne la lutte des Etats indiens pour faire reconnaître leur

langue depuis les années 1940). Aussi le moment où, pour la première fois, des livres et des journaux s'écrivent dans la langue nationale, le jour où, pour la première fois, ce langage est utilisé dans une occasion officielle, l'apparition de ces livres marque-t-elle un moment crucial dans l'évolution nationale. Ce stade fut atteint dans de vastes parties de l'Europe entre 1830 et 1840. Ainsi les premiers travaux tchèques importants en astronomie, chimie, anthropologie, minéralogie et botanique furent écrits ou terminés au cours de cette décennie. De même, en Roumanie, où paraît le premier manuel scolaire utilisant le roumain au lieu du grec, jusque-là d'usage courant. Le Hongrois fut adopté à la place du latin comme langue officielle à la diète hongroise de 1840, bien que l'université de Budapest, contrôlée par Vienne, n'ait pas abandonné les cours en latin avant 1844. (Cependant la pression pour l'emploi du hongrois comme langue officielle se manifestait par intermittence, depuis 1790.) A Zagreb, Gai publiait sa *Gazette Croate* (plus tard *Gazette nationale illyrienne*) à partir de 1835, donnant sa première forme littéraire à ce qui, jusque-là, n'avait été qu'un agglomérat de dialectes. Dans les pays, qui, depuis longtemps, possédaient une langue nationale, l'évolution ne peut pas être aussi facilement mesurée, bien qu'il soit intéressant de noter qu'après 1830, le nombre de livres allemands publiés en Allemagne (proportionnellement aux ouvrages français ou latins) dépassa pour la première fois le chiffre de 90 %. Le nombre des livres écrits en français était tombé, depuis 1820, au-dessous de 4 % [6]. Plus généralement, l'expansion de l'édition nous donne une indication comparable. Ainsi en Allemagne, le nombre des livres publiés restait en 1821 à peu près au niveau qui avait été le sien en 1800 *, soit environ 4 000 titres par an; mais en 1841, il s'était élevé à 12 000... [7]

Bien entendu, la grande masse des Européens et des non-européens restait analphabète. A l'exception des Allemands, des Hollandais, des Scandinaves, des Suisses et des citoyens des Etats-Unis d'Amérique, aucun peuple en 1840 ne peut être dit lettré, tandis que plusieurs peuvent être dits totalement illettrés, comme les Slaves du Sud qui avaient moins de 0,5 % de lettrés en 1827 (beaucoup plus tard encore, 1 % seulement des recrues dalmates dans l'armée autrichienne savaient lire et écrire), ou les Russes qui en avaient 2 % (1840). Un grand nombre d'autres peuples restaient presque analphabètes, comme les Espagnols, les Portugais (qui semblent n'avoir eu en tout que 8 000 enfants scolarisés après la

---

* Au début du XVIIIe siècle, environ 60 % seulement de tous les titres publiés en Allemagne étaient en allemand; ensuite la proportion avait augmenté sensiblement.

guerre d'Espagne) et les Italiens, exception faite des Lombards et des Piémontais. Même l'Angleterre, la France ou la Belgique étaient illettrées à 40 et 50 %, vers 1840 [8]. L'analphabétisme n'est pas un obstacle à la conscience politique, mais, en, fait il n'est pas prouvé que le nationalisme, dans son sens moderne, ait été une force populaire puissante ailleurs que dans des pays déjà transformés par la double révolution : en France, en Grande-Bretagne, aux Etats-Unis d'Amérique, et — parce qu'elle était une dépendance économique et politique de la Grande-Bretagne — en Irlande.

Identifier le nationalisme avec la classe des gens instruits n'est pas prétendre que la masse, disons, des Russes ne se sentait pas russe, quand elle était confrontée avec quelque chose, ou quelqu'un qui ne l'était pas. Cependant, pour les masses en général, le critère de la nationalité était encore la religion : l'Espagnol se définissait comme étant catholique, le Russe comme étant orthodoxe... Et surtout ce genre de confrontation, s'il devenait plus fréquent, restait encore rare. Dans certains pays, chez les Italiens par exemple, le sentiment national restait complètement étranger à la grande masse du peuple qui ne parlait même pas la langue littéraire nationale, mais des patois, presque incompréhensibles d'une région à l'autre. Même en Allemagne, la mythologie patriotique a beaucoup exagéré la vivacité du sentiment national contre Napoléon. La France était extrêmement populaire en Allemagne occidentale, spécialement parmi les militaires qu'elle enrôlait en grand nombre [9]. Les populations attachées au pape, ou à l'empereur, exprimaient parfois leur ressentiment contre les ennemis de l'un ou de l'autre, qui se trouvaient être les Français, mais ceci n'impliquait pour ainsi dire aucune conscience nationale, et encore moins une aspiration à un Etat national. Bien plus, le seul fait que le nationalisme était représenté par la classe moyenne et l'aristocratie suffisait à le rendre suspect aux pauvres gens. Les révolutionnaires radicaux démocrates polonais essayèrent sérieusement — comme le firent les plus avancés des carbonari de l'Italie du Sud et d'autres conspirateurs — de mobiliser la paysannerie, allant jusqu'à lui proposer une réforme agraire. L'échec fut total. Les paysans de Galicie, en 1846, s'opposèrent aux révolutionnaires polonais, alors que ces derniers proclamaient bel et bien l'abolition du servage, préférant massacrer les nobles et faire confiance aux fonctionnaires de l'empereur.

Le déracinement des populations qui est peut-être le phénomène spécifique le plus important du XIXᵉ siècle, allait entamer ce traditionalisme local, si profond et si ancien. Jusqu'en 1820, dans la plus grande partie du monde, presque personne ne recourait à la migration ou à l'émigration, sauf sous la pression des armes ou de la faim; ou encore dans des groupes traditionnellement migratoires, comme les paysans du centre de la France qui travaillaient comme saisonniers dans les métiers du bâtiment, dans le nord de la France, ou encore les artisans ambulants allemands.

Par déracinement, nous n'entendons pas cette douce sorte de nostalgie qui allait devenir la maladie psychologique caractéristique du XIXᵉ siècle (et que reflètent d'innombrables chansons sentimentales populaires), mais ce *mal du pays* ou ce *mal de cœur* *, aigu et mortel, qui avait été décrit cliniquement pour la première fois par les médecins, à propos des anciens mercenaires suisses servant à l'étranger. La conscription des guerres révolutionnaires le révéla, principalement parmi les Bretons. L'attirance des lointaines forêts nordiques était si forte qu'elle pouvait entraîner une servante estonienne à quitter ses excellents patrons, les Kügelgen, installés en Saxe et chez qui elle était libre, pour retourner chez elle et au servage. Migration ou émigration, l'indice le plus significatif pour les mesurer reste les départs pour les Etats-Unis d'Amérique : ils augmentèrent notablement à partir de 1820, mais sans atteindre un niveau vraiment haut avant la décennie 1840-1850, où 1 057 000 personnes franchirent l'Atlantique Nord (presque trois fois plus que pendant la décennie précédente). Cependant, le seul pays d'émigration importante, en dehors des Iles britanniques, était l'Allemagne, habituée depuis longtemps à envoyer ses fils, soit comme colons dans l'Europe de l'Est et en Amérique, soit comme artisans ambulants à travers le continent, ou comme mercenaires un peu partout.

En fait, en Occident, avant 1848, nous ne pouvons parler que d'un seul mouvement national, organisé sous une forme cohérente, qui fut vraiment appuyé sur les masses. Encore profita-t-il de l'immense avantage de pouvoir s'identifier avec la source la plus puissante de la tradition, l'Eglise : il s'agit du mouvement irlandais, dirigé par Daniel O'Connell (1785-1847), un avocat démagogue à la voix d'or, d'origine paysanne, le premier — et jusqu'en 1848 l'unique — parmi ces chefs populaires charismatiques qui marquent l'éveil de la conscience politique, dans les masses jusque-là arriérées. Les seules figures comparables, avant 1848, sont celles de Feargus O'Connor (1794-1855), autre Irlandais qui symbolisa le chartisme en Grande-Bretagne, et peut-être Louis Kossuth (1802-1894) qui a peut-être acquis, dès avant la révolution de 1848, un peu de ce prestige qu'il devait ensuite exercer sur les masses, bien qu'en fait sa réputation avant cette date ait été celle d'un champion de la noblesse et que sa canonisation postérieure par les historiens

---

* En français dans le texte *(N. d. T.)*.

nationalistes empêche de voir tout à fait clair dans les débuts de sa carrière.

L'Association catholique d'O'Connell, qui s'assura l'appui des masses et la confiance (pas tout à fait justifiée) du clergé grâce à son combat, couronné de succès, pour l'émancipation catholique (1829), n'était en aucune façon liée à la noblesse, qui, de toute façon, était protestante et anglo-irlandaise. Il s'agissait d'un mouvement de paysans et de membres, purement irlandais, de la petite-bourgeoisie, trop bien représentée dans cette île appauvrie. « Le Libérateur » était parvenu au rôle de chef, porté sur les vagues successives d'un mouvement massif de révolte agraire, organisé dans le secret des sociétés terroristes qui, elles-mêmes, aidèrent à briser le cadre paroissial de la vie irlandaise, la principale force motrice de la politique irlandaise tout au long de ce siècle effrayant. Cependant le but d'O'Connell n'était ni la révolution, ni l'indépendance nationale, mais une autonomie limitée de la classe moyenne irlandaise, par accord ou négociation avec les libéraux anglais. Il était, en fait, non pas un nationaliste, mais un autonomiste modéré de la classe moyenne. Au vrai, la principale des critiques assez justifiées que lui ont adressées les nationalistes irlandais ultérieurs (à la façon des nationalistes indiens intransigeants critiquant la position — très analogue — de Gandhi dans l'histoire de son propre pays), c'est qu'il aurait dû soulever l'Irlande entière contre les Anglais et qu'il avait délibérément refusé de le faire. Mais ceci ne change rien au fait que le mouvement qu'il dirigea était authentiquement issu de la masse de la nation irlandaise.

II

En dehors de la zone du monde bourgeois moderne, il y a eu cependant des mouvements de révolte populaire contre la domination étrangère (entendue généralement comme la domination de gens d'une religion différente, plutôt que d'une nationalité différente). Et parfois ces mouvements semblent une anticipation des mouvements nationaux ultérieurs. Dans cette catégorie, se rangent les rébellions contre l'empire turc, contre les Russes au Caucase et les combats contre la souveraineté usurpatrice des Anglais, dans les Indes mêmes et sur leurs confins. Il serait imprudent de voir dans ces mouvements une trop grande part de nationalisme au sens moderne, même si dans des régions arriérées, peuplées de paysans et de bergers armés et belliqueux, organisés en clans et animés par des chefs tribaux, des bandits héros, et des prophètes, la résistance au dominateur étranger (ou plutôt à l'incroyant) peut prendre la forme de véritables guerres populaires, fort différentes des mouvements nationalistes menés par l'élite dans des pays moins homériques. C'est un fait cependant que la résistance opposée aux Anglais par les Mahrattas (un groupe hindou féodal et militaire) et les Sikhs (une secte religieuse militante), en 1803-1818 et 1845-1849 respectivement, ont peu de rapport avec le nationalisme indien qui suivit et n'ont rien produit par elles-mêmes *.

Les tribus caucasiennes, sauvages, courageuses et attachées au système féodal, trouvèrent dans la secte islamique puritaine des Murides, une occasion temporaire de s'unir contre les Russes trop envahissants et dans la personne de Shamyl (1797-1871), un chef de grande envergure; pourtant il n'existe pas jusqu'à ce jour de nation caucasienne, mais un simple amalgame de petits peuples montagnards dans de petites républiques soviétiques (les Géorgiens et les Arméniens qui ont formé des nations, au sens moderne du mot, ne se sont pas mêlés au mouvement de Shamyl). Les Bédouins, poussés par des sectes religieuses puritaines, comme les Wahhabi en Arabie et les Senoussis dans ce qui est aujourd'hui la Libye, combattirent seulement pour leur foi en Allah et pour la vie simple du berger et du cavalier contre la corruption des impôts, des pachas et des villes; mais ce que nous connaissons maintenant comme nationalisme arabe — un produit du XXᵉ siècle — est venu des villes et non des campements nomades.

Même les rébellions contre les Turcs dans les Balkans, spécialement parmi les populations montagnardes rarement soumises du Sud et de l'Ouest, ne doivent pas être interprétées trop vite en termes nationalistes modernes, même si les bardes et les guerriers qui furent souvent synonymes, comme parmi les évêques-poètes-guerriers du Monténégro) qui chantaient les gloires de héros quasi nationaux, tel l'Albanais Skanderbeg, et des drames comme la

---

* Le mouvement des Sikhs est resté pratiquement, jusqu'à aujourd'hui, un mouvement *sui generis*. La tradition d'une résistance hindoue combative dans le Maharashtra fait de cette région un des premiers centres du nationalisme indien. Il lui a fourni certains de ses premiers — et très traditionalistes — meneurs, principalement B. G. Tilak, mais ce fut, au mieux, un courant régional, très éloigné du courant dominant dans le mouvement nationaliste. Une espèce de nationalisme mahratta peut exister aujourd'hui, mais sa base sociale est la résistance de l'importante classe ouvrière mahratta et de ses classes moyennes les plus défavorisées, contre les Gujeratis qui les dominent économiquement et même, jusqu'à une époque récente, linguistiquement.

défaite serbe de Kossovo dans les combats de jadis, contre les Turcs. Chaque fois que c'était nécessaire ou opportun, rien n'était plus naturel que de se révolter contre une administration locale, ou un empire turc en voie de décadence. Cependant en dehors d'un retard économique identique, ceux que nous connaissons maintenant sous le nom de Yougoslaves n'avaient à peu près rien de commun entre eux et le concept même de Yougoslavie a été fabriqué par des intellectuels, en Autriche-Hongrie, plutôt que par ceux qui se battaient effectivement pour la liberté *.

Les Monténégrins orthodoxes, jamais soumis, ont combattu les Turcs. Mais, avec le même entrain, ils ont combattu d'autres « incroyants », les catholiques albanais et les Bosniaques qui, bien que slaves, étaient musulmans. Quant aux Bosniaques, ils se sont révoltés contre les Turcs, dont la religion était pratiquée par beaucoup d'entre eux, avec autant d'empressement que les Serbes orthodoxes des plaines forestières du Danube et avec plus d'ardeur que les « vieux Serbes » orthodoxes de la zone frontière d'Albanie. Le premier des peuples des Balkans à se soulever au XIXᵉ siècle fut le peuple serbe, sous la conduite d'un héroïque brigand et marchand de cochons, Georges le Noir (1760-1817), mais, dans la phase initiale du soulèvement (1804-1807), il ne prétendait même pas lutter contre le maître turc, bien au contraire il se déclarait en faveur du sultan, contre les abus des gouvernants locaux. Il n'y a pas grand-chose dans les débuts de l'histoire des rébellions montagnardes balkaniques qui puisse suggérer que les populations locales, Serbes, Albanais, Grecs et autres, ne se seraient pas contentés, au début du XIXᵉ siècle, de cette sorte de principauté autonome, mais non nationale, qu'un satrape puissant, Ali Pacha, « le lion de Janina » (1741-1822), établit pour un temps en Epire.

Dans un cas et un cas seulement, l'éternel combat des clans de bergers et des bandits-héros contre tout gouvernement réel, quel qu'il soit, se confond avec le nationalisme de la classe moyenne et avec la Révolution française : c'est dans la lutte grecque pour l'indépendance (1821-1830). Ce n'est pas un hasard si la Grèce devint partout le symbole et l'inspiratrice des nationalistes et des libéraux, car nulle part ailleurs qu'en Grèce, un peuple tout entier

* Il est significatif que le régime yougoslave actuel ait scindé ce que l'on avait l'habitude de classer comme la nation serbe, en républiques et unions « sous-nationales », beaucoup plus réalistes : Serbie, Bosnie, Monténégro, Macédoine et Kossovo-Metohidja. Selon les critères linguistiques du nationalisme du XIXᵉ siècle, ces groupes ethniques appartenaient pour la plupart à un seul peuple « serbe », à l'exception des Macédoniens (qui sont plus proches des Bulgares) et de la minorité albanaise du Kosmet. Mais, en fait, ils n'ont jamais défendu un nationalisme serbe unique.

ne s'est dressé contre l'oppresseur dans un style qui pouvait parfaitement l'identifier à la cause de la gauche européenne; et
en retour, l'appui de la gauche européenne, menée par le poète
Byron qui mourut pour ce combat, fut d'une importance considérable pour la victoire de l'indépendance grecque.

Or, pour la plupart, les Grecs ressemblaient fort aux autres pay-
sanneries guerrières et clans balkaniques. Certains d'entre eux,
cependant, formaient une classe de marchands et d'administrateurs
internationaux, souvent établie dans des colonies ou dans des
communautés minoritaires, à travers l'empire turc et plus loin
encore. De plus, toute l'Eglise orthodoxe, à laquelle appartenaient
la plupart des peuples balkaniques, utilisait la langue grecque.
Tous ses hauts dignitaires étaient grecs avec, à leur tête, le patriar-
che grec de Constantinople. Des fonctionnaires grecs, transformés
en princes vassaux, gouvernaient les principautés danubiennes
(l'actuelle Roumanie). D'une certaine façon, l'ensemble des classes
cultivées et des classes marchandes, dans les Balkans, dans les
régions de la mer Noire et du Levant, quelles que soient leurs origines nationales, étaient hellénisées par la nature même de leurs
activités. Au cours du XVIIIe siècle, cette hellénisation se propagea
plus vigoureusement que jamais, en raison surtout de la nette
expansion économique qui étendait le champ de la diaspora grecque et multipliait ses contacts. Un commerce nouveau et prospère,
celui des céréales de la mer Noire, l'introduisait dans les centres
d'affaires italiens, français et anglais et resserrait ses liens avec la
Russie; l'expansion commerciale des Balkans conduisait des
Grecs, ou des marchands hellénisés, jusqu'en Europe centrale. Les
premiers journaux de langue grecque furent publiés à Vienne
(1784-1812). Une émigration régulière, ainsi que le recasement de
paysans rebelles, renforça plus tard les communautés exilées.
Ce fut dans cette diaspora cosmopolite que les idées de la Révolution française — libéralisme, nationalisme — et les méthodes
d'organisation politique par les sociétés secrètes maçonniques prirent racine. Rhigas (1760-1798), le chef d'un premier mouvement
révolutionnaire obscur et peut-être de tendance panbalkanique,
parlait français et avait adapté *La Marseillaise* pour l'usage hellénique. La « Philikè Hétaïria », la société secrète patriotique qui eut
une large responsabilité dans la révolte de 1821, avait été fondée
dans le nouveau grand port céréalier russe d'Odessa en 1814.

Le nationalisme grec fut, dans une certaine mesure, comparable aux mouvements menés par les élites d'Europe occidentale.
C'est la seule explication de ce projet de déclencher une révolte
pour l'indépendance grecque dans les principautés danubiennes,
que gouvernaient des magnats grecs locaux, car, dans ces miséra-

bles pays de servages, les seules personnes qui pouvaient se dire
grecques étaient des seigneurs, des évêques, des marchands et des
intellectuels. Bien entendu, ce soulèvement tourna misérablement
court (1821). Par bonheur, cependant, l'Hétaïria avait réussi à
gagner à sa cause les groupes anarchiques des brigands-héros, des
hors-la-loi et des chefs de clans des montagnes grecques (principalement du Péloponèse) ; et ils y avaient réussi beaucoup mieux
— tout au moins après 1818 — que les seigneurs carbonari de
l'Italie du Sud qui avaient tenté une propagande analogue auprès
de leurs bandits locaux. Mais on peut douter que ce que nous
appelons aujourd'hui nationalisme ait eu une signification quelconque pour les « Klephtes », quoique beaucoup d'entre eux aient
eu leurs « secrétaires » (un certain respect et intérêt pour la culture restant dans ces pays comme l'héritage vivace de l'ancien
hellénisme) et que les manifestes que ceux-ci avaient la charge de
composer fussent d'un style jacobin. Si les Klephtes tenaient à
quelque chose, c'était à cet éthos antique qui assignait pour but
à l'homme de devenir un héros et qui faisait du hors-la-loi, parti
dans la montagne pour s'opposer à l'autorité gouvernementale,
quelle qu'elle fût, et pour réparer les torts infligés aux paysans, le
représentant de l'idéal politique. Aux révoltes d'hommes comme
Kolokotrones, brigand et marchand de bestiaux, les nationalistes
de type occidental donnèrent la primauté et une importance pan-
hellénique plutôt que purement locale. En échange, ils obtenaient
d'eux cette chose unique et terrible : la levée en masse d'un peuple
armé.

Le nouveau nationalisme grec s'avéra capable de conquérir
l'indépendance. Sans doute l'alliance d'une direction assurée par
la classe moyenne, d'une désorganisation à la klephte et de l'intervention des grandes puissances eut pour résultat, une de ces tristes
caricatures de l'idéal libéral de l'Occident qui allaient devenir trop
familières dans certains pays, comme l'Amérique latine. Mais elle
eut également ce résultat paradoxal de ramener l'héllénisme dans
les limites de la seule Grèce et ainsi de permettre l'apparition, ou
l'intensification, du nationalisme latent des autres peuples balkaniques. Tant qu'être Grec n'avait été qu'une sorte de revendication professionnelle de tous les orthodoxes cultivés des Balkans,
l'hellénisation avait fait des progrès. Maintenant que cela signifiait
un soutien politique effectif à la Grèce, il commençait à régresser,
même parmi les classes cultivées et assimilées des Balkans. En
ce sens, l'indépendance grecque était la condition préalable essentielle de l'évolution des autres nationalismes balkaniques.

En dehors de l'Europe, il est difficile de parler peu ou prou de
nationalisme. Les nombreuses républiques latino-américaines qui

succédaient aux empires espagnols et portugais disparus (sauf au
Brésil qui devint un empire indépendant et le resta de 1816 jusqu'à
sa révolution de 1889) et dont les frontières ne correspondaient, le
plus souvent, à rien d'autre qu'à la distribution des propriétés
des seigneurs qui avaient soutenu telle rébellion locale plutôt que
telle autre, ces républiques commençaient à avoir des intérêts
politiques personnels et des aspirations territoriales.

L'idéal panaméricain de Simon Bolivar (1783-1830) au Venezuela et de San Martin (1778-1850) en Argentine était impossible à
réaliser, quoiqu'il se soit maintenu sous la forme d'un courant
révolutionnaire puissant dans l'ensemble de l'Amérique latine de
langue espagnole, exactement comme le panbalkanisme, héritier
de l'unité orthodoxe contre l'islam, s'était maintenu et peut-être
se maintient encore aujourd'hui. Les vastes dimensions et la diversité du continent sud-américain, l'existence de foyers indépendants
de révolte à Mexico (qui furent déterminants pour l'Amérique
Centrale), au Venezuela et à Buenos Aires, et le problème particulier du Pérou, zone d'élection du colonialisme espagnol, qui fut
libéré du dehors, autant de raisons qui appelaient automatiquement la division. Mais les révolutions latino-américaines furent
l'œuvre de petits groupes de seigneurs, de soldats et d'intellectuels
de culture française : en face d'eux, la masse catholique des pauvres blancs resta passive et les Indiens indifférents, ou hostiles.
C'est seulement au Mexique que l'indépendance fut acquise grâce à
l'initiative d'un mouvement populaire et rural, c'est-à-dire indien,
marchant sous la bannière de Notre-Dame de Guadalupe; et c'est
pourquoi le Mexique a toujours, depuis lors, suivi une voie différente et politiquement plus avancée que le reste du continent
latino-américain. Cependant, même dans la minuscule couche des
latino-américains politiquement influents, il serait anachronique,
pour la période qui nous intéresse, de parler d'autre chose que d'un
embryon de « conscience nationale » colombienne, vénézuelienne,
équatorienne, etc.

Un phénomène assimilable à un proto-nationalisme, cependant, existait dans divers pays de l'Europe de l'Est, mais paradoxalement il prit le chemin du conservatisme plutôt que celui de
l'insurrection nationale. Les Slaves étaient partout opprimés, sauf
en Russie et dans quelques citadelles sauvages des Balkans; mais,
selon leurs perspectives bornées à l'immédiat, les oppresseurs
n'étaient pas, nous l'avons vu, les monarques absolus, mais les
propriétaires allemands et hongrois et les exploiteurs des villes.
Et ces derniers avaient sans doute leur nationalisme, mais il ne
faisait aucune place à une réalité nationale slave : même un
programme aussi radical que celui des Etats-Unis d'Allemagne,

proposé par les républicains et les démocrates du duché de Bade (dans le Sud-Ouest de l'Allemagne) envisageait l'inclusion d'une république d'Illyrie (c'est-à-dire croate et slovène), avec comme capitale Trieste en Italie; une république de Moravie avec sa capitale à Olomouc; et une république de Bohême, dirigée de Prague [10]. Par suite, l'espoir immédiat des nationalistes slaves reposait dans les empereurs d'Autriche et de Russie. L'orientation russe s'exprima par des formes variées de solidarité slave qui attirèrent les rebelles slaves même les Polonais antirusses — spécialement dans les temps de défaites et de désespoir, comme après l'échec des révoltes de 1846. « L'illyrianisme », en Croatie, et un nationalisme tchèque modéré manifestaient la tendance autrichienne et tous deux recevaient un soutien délibéré des gouvernants, des Habsbourg dont deux ministres importants — Kolowrat et le chef du système policier Sedlnitsky — étaient eux-mêmes tchèques. Les aspirations culturelles croates furent protégées à partir de 1830, et, en 1840, Kolowrat proposa même (ce qui se révéla par la suite si utile au cours de la révolution de 1848) la nomination d'un « ban » militaire croate à la tête de la Croatie, et assurant le contrôle de la frontière militaire avec la Hongrie, comme un contrepoids aux turbulences magyares [11]. C'est pourquoi être un révolutionnaire, en 1848, finit par signifier, pratiquement, s'opposer aux aspirations nationales slaves; et le conflit tacite entre les nations « progressives » et les nations « réactionnaires » fut pour beaucoup dans l'échec des révolutions de 1848.

Rien qui ressemble au nationalisme n'est décelable ailleurs parce que les conditions sociales nécessaires n'existaient pas. En fait, on dirait plutôt que les forces qui devaient plus tard engendrer le nationalisme étaient, à ce stade, opposées à cette alliance du traditionalisme, de la religion et de la pauvreté des masses qui a constitué la plus puissante résistance aux empiètements des conquérants et des exploiteurs d'Occident. Les éléments d'une bourgeoisie locale qui se développait dans les pays d'Asie étaient dans une position analogue, à l'ombre des exploiteurs étrangers dont ils étaient fréquemment les agents, les intermédiaires et les subordonnés : la communauté parsi de Bombay en est un exemple. Même si l'asiatique cultivé et éclairé n'était pas un *compradore* ou un agent moins important de quelque gouvernement ou de quelque compagnie étrangers (situation assez semblable à celle de la colonie grecque en Turquie), sa première tâche politique était d'occidentaliser, c'est-à-dire d'introduire les idées de la Révolution française et de la modernisation scientifique et technique parmi ses concitoyens, contre la résistance commune des gouvernements traditionnels et des masses traditionnellement soumises (situation

qui, elle, évoque celle des nobles jacobins de l'Italie du Sud).
Il était du coup doublement coupé de ses concitoyens. La mythologie nationaliste a souvent dissimulé ce divorce, en partie en
supprimant le lien entre le colonialisme et les premières classes
moyennes indigènes, en partie en prêtant à la résistance xénophobe
initiale les couleurs d'un mouvement nationaliste plus tardif. Mais
en Asie, dans les pays islamiques et plus encore en Afrique, la
jonction entre les « évolués » et le nationalisme, puis entre eux et
les masses ne s'est pas accomplie avant le XXᵉ siècle.

Le nationalisme en Orient fut ainsi le résultat fortuit de
l'influence et de la conquête occidentales. Ce lien est peut-être
plus évident dans un pays essentiellement oriental dans lequel les
fondations de ce qui devait devenir le premier mouvement nationaliste et colonial * moderne étaient en place : en Egypte.

Les conquêtes de Napoléon y introduisirent les idées, les
méthodes et les techniques occidentales dont un soldat indigène
capable et ambitieux, Mohammed Ali (Mehemet Ali) reconnut bien
vite la valeur. Ayant pris le pouvoir et s'étant pratiquement libéré
de la dépendance turque dans la période confuse qui suivit le
départ des Français (avec l'aide d'ailleurs des Français). Mohamm-
med Ali réussit à établir un despotisme efficace, et de tendance
occidentale, avec une assistance technique étrangère (principalement française). Les Européens de gauche, entre 1820 et 1840,
saluèrent cet autocrate éclairé et mirent leurs services à sa disposition, alors que la réaction, dans leur propre pays, leur paraissait par
trop décourageante. L'extraordinaire secte des saint-simoniens, qui
se faisait aussi bien l'avocat du socialisme que du développement
industriel promu par des ingénieurs et des banques d'investissements, lui donna temporairement son assistance collective et pré-
para ses plans de développement économique. (Pour les saint-
simoniens voir ci-dessous). C'est ainsi qu'ils sont à l'origine du
canal de Suez (construit par le saint-simonien de Lesseps) et de la
dépendance fatale des gouvernants égyptiens à la suite des
emprunts importants négociés avec des groupes d'escrocs européens en compétition qui transformèrent l'Egypte en un centre de
rivalités impérialistes et postérieurement de révolte anti-impéria-
liste. Mais Mohammed Ali n'était pas plus nationaliste que n'importe
quel autre despote oriental. C'est son occidentalisation et non ses
propres aspirations ou celles de son peuple, qui posa les bases d'un
nationalisme ultérieur. Si c'est en Egypte qu'est né le premier mouvement nationaliste du monde islamique et au Maroc l'un des
derniers, c'est parce que Mohammed Ali (pour des raisons de géo-

_____
* Si l'on excepte le mouvement irlandais.

politique parfaitement compréhensibles) se trouvait sur les chemins essentiels de l'occidentalisation tandis que l'empire chérifien
de l'extrême ouest musulman, isolé et hermétiquement fermé sur
lui-même, ne s'y trouvait pas et ne fit aucun effort pour s'y engager.
Le nationalisme, comme tant d'autres originalités du monde
moderne, est l'enfant de la double révolution.

Deuxième partie

Les résultats

8.

La terre

*Je suis votre seigneur et mon seigneur est le tsar.
Le tsar a le droit de me donner des ordres et je
dois y obéir, mais non vous les transmettre. Sur
mes terres, je suis le tsar, je suis votre dieu sur
la terre, et je suis responsable de vous devant
Dieu dans le ciel... Il faut commencer par étriller
dix fois un cheval avec l'étrille de fer, et c'est
après seulement que vous pouvez le brosser à la
brosse douce. J'aurai moi aussi à vous étriller
assez rudement et qui sait si j'en arriverai jamais
à la brosse? Dieu purifie l'air par le tonnerre et
les éclairs, et dans mon village, je purifierai par
le tonnerre et par le feu, chaque fois que je le
jugerai nécessaire.*

Un propriétaire terrien russe à ses serfs [1].

*La possession d'une ou deux vaches, avec un
porc et quelques oies, élève naturellement le
paysan, dans sa propre opinion, au-dessus de
ses frères du même rang social... En flânant derrière son bétail, il acquiert des habitudes d'indo-
lence... Le travail quotidien lui devient odieux;
son aversion augmente avec le laisser-aller et à
la longue, la vente d'un veau qui n'a atteint que
la moitié de son poids, ou d'un porc, lui donne
les moyens d'ajouter l'intempérance à la
paresse : la vente de la vache suit fréquemment
et son propriétaire, malheureux et aigri, incapable de reprendre le cours quotidien et régulier
du travail dont il tirait autrefois sa subsistance...
prélève sur la part du pauvre des secours auxquels il n'a absolument aucun droit.*

Compte rendu du Conseil d'agriculture
du Sommerset, 1798 [2].

I

De ce qui se passait dans le secteur agricole dépendaient la vie et la mort de la plupart des êtres, pendant la période comprise entre 1789 et 1848. En conséquence, les effets perturbateurs de la double révolution sur la propriété terrienne, le fermage et l'agriculture furent le phénomène le plus catastrophique de cette période. Car ni la révolution politique, ni la révolution économique ne pouvaient se désintéresser de la terre, que la première école d'économie politique, les physiocrates, considérait comme la seule source de richesse : sa transformation révolutionnaire était, de l'avis de tous, la condition première et la conséquence nécessaire du développement d'une société bourgeoise, sinon de tout développement économique rapide. Les systèmes agraires traditionnels du monde et les relations sociales rurales recouvraient d'une immense chape de glace le sol fertile du progrès économique. Cette enveloppe glacée devait fondre à tout prix pour que le sol puisse être labouré par les forces de la libre entreprise, à la recherche du profit. Ceci impliquait trois sortes de mutations : en premier lieu, il fallait que la terre devienne une marchandise comme une autre, possédée par des propriétaires privés qui puissent l'acheter et la vendre en toute liberté. En second lieu, il fallait qu'elle passe dans les mains d'une classe d'hommes soucieux de développer ses ressources et sa production pour les commercialiser et qui soient guidés dans leurs actes par la raison, c'est-à-dire le sens du profit et de leur intérêt bien compris. En troisième lieu, la grande masse de la population rurale devrait, d'une certaine manière, être reconvertie, du moins partiellement, en travailleurs salariés se déplaçant librement et se portant sur le secteur non agricole, en plein développement. Certains économistes, parmi les plus profonds et les plus hardis, se rendaient compte également des avantages d'un quatrième changement, désirable quoique difficile, sinon impossible à mener à bien. Dans une économie qui admet la parfaite mobilité de tous les facteurs de production, un « monopole naturel » comme celui de la terre était un peu une anomalie. Puisque les dimensions du globe étaient limitées et que ses diverses parties différaient en fertilité et en facilité d'accès, ceux qui possédaient ses régions les plus fertiles bénéficiaient inévitablement d'un avantage particulier et percevaient une rente sur les autres régions. Le moyen de supprimer, ou d'adoucir cette inégalité — par exemple, par un impôt approprié, des lois contre le cumul des propriétés ou même par la nationalisation — était le sujet de vives discussions, spécialement dans les milieux industriels anglais. (Ces arguments valaient également pour d'autres « monopoles naturels » comme les chemins de fer, dont la nationalisation ne fut jamais, pour cette raison, jugée incompatible avec une économie de libre entreprise et fut souvent envisagée *.) En tout cas, tels étaient les problèmes posés par la terre dans une société bourgeoise. La tâche immédiate était de s'y attaquer.

Deux obstacles majeurs se présentaient : les propriétaires pré-capitalistes et la paysannerie traditionnelle; l'un et l'autre demandaient, pour être levés, la conjugaison d'une action politique et d'une action économique, le résultat pouvait d'ailleurs être atteint de multiples façons. Les solutions les plus radicales furent celles des Anglais et des Américains, car toutes les deux éliminaient la paysannerie et l'une d'elles le seigneur par surcroît. La solution classique anglaise aboutit à un pays dans lequel 4 000 propriétaires environ [3] possédaient, à peu près, les quatre septièmes (j'ai retenu les chiffres de 1851) des surfaces cultivées par 250 000 fermiers (les trois quarts de la superficie se répartissant en exploitations de 50 à 500 acres), lesquels employaient à peu près 1 250 000 ouvriers salariés ou domestiques. Il subsistait quelques enclaves de petite propriété, mais en dehors des *Highlands* écossais et de certaines parties du pays de Galles, seuls les pédants peuvent parler d'une paysannerie britannique, au sens continental du terme. Dans la solution classique américaine, les fermiers, qui étaient propriétaires exploitants et qui commercialisaient eux-mêmes leur production, suppléèrent au manque de main-d'œuvre salariée par une mécanisation intensive. Les moissonneuses mécaniques d'Obed Hussey (1833) et de Cyrus McCormick (1834) furent le complément indispensable de ces fermiers à l'esprit purement commercial et de ces entrepreneurs spéculant sur la terre qui étendirent le style de vie américain bien à l'ouest des Etats de la Nouvelle-Angleterre, s'appropriant des terres ou, plus tard, les achetant pour un prix purement symbolique au gouvernement. La solution classique prussienne fut, socialement, la moins révolutionnaire. Elle consista à tranformer les seigneurs féodaux en exploitants capitalistes, et les serfs en travailleurs salariés. Les *junkers* conservaient le contrôle de leurs maigres propriétés, qu'ils avaient longtemps cultivées pour les marchés d'exportation avec l'aide de leurs serfs; mais ils les travaillaient maintenant avec les paysans « libérés » du servage — et de toute parcelle de terrain.

---

* Même en Angleterre, la nationalisation des chemins de fer fut sérieusement envisagée vers 1840.

L'exemple poméranien où, à une époque plus tardive, environ 2 000 grands domaines représentaient 61 % des surfaces cultivées, les 39 % restant étant partagés entre environ 60 000 exploitations, moyennes ou petites, tandis que le reste de la population ne possédait aucune terre, est sans doute un exemple extrême [4]. Mais c'est un fait qu'au XVIII° siècle, la classe des ouvriers agricoles était trop insignifiante pour que le mot « ouvrier » soit seulement mentionné dans l'*Encyclopédie d'économie domestique et agricole* de Krüniz, parue en 1773, tandis qu'en 1849, on estimait qu'en Prusse le nombre des travailleurs ruraux dépourvus de terres, ou vivant pour l'essentiel d'un salaire, s'élevait à presque 2 millions [5]. La seule autre solution systématique du problème agraire, dans le sens capitaliste, fut celle des Danois, qui créa également une forte armature de petits et moyens fermiers-commerçants. Cependant, elle dérivait pour l'essentiel des réformes de la période du despotisme éclairé, datant de la décennie 1780-1790, et reste donc en dehors du cadre de ce volume.

La solution nord-américaine reposait sur ce fait unique que l'offre de terres libres était pratiquement illimitée et que n'existait aucune survivance de relations féodales, ou de collectivisme paysan traditionnel. Le seul obstacle à la multiplication d'exploitations agricoles tout à fait individualisées, était celui, bien faible, des tribus indiennes dont les terres — normalement garanties par des traités avec les gouvernements anglais, français et américain — étaient détenues collectivement, souvent comme terrains de chasse. Le conflit fondamental entre une conception de la société qui considère la propriété individuelle parfaitement aliénable non pas seulement comme l'unique système rationnel, mais comme le seul naturel, et une conception qui ignore ce sens de la propriété, n'est peut-être nulle part plus éclatant qu'à la lumière de la rivalité entre Américains Blancs et Indiens. [Parlant des raisons qui empêchent les Indiens d'apprécier les bénéfices de la civilisation] le commissaire aux Affaires indiennes explique : « Parmi les plus malfaisantes et les plus fatales il faut ranger la possession de trop grandes étendues du pays qu'ils occupent collectivement et leur droit à de larges annuités en argent; la première leur donnant un ample champ pour se laisser aller à leurs habitudes de nomadisme et de vagabondage, les empêchant d'acquérir la notion d'individualité en matière de propriété et de découvrir les avantages de demeures fixes; la seconde encourageant leur paresse et leur tendance au gaspillage en leur donnant les moyens de satisfaire leurs appétits et leurs goûts dépravés [6]. » Les priver de leurs terres, par fraude, vol ou autres moyens appropriés de pression, devenait donc aussi moral que profitable.

Les Indiens primitifs et nomades ne sont pas le seul peuple à n'avoir jamais compris, ni voulu comprendre, le rationalisme individualiste bourgeois, au sujet de la propriété terrienne. En fait, dans la paysannerie, à l'exception de minorités d'individus instruits, âpres au gain « vigoureux et sobres », la grande majorité de la population rurale, depuis les plus grands propriétaires féodaux jusqu'aux bergers les plus démunis s'accordait pour abhorrer cette attitude. Seule, une révolution politico-légale, dirigée à la fois contre les gros propriétaires et la paysannerie traditionaliste était à même de créer les conditions permettant à la minorité rationnelle de devenir la majorité rationnelle. L'histoire des relations agraires dans la plus grande partie de l'Europe occidentale et de ses colonies, durant notre période, est l'histoire de cette révolution, bien que ses conséquences ne se soient pas fait pleinement sentir avant la seconde moitié du siècle.

Comme nous l'avons vu, son premier but était de transformer la terre en une marchandise. Les dévolutions successorales automatiques et autres interdits de vente ou de morcellements qui frappaient les propriétés des nobles devaient être cassées et les propriétaires terriens soumis ainsi au risque salutaire de la faillite pour gestion incompétente, ce qui pourrait permettre à des acheteurs plus compétents sur le plan économique de prendre la suite. Par-dessus tout, dans les pays catholiques ou musulmans (les pays protestants l'avaient fait depuis longtemps), l'énorme bloc des biens ecclésiastiques ou religieux devait être retiré du royaume gothique de la superstition antiéconomique et ouverts à l'exploitation rationnelle du marché. La sécularisation et la vente les guettaient. Les surfaces non moins vastes des terrains communaux — champs, pâtures, bois, etc., propriétés collectives, et donc mal utilisées — des villages et des villes, devaient être livrées à l'entreprise individuelle. Le morcellement en lots individuels et l'*enclosure* les attendaient. Que les nouveaux acheteurs dussent être des hommes entreprenants « vigoureux et sobres » pouvait difficilement être mis en doute; et de cette façon le second objectif de la révolution agraire serait atteint.

Mais ceci à la condition seulement que la paysannerie, des rangs de laquelle sortiraient sans doute beaucoup de ces hommes nouveaux se transforme elle-même en une classe capable de disposer librement de ses ressources; alors serait atteint du même coup automatiquement le troisième objectif, l'apparition d'une grande force ouvrière « libre », composée de ceux qui n'auraient pas réussi à devenir des bourgeois. La libération paysanne des biens et des taxes antiéconomiques (vilainage, servage, redevances aux seigneurs, travail forcé, esclavage, etc.) était donc elle aussi

essentielle, d'autant qu'elle entraînerait un avantage supplémentaire et de grande importance. Car aux travailleurs salariés libres,
sensibles à l'attrait de rénumérations plus élevées, ou aux fermiers libres, on pourrait, pensait-on, enseigner les moyens d'être
plus efficaces que les travailleurs forcés, qu'ils soient serfs, péons
ou esclaves. Une seule autre condition resterait à remplir. Le
très grand nombre de ceux qui végétaient actuellement sur ces
terres, auxquelles toute l'histoire humaine les rivait, mais qui,
dans une exploitation rationnelle, deviendraient une population
excédentaire * devraient être arrachés à leurs racines et rendus
libres de se déplacer à leur guise. C'est seulement ainsi qu'ils
seraient poussés à émigrer vers les villes et les usines où l'on avait
de plus en plus besoin de leurs bras. En d'autres termes, les paysans
devaient perdre leurs terres en même temps que leurs autres
chaînes.

Presque partout, en Europe, cela signifiait que cet ensemble
d'institutions traditionnelles, légales et politiques, communément
appelé « féodalisme », devait être aboli là où il n'avait pas encore
disparu. Ceci s'accomplit *grosso modo* durant la période 1789-1848
— principalement par l'entremise directe ou indirecte, de la Révolution française — depuis Gibraltar jusqu'à la Prusse orientale et
de la Baltique à la Sicile. Les transformations similaires en Europe
centrale n'intervinrent qu'en 1848 et, en Russie et en Roumanie,
qu'après 1860. En dehors de l'Europe, quelque chose d'analogue en
principe s'accomplit dans les Amériques, avec les exceptions importantes du Brésil, de Cuba et du Sud des Etats-Unis où l'esclavage se
maintiendra jusqu'en 1862-1888. Dans quelques régions coloniales
administrées directement par des Etats européens, principalement
dans certaines zones des Indes et en Algérie, des révolutions légales
similaires virent également le jour. Il en fut de même en Turquie
et, pour une courte période, en Egypte [8].

Sauf pour la Grande-Bretagne et quelques autres pays dans
lesquels le féodalisme, au sens précis du terme, ou bien avait déjà
été aboli, ou bien n'avait jamais réellement existé (on peut seulement y parler de collectivités paysannes traditionnelles), les
méthodes concrètes utilisées pour aboutir à cette révolution furent
presque partout les mêmes. En Grande-Bretagne, aucune législation
permettant l'expropriation des grands domaines n'était nécessaire,

---

* On estimait ainsi, au début de la décennie 1830-1840, que l'ensemble
de la main-d'œuvre excédentaire disponible représentait un sixième de la
population totale de l'Angleterre industrielle et urbaine, un vingtième en
France et en Allemagne, un vingt-cinquième en Autriche et en Italie, un
trentième en Espagne et un pour 100 en Russie [7].

ni d'ailleurs politiquement réalisables, étant donné que les grands propriétaires ou leurs fermiers s'étaient déjà mis au diapason de la société bourgeoise. Leur résistance, jusqu'au triomphe final du système bourgeois dans les campagnes — de 1795 à 1846 — fut acharnée. Cependant, bien qu'il s'y mêlât, d'une façon non formulée, une sorte de protestation traditionaliste contre le souffle destructeur du principe purement individualiste du profit, la cause la plus manifeste de leur mécontentement était beaucoup plus simple : le désir de maintenir dans la période de dépression de l'après-guerre, le haut niveau des prix et des rentes atteint durant des guerres révolutionnaires et napoléoniennes. Ces grands propriétaires représentaient davantage un groupe de pression agraire qu'une réaction féodale. Le couperet de la loi fut donc dirigé contre les survivances de la paysannerie, les tout petits propriétaires et les travailleurs agricoles. A partir de 1760, 6 millions d'acres de terrains communaux (terres cultivées ou pâturages) furent, dans le cadre des Enclosure Acts, particuliers ou généraux, répartis en quelque 5 000 « enclos » et transformés en propriétés privées, des arrangements moins formels complétant très souvent ces mesures. La Poor Law de 1834 était destinée à rendre la vie des pauvres dans les campagnes tellement intolérable qu'ils seraient forcés d'émigrer et d'accepter n'importe quel emploi qui leur serait offert. Et c'est ce que, presque immédiatement, ils commencèrent à faire. Entre 1840 et 1850 plusieurs comtés étaient déjà à la limite de la dépopulation totale et à partir de 1850, l'abandon des campagnes devint général.

Les réformes des années 1780 abolirent le féodalisme au Danemark; toutefois, leurs principaux bénéficiaires ne furent pas les seigneurs mais les paysans propriétaires et les fermiers qui furent encouragés, après la suppression des « champs ouverts », à rassembler leurs petites parcelles en propriétés individuelles; il s'agit d'un processus analogue à l'*enclosure* et il était très avancé vers 1800. Quand aux domaines, la tendance fut de les morceler pour les vendre à leurs anciens fermiers, quoique la dépression économique post-napoléonienne, où les petits propriétaires survécurent plus difficilement que les fermiers, ait ralenti le processus entre 1816 et environ 1830. Vers 1865, le Danemark était essentiellement un pays de paysans propriétaires indépendants. En Suède, des réformes semblables, mais moins radicales, eurent des effets similaires, de telle sorte que, dans la seconde moitié du XIXe siècle, la culture traditionnelle communale et son système parcellaire avaient pratiquement disparu. Les anciennes zones féodales du pays furent traitées comme le reste du territoire où la paysannerie libre avait toujours été prédominante, comme elle

l'était incontestablement en Norvège (territoire rattaché à la
Suède après 1815), alors qu'il avait fait partie autrefois du Danemark. On note aussi la tendance à diviser les plus grandes entreprises, contrebalancée dans certaines régions par celle consistant
à regrouper les parcelles. Le résultat fut une nette et rapide
augmentation de la productivité de l'agriculture — au Danemark
le cheptel doubla dans le dernier quart du XVIIIᵉ siècle [9] — mais
avec la montée rapide de la population un nombre croissant
de campagnards pauvres ne trouvaient pas d'emploi. Après 1850,
la rigueur de leur condition donna naissance à ce qui, proportionnellement à la population, est le courant d'immigration le plus
massif du siècle, liant aux Etats-Unis (le Middle West surtout), la
Norvège infertile, un peu plus tard la Suède et, un peu moins
fortement, le Danemark.

II

En France, comme nous l'avons vu, l'abolition du féodalisme
fut l'œuvre de la Révolution. La pression paysanne et le jacobinisme conduisirent à la réforme agraire au-delà du point où les
champions du développement économique capitaliste auraient
souhaité qu'elle s'arrêtât (cf. ci-dessus p. 67 et 93). La France, dans
l'ensemble, ne devint, du coup, ni un pays de seigneurs et d'ouvriers
agricoles, ni un pays de fermiers-commerçants, mais essentiellement un pays de propriétaires moyens et aisés qui furent le
soutien principal de tous les régimes politiques successifs qui ne
menaçaient pas de confisquer leurs terres. Que le nombre des
paysans propriétaires ait alors augmenté de plus de 50 % —
de 4 à 6 millions et demi — est une supposition ancienne, plau-
sible, mais pour le moment non vérifiable. La seule chose sûre,
c'est que le nombre de ces propriétaires ne diminua pas et, dans
certaines régions, augmenta plus que dans d'autres; mais si le
département de la Moselle, où il augmenta de 40 % entre 1789 et
1801, est plus représentatif de la réalité que le département
de l'Eure, où il resta inchangé [10], il faudra pour le savoir, attendre
des recherches nouvelles. Les conditions de la vie rurale étaient
bonnes dans l'ensemble, même en 1847-1848, il n'y eut pas de
misère véritable, sauf pour une partie des ouvriers agricoles [11].
Le courant migratoire des travailleurs excédentaires des campagnes vers les villes fut donc faible, facteur qui contribua à
retarder le développement industriel français.

Dans la plus grande partie de l'Europe méridionale, dans les
Pays-Bas, la Suisse et l'Allemagne occidentale, l'abolition du féo-

dalisme fut l'œuvre des armées françaises victorieuses, décidées à « proclamer immédiatement au nom de la nation française... l'abolition de la dîme, de la féodalité et des droits seigneuriaux [12] » ou des libéraux du cru qui collaborèrent avec elles ou en reçurent leur inspiration. En 1799, la révolution légale avait ainsi compris les pays bordant la France de l'Est et l'Italie septentrionale et centrale, ne faisant souvent que compléter une évolution déjà bien avancée. Le retour des Bourbons après la révolution napolitaine avortée de 1789-1799, la retarda dans l'Italie méridionale continentale jusqu'en 1808, l'occupation britannique tint la Sicile en dehors du mouvement, quoique le féodalisme eût été formellement aboli dans cette île entre 1812 et 1843. En Espagne, les Cortès de Cadix, libérales et antifrançaises, abolirent le féodalisme en 1811 et, en 1813, certaines règles de dévolution successorale quoique, comme ce fut presque toujours le cas dans les zones que n'avaient pas profondément transformées un long rattachement à la France, le retour des anciens régimes ait différé l'application pratique de ces principes. C'est pourquoi les réformes françaises ont commencé ou poursuivi plutôt qu'achevé la révolution légale, dans des régions telles que l'Allemagne du Nord-Ouest, à l'est du Rhin, et dans les provinces illyriennes (Istrie, Dalmatie, Raguse, plus tard également la Slovénie et une partie de la Croatie) qui ne furent pas soumises à un gouvernement, ou à une domination française jusqu'en 1805.

La Révolution française n'était pas cependant la seule force œuvrant pour une révolution complète dans les systèmes agraires. Le simple argument économique en faveur d'une utilisation rationnelle de la terre avait beaucoup impressionné les despotes éclairés de la période prérévolutionnaire, et les avait entraînés à des attitudes très similaires. Dans l'empire des Habsbourg, Joseph II avait en fait aboli le servage et sécularisé beaucoup de biens ecclésiastiques en 1780 et 1790. Pour des raisons semblables et par suite de leurs révoltes persistantes, les serfs de la Livonie russe avaient nominalement été rétablis dans le statut de paysans propriétaires dont ils avaient joui jadis sous l'administration suédoise. Ils n'en tirèrent d'ailleurs pas le moindre avantage, car l'avidité des seigneurs tout-puissants, utilisa rapidement l'émancipation comme un instrument simple d'expropriation du pays. Après les guerres napoléoniennes, les quelques garanties légales des paysans disparurent et entre 1819 et 1850, ils perdirent au moins un cinquième de leurs terres, tandis que les domaines des nobles augmentaient de 60 à 180 % [13]. Une classe d'agriculteurs sans terre les cultivait.

Ces trois facteurs — l'influence de la Révolution française, les arguments de rationalité économique des fonctionnaires et

l'avidité de la noblesse — entraînèrent l'émancipation des paysans
en Prusse, entre 1807 et 1816. L'influence de la Révolution fut
évidemment décisive, car ses armées venaient de pulvériser la
Prusse en démontrant ainsi, avec une force dramatique, l'impuissance des anciens régimes qui refusaient les méthodes modernes,
c'est-à-dire celles dont les Français fournissaient le modèle. Comme
en Livonie, l'émancipation fut liée à l'abolition de la modeste protection légale dont la paysannerie avait bénéficié jusque-là. En
échange de l'abolition des corvées et des taxes féodales et pour
obtenir ses nouveaux titres de propriétés le paysan fut obligé, entre
autres pertes, de laisser à son ex-seigneur le tiers ou la moitié de la
terre qu'il cultivait jusque-là, ou alors l'équivalent en argent,
ce qui le ruinait. Ce processus légal de transition, long et complexe,
était loin d'être achevé en 1848, mais il était d'ores et déjà évident que tandis que les propriétaires en avaient bénéficié largement et un petit nombre de paysans aisés un peu, grâce à leurs
nouveaux titres de propriétés, la masse de la paysannerie en avait
incontestablement pâti et le nombre des ouvriers sans terre augmentait rapidement *.

A long terme, économiquement, l'incidence de cette transformation fut bénéfique, même si, à court terme, les régressions,
comme souvent lors des réformes agraires importantes, furent
sérieuses. Vers 1830-1831, en Prusse le troupeau de bovins et
d'ovins rejoignait tout juste le chiffre du début du siècle, les
grands propriétaires en possédant une part plus importante et les
paysans une part plus faible. D'un autre côté la surface des terres
cultivées avait augmenté de plus d'un bon tiers et la productivité de
moitié, au cours, approximativement, de la première moitié du
siècle [15]. La population rurale excédentaire augmentait évidemment
rapidement. Et étant donné que les conditions de vie en zone rurale
étaient franchement mauvaises — la famine de 1846-1848 fut
probablement pire en Allemagne que partout ailleurs excepté en
Irlande —, elle avait mille raisons d'émigrer. Et de fait, avant la

---

* L'apparition des grandes propriétés et des ouvriers sans terre était
favorisée par l'absence d'un développement industriel local et par la culture
d'un ou deux produits d'exportation importants (principalement les
céréales). Cette situation se prêtait d'elle-même à une telle organisation.
(En Russie, à cette époque, 90 % des céréales commercialisées prove-
naient des grands domaines et seulement 10 % des petites propriétés).
Au contraire, là où un développement industriel local créait un marché de
plus en plus large et différencié pour l'approvisionnement des villes voisines, le paysan ou le petit fermier avait l'avantage. C'est pour cela que
tandis qu'en Prusse l'émancipation paysanne expropriait le serf, en Bohême,
le paysan après 1848, passe de la libération à l'indépendance [14].

famine irlandaise, les Allemands ont fourni, de tous les pays, le plus fort contingent d'émigrants.

Les étapes légales effectives qui affermirent les systèmes bourgeois de la propriété terrienne furent ainsi, comme nous l'avons vu, franchies principalement entre 1789 et 1812. Leurs conséquences, en dehors de la France et de quelques régions voisines, se firent sentir beaucoup plus lentement, essentiellement à cause de la puissance de la réaction économique et sociale après la chute de Napoléon. En général, chaque poussée nouvelle de libéralisme fit faire à la révolution agraire, un pas de plus, dans son passage de la théorie à la pratique, et chaque retour des anciens régimes en différa l'application, surtout dans les pays catholiques où la sécularisation et la vente des terres appartenant à l'Eglise faisaient partie des revendications libérales les plus pressantes. Ainsi en Espagne, le triomphe temporaire d'une révolution libérale, en 1820, fut l'origine d'une nouvelle loi de *desvinculación* qui permettait aux nobles de vendre sans restriction leurs domaines; la restauration de l'absolutisme l'abrogea en 1823; la nouvelle victoire du libéralisme la remit en vigueur en 1836 et ainsi de suite. Le volume réel des transactions foncières au cours de notre période, pour autant qu'on puisse le mesurer, resta donc très réduit, sauf dans les zones où, dans la classe moyenne, un contingent entreprenant d'acheteurs et de spéculateurs fonciers se tenait prêt à profiter des occasions. Dans la plaine de Bologne (Italie du Nord), les domaines des nobles qui représentaient 78 % du patrimoine total, en 1789, n'en représentaient plus que 66 % en 1804 et 51 % en 1835 [16]. Au contraire, en Sicile, beaucoup plus tard encore, 90 % de l'ensemble des terres se trouvaient toujours entre les mains des aristocrates [17] *. Il faut signaler un cas à part : les domaines de l'Eglise. Ces vastes domaines presqu'invariablement mal exploités et mal entretenus — on a affirmé que les deux tiers des terres du royaume de Naples, vers 1760, appartenaient à l'Eglise [19] — avaient peu de défenseurs et les loups n'étaient que trop nombreux à rôder autour d'eux. Même en pleine réaction absolutiste, dans l'Autriche catholique, après l'échec du despotisme éclairé de Joseph II, personne ne suggéra la restitution des domaines conventuels qui avaient été sécularisés, et distribués. Ainsi, dans une commune de la Romagne (en Italie), les terres de

---

* On a prétendu non sans vraisemblance, que cette puissante bourgeoisie rurale qui « est en substance la classe sociale guidant et réglant la marche vers l'unité italienne » tendait, par son orientation agraire même, vers la doctrine du libre échange, ce qui attira à l'unité italienne toute la sympathie de la Grande-Bretagne, mais qui retarda aussi l'industrialisation de la péninsule [18].

l'Eglise passèrent de 42,5 % des surfaces cultivées en 1783 à
11,5 % en 1812; mais les terres perdues ne se retrouvèrent pas
seulement dans le patrimoine des bourgeois (dont le pourcentage s'éleva de 24 à 47 %), mais aussi dans celui des aristocrates (augmentation de 34 à 41 % [20]). En conséquence, il n'est
pas surprenant que même dans l'Espagne catholique, les gouvernement libéraux en place par intermittence, aient réussi la vente
de plus de la moitié du domaine foncier de l'Eglise vers 1845,
et davantage encore dans les provinces où les propriétés ecclésiastiques étaient les plus nombreuses, ou encore là où le développement économique était le plus avancé (dans quinze provinces,
plus des trois quarts des domaines fonciers ecclésiastiques avaient
été vendus [21]).

Malheureusement pour la thèse économique libérale, cette
redistribution de la terre, sur une large échelle, ne provoqua pas
l'éclosion de cette classe de propriétaires ou de fermiers entreprenants et progressistes que l'on attendait avec tant de confiance.
Pourquoi d'ailleurs un acheteur, issu de la classe moyenne — un
homme de loi de la ville, marchand ou spéculateur — aurait-il
été s'embarrasser dans des régions économiquement sous développées et inaccessibles, des frais d'investissements et des tracas
qu'aurait nécessités la transformation des biens fonciers en entreprises sainement administrées, alors qu'il était si simple de prendre
la place, qui lui avait été jusque-là refusée, des anciens propriétaires de la noblesse ou du clergé, et qu'il pouvait maintenant
exercer leurs pouvoirs en regardant davantage à la rentabilité
et moins à la tradition et aux coutumes. Dans de vastes zones de
l'Europe méridionale, une couche nouvelle et dure de « barons »
renforça ainsi l'ancienne. Les grands domaines latifondiaires
légèrement diminués, comme dans l'Italie méridionale continentale, restèrent intacts comme en Sicile ou s'étendirent même
en Espagne. Dans de tels régimes, la révolution légale n'a fait
qu'ajouter une féodalité nouvelle à l'ancienne qui s'en est
trouvée renforcée; et d'autant plus que le petit acheteur et spécialement le paysan n'a pour ainsi dire pas du tout profité des ventes
de terres. Cependant, dans la plus grande partie de l'Europe
méridionale, les structures sociales des temps anciens demeuraient
assez solides pour rendre même impossible l'idée de migration
des masses. Hommes et femmes vivaient là où leurs ancêtres
avaient vécu et, au besoin, y mouraient de faim. L'exode massif de
l'Italie du Sud par exemple n'interviendra qu'un demi-siècle plus
tard.

Mais même là où les paysans reçurent véritablement des
terres, où la possession leur en fut confirmée, comme en France,

dans certaines parties de l'Allemagne ou en Scandinavie : ils ne se transformèrent pas pour autant, automatiquement comme on l'avait espéré en petits entrepreneurs agricoles. (Bien entendu, les terres à leur disposition étaient souvent trop petites et non rentables pour qu'il en fût autrement, ainsi en Belgique, où les deux tiers des propriétés en 1846 avaient moins de deux hectares et où même 40 % étaient des exploitations naines, de moins d'un demi-hectare.) Et ceci pour la simple raison que si les paysans désiraient des terres, il était rare qu'ils veuillent d'une économie agricole bourgeoise.

III

Car, aussi inefficace et opprimant qu'il ait été, le système traditionnel ancien était aussi un système offrant, à un niveau très bas et misérable, une sécurité sociale appréciable et même une certaine sécurité économique; sans parler du fait qu'il était consacré par la coutume et par la tradition. Les famines périodiques, un travail si lourd que les hommes étaient vieux à quarante ans, les femmes à trente, étaient des manifestations de la volonté divine; ils ne devenaient du ressort de la responsabilité des hommes que dans les périodes de difficultés anormales ou de révolutions. La révolution légale, du point de vue des paysans, ne leur donnait rien, sauf quelques droits légaux, alors qu'elle leur enlevait beaucoup d'avantages.

En Prusse, par exemple, l'émancipation leur offrit la moitié ou les deux tiers des terres qu'ils cultivaient déjà et l'affranchissement du travail forcé et autres corvées, mais elle les priva totalement de la possibilité de réclamer l'assistance du seigneur en cas de mauvaise récolte ou d'épidémie du bétail, du droit de ramasser ou d'acheter à bas prix du combustible provenant des forêts du seigneur, du droit de faire participer le seigneur aux frais de réparation ou de reconstruction de leurs demeures, du droit, dans les cas d'extrême pauvreté, à bénéficier de l'aide du seigneur pour le règlement des impôts, du droit de faire paître leurs bêtes dans les forêts seigneuriales. Pour le paysan pauvre, l'affaire ne pouvait paraître que mauvaise. Les propriétés de l'Eglise avaient sans doute été mal administrées, mais ce fait même leur valait toutes les faveurs des paysans, car sur ces terres, les avantages que leur donnait la coutume, tendaient à devenir un droit de prescription. Le morcellement et la clôture des terres communales, champs, prés ou forêts, étaient tout simplement, pour le paysan pauvre, la perte de ressources et de réserves sur lesquelles il se sentait des droits (lui, ou plutôt sa personne en tant que membre de la communauté). Le marché libre de la terre signifiait pour lui qu'il aurait probablement à vendre la sienne; la constitution d'une classe d'entrepreneurs agricoles que les plus durs d'entre eux, ou les plus positifs l'exploiteraient à la place, ou en plus, des anciens seigneurs. En même temps l'introduction du libéralisme dans les campagnes était comme une sorte de bombardement silencieux qui frappait la structure sociale où il avait toujours évolué et qui ne laissait rien à sa place que les riches : une solitude nommée liberté.

Quoi de plus naturel que le paysan pauvre ou que l'ensemble de la population rurale ait résisté autant que faire se pouvait et quoi de plus naturel si elle résista au nom de l'idéal coutumier et très ancien d'une société juste et stable, c'est-à-dire au nom de l'Eglise et du roi légitime. Si nous exceptons la révolution paysanne française (et même celle-ci, en 1789, n'était généralement ni anticléricale, ni antimonarchique) pratiquement tous les mouvements paysans importants de notre période qui ne furent pas dirigés contre un roi étranger ou une église étrangère, furent ostensiblement dirigés par des prêtres et hommes de la classe dirigeante. La paysannerie de l'Italie du Sud s'allia au sous-prolétariat urbain pour mener en 1799 une contre-révolution sociale, dirigée contre les Napolitains jacobins et les Français au nom de la sainte foi catholique et des Bourbons; et ceci fut également le slogan des maquisards-bandits de Calabre et d'Apulie contre l'occupation française, comme plus tard contre l'unité italienne. Des prêtres et des brigands héros furent à la tête de la paysannerie espagnole dans sa guérilla contre Napoléon. L'Eglise, le roi et un traditionalisme si excessif qu'il en était étrange même au début du XIX⁰ siècle, a inspiré la guérilla carliste du Pays Basque, de Navarre, Castille, Léon et Aragon dans leur combat implacable contre les libéraux espagnols, de 1830 à 1850. La Vierge de la Guadalupe était la patronne des paysans mexicains en 1810. Au Tyrol en 1809, l'Eglise et l'empereur combattirent les Bavarois et les Français sous la conduite de l'aubergiste Andreas Hofer. En 1812-1813, c'était pour le tsar et la sainte orthodoxie que les Russes se battaient. En Galicie les révolutionnaires polonais savaient que leur seule chance de soulever les paysans ukrainiens était d'utiliser les prêtres grecs orthodoxes et uniates; ils échouèrent parce que les paysans préféraient l'empereur aux seigneurs. En dehors de la France où le républicanisme et le bonapartisme avaient gagné une importante fraction de la paysannerie entre 1791 et 1815 et où l'Eglise, dans de nombreuses régions, avait été écartée avant même la révolution, il n'y a que peu de zones — peut-être surtout celles dans lesquelles l'Eglise était une puissance étrangère et depuis longtemps mal acceptée, comme dans la Romagne papale et en Emilie — où ait régné ce que nous appellerions aujourd'hui une agitation rurale de gauche. Et même en France, la Bretagne et la Vendée demeurèrent des forteresses de bourbonisme populaire. Le refus des paysans européens à se soulever en accord avec les jacobins et les libéraux, c'est-à-dire avec les avocats, les commerçants, les administrateurs de biens, les fonctionnaires et les propriétaires fonciers, a condamné à l'échec les révolutions de 1848, dans les pays où la Révolution française ne leur avait pas donné la terre ; et là où ils l'avaient reçue en partage, leur crainte de la perdre ou le simple fait qu'ils étaient satisfaits de leur sort, les maintint également dans la passivité.

Bien entendu, les paysans ne se soulevaient pas pour le « vrai » roi régnant qu'ils connaissaient à peine, mais pour l'idéal d'un roi juste qui punirait, s'il venait à les apprendre, les abus de ses sujets et seigneurs. Mais souvent aussi l'Eglise pour laquelle ils se soulevaient était une réalité plus concrète. Etant donné que le prêtre du village était l'un des leurs, les saints étaient forcément aussi des leurs et ils n'appartenaient à personne d'autre. Et même les administrateurs des domaines délabrés de l'Eglise étaient plus supportables que les avides propriétaires laïques. Là où les paysans possédaient des terres et étaient libres, comme au Tyrol, en Navarre, ou dans les cantons catholiques de la Suisse de Guillaume Tell (où il n'y avait pas de roi), leur traditionalisme était un rempart pour conserver une relative liberté contre les envahissements du libéralisme. Là où ce n'était pas le cas, les paysans étaient plus révolutionnaires. N'importe quel appel à résister aux conquêtes de l'étranger et du bourgeois, qu'il fût lancé par les prêtres, le roi ou n'importe qui d'autre, avait des chances d'entraîner non seulement le sac des demeures de la noblesse et des avocats des villes, mais une marche en procession, avec tambours et bannière de saint, pour aller occuper et répartir la terre, assassiner les propriétaires, violer leurs femmes et faire un autodafé des documents juridiques. Car, sûrement, c'était malgré la volonté réelle du Christ et du roi que le paysan était pauvre et dépourvu de terre. C'est à cause de cette base solide d'agitation sociale révolutionnaire que les mouvements paysans dans les régions de servage et de grands domaines, ou dans les régions de propriétés anormalement petites et morcelées, furent des alliés si peu sûrs pour la réaction. Il suffisait, pour les faire glisser d'une tendance révolutionnaire légitimiste à une tendance révolutionnaire de gauche qu'ils aient le sentiment que le roi et l'Eglise étaient passés du côté des gens riches de l'endroit et qu'ils rencon-

trent un mouvement révolutionnaire d'hommes semblables à eux,
parlant leur langage. Le radicalisme populaire de Garibaldi fut
peut-être le premier des mouvements de cette nature et les bandits
napolitains lui firent un accueil enthousiaste, tout en continuant
à vénérer la Sainte Eglise et les Bourbons. Le marxisme et le
bakouninisme devaient réussir mieux encore dans cette voie. Mais
le passage de la rébellion paysanne de l'aile droite à l'aile gauche
de la politique avait à peine commencé avant 1848, car ce n'est
qu'après le milieu du siècle et surtout pendant et après la grande
crise agraire des années 1880 qu'a vraiment commencé à se faire
sentir massivement l'impact de l'économie bourgeoise sur les problèmes de la terre : il devait donner une force épidémique à une
rébellion paysanne qui, jusque-là, était restée endémique.

IV

En Europe, comme nous l'avons vu, la révolution légale, dans
de larges zones, apparut comme quelque chose d'imposé de l'extérieur, comme une sorte de secousse sismique artificiellement provoquée, plutôt que comme le glissement d'un terrain depuis longtemps miné. Bien entendu, la chose est plus vraie encore là où
la révolution légale a été imposée par la conquête d'une économie
bourgeoise à une économie intégralement non bourgeoise comme
en Afrique et en Asie.

Ainsi, en Algérie, le conquérant français a débarqué dans une
société médiévale caractéristique, avec un système bien établi
et normalement florissant d'écoles religieuses — on a dit que les
soldats français d'origine paysanne étaient moins instruits que les
populations qu'ils conquirent [22] — financées par les nombreuses
fondations pieuses *. Ces écoles étant considérées comme de simples
foyers de superstition furent fermées; l'achat des biens fonciers
religieux fut permis aux Européens qui n'avaient compris ni leur
raison d'être, ni leur caractère légalement inaliénable; et les
maîtres d'école, habituellement membres de puissantes confréries
religieuses, émigrèrent vers les zones non conquises pour rejoindre
les éléments qui résistaient sous la conduite d'Abd el-Kader. La
transformation systématique des terres en simples propriétés privées aliénables commença, quoique son plein effet n'ait été ressenti
que beaucoup plus tard. Comment en effet un Européen libéral

---

* Ces terres sont un peu l'équivalent de celles qui furent données à
l'Eglise, dans un but charitable ou rituel, dans les pays chrétiens du Moyen
Age.

eût-il été à même de comprendre la trame compliquée du droit et des obligations privées et collectives qui, dans une région comme la Kabylie, s'opposait à l'éparpillement anarchique de la propriété en parcelles minuscules de terre, ou en possessions individuelles de parties de figuiers.

L'Algérie venait à peine d'être conquise vers 1848. De vastes régions des Indes étaient alors administrées directement par les Anglais depuis plus d'une génération. Puisqu'aucun groupe de colons européens ne souhaitait acquérir les terres indiennes, aucun problème d'expropriation pure et simple ne s'était posé. L'incidence du libéralisme sur la vie rurale indienne fut, en premier lieu, une conséquence de la recherche par les dirigeants britanniques d'une méthode convenable et efficace d'imposition foncière. Ce fut l'alliage de leur cupidité et de leur individualisme juridique qui produisit la catastrophe. Le régime foncier aux Indes, avant l'occupation britannique, était aussi complexe que dans n'importe quelle autre société traditionnelle, mais non immuable et périodiquement ravagée par la conquête étrangère. En gros, cependant, il reposait sur deux solides piliers : les terres appartenaient — *de jure ou de facto* — à des collectivités autonomes (tribus, clans, villages communautaires, fraternités, etc.) ; et le gouvernement recevait une part de leur production. Sans doute certaines terres étaient-elles d'une certaine façon aliénables, certains régimes fonciers pouvaient être assimilés à des locations, et certains règlements financiers à des rentes, mais il n'y avait en fait ni seigneurs, ni fermiers, ni propriété foncière individuelle, ni rente, au sens britannique de ces termes.

C'était là une situation éminemment déplaisante et incompréhensible pour les administrateurs et les gouverneurs britanniques qui se mirent à inventer de toutes pièces le système foncier qui leur était familier. Au Bengale, la première grande région qui soit passée sous l'administration britannique directe, l'impôt foncier Mughal' était levé, jusque-là par des sortes de fermiers d'impôts ou d'agents à la commission, les *zemindars*. Ils ne pouvaient être autre chose, bien sûr, que l'équivalent des propriétaires fonciers anglais puisqu'ils réglaient un impôt calculé (comme pour l'impôt foncier anglais contemporain) sur l'ensemble de leurs domaines; ils seraient la classe qui permettrait d'organiser la perception des impôts, qui augmenterait le produit des terres grâce à l'intérêt bénéfique qu'elles apportaient à leurs propriétés, et donc l'appui politique à un régime étranger qui devait assurer à celui-ci la stabilité. « Je considère, écrira lord Teignmouth dans la *Minute* du 18 juin 1789 qui ébaucha le système permanent du revenu foncier du Bengale, les Zemindars comme les proprié-

taires du sol, à la possession duquel ils accèdent par voie d'héritage... Le privilège de disposer du bien foncier par vente ou hypo-
thèque découle de ce droit fondamental... » [23] Plusieurs versions
de ce système dit zemindari furent appliquées à environ 19 %
des régions qui constituèrent ultérieurement l'Inde britannique.

La cupidité plutôt que la commodité est à l'origine du second
type de système de perception, qui fut appliqué sur un peu plus
de la moitié des Indes britanniques, le *ryotwari*. Ici les occupants
britanniques se considérèrent comme les successeurs d'un despotisme oriental, qui selon leur interprétation qu'on ne saurait
dire d'entière candeur, était le maître suprême de toutes les terres ;
et ils s'attelèrent à la tâche herculéenne d'établir une base d'impôt
individuel pour chaque paysan, en considérant celui-ci comme un
petit propriétaire foncier ou plutôt comme un petit fermier. Le
principe directeur exprimé avec la clarté habituelle du fonctionnaire compétent, était le libéralisme agraire dans sa forme la plus
pure. Il postulait en reprenant les termes de Goldsmid et de Win-
gate « la limitation de la responsabilité collective à quelques cas
où les champs sont possédés en commun ou ont été répartis
entre cohéritiers ; la reconnaissance de la propriété du sol ; une
parfaite liberté de gestion garantie aux propriétaires, tant pour
louer que pour vendre ; des facilités pour réaliser les ventes ou
les échanges de parcelles par répartition des droits de mutation » [24] La communauté villageoise fut tout à fait ignorée, en dépit
des sérieuses objections du ministre des Finances du Madras (1808-
1818) qui considérait à juste titre que le système de l'imposition
collective des communautés villageoises était infiniment plus réaliste ; il est vrai qu'en même temps (et d'une façon très significative) il les défendait comme la meilleure garantie de la propriété
privée ! L'esprit doctrinaire et la cupidité furent victorieux et
« le bienfait de la propriété privée » fut accordé à la paysannerie
indienne.

Les désavantages en furent si évidents que l'organisation
agraire dans les régions de l'Inde du Nord occupées ou conquises
par la suite (soit à peu près 30 % de la future Inde anglaise)
fut à nouveau celle d'un système zemindari modifié, avec quelques
tentatives pour reconnaître les collectivités agissantes, particulièrement dans le Punjab.

La doctrine libérale s'associe à une rapacité indifférente pour
donner un tour de vis supplémentaire à la pression déjà exercée
sur la paysannerie : à elles deux, elles augmentèrent sensiblement
le fardeau de la taxation. (L'impôt foncier de Bombay avait plus
que doublé cinq ans après la conquête de cette province en 1817-
1818.) La théorie de la rente de Malthus et de Ricardo devint la

base de la doctrine fiscale indienne grâce à l'influence de James Mill chef de l'école utilitariste. Selon cette théorie, la rente foncière était un simple surplus qui n'avait rien à voir avec la valeur réelle du fonds. Il résultait seulement de ce que certaines terres étaient plus fertiles que d'autres et il était accaparé, avec des résultats de plus en plus funestes pour l'ensemble de l'économie, par les gros propriétaires. C'est pourquoi on pouvait en confisquer le montant intégral sans aucune répercussion sur la richesse nationale, si ce n'est peut-être d'empêcher la montée d'une aristocratie terrienne, apte à rançonner les entrepreneurs valables. Dans un pays comme l'Angleterre, la pression politique exercée par les intérêts ruraux aurait rendu impossible une solution aussi radicale — qui revenait pratiquement à une nationalisation de la terre. Mais aux Indes le pouvoir despotique de l'idéologie du vainqueur pouvait l'imposer. On sait que, sur ce point, les arguments du libéralisme se divisèrent selon deux lignes opposées. Les administrateurs du XVIIIᵉ siècle, de tendance whig, et les hommes d'affaires de la vieille génération soutenaient le point de vue du bon sens, c'est-à-dire que des petits cultivateurs ignorants ne dépassant guère le niveau d'une production de subsistance, n'accumuleraient jamais un capital foncier capable de contribuer au développement de l'économie. Ils étaient donc partisans des « accords permanents » sur le modèle de ceux du Bengale, qui favorisaient une classe de gros propriétaires, fixaient un taux permanent de l'impôt (c'est-à-dire en fait un taux en diminution) et qui encourageait ainsi l'épargne et le progrès. Les administrateurs de l'école utilitariste animés par le redoutable champion de la bourgeoisie, J. Mill, préféraient la nationalisation des terres et une masse de petits fermiers au danger d'une nouvelle aristocratie terrienne.

Si les Indes avaient ressemblé un tant soit peu à l'Angleterre, la plaidoirie des whigs aurait certainement été irrésistiblement plus persuasive et après la révolte de 1857, elle le devint d'ailleurs pour des motifs politiques. En tout état de cause, les deux points de vue étaient également inapplicables à l'agriculture indienne. D'autre part, avec les progrès de la révolution industrielle en Angleterre, les intérêts particuliers de l'ancienne Compagnie des Indes orientales (qui étaient, entre autres, de disposer d'une colonie suffisamment prospère pour l'exploiter) étaient de plus en plus subordonnés aux intérêts généraux de l'industrie britannique (c'est-à-dire avant tout avoir dans les Indes un marché, une source de revenus, mais non un concurrent). En conséquence, la politique utilitariste qui assurait un contrôle britannique strict et une recette fiscale nettement plus élevée fut préférée. Dans la

période antérieure à la conquête anglaise l'impôt, traditionnellement ne dépassait pas la limite d'un tiers du revenu; avec les
Anglais, cette proportion passa à la moitié. Ce n'est qu'après que
la doctrine utilitariste ait conduit à un appauvrissement manifeste et à la révolte de 1857 que l'imposition fut réduite à un taux
moins exhorbitant.

L'application du libéralisme économique à la terre indienne
ne créa ni une classe de propriétaires terriens évolués ni une forte
paysannerie libre. Elle ne fit qu'introduire un autre élément d'insécurité; un autre réseau complexe de parasites et d'exploiteurs
du village (par exemple, les nouveaux fonctionnaires de la souveraineté britannique) [25], des déplacements considérables de la
propriété qui change de mains et se concentre, un accroissement
de l'endettement et de la pauvreté du paysan. Dans le district
de Cawpore (Uttar Pradesh), à l'époque où la Compagnie des
Indes orientales s'y installa, plus de 84 % des propriétés étaient
détenues par suite d'héritage. En 1840, 40 % des terres avaient
été achetées par leurs propriétaires; en 1872, 62,6 %. Bien plus,
sur plus de 3 000 propriétés ou villages — à peu près trois cin-
quièmes du total — cédées par les propriétaires d'origine, dans
trois districts des provinces du Nord-Ouest (Uttar Pradesh) dès
le commencement du régime anglais jusqu'en 1846-1847, plus de
750 avaient été transférés à des usuriers [26].

Il y a beaucoup à dire sur le despotisme éclairé et systématique des bureaucrates utilitaristes qui bâtirent la souveraineté
britannique au cours de cette période. Ils apportèrent la paix, un
large développement des services publics, une administration com-
pétente, une justice intègre, et un gouvernement incorruptible au
au niveau le plus élevé. Mais économiquement, leur échec fut
sensationnel. De tous les territoires administrés par des puissances
européennes ou des gouvernements du type européen, jusque et
y compris la Russie tsariste, c'étaient les Indes que continuaient
à tourmenter les famines les plus gigantesques et les plus meurtrières; peut-être — quoique les statistiques manquent au début
de la période — avec de plus en plus de gravité au fur et à mesure
que le siècle avance.

La seule autre grande région coloniale (ou ex-coloniale) où
l'on ait tenté d'appliquer la législation rurale libérale, fut l'Amérique latine. Là l'ancienne colonisation féodale des Espagnols
n'avait jamais trouvé aucun inconvénient au système agraire des
Indiens, à base collective et communale, aussi longtemps que les
colons blancs trouvaient toutes les terres qu'ils désiraient. Les
gouvernements indépendants cependant entreprirent de « libéra-
liser », dans l'esprit de la Révolution française et des doctrines de

Bentham. Ainsi Bolivar décréta l'individualisation de terrains communautaires au Pérou (1824) et la plupart des nouvelles républiques abolirent le droit d'aînesse à la manière des libéraux espagnols. Il est possible que la libération des terres seigneuriales ait conduit à une certaine redistribution et à une certaine dispersion des terres, bien que la vaste *hacienda (estancia, finca, fundo)* soit restée l'unité habituelle de la propriété foncière dans la plupart des Etats. Les attaques contre la propriété communautaire restèrent pratiquement sans effet. Elles ne furent d'ailleurs pas très sérieusement menées jusqu'en 1850. En fait la libéralisation de l'économie politique de l'Amérique latine resta aussi artificielle que la libéralisation de son système politique. En substance, malgré parlement, élections, lois agraires, etc., le continent continuait à vivre à peu près sans changement.

V

La révolution dans le système de la propriété est l'aspect politique de l'éclatement de la société agraire traditionnelle. Son aspect économique, c'est l'invasion du domaine rural par une économie agricole nouvelle et par le marché mondial. Dans la période allant de 1787 à 1848, cette transformation économique fut encore imparfaite, comme on peut le mesurer par le niveau très modeste des migrations. Les chemins de fer et les bateaux à vapeur avaient tout juste commencé à créer un marché agricole unique quand intervint la grande crise agricole de la fin du XIXe siècle. Les agricultures régionales étaient donc largement protégées de la concurrence internationale ou même interprovinciale. La concurrence en matière industrielle n'avait guère touché encore que quelques-uns des nombreux ateliers de village ou usines familiales, si ce n'est peut-être pour orienter la production de certains d'entre eux vers des marchés nettement plus larges. Les méthodes nouvelles de culture — en dehors des régions où l'agriculture capitaliste avait réussi — ne pénétraient que lentement dans le monde rural, malgré les progrès considérables des nouvelles cultures industrielles, principalement celle de la betterave à sucre qui se développa en raison du blocus napoléonien dirigé contre la canne à sucre (britannique), et de nouvelles cultures alimentaires principalement celles du maïs et de la pomme de terre. Il fallait une conjoncture économique extraordinaire comme la proximité immédiate d'une économie hautement industrialisée et l'interdiction d'un développement normal pour pro-

duire, par des moyens purement économiques, un véritable cataclysme dans une société rurale.

Or justement cette conjoncture se vérifia et ce cataclysme
se produisit en Irlande, et à un degré moindre aux Indes. Ce
qu'il advint aux Indes, ce fut simplement la quasi-destruction,
en quelques décennies, de ce qui avait été une industrie d'exportation artisanale ou familiale florissante et qui apportait un complément aux revenus ruraux; en d'autres termes ce fut une certaine « désindustrialisation » de l'Inde. Entre 1815 et 1842, la valeur
des exportations indiennes de cotonnades tomba de 1 300 000 livres
sterling à moins de 100 000 livres, cependant que les importations de cotonnades anglaises étaient multipliées par seize. Vers
1840, un observateur mettait déjà en garde contre les effets désas-
treux d'une transformation des Indes en « ferme de l'Angleterre;
c'est un pays de manufacture, disait-il. Sa production dans des
genres variés existe depuis très longtemps et jamais elle n'a pu
être supplantée par aucun autre pays chaque fois que les conditions
du jeu ont été loyales... Réduire l'Inde maintenant à n'être qu'un
pays agricole serait une injustice » [27]. La description était trompeuse car la poussée manufacturière, aux Indes comme dans beaucoup d'autres pays, avait été une partie intégrante de l'économie
rurale, en de nombreuses régions. En conséquence, la désindustrialisation rendait le village lui-même plus dépendant d'un facteur unique : le niveau fluctuant des récoltes.

La situation en Irlande était plus dramatique. Une population
de petits fermiers, économiquement arriérés, vivant dans la plus
grande insécurité et pratiquant une culture de subsistance y payait
la rente maximum à une poignée de gros propriétaires étrangers,
non exploitants et généralement absents de leurs terres. A l'exception du Nord-Est (Ulster) le pays avait depuis longtemps été
désindustrialisé par la politique mercantiliste du gouvernement
britannique pour qui l'Irlande était une colonie, et plus récemment
par la concurrence de l'industrie britannique. Une seule innovation technique — la substitution de la pomme de terre aux types
de cultures jusque-là prédominantes — avait permis un large
accroissement de sa population; car un acre cultivé en pomme de
terre pouvait nourrir beaucoup plus de bouches qu'un acre de
prairie ou de la plupart des autres cultures. L'intérêt des gros propriétaires, avoir le nombre maximum d'exploitants payant un
fermage et plus tard aussi avoir des ouvriers pour cultiver les
fermes modernes qui exportaient des produits alimentaires pour
le marché britannique en expansion, encourageait la multiplication de toutes petites exploitations : en 1841, à Connacht, 64 %
des « grandes » exploitations avaient moins de cinq acres, compte

non tenu des exploitations minuscules de moins d'un acre dont le nombre n'est pas connu. Ainsi, durant le XVIIIᵉ siècle et le début du XIXᵉ, la population se multiplia sur ces pièces minuscules ne vivant guère que de 10 à 12 livres de pommes de terre par jour et par personne et — au moins jusque vers 1820 — un peu de lait et parfois un soupçon de hareng; une population dont la pauvreté était sans parallèle en Europe occidentale [28].

Etant donné qu'il n'y avait pas d'autres emplois possibles — puisque l'industrialisation était exclue —, la fin de cette évolution était mathématiquement prévisible. Une fois que la population atteindrait les limites du dernier champ de pommes de terre gagné sur le dernier morceau, à peine cultivable, de marécage, ce serait la catastrophe. Peu après la fin des guerres napoléoniennes, ces signes avant-coureurs apparurent. La sous-alimentation et les maladies épidémiques commencèrent une fois de plus à décimer un peuple dont le mécontentement des masses rurales n'est que trop facilement explicable. Les mauvaises récoltes et les maladies des cultures vers 1845 furent seulement le choc final pour un peuple déjà condamné. Personne ne connaît, ni ne connaîtra jamais précisément, le prix en vies humaines de la grande famine irlandaise de 1847 qui fut de loin la plus grande catastrophe humaine de l'histoire européenne, au cours de la période que nous étudions. La plupart des estimations avancent qu'environ un million d'êtres moururent de faim ou des suites de la faim, et qu'un autre million quitta l'île maudite entre 1846 et 1851. En 1820, l'Irlande avait presque 7 millions d'habitants. En 1846 elle en avait peut-être huit millions et demi. En 1851, ce chiffre était réduit à 6 millions et demi et depuis il continue régulièrement à baisser du fait de l'émigration. « Heu! dira James écrivait un curé de paroisse reprenant le ton des chroniqueurs du premier Moyen Age, Heu, *saeva hujus memorabili anni pestilentia!* [29] », en ces mois où l'on ne tint aucun enfant sur les fonts baptismaux dans les paroisses des comtés de Galway et de Mayo, parce que il n'y eut aucune naissance.

L'Inde et l'Irlande furent sans doute les pires des pays où pusse vivre un paysan entre 1789 et 1848; mais personne non plus, ayant le choix, n'aurait voulu être ouvrier agricole en Angleterre. On admet généralement que la situation de cette classe malheureuse se détériora sensiblement après 1795, en partie sous le coup de facteurs économiques et en partie à cause de la paupérisation qu'entraîna le *Speenhamland System* (1795), essai bien intentionné mais qui fut une erreur, pour garantir au travailleur un salaire minimum en accordant des subsides sur « la taxe des pauvres ». Son principal effet fut de pousser les fermiers à réduire les salaires et de démoraliser les travailleurs. Leurs sursauts de révolte, faibles et maladroits, peuvent se mesurer à l'augmentation des infractions des braconniers entre 1820 et 1830, par les incendies et les dommages infligés aux propriétés dans les vingt années qui suivirent, mais surtout par le soulèvement de désespoir et d'impuissance dont les désordres en série se répandirent spontanément du Kent vers de nombreux comtés, à la fin de 1830, et furent sauvagement réprimés. Le libéralisme économique proposa de résoudre le problème des travailleurs agricoles à sa façon, comme toujours expéditive et impitoyable, en les forçant à trouver un emploi rémunéré normalement ou à émigrer. La New Poor Law de 1834, statut d'une dureté peu commune, ne leur donnait que le pauvre soulagement d'entrer dans les nouvelles « maisons de travail » (où ils devaient vivre séparés de leurs femmes et de leurs enfants, afin de décourager l'habitude sentimentale et antimalthusienne de la procréation irréfléchie) et en renonçant à la garantie qu'ils avaient dans leur village d'un minimum vital. Du coup les charges de la première Poor Law baissèrent radicalement (bien qu'il restât au moins un million d'Anglais dans le paupérisme officiellement admis à la fin de notre période) et peu à peu les ouvriers agricoles se mirent à faire mouvement. Etant donné le marasme de l'agriculture, leur situation continuait à être très misérable et elle ne s'améliorera pas substantiellement jusqu'à la seconde moitié du siècle.

Les ouvriers agricoles, au vrai, étaient partout dans la gêne, mais peut-être, dans les zones isolées et arriérées, pas davantage qu'à l'ordinaire. La malheureuse découverte de la pomme de terre facilita l'abaissement de leur standard de vie dans de larges zones de l'Europe nordique, et un progrès substantiel de leur situation n'intervint pas, en Prusse par exemple, avant 1850 ou 1860. La position du paysan se suffisant à lui-même était probablement bien meilleure, bien que, dans les propriétés trop minuscules, son sort fût assez désespéré en période de famine. Un pays de paysannerie, comme la France, fut probablement moins affecté qu'aucun autre par le marasme général de l'agriculture, après le boom des guerres napoléoniennes. En fait, un paysan français qui regardait par-delà la Manche, en 1840, et comparait sa situation et celle de l'agriculteur anglais à ce qu'elles étaient en 1788 ne pouvait guère avoir de doute sur qui des deux avait fait la bonne affaire *. Cependant, de l'autre côté de l'Atlantique, les fermiers

------

* « Ayant vécu longtemps parmi la paysannerie et les classes rurales, à la fois chez nous et à l'étranger, je dois à la vérité de dire que je n'ai jamais connu gens plus courtois, propres, industrieux, sobres, ni mieux

américains, regardant la paysannerie du Vieux Monde, pouvaient se féliciter de la chance qu'ils avaient de n'en pas faire partie.

habillés, pour des personnes de leur condition, que les paysans français. Sous cet aspect, ils offrent un contraste frappant avec une grande partie des ouvriers agricoles écossais, qui sont par trop sales et crasseux; avec beaucoup d'Anglais, qui sont serviles, abattus, et dont les moyens d'existence sont extrêmement resserrés; avec les pauvres Irlandais qui sont à demi nus et vivent comme des sauvages... » H. Colman : *The Agricultural and Rural Economy of France, Belgium, Holland and Switzerland*, 1848, pp. 25-26.

9.

Vers le monde industriel

*Quelle époque magnifique que la nôtre pour les
ingénieurs!*

JAMES NASMYTH,
inventeur du marteau pilon [1].

*Devant de tels témoins, O, secte progressive,
Vantez-nous le pouvoir de la locomotive
Vantez-nous le vapeur et les chemins de fer.*
A. POMMIER [2].

I

La seule et unique économie qui fût vraiment industrialisée,
en 1848, c'était la britannique, et en conséquence, elle domina
le monde. C'est probablement entre 1840 et 1850 que les Etats-
Unis d'Amérique et une bonne partie de l'Europe occidentale et
centrale ont franchi ou étaient sur le point de franchir, le seuil
de la révolution industrielle. On pouvait déjà raisonnablement
tenir pour certain que les Etats-Unis d'Amérique deviendraient
en fin de compte un sérieux concurrent pour l'Angleterre (d'ici
à une vingtaine d'années, pensait Richard Cobden vers 1835 [3] et
à partir de 1840, les Allemands, mais eux seuls sans doute laissaient
déjà pressentir la rapide avance industrielle de leur nation. Mais
prévisions et réalisations sont deux choses différentes. De 1840
à 1850, les transformations industrielles réelles du monde non
anglophone furent encore modestes. Il y avait par exemple, vers
1850, un peu moins de 160 kilomètres de voies ferrées au total, en
mettant bout à bout celles de l'Espagne, du Portugal, de la Scandinavie, de la Suisse et de l'ensemble de la péninsule balkanique

et moins encore dans le reste du monde non européen (les Etats-Unis non compris). A part l'Angleterre et quelques îlots ailleurs en Europe, on peut dire que, économiquement et socialement, l'univers de 1840 n'apparaît pas très différent de celui de 1788. La grande majorité de la population mondiale, comme par le passé, était composée d'agriculteurs. En 1830, il n'y avait, encore, somme toute, qu'une seule ville en Occident dépassant le million d'habitants (Londres), une le demi-million (Paris) et — l'Angleterre mise à part — seulement dix-neuf villes européennes de plus de cent mille habitants.

Cette lenteur de l'évolution dans le monde non britannique signifie que les mouvements de l'économie ont continué, jusqu'à la fin de la période que nous étudions, à y être dominés par le rythme moyenâgeux des récoltes, bonnes ou mauvaises, plutôt que par le rythme moderne des périodes alternées de vive montée et d'effondrement. La crise de 1857 fut probablement la première à être à la fois aux dimensions du monde et provoquée par des causes autres qu'une calamité agricole. Incidemment, notons que cette situation eut des conséquences politiques extrêmement profondes. Le rythme de l'évolution dans les zones industrielles et non industrielles a divergé entre 1780 et 1848 *.

La crise économique dont le feu s'est étendu à une si grande partie de l'Europe, en 1846-1848, était encore une dépression de type ancien, à dominante agricole. Elle fut en un sens la dernière, et peut-être la pire des crises économiques de « *l'Ancien Régime* ** ». Il en va tout autrement en Angleterre, où la plus grande dépression de la période des débuts de l'industrialisation intervient entre 1839 et 1842 et purement pour des causes « modernes »; en fait elle coïncida avec une nette baisse du prix des céréales. Le point de combustion sociale spontanée fut atteint en Angleterre à l'occasion de la grève générale et spontanée des chartistes de l'été 1842 (dite *plug riots*, littéralement : « émeutes bouchon »). Au moment où le continent l'atteignait à son tour, en 1848, l'Angleterre était simplement en train de supporter la première des dépressions cycliques de la longue ère d'expansion victorienne; il en était de même en Belgique, l'autre pays d'Europe où l'économie était plus ou moins industrielle. Une révolution continentale sans l'accompagnement d'un mouvement britannique qui lui corresponde, était vouée à l'échec comme Marx le prévoyait. Ce qu'il ne prévit pas c'est que le décalage entre le développement bri-

---

    * Le triomphe mondial du secteur industriel tendit à nouveau à les faire converger, mais d'une manière différente.

    ** En français dans le texte.

tannique et le développement continental rendrait inévitable que le continent se soulève seul.

Néanmoins ce qui compte dans la période 1789-1848, ce n'est pas que, selon les critères retenus ultérieurement, ses transformations économiques ont été faibles, mais que des modifications incontestables de structure intervinrent. La première d'entre elles fut une modification démographique. La population mondiale — et plus spécialement celle de cette partie du monde se trouvant dans l'orbite de la double révolution — avait commencé cette « explosion » sans précédent qui, en l'espace de cent cinquante ans à peu près, a multiplié son nombre. Etant donné que peu de pays, avant le XIXᵉ siècle, se sont livrés à des essais de recensement et que ceux-ci, quand ils existent, sont généralement sujets à caution *, nous ne connaissons pas avec précision le rythme de croissance de la population, au cours de cette période; il fut certainement sans précédent, et d'autant plus fort que les régions en cause étaient économiquement plus développées (à l'exception peut-être des pays à faible densité occupant des espaces inhabités et jusqu'alors sous-utilisés, comme la Russie). La population des Etats-Unis d'Amérique (grossie par l'immigration, encouragée par les espaces et les ressources illimitées du continent) atteignait en 1850 presque six fois le chiffre de 1790, passant de 4 à 23 millions d'habitants. La population du Royaume-Uni a quasi doublé entre 1800 et 1850, et triplé environ entre 1750 et 1850. La population de la Prusse (à l'intérieur des frontières de 1846) s'est presque multipliée par deux entre 1800 et 1846, comme celle de la Russie d'Europe (Finlande exclue). Et de même les populations de Norvège, du Danemark, de Suède, de Hollande et d'une grande partie de l'Italie entre 1750 et 1850; mais leur taux d'accroissement fut moins spectaculaire au cours de la période que nous étudions; celles d'Espagne et du Portugal augmentèrent d'un tiers.

Hors d'Europe, nous sommes moins bien renseignés, il semble pourtant que la population chinoise ait augmenté à un rythme vif au XVIIIᵉ siècle et au début du XIXᵉ jusqu'à ce que l'intervention européenne et le mouvement cyclique traditionnel de l'histoire politique chinoise aient conduit au déclin l'administration florissante de la dynastie mandchoue, qui était au faîte de sa splendeur à cette époque **.

* Le premier recensement en Angleterre fut celui de 1801; le premier dont les résultats soient acceptables fut celui de 1831.
** Le cycle dynastique habituel en Chine durait environ trois cents ans; les Mandchous prirent le pouvoir au milieu du XVIIᵉ siècle.

En Amérique latine, le rythme d'accroissement de la population fut vraisemblablement comparable à celui de l'Espagne [4]. Il n'y a aucun signe d'explosion démographique dans d'autres régions d'Asie. La population de l'Afrique resta probablement stationnaire. Seuls certains espaces pour ainsi dire vides et envahis par l'immigration des colons blancs virent leur population croître à une allure vraiment vertigineuse, comme l'Australie par exemple, mais qui en 1851 en avait 500 000.   .

Bien entendu cette remarquable progression démographique stimula immensément l'économie, bien qu'il faille la considérer comme une conséquence plutôt que comme une cause exogène de la révolution économique, car sans cette dernière, une montée aussi rapide du nombre des hommes n'aurait pu se poursuivre que pendant une période limitée (en Irlande par exemple où cette croissance ne s'accompagna pas d'une révolution économique continue, elle ne se maintint pas). Le développement démographique se traduisit par une main-d'œuvre plus abondante, surtout la main-d'œuvre jeune, et des consommateurs plus nombreux. Le monde de cette époque fut un monde beaucoup plus jeune qu'à n'importe quelle époque, antérieure, avec une foule d'enfants et de jeunes couples, de gens à l'aurore de leur vie.

La seconde grande modification concerne les moyens de communication. On sait que les chemins de fer n'en étaient encore en 1848 qu'au stade de l'enfance, bien que déjà d'une importance pratique considérable en Angleterre, aux Etats-Unis, en Belgique, en France et en Allemagne; mais, même avant leur avènement, l'amélioration des moyens de communication était, par rapport au passé, stupéfiante. L'empire d'Autriche, par exemple, (la Hongrie non comprise) ouvrit 50 000 kilomètres de route entre 1830 et 1847, augmentant ainsi de 135 % la longueur de son réseau routier [5]. La Belgique qui avait un réseau modeste en doubla presque le kilométrage. Les Etats-Unis, comme toujours plus gigantesques dans leurs entreprises que tout autre pays, multiplièrent de plus de huit fois le réseau de leurs routes à diligences qui passa de 34 500 kilomètres en 1800 à 280 000 en 1850 [6]. Cependant que l'Angleterre créait son système de canaux, la France en creusait 3 300 kilomètres (1800-1847) et les Etats-Unis ouvraient des voies navigables aussi importantes que celles du Lac Erié, et celle du Chesapeake et de l'Ohio. Le tonnage maritime total de l'Occident fit plus que doubler entre 1800 et 1840 et déjà des bateaux à vapeur reliaient l'Angleterre à la France (1842) et sillonnaient le Danube (sur ce total, en 1840, les voiliers comptaient pour neuf millions de tonnes contre 370 000 seulement aux bateaux à vapeur, mais en fait, ceux-ci devaient représenter le sixième de la capacité globale de transport). Ici encore, les Américains surpassaient le reste du monde, rivalisant avec les Anglais eux-mêmes pour la possession de la première flotte marchande *.

Nous ne voudrions pas sous-estimer non plus les progrès substantiels accomplis en matière de vitesse et de capacité de transport. Sans doute le service de diligences qui permit au tsar de toutes les Russies d'aller de Saint-Pétersbourg à Berlin en quatre jours (1834) n'était pas à la portée de l'humanité ordinaire; mais les nouvelles diligences rapides (copies des modèles français et anglais), qui après 1824 assuraient le trajet de Berlin à Magdebourg en quinze heures, au lieu de deux jours et demi, étaient accessibles à tous, Le chemin de fer et, en 1839, la brillante invention de Rowland Hill fixant un prix standard pour les tarifs postaux (invention que perfectionna celle du timbre adhésif en 1841) intensifièrent le trafic du courrier; mais dès auparavant, et dans des pays moins avancés que l'Angleterre, il s'était développé rapidement entre 1830 et 1840; le nombre de lettres expédiées annuellement en France passa de 64 à 94 millions. Quant à la navigation à voile, elle n'avait pas seulement accompli des progrès en rapidité et en sécurité : les voiliers étaient aussi en moyenne de plus grande taille [7].

Techniquement, certes, ces perfectionnements ne soulevèrent pas le même enthousiasme que les chemins de fer; et pourtant les magnifiques ponts décrivant leur courbe gracieuse par-dessus les fleuves, les vastes bassins et canaux artificiels, les splendides *clippers* glissant comme des cygnes toutes voiles dehors, et les nouvelles diligences si élégantes étaient et demeurent parmi les plus belles réalisations de la création industrielle. Mais, en tant que moyens pour rendre plus aisés transports et voyages, pour relier ville et campagne, régions pauvres et régions riches, ils furent admirablement efficaces. La croissance démographique leur doit beaucoup, car ce qui la freinait dans l'âge préindustriel, ce n'est pas tant le taux habituellement élevé de la mortalité que les catastrophes périodiques — souvent très localisées — de la famine et du rationnement. Si la famine s'est faite moins menaçante en Occident au cours de cette période (sauf dans les années de mauvaises récoltes quasi universelles comme en 1816-1817 et 1846-1848), ce fut tout d'abord à cause de ces progrès dans les transports et aussi bien entendu d'une plus grande efficacité des gouvernements et des administrations (cf. chapitre X).

La troisième grande transformation, comme il est assez natu-

---

* Ils atteignirent presque leur objectif en 1860, avant que le bateau de fer ne donne à nouveau aux Anglais la suprématie.

rel, vient de la masse même des trafics et des migrations. Pas
partout uniformément, sans doute. Rien n'indique, par exemple,
que les paysans de Calabre ou d'Apulie aient eu, dès cette époque,
des velléités d'émigrer; ou que le volume des marchandises afflu-
ant sur la grande foire de Nijri-Novgorod [8] se soit accru de façon
sensationnelle. Mais si l'on considère comme un tout l'univers
de la double révolution, le mouvement des hommes et celui des
marchandises y avaient déjà acquis cette vitesse irréversible qui
est celle des éboulements. Entre 1816 et 1850, quelque chose comme
cinq millions d'Européens quittèrent leur pays d'origine (presque
quatre cinquième d'entre eux pour gagner les Amériques) et à
l'intérieur même de chaque pays, les courants de migration interne
se firent beaucoup plus larges. Entre 1780 et 1840, le commerce
international global du monde occidental fit plus que tripler;
entre 1780 et 1850, il avait plus que quadruplé. Comparativement
à ce qui allait suivre, tout ceci est certainement très modeste
encore [*], mais par rapport à ce qui avait précédé — et après tout
c'était ce à quoi les contemporains pouvaient comparer leur époque
— ces progrès dépassaient les rêves les plus fantastiques.

II

Ce qui est plus significatif encore c'est que, approximativement après 1830 — le moment tournant que l'historien de cette
époque ne peut pas ne pas remarquer, quel que soit le champ particulier de son intérêt —, le rythme de l'évolution économique
et sociale s'accélère visiblement et rapidement, les progrès immédiats apportés par l'époque de la Révolution française et de ses
guerres avaient été relativement faibles, sauf aux Etats-Unis qui
firent un bond en avant après leur propre guerre d'Indépendance, doublant vers 1810 les surfaces cultivées, multipliant par
sept leur flotte, et en général témoignant dans tous les domaines
de leurs capacités futures. Les perfectionnements dus à l'Amérique
au cours de cette période ne concernent pas seulement la machine
à égréner le coton, mais aussi les bateaux à vapeur et les premiers
essais de production à la chaîne (la courroie transporteuse du
moulin à blé d'Oliver Evans). Les fondations d'une bonne partie
des industries ultérieures (spécialement des industries lourdes)
avaient sans doute été jetées dans l'Europe napoléonienne mais
rares furent celles qui surviennent à la fin des guerres et aux crises

* Ainsi entre 1850 et 1888, 22 millions d'Européens émigrèrent, et en
1889, le commerce international dans son ensemble atteignait presque
3 milliards 400 millions de livres sterling contre moins de 600 millions en
1840.

qu'elles entraînent un peu partout. Dans l'ensemble, la période de 1815 à 1830 fut une époque de récession ou au mieux de leur rétablissement. Les Etats remirent de l'ordre dans leurs finances — habituellement par de rigoureuses déflations (les Russes furent les derniers à s'y mettre en 1841). Les industries chancelèrent sous les coups de la crise et de la concurrence étrangère : l'industrie cotonnière américaine fut très durement touchée. Le mouvement d'urbanisation restait lent : jusqu'à 1828 la population rurale française augmenta aussi vite que celle des villes. L'agriculture languissait spécialement en Allemagne. Aucun observateur de la croissance économique de cette période ne pourrait être enclin au pessimisme, même en mettant à part la très remarquable expansion anglaise; mais peu seraient d'avis qu'à l'exception de l'Angleterre et peut-être des Etats-Unis, un seul de ces pays ait vraiment atteint le seuil de la révolution industrielle. Pour prendre un indice significatif de l'industrie nouvelle en dehors de l'Angleterre, des Etats-Unis et de la France, le nombre des machines à vapeur et la quantité de chevaux-vapeur dans le reste du monde, entre 1820 et 1830, ne méritaient guère l'attention des statisticiens.

Après 1830 (approximativement), la situation changea rapidement et du tout au tout; au point que, vers 1840, les problèmes sociaux caractéristiques de l'industrialisation — le nouveau prolétariat, les horreurs d'une urbanisation anarchique et pleine de périls — étaient devenus le thème usuel de graves discussions en Europe occidentale et le cauchemar des politiciens et des édiles. Entre 1830 et 1838, le nombre des machines à vapeur doubla en Belgique et leur puissance tripla presque, passant de 354 machines (totalisant 11 000 CV) à 712 (30 000 CV). Vers 1850, ce pays petit mais doté déjà d'une industrie lourde conséquente, possédait environ 2 300 machines à vapeur, représentant une puissance de 66 000 CV [9] et produisait presque 6 millions de tonnes de charbon (c'est-à-dire près de trois fois autant qu'en 1830). En 1830, il n'y avait pas de sociétés par action dans l'industrie minière belge; en 1841 la moitié de l'extraction charbonnière était contrôlée par des sociétés de ce type.

On tomberait dans la monotonie à vouloir citer toutes les données analogues concernant la France, les Etats germaniques, l'Autriche et tous les autres pays ou régions qui virent apparaître au cours de vingt années les débuts de l'industrie moderne : les Krupp en Allemagne, par exemple, acquirent leur première machine à vapeur en 1835; les premiers puits du grand gisement de charbon de la Ruhr furent creusés en 1837, le premier haut fourneau fonctionnant au coke mis à feu dans l'important centre sidérurgique tchèque de Vitkovice en 1836, et le premier laminoir

de Falck en Lombardie monté en 1839-1840. Mais à l'exception de
la Belgïque et peut-être de la France, la période d'industrialisation
vraiment massive ne commence pas avant 1848. 1830-1848 marque
la naissance de zones industrielles, de centres et d'usines célèbres
dont les noms sont devenus aujourd'hui familiers, mais cette
période n'en vit même pas l'adolescence, encore moins l'âge mûr.
Il faut retourner à ces années initiales de 1830 pour comprendre
ce qu'a signifié cette atmosphère d'expérimentation technique
fébrile, d'initiative insatisfaite et novatrice. Elle a signifié l'ouverture du Middle West américain; mais la première moissonneuse
mécanique de Cyrus MacCormick (1834) et les 78 premiers bois-
seaux de blé expédiés de Chicago vers l'Est en 1838, n'ont leur
place dans l'histoire qu'en vertu des effets qu'ils produisirent après
1850. En 1846 l'usine qui se risquait à fabriquer une centaine de
moissonneuses, devait être félicitée de son audace : « Il était en
effet difficile de trouver des partenaires qui aient assez de hardiesse, de cran et d'énergie pour se lancer dans cette entreprise
hasardeuse de fabriquer des moissonneuses; et presque aussi difficile de convaincre les agriculteurs de risquer l'aventure de couper
leur récolte avec cet engin, ou même de considérer avec faveur
une telle innovation » [10]. Cette atmosphère de 1830 a signifié encore
la construction systématique de voies ferrées et d'industries lourdes
en Europe et accessoirement une révolution des techniques d'investissement, mais si les frères Pereire n'étaient pas devenus les
grands aventuriers du financement de l'industrie après 1861, nous
accorderions peu d'attention au projet « d'un établissement de prêt
et d'emprunt où l'industrie emprunterait auprès de l'ensemble des
capitalistes aux conditions les plus favorables, grâce à l'intermédiaire des plus riches banquiers jouant le rôle de garants » projet
qu'ils soumirent vainement au nouveau gouvernement français
en 1830 [11].

Comme en Angleterre, ce sont les biens de consommation —
en général les textiles mais parfois également les produits alimentaires — qui ont été le moteur de ces poussées d'industrialisation,
mais les biens d'investissement — fer, acier, charbon, etc. — revê-
taient déjà une importance plus grande que dans la première révolution industrielle britannique : en 1846 en Belgique le secteur
des biens d'investissement représentait 17 % de l'ensemble des
emplois dans l'industrie, contre 8 à 9 % en Angleterre.

En 1850, trois quarts des machines à vapeur en service dans
l'industrie belge étaient utilisées dans les mines et la métallurgie [12].
Comme en Angleterre, les nouveaux établissements industriels —
usine, forge ou mine — avaient en moyenne des dimensions plutôt
modestes et étaient le centre d'une foule de travailleurs à domicile,

produisant eux-mêmes, ou sous-traitant, main-d'œuvre à bon marché et techniquement non révolutionnaire, dont le nombre augmentait avec la demande des usines et du marché et qui allait finalement être détruite par les progrès ultérieurs des unes et de l'autre. En Belgique (1846), le nombre moyen d'ouvriers dans une usine travaillant la laine, le lin et le coton, s'élevait seulement à 30,35 et 43; en Suède (1838) la moyenne pour une « usine » textile était de 6 à 7 [13]. D'un autre côté, il y a des signes d'une plus grande concentration qu'en Angleterre, comme bien sûr, on peut l'attendre, d'une industrie développée plus tardivement, parfois comme un îlot dans un environnement agraire, profitant de l'expérience des premiers pionniers, s'appuyant sur une technologie nettement plus développée et bénéficiant souvent d'un soutien gouvernemental plus important et organisé. En Bohême (1841) les trois quarts des fileurs de coton étaient employés dans des filatures de plus de 100 ouvriers chacune et presque la moitié dans 15 établissements qui en employaient plus de 200 chacun [14]. (En revanche pratiquement tout le tissage jusqu'à la seconde moitié du siècle s'effectua sur des métiers à main.) La concentration bien entendu est plus nette encore dans les industries lourdes qui commençaient alors à occuper le devant de la scène; en Belgique (1838) une fonderie moyenne employait 80 ouvriers, une mine de charbon (1846) environ 150 [15]; pour ne pas parler des géants industriels comme Cockerill à Seraing qui avait 2 000 ouvriers.

La paysage industriel pourrait ainsi se décrire comme une série de lacs parsemés d'îlots. Si nous imaginons que le pays dans son ensemble est le lac, les îles représentent les cités industrielles, les complexes industriels ruraux (comme les réseaux des villages manufacturiers si fréquents dans les montagnes de l'Allemagne centrale et de Bohême) ou les zones industrielles de centres textiles comme Mulhouse, Lille ou Rouen en France, Barmen-Elberfeld (berceau de Frédéric Engels et de sa pieuse famille de maîtres cotonniers) ou Krefeld en Prusse, et les centres de Belgique méridionale ou de Saxe. Si c'est la masse imposante des artisans indépendants, des paysans fabriquant durant l'hiver des articles commercialisables, et des travailleurs à domicile que figure le lac, les îles représenteront les filatures, les fabriques, les mines et les fonderies de tailles diverses. Pas de doute, l'eau restait encore l'essentiel dans ce paysage ou — pour adopter notre métaphore et lui faire serrer de plus près la réalité — sinon l'eau, du moins les franges de roseaux d'une production à petite échelle ou d'ouvriers dépendants qui s'étendaient autour des centres industriels et commerciaux. Il existait aussi des industries domestiques ou autres fondées primitivement dans le cadre du féodalisme. La

plupart d'entre elles, par exemple l'industrie linière silésienne,
déclinaient rapidement et tragiquement [16]. Les grandes villes
n'étaient pour ainsi dire pas industrialisées du tout, mais elles
faisaient vivre un vaste peuple d'ouvriers et d'artisans pour répondre aux besoins de la consommation des transports et des services
généraux.

Parmi les villes de plus de 100 000 habitants, si l'on excepte
Lyon, seules les villes anglaises ou américaines avaient sans
conteste des noyaux industriels : à Milan, par exemple, en 1841
il n'y avait pas plus de deux petites machines à vapeur. En fait
le centre industriel typique — en Angleterre comme sur le continent — c'était soit une ville provinciale de petites ou moyennes
dimensions, soit un complexe de villages.

Sur un point important, cependant, l'industrialisation du continent européen — et aussi jusqu'à un certain degré celle de l'Amérique — différait de l'industrialisation anglaise. Les conditions
préalables nécessaires à son développement spontané à partir de
l'entreprise privée, y étaient beaucoup moins favorables. Comme
nous l'avons vu, en Angleterre, après quelques deux siècles de
lente préparation, aucun des facteurs de production ne manquait
réellement et il n'existait pas d'obstacle institutionnel vraiment
paralysant pour un plein développement capitaliste. Partout ailleurs il en allait bien autrement. L'Allemagne, par exemple, souffrait d'une nette pénurie de capitaux; la modicité même du train
de vie des classes moyennes allemandes (aussi joliment que la
transposent les austérités charmantes de décoration d'intérieur
de Biedermaye) en est la démonstration. On oublie souvent que
Gœthe dont la maison à Weimar correspond à un peu plus, mais
guère plus que le confort normal des banquiers modestes de la
secte anglaise de Clapham, était un homme vraiment riche, selon
les critères allemands contemporains. Dans les années 1820, les
dames de la cour et même les princesses à Berlin portaient tout
au long de l'année de simples robes de percale; si elles avaient
une robe de soie, elles la conservaient pour les grandes occasions [17].
Le système corporatif traditionnel, avec le maître, le compagnon
et l'apprenti était encore un obstacle à l'entreprise moderne, à la
mobilité de la main-d'œuvre qualifiée et, au vrai, à toute transformation économique : l'obligation pour un artisan de faire partie
d'une corporation avait été abolie en Prusse en 1811, mais pas les
corporations elles-mêmes, dont les membres étaient de plus soutenus par la législation municipale de l'époque. La production
corporative ne faiblit pas jusqu'aux années 1830-1850. Dans
d'autres régions, la reconnaissance complète de la *Gewerbe Frei-
heit* ne se fit pas avant 1850-1860.

Une multiplicité de petits Etats, chacun avec ses contrôles et ses intérêts particuliers, gênait encore un développement rationnel. La simple mise en place d'une union douanière générale, comme celle que la Prusse réussit à établir (l'Autriche exceptée) entre 1818 et 1834 dans son propre intérêt et surtout en raison de sa situation stratégique, était au vrai un triomphe. Chaque gouvernement, mercantile et paternaliste, imposait à ses humbles sujets ses règlements et ses contrôles administratifs; pour le bénéfice sans doute de la stabilité sociale, mais pour le mécontentement de l'entrepreneur privé. L'Etat prussien contrôlait la qualité et les prix de la production artisanale, les activités de l'industrie silésienne de tissage de lin à domicile, comme celles des propriétaires de mines de la rive droite du Rhin. Une autorisation gouvernementale était nécessaire pour ouvrir une mine et pouvait être retirée une fois qu'elle était en production.

Dans de telles conditions (identiques dans de nombreux autres Etats), il est clair que le développement industriel ne pouvait suivre que des voies sensiblement différentes de celles des Anglais. Ainsi, sur le continent, les gouvernements s'en mêlèrent bien davantage non pas simplement parce que c'était leur habitude, mais parce qu'ils y furent obligés. Quand Guillaume Ier roi des Pays-Bas Unis (Belgique et Hollande), fonda en 1822 la Société générale pour favoriser l'industrie nationale des Pays-Bas, celle-ci fut dotée de terres gouvernementales, 40 % environ du capital fut souscrit par le roi et un intérêt de 5 % garanti à tous les autres souscripteurs. L'Etat prussien continuait à exploiter directement une bonne partie des mines du pays. Les plans de toutes les nouvelles lignes de chemin de fer, sans exception, furent établis par les gouvernements et s'ils ne les construisaient pas eux-mêmes, du moins encourageaient-ils leur réalisation en accordant des concessions avantageuses et en donnant leur garantie aux investissements. Au vrai, jusqu'à nos jours, l'Angleterre est le seul pays dont le réseau ferroviaire ait été intégralement édifié par des entreprises privées, supportant les risques et se réservant les bénéfices de l'opération, et sans que les bailleurs de fonds et les entrepreneurs y aient été incités par des bonifications ou des garanties. Le premier et le mieux conçu de ces réseaux fut le réseau belge, projeté dès 1830 afin que le nouvel Etat indépendant ne soit plus tributaire du système de communication centré sur la Hollande et utilisant surtout les voies navigables. Des difficultés politiques et la répugnance de la *grande bourgeoisie* * conservatrice à convertir des investissements sûrs en investissements spéculatifs, retarda la construction

* En français dans le texte *(N. d. T.)*.

systématique du réseau français que la Chambre avait votée en
1833. Pour le réseau autrichien, dont la construction avait été
décidée par les autorités en 1842, et pour les plans prussiens, c'est
le manque de ressources qui en retarda l'installation.

Pour ces mêmes raisons, les entreprises du continent dépendaient beaucoup plus que les entreprises anglaises d'une modernisation convenable de la législation et des organismes financiers
en matière de sociétés, de commerce et de banque.

En fait la Révolution française y avait pourvu : les codes
napoléoniens en mettant l'accent sur la liberté légalement garantie
des contrats, la reconnaissance de la lettre de change et du papier
commercial et l'instauration des personnes morales (comme la
société anonyme ou la société en commandite adoptées dans toute
l'Europe à l'exception de l'Angleterre et de la Scandinavie) devinrent, de ce fait, le modèle unique du monde. D'autre part, les
mécanismes de financement de l'industrie, surgis des brillants cer-
veaux de jeunes révolutionnaires saint-simoniens, les frères
Pereire, furent bien accueillis hors de France. Il fallut attendre
1850 et la période de rapide expansion internationale qui commence alors pour que leur triomphe fut total. Mais d'ores et déjà,
vers 1830, la Société générale de Belgique commençait à pratiquer
l'investissement bancaire dans le style préconisé par les Pereire
et certains financiers en Hollande (tout en n'étant pas suivis par
la majorité des hommes d'affaires) adoptaient les idées saint-
simoniennes. Par essence ces idées tendaient à mobiliser par le
truchement des banques et des sociétés d'investissements, toute
une série de disponibilités familiales et de capitaux qui ne se
seraient pas spontanément dirigés vers le développement industriel et dont les détenteurs, même s'ils l'avaient voulu, n'auraient
pas su comment les investir. Le résultat, ce fut, après 1850, ce
phénomène continental caractéristique (spécialement en Allemagne) de grandes banques agissant autant comme investisseurs que
comme banquiers, dominant par là même l'industrie et facilitant
sa première concentration.

III

Cependant, le développement économique de cette période
renferme un gigantesque paradoxe : la France. En théorie, aucun
pays n'aurait dû progresser plus vite. Elle était dotée, nous l'avons
vu, d'institutions convenant à merveille au développement capitaliste. L'ingéniosité et l'esprit d'invention de ses chefs d'entreprise
étaient sans parallèle en Europe. Les Français ont inventé ou

utilisé les premiers le grand magasin, la publicité, et, entraînés par la suprématie de la science française, toutes sortes d'innovations et de réalisations techniques : la photographie (avec Nicéphore Niepce et Daguerre) le procédé de Leblanc pour fabriquer de la soude, celui de Berthollet de blanchiment au chlore, la galvanoplastie et la galvanisation. Les financiers français furent les plus inventifs du monde. Le pays possédait de grandes réserves de capitaux que, favorisé par son expérience technique, il exportait par tout le continent — et même, après 1850, jusqu'en Angleterre par des opérations comme la Compagnie générale des omnibus de Londres. En 1847, environ 2 milliards 250 millions de francs avaient été investis à l'étranger [18], c'est-à-dire un montant qui n'était dépassé que par les Anglais et qui était astronomiquement plus élevé que dans tout autre pays. Paris était un centre de la finance internationale qui ne le cédait que de peu à Londres; et même se révélait plus solide par temps de crise comme en 1847. Entre 1840 et 1850, l'entreprise française a créé les compagnies de gaz de l'Europe — à Florence, Venise, Padoue, Vérone — et obtenu des conventions d'établissements pour en fonder dans toute l'Espagne, l'Algérie, au Caire et à Alexandrie. Elle allait financer le réseau ferroviaire de tout le continent européen (à l'exception des chemins de fer allemands et scandinaves).

Et cependant le développement économique français, à la base, fut nettement plus lent que celui d'autres pays. Sa population augmentait doucement, mais sans aucun bond en avant. Ses villes (à l'exception de Paris) n'avaient qu'une croissance modeste, et même certaines d'entre elles, vers 1830, reculèrent légèrement. Sa puissance industrielle à l'approche de 1850 était sans conteste plus importante que celle de tous les autres pays de l'Europe continentale — à elle seule elle disposait d'autant de chevaux vapeur que le reste du continent tout ensemble — mais elle avait perdu du terrain par rapport à l'Angleterre et elle allait bientôt en perdre par rapport à l'Allemagne. Et en vérité, en dépit de ses avantages et de la précocité de son démarrage, la France ne devint jamais une puissance industrielle de tout premier ordre, comparable à l'Angleterre, à l'Allemagne ou aux Etats-Unis.

L'explication de ce paradoxe réside, comme nous l'avons vu (cf. ci-dessus p. 93-94), dans la Révolution française elle-même, qui reprit par la main de Robespierre beaucoup de ce qui avait été donné par celle de la Constituante. Le secteur capitaliste de l'économie française était comme une superstructure au-dessus du socle immuable de la paysannerie et de la petite-bourgeoisie. Les ouvriers agricoles libres et sans terres ne s'écoulaient que par minces filets vers les villes; les produits bon marché et standardisés

qui firent ailleurs la fortune des industriels progressistes manquaient ici d'un marché suffisamment large et en expansion.
L'épargne amassait les capitaux, mais pourquoi aurait-elle été les
investir dans l'industrie nationale? [19] Le chef d'entreprise français
averti fabriquait des articles de luxe et non des articles de grande
consommation; le financier averti s'intéressait davantage aux
industries étrangères qu'à celles du pays. L'entreprise privée et la
croissance économique ne vont de pair que lorsque la seconde
assure à la première des profits plus élevés que d'autres branches
d'affaires. Ce n'était pas le cas en France, bien que grâce à la
France, la croissance économique des autres nations eût été accélérée.

Les Etats-Unis se trouvaient dans une situation diamétrale-
ment opposée à celle de la France. Le pays souffrait d'un manque
de capitaux, mais il était prêt à en importer sans aucune limitation
et l'Angleterre était disposée à les lui fournir. Il souffrait d'une
insuffisance aiguë de main-d'œuvre, mais les Iles britanniques et
l'Allemagne après les grandes famines des années qui précédèrent
le milieu du siècle, lui expédièrent par millions leurs excédents
de population. Il n'avait pas assez d'hommes techniquement qualifiés mais, même ces gens-là — ouvriers textiles du Lancashire,
mineurs et sidérurgistes gallois — il pouvait les recevoir des
régions déjà industrialisées de la planète et le don particulier des
Américains pour inventer des machines économisant le travail
humain et surtout le simplifiant, se déployait déjà pleinement.
Il ne manquait aux Etats-Unis que des immigrants et des moyens
de communication pour ouvrir à l'exploitation des territoires et
des ressources apparemment sans limite. Le simple processus de
l'expansion interne était suffisant pour entretenir une croissance
presque illimitée de l'économie, et pourtant déjà les colons américains, les gouvernements, les missionnaires, et les commerçants
se répandaient à travers le continent, au-delà des frontières, vers
le Pacifique et développaient leurs trafics à travers tous les Océans,
de Zanzibar aux îles Hawaï, grâce à leur flotte marchande, la
première au monde pour son dynamisme, la seconde par son
tonnage. Déjà le Pacifique et les Caraïbes étaient les champs d'élection de l'empire américain.

Toutes les institutions de la nouvelle république favorisaient
l'épargne, l'ingéniosité et l'entreprise privée. Une nouvelle et abondante population, installée dans les villes de la côte dans les Etats
de l'intérieur nouvellement occupés, réclamait le même style de
vie, les mêmes équipements ménagers et les mêmes produits alimentaires, assurant ainsi un marché d'une admirable homogénéité.
Les récompenses réservées à l'invention et à l'entreprise étaient

d'une telle ampleur; elles furent une incitation pour les inventeurs du bateau à vapeur (1807-1813), de l'humble clou du tapissier (1807) de la machine à fileter (1809) des dents artificielles (1822), du fil isolant (1827-1831) du revolver (1835), du principe de la machine à écrire et de la machine à coudre (1843-1846), des presses rotatives (1846) et d'une foule de machines agricoles.

Aucune économie ne connut à cette époque, d'expansion plus rapide même si son élan le plus impétueux ne devait être atteint qu'après 1860.

Un seul obstacle important empêchait encore les Etats-Unis de se transformer en cette puissance économique mondiale qu'ils allaient bientôt devenir : le conflit entre le Nord, industriel et agricole, et le Sud, semi-colonial. Car tandis que le Nord bénéficiait, comme une économie indépendante, de l'apport européen — et particulièrement britannique — en capitaux, en main-d'œuvre et en techniciens — le Sud, (qui recevait une faible part de ces ressources) restait une économie typiquement dépendante de l'Angleterre. Ses réussites mêmes qui lui permettaient de satisfaire la presque totalité des besoins en coton de l'industrie en plein « boom » du Lancashire perpétuaient sa dépendance comparable à celle qu'allait développer l'Australie à cause de la laine et l'Argentine à cause de la viande. Le Sud était partisan de la liberté du commerce qui lui permettait d'exporter vers l'Angleterre et en échange d'y acheter les marchandises britanniques bon marché; le Nord, dès le début (1816) pour ainsi dire, se montra toujours désireux de protéger vigoureusement les industriels autochtones contre tous les étrangers (c'est-à-dire les Anglais) susceptibles de proposer de meilleurs prix. Nord et Sud se disputaient les territoires de l'Ouest, les uns pour y installer des plantations à esclaves et des squatters montagnards vivant sur leurs terres dans des conditions rudimentaires; les autres pour y implanter leurs moissonneuses mécaniques et leurs gigantesques abattoirs; et jusqu'à l'achèvement du chemin de fer transcontinental, le Sud qui contrôlait avec le delta du Mississippi le principal débouché du Middle West, conserva quelques forts atouts économiques. C'est seulement après la guerre civile de 1861-1865 — qui fut en fait l'unification de l'Amérique par le capitalisme nordiste et selon ses directives — que l'avenir de l'économie américaine fut définitivement fixé.

L'autre futur géant de l'économie mondiale, la Russie, était encore économiquement négligeable; seuls certains observateurs tournés vers l'avenir prédisaient déjà qu'obligatoirement, tôt ou tard, elle recevrait ce qui lui était dû de par la taille de son territoire, de sa population et de ses ressources. Les mines et les manufactures créées par les tsars du XVIIIe siècle, avec comme patrons

des seigneurs ou des marchands féodaux, et des serfs comme
ouvriers, déclinaient peu à peu. Les industries nouvelles — travail
textile à domicile et de dimension modeste — ne commencèrent
vraiment à progresser de façon visible qu'après 1860. Même les
exportations vers l'Ouest des céréales provenant des riches terres
noires d'Ukraine, ne se développaient que modestement. La Pologne russe était nettement plus avancée, mais comme le reste de
l'Europe de l'Est, de la Scandinavie du Nord jusqu'à la péninsule
balkanique au Sud, le temps des transformations économiques
profondes n'était pas encore venu pour elle. Il en était de même
dans l'Italie du Sud et en Espagne, sauf pour quelques petites
zones de la Catalogne et du Pays Basque. Et même dans l'Italie
du Nord, où les transformations économiques étaient beaucoup
plus grandes, celles-ci étaient nettement plus sensibles dans l'agriculture (qui, dans cette région, avait toujours été un débouché
important pour les capitaux à investir et le monde des affaires),
ou dans le commerce et l'affrètement que dans les manufactures).
Mais le développement industriel était freiné dans toute l'Europe
méridionale pour un manque aigu de ce qui était alors la seule
source importante d'énergie, le charbon.

Une partie du monde progressait ainsi à toute vitesse vers
la puissance industrielle; l'autre marquait le pas. Mais les deux
phénomènes n'étaient pas sans relation l'un avec l'autre. La stagnation économique, l'apathie ou même la régression des uns étaient
la conséquence du progrès des autres. En effet, comment les économies relativement arriérées auraient-elles pu résister à la pression — ou dans certains cas à l'attraction — des nouveaux centres
de la richesse, de l'industrie et du commerce? L'Angleterre et certaines autres régions d'Europe étaient parfaitement capables de
ruiner tous concurrents. Il leur convenait d'être l'atelier du monde.
Rien ne leur semblait plus naturel que le rôle, pour ces peuples
moins développés, de fournir les produits alimentaires et parfois
les minerais, et d'échanger ces biens pour lesquels la concurrence
ne jouait pas contre des produits manufacturés anglais (ou d'autres
pays de l'Europe occidentale). Le soleil, disait Richard Cobden
aux Italiens, est votre charbon [20]. Là où le pouvoir local était entre
les mains des grands propriétaires et même d'agriculteurs ou éle-
veurs « à la page », la situation convenait aux deux parties. Les
planteurs de Cuba étaient tout à fait satisfaits de tirer leurs recettes
du sucre et d'importer des marchandises étrangères pour permettre aux étrangers d'acheter ce sucre. Là où les industriels
locaux arrivaient à faire entendre leur voix, là où les gouvernements savaient apprécier les avantages d'un développement économique équilibré, ou plus simplement les inconvénients de la dépen-

dance, la mariée était moins belle. Frédéric List, l'économiste allemand — usant, comme à l'ordinaire, du langage particulier de l'abstraction philosophique — rejetait une économie internationale qui, en fait, faisait de l'Angleterre la principale ou l'unique puissance industrielle et réclamait une politique protectionniste; c'était aussi, nous l'avons vu, le langage des Américains — philosophie en moins.

Tout ceci supposait l'existence d'une économie politiquement indépendante et suffisamment forte pour admettre ou refuser le rôle qu'avait choisi pour elle l'industrie pionnière d'un petit secteur du monde. Quand l'économie n'était pas indépendante, comme dans les colonies, le choix n'existait pas. Les Indes, nous l'avons vu, étaient sur la voie de la désindustrialisation. L'Egypte est un exemple encore plus frappant de ce processus car en l'occurrence, le chef local, Mohammed Ali, avait entrepris une modernisation systématique de l'économie de son pays, c'est-à-dire, entre autre chose, son industrialisation. Il n'avait pas encouragé seulement la culture du coton pour l'exportation (ceci depuis 1821), mais en 1838 il avait investi la somme tout à fait considérable de 12 millions de livres dans une industrie qui employait environ 30 à 40 000 ouvriers. Nous ne savons pas ce qui serait arrivé si l'Egypte avait été laissée à elle-même. Mais ce qui advint, en fait, c'est que la convention anglo-turque de 1838 introduisit de force les négociants étrangers en Egypte; annihilant ainsi le monopole du commerce avec l'étranger sur lequel Mohammed Ali avait fondé toute l'opération; puis la défaite de l'Egypte devant l'Occident en 1839-1841 l'obligea à réduire son armée, supprimant ainsi la plupart des motivations qui l'avaient poussé à industrialiser [21]. Ce n'est ni la première, ni la dernière fois qu'au cours du XIXe siècle, les canonnières de l'Occident ont « ouvert » un pays au commerce; c'est-à-dire à la concurrence d'avance gagnante du secteur industrialisé du monde. Qui aurait pu, en observant l'Egypte sous protectorat britannique à la fin du siècle, reconnaître ce pays qui, cinquante ans plus tôt et pour le plus grand dépit de Richard Cobden * avait été le premier Etat non européen à rechercher une solution moderne au sous développement économique ?

De toutes les conséquences économiques de la période de la double révolution, cette division entre les pays « avancés » et les pays « sous-développés » s'est révélée être la plus profonde et la

---

* « Tout ce gaspillage continue, avec le coton brut qui aurait dû nous être vendu... Les dégats ne se limitent pas là, car cette main-d'œuvre qui est poussée vers de telles manufactures est arrachée à la culture de la terre » (Morley : *Life of Cobden*, Chap. 3).

plus durable. En gros, on voyait clairement, dès 1848, quels pays appartiendraient au premier groupe : l'Europe de l'Ouest (moins la péninsule ibérique), l'Allemagne, l'Italie du Nord et quelques régions d'Europe centrale, la Scandinavie, les Etats-Unis et peut-être les colonies établies par les immigrants de langue anglaise. Mais on voyait tout aussi clairement que le reste du monde, sauf quelques petites zones, marquait le pas, ou était en train de se transformer en dépendance économique de l'Occident, sous la pression officieuse des exportations et importations, ou sous la pression militaire des expéditions et des canonnières occidentales. Jusqu'au moment où les Russes développèrent, après 1930, les moyens de franchir l'abîme séparant les sous-développés et les « développés », cet obstacle se maintiendra, immuable et de plus en plus profond, entre la minorité et la majorité des habitants du monde. Aucun fait n'a, plus fortement que celui-ci, été déterminant pour l'histoire du XXe siècle.

10.

Les carrières ouvertes au talent

« Je marchais un jour en compagnie d'un de ces grands bourgeois de Manchester. Je lui parlais des taudis malsains et ignobles et attirai son attention sur l'état répugnant de cette partie de la ville où résidaient les ouvriers. Je lui dis n'avoir jamais vu de ma vie une ville aussi mal construite. Il m'écouta patiemment et, au coin de la rue où nous nous séparâmes, il observa : « Et « pourtant on gagne là des tas d'argent. Au « revoir, monsieur. »

F. ENGELS :
Condition of the working Class in England,
chap. XII.

L'habitude prévalut parmi les nouveaux financiers de faire publier dans les journaux le menu des dîners et les noms des convives.
M. CAPEFIGUE :
Histoire des grandes opérations financières, 1860,
IV, p. 255.

I

Les institutions formelles renversées ou fondées par une révolution sont aisément reconnaissables, mais elles ne mesurent pas les effets de cette révolution. Le résultat principal de la révolution en France fut de mettre fin à une société aristocratique. Mais non à l'« aristocratie » entendue comme cette hiérarchie du statut social que distinguent ses titres ou d'autres signes extérieurs d'exclusivité et qui souvent se modèle sur le prototype même de

ces hiérarchies : la noblesse « de sang ». Les sociétés construites
sur la carrière, le *cursus honorum* des individus, accueillent favorablement des signes de succès aussi visibles et bien établis. Napoléon lui-même recréa une noblesse formelle et hiérarchisée qui,
après 1815, se joignit à ceux des anciens aristocrates qui avaient
survécu. La fin de la société aristocratique ne signifia pas non
plus la fin de l'influence de l'aristocratie. Les classes montantes
eurent naturellement tendance à apprécier les symboles de leur
richesse et de leur pouvoir par rapport à ce que l'élite de jadis avait
établi comme les modèles du bien-être, du luxe ou du faste. Les
épouses des marchands de drap enrichis du Cheshire seraient
désormais des *ladies* (instruites par la lecture de ces nombreux
manuels d'étiquette et de savoir-vivre qui se plièrent à cet effet
à partir de 1840) pour des raisons toutes semblables à celles qui
faisaient apprécier un titre de baron aux profiteurs de guerre
du temps de Napoléon, ou qui remplissaient les salons bourgeois
de « velours, d'or, de miroirs, et de pauvres imitations de fauteuils
Louis XV et autres meubles... » Quelle fierté pouvait dépasser
celle de ce banquier sorti d'on ne sait trop où et se faisant gloire
de ce que « ... Lorsque j'apparais dans ma loge au théâtre, toutes
les lorgnettes se tournent vers moi et je reçois une ovation quasi-
royale ? »

D'ailleurs, un mode de vie aussi profondément modelé par
la cour et l'aristocratie que l'était le mode de vie français ne
pouvait en faire disparaître la marque. Ainsi le goût manifeste
de la prose littéraire française pour une subtile analyse psychologique des relations humaines (dont l'origine remonte aux écrivains arsitocratiques du XVII° siècle), ou ce style hérité du
XVIII° siècle de la galanterie et des amours illégitimes affichées,
devinrent partie intégrante de la civilisation bourgeoise « parisienne ». Les rois jadis avaient eu leurs maîtresses officielles;
désormais les spéculateurs heureux auraient les leurs. Les courtisanes aux faveurs grassement rémunérées seraient une preuve
publicitaire de succès; celui des banquiers, qui pouvait les payer,
aussi bien que de ces jeunes gandins, qui dissipaient pour elles
toute leur fortune. A la vérité, par bien des côtés la révolution
avait conservé les caractères aristocratiques du mode de vie
français sous une forme exceptionnellement pure, pour les mêmes
raisons qui ont fait conserver à la Révolution russe, avec une
fidélité exceptionnelle, les ballets classiques et les attitudes bourgeoises typiques du XIX° siècle vis-à-vis de la « bonne littérature ».
Elle les a adoptés, elle se les est assimilés comme un héritage
souhaitable du passé, puis elle les a protégés contre l'usure d'une
évolution normale.

Et pourtant l'Ancien Régime était mort, même si en 1832 les pêcheurs de Brest considéraient le choléra comme la punition de Dieu pour le renversement du roi légitime. Chez les paysans le républicanisme formel fut lent à se répandre, en dehors du Midi jacobin et de quelques régions depuis longtemps déchristianisées, mais aux premières élections universelles véritables, celles de mai 1848, le légitimisme était déjà relégué dans l'Ouest et les départements du Centre, les plus pauvres. La géographie politique de la France rurale moderne était déjà reconnaissable, dans ses lignes essentielles. Plus haut dans l'échelle sociale, la restauration des Bourbons ne rétablit pas le régime ancien; ou plutôt, lorsque Charles X essaya de le faire, il fut renversé. La société de la Restauration fut celle des capitalistes et des arrivistes de Balzac, des Julien Sorel de Stendhal, plutôt que celle des ducs émigrés revenus d'exil. Une couche géologique la séparait de cette « douceur de vivre » des années 1780 dont Talleyrand avait la nostalgie. Le Rastignac de Balzac est beaucoup plus proche du Bel-Ami de Maupassant, personnage typique des années 1880, ou même de Sammy Glick, le représentant typique de Hollywood vers 1940, que de Figaro, le succès non aristocratique des années 1780.

En un mot, la société de la France post-révolutionnaire était bourgeoise par sa structure et par ses valeurs. C'était la société du « parvenu », c'est-à-dire du *« self-made man »*, bien que ceci ne devînt complètement évident que du jour où le pays fut lui-même gouverné par des « parvenus », à savoir lorsqu'il fut républicain ou bonapartiste. Il se peut que nous ne trouvions pas très révolutionnaire cette Chambre des pairs française, en 1840, dont la moitié des membres étaient de vieille noblesse, mais pour la bourgeoisie française contemporaine, le fait que l'autre moitié fût composée de gens du commun, était beaucoup plus frappant; surtout si l'on pensait aux hiérarchies sociales si fermées, dans tout le reste du continent européen. La phrase, « lorsque les bons Américains meurent, ils vont à Paris » exprime bien ce que Paris est devenu au XIXᵉ siècle, bien que sa transformation en paradis des parvenus n'ait pas été totale avant le Second Empire. Londres, et moins encore Vienne, Saint-Pétersbourg ou Berlin n'étaient pas des capitales où l'argent puisse acheter n'importe quoi, en tout cas pas pour la première génération des enrichis. A Paris, il y avait très peu de choses valant la peine d'être achetées qui ne fussent pas accessibles à l'argent.

Cette domination de la nouvelle société n'était pas particulière à la France; pourtant si nous exceptons les démocratiques Etats-Unis, superficiellement le phénomène, à certains égards, était à la fois plus manifeste et plus officiel en France, bien que pas plus profond en réalité qu'en Grande-Bretagne ou dans les Pays-Bas. En Grande-Bretagne, les grands chefs cuisiniers étaient encore ceux qui travaillaient pour la noblesse, comme Carême pour le duc de Wellington (il avait d'abord été au service de Talleyrand) ou pour les clubs oligarchiques comme Alexis Soyer au Reform Club. En France, les grands restaurants coûteux, ouverts par des cuisiniers de la noblesse qui avaient perdu leur place pendant la révolution, s'étaient déjà installés. C'est tout un changement de monde qui est impliqué dans la page du manuel de cuisine française classique qui titre : « A. Beauvilliers, ancien officier de Monsieur, comte de Provence... et actuellement restaurateur, rue de Richelieu n° 26, la Grande Taverne de Londres » Le « gourmand » — espèce humaine inventée pendant la Restauration et propagée par *L'Almanach des Gourmands* de Brillat-Savarin, en 1817 — fréquentait déjà le Café anglais ou le Café de Paris où l'on prenait des repas qui n'étaient pas présidés par une maîtresse de maison. En Angleterre, la presse était encore un instrument d'information, de polémique et de pression politique. C'est en France qu'Emile Girardin (1836) fonda le journal moderne — *La Presse* — politique mais bon marché, qui comptait sur la publicité pour le faire vivre largement et qui tâchait d'accrocher ses lecteurs par des commérages, des romans feuilletons et autres astuces variées *. (Le rôle de pionnier de la France dans ce douteux domaine est aujourd'hui encore rappelé par les mots mêmes *journalism* et *publicity* en anglais, *Reklame* et *Annonce* en allemand.) La mode, les grands magasins, les vitrines dont Balzac chanta les louanges ** furent des inventions françaises, produits des années 1820. La révolution fit pénétrer cette carrière manifestement ouverte aux talents qu'est le théâtre, dans la « bonne société » à une époque où son statut social, dans la Grande-Bretagne aristocratique, restait analogue à celui des boxeurs ou des jockeys : à Maisons-Lafitte (baptisé du nom d'un banquier qui lança la mode de ce faubourg de banlieue), Lablache et autres gens de théâtre s'installèrent à côté de la splendide maison du prince de la Moskowa.

Les effets de la révolution industrielle sur la structure de la société bourgeoise furent superficiellement moins puissants, mais en réalité beaucoup plus profonds. Car elle créa de nou-

---

* En 1835, le *Journal des Débats* (tiré à environ 10 000 exemplaires) rapportait environ 20 000 francs par an pour la publicité. En 1838, la quatrième page de *La Presse* rapportait 150 000 francs par an, et en 1845, 300 000 ³.
** « Le grand poème de l'étalage chante ses strophes de couleurs depuis la Madeleine jusqu'à la porte Saint-Denis. »

veaux blocs de bourgeoisie qui coexistaient avec la société officielle, trop importants pour être absorbés par elle — seuls quelques individus tout en haut de l'échelle étaient assimilés — et beaucoup trop sûrs d'eux-mêmes et dynamiques pour souhaiter une absorption, si elle devait se faire à des conditions qui ne soient pas les leurs. En 1820 ces vastes armées d'hommes d'affaires coriaces étaient à peine visibles du haut de Westminster où les nobles et leurs familles dominaient encore le Parlement inchangé, et de Hyde Park, où des filles fort peu puritaines comme Harriet Wilson (si peu puritaine qu'elle se refusait à jouer la fleur brisée) conduisaient leurs attelages à quatre entourées par une foule d'admirateurs élégants, — militaires, diplomates, pairs, y compris le duc de fer lui-même, le très peu bourgeois duc de Wellington. Les marchands, les banquiers et même les industriels du XVIIIᵉ siècle avaient été suffisamment peu nombreux pour se fondre sans peine dans la société officielle; et d'ailleurs la première génération des millionnaires du coton, conduite par sir Robert Peel le père, dont le fils recevait l'éducation d'un futur premier ministre, étaient des tories très bon teint, bien que du genre modéré. Cependant la charrue de fer de l'industrialisation multipliait ses dures moissons d'hommes d'affaires, sous le ciel brumeux du nord. Manchester n'était plus prête à s'incliner devant Londres. Au cri de guerre « Ce que Manchester pense aujourd'hui, Londres le pensera demain », elle se préparait à imposer ses conditions à la capitale.

Ces hommes nouveaux de la province formaient une redoutable armée d'autant qu'ils prenaient de plus en plus conscience d'eux-mêmes en tant que « classe », et non d'une sorte de « condition moyenne », simple intermédiaire entre classes supérieures et classes inférieures. (L'expression actuelle de « classe moyenne » apparaît pour la première fois vers 1812.) En 1834, John Stuart Mill déplorait déjà que les commentateurs de problèmes sociaux « tournent en rond éternellement dans leur cercle de propriétaires terriens, de capitalistes et d'ouvriers, au point qu'ils paraissent croire que la distinction de la société en ces trois classes est un des commandements de Dieu » [1]. Surtout, ils n'étaient pas seulement une classe mais une armée de choc, organisée au départ en union avec la « classe ouvrière pauvre » (qui devait pensaient-ils suivre leurs directives [*]) contre la société aristocratique, et

---

[*] « Les opinions de cette classe de personnes qui se trouvent en dessous des gens de rang moyen, sont formées et dirigées par cette couche intelligente et vertueuse qui est le plus immédiatement en contact avec elle » (James Mill : *An Essay on Government*, 1823).

plus tard à la fois contre le prolétariat et les grands propriétaires, plus particulièrement au sein de ce groupe à fort esprit
de classe qu'était la Ligue de Manchester (Anti Corn Law League).
C'étaient des parvenus en tout cas des hommes d'une origine
modeste qui ne devaient pas grand-chose à leur naissance, ni
à leur famille ou à une instruction supérieure très poussée (et
comme M. Bounderby dans *Les Temps durs* de Dickens, il ne
leur déplaisait pas de s'en vanter). Ils étaient riches et s'en-
richissaient un peu plus chaque année. Ils étaient par-dessus tout
imbus de cette féroce et dynamique confiance en soi de ceux pour
qui leur carrière est la preuve irréfutable que la divine providence,
la science et l'histoire se sont liguées pour leur offrir le monde
sur un plateau.

    L'économie politique traduite en quelques formules dogma-
tiques et simples par des journalistes autodidactes qui chantaient
les vertus du capitalisme — Edward Baines du *Leeds Mercury*
(1774-1848), John Edward Taylor du *Manchester Guardian* (1791-
1884), Archibald Prentice du *Manchester Times* (1792-1857), Samuel
Smiles (1812-1940) — leur donnait l'assurance intellectuelle. Le
protestantisme dissident, celui, rigide, des indépendants, des uni-
taires, des baptistes et des quakers plus que celui, émotionnel des
méthodistes leur donnait une assurance spirituelle et le mépris
d'une aristocratie inutile. Ni la crainte, ni la colère, ni même la
pitié n'inspirait ce patron qui disait à ses ouvriers :

    « Le Dieu de la nature a établi une loi juste et équitable que
l'homme n'a pas le droit d'enfreindre; s'il s'aventure à le faire,
il est toujours sûr que tôt ou tard, il trouvera son châtiment...
De même, lorsque les patrons se liguent impudemment en unis-
sant leurs pouvoirs, mieux oppresser leurs serviteurs; par un
tel acte, ils insultent la majesté du Ciel et attirent sur eux la
malédiction de Dieu, tandis qu'à l'inverse, lorsque les serviteurs
s'unissent pour extorquer à leurs employeurs cette part de profit
qui de droit appartient au patron, ils violent eux aussi les lois
de l'équité. »[5]

    Il y avait un ordre dans l'univers, mais ce n'était plus celui
du passé. Il y avait un seul Dieu qui se nommait vapeur et qui
parlait par la voix de Malthus, McCulloch et de tous ceux qui
employaient des machines.

    Ces intellectuels agnostiques du XVIIIe siècle, ces érudits et
écrivains autodidactes qui parlaient en leur nom ne sont qu'une
frange mince qui ne doit pas faire perdre de vue le fait que ces
hommes d'affaires, pour la plupart étaient beaucoup trop occupés à gagner de l'argent pour s'embarrasser de quoi que ce soit
d'étranger à cette poursuite. Ils appréciaient leurs intellectuels,

même lorsque, comme Richard Cobden (1804-1865) ils n'étaient pas particulièrement heureux en affaires aussi longtemps qu'ils évitaient les idées trop éloignées de la vie pratique ou sophistiquées à l'excès, car ces hommes positifs, du fait même de leur propre manque de culture, se méfiaient de tout ce qui se situait au-delà de l'empirisme. Le savant Charles Babbage (1792-1871) leur proposa en vain ses méthodes scientifiques. Sir Henry Cole, le pionnier du dessin industriel, de l'éducation technique et de la rationalisation des transports, leur donna (avec l'aide inestimable du prince consort allemand) le plus brillant monument glorifiant leurs efforts, la grande exposition de 1851. Mais il n'en fut pas moins contraint de se retirer de la vie publique, avec la réputation d'un fâcheux intrigant aimant trop la bureaucratie; or, ils détestaient celle-ci, comme toute intervention gouvernementale qui ne servait pas directement leurs intérêts. C'est George Stephenson, ancien mécanicien dans une mine de charbon, qui fut la grande autorité des nouveaux chemins de fer, imposant aux voies l'écartement des vieilles charrettes à chevaux — il n'avait jamais eu l'idée d'autre chose — plutôt que cet ingénieur plein d'audace et d'imagination raffinée, qu'était Isambard Kingdom Brunel, à qui Samuel Smiles n'a réservé dans son panthéon des ingénieurs que cette phrase lourde de blâme : « Pour ce qui est des résultats pratiques et rémunérateurs, les Stephenson étaient certainement les guides les plus sûrs » [6]. Les radicaux philosophes firent tout leur possible pour construire un réseau d' « instituts des mécaniciens » — débarrassés des désastreuses erreurs de politique auxquelles les classes ouvrières s'obstinaient, contre nature, à prêter l'oreille — et en vue de former les techniciens des industries nouvelles, à base scientifique. En 1848, la plupart de ces instituts étaient moribonds, car personne ne voulait reconnaître qu'un tel enseignement technique pourrait apprendre quoi que ce soit d'utile aux Anglais (à la différence des Allemands ou des Français). Il y avait pourtant bon nombre de manufacturiers intelligents, expérimentés, même cultivés et qui se pressaient aux réunions de la nouvelle Association britannique pour l'avancement des sciences; mais ce serait une erreur de croire qu'ils représentaient la norme pour leur classe.

Une génération de ces hommes d'affaires se développa dans les années qui suivirent Trafalgar et jusqu'à la grande exposition. Leurs prédécesseurs élevés dans le cadre social de marchands de province, cultivés et rationalistes, ou de pasteurs dissidents, et dans le cadre intellectuel du siècle des whigs, étaient peut-être évolués : le céramiste Josiah Wedgwood (1730-1795) était membre de la Royal Society, de la Société des antiquaires et de la Lunar

Society, aux côtés de Matthew Boulton, de son associé James Watt et Priestley le chimiste révolutionnaire. (Son fils Thomas fit des expériences dans le domaine de la photographie, publia des articles scientifiques et fut le mécène du poète Coleridge.) Le manufacturier du XVIIIᵉ siècle naturellement avait construit ses fabriques selon les plans des manuels d'architecture de l'époque classiciste. Leurs successeurs, s'ils n'étaient pas plus cultivés, furent en revanche plus prodigues, car vers les années 1840, ils avaient amassé suffisamment d'argent pour le dépenser largement en résidences pseudo-seigneuriales et en hôtels de ville pseudo-gothiques ou pseudo-Renaissance ou pour reconstruire leurs modestes chapelles, fonctionnelles ou classiques, dans un style gothique flamboyant. Mais entre l'époque géorgienne et l'époque victorienne, il y eut cet âge que l'on a assez bien nommé, l'âge morne de la bourgeoisie aussi bien que des classes laborieuses et dont Charles Dickens a fixé les traits à jamais dans son roman, *Les temps difficiles.*

Un protestantisme bigot, rigide, pharisien et borné, tellement obsédé de morale puritaine que l'hypocrisie allait inévitablement de pair avec lui, a dominé toute cette époque désolée. La « vertu » comme disait G.M. Young, « progressait invincible sur tout un large front » et en avançant, elle piétinait les sans-vertu, les faibles, les pécheurs (c'est-à-dire ceux qui ne produisaient pas d'argent et ceux qui ne savaient contrôler ni leurs dépenses émotionnelles ni leurs dépenses pécuniaires), dans la boue à laquelle ils appartenaient si manifestement, ne méritant tout au plus que la charité des justes. Il y avait, dans tout cela, une certaine conception capitaliste de l'économie. Il fallait que les petits entrepreneurs remettent dans le circuit des affaires une grosse partie de leurs bénéfices s'ils voulaient devenir de grands entrepreneurs. Il fallait, pour les plier au rythme industriel du travail, briser les masses du nouveau prolétariat, ou bien, si elles s'y refusaient, les laisser croupir. Cependant, même aujourd'hui, le cœur se serre devant le paysage qu'a finalement construit cette génération : « On ne voyait rien à Coketown qui ne fût rigoureusement utilitaire. Si les membres d'une secte religieuse construisaient là leur église — comme l'avaient fait au moins 18 sectes — ils en faisaient un entrepôt de la piété, en brique rouge, avec quelquefois (mais cela seulement dans les exemples de grande ornementation) une cloche dans une cage d'oiseau, sur le sommet de l'édifice. Toutes les inscriptions publiques dans la ville étaient peintes uniformément, dans les mêmes caractères sévères, en blanc et noir. La prison aurait très bien pu être l'infirmerie et l'infirmerie la prison, la mairie aurait très bien pu être l'un ou l'autre, ou les deux à la fois ou n'importe quoi d'autre, car aucune esthétique n'indiquait leurs fonctions. L'utilité, l'utilité, rien que l'utilité, partout dans l'aspect corporel de la ville; l'utilité, l'utilité et rien que l'utilité, partout dans son aspect immatériel... Tout était utilité, depuis les lits d'hôpitaux jusqu'au cimetière et ce que vous ne pouviez pas énoncer en chiffres, ce dont vous ne pouviez prouver qu'il était achetable au plus bas prix et vendable au plus élevé, cela n'existait pas et n'existerait jamais, dans les siècles des siècles, Amen. » [7]

Cette lugubre dévotion à l'utilitarisme bourgeois que l'Eglise évangélique et les puritains partageaient avec ces « philosophes radicaux » agnostiques du XVIIIe siècle qui les traduisaient pour eux en termes logiques, révéla sa beauté propre, fonctionnelle, dans les lignes de chemins de fer, les ponts et les magasins; et son horreur romantique dans les files interminables de petites maisons gris sombre et rougeâtres, toutes enfumées et dominées par les forteresses des fabriques. Mais la nouvelle bourgeoisie vivait en dehors de cela (si elle avait amassé suffisamment d'argent pour s'en aller) dispensant ses ordres, son éducation morale et son aide aux efforts missionnaires chez les Noirs païens d'outre-mer. Ses hommes personnifiaient l'argent qui affirmait leur droit de gouverner le monde; ses femmes, que l'argent de leur mari privait même de la satisfaction de s'occuper d'une manière réelle de leur maison, personnifiaient les vertus de leur classe : sottes (« Sois une charmante petite dame et laisse les autres être intelligents », comme disait le poète Tennyson) ignorantes, sans connaissances pratiques, théoriquement asexuées, privées du droit d'être propriétaires et protégées. Elles étaient le seul luxe que cet âge d'austérité et d'effort personnel se permettait.

La bourgeoisie manufacturière anglaise est l'exemple le plus poussé d'une pareille classe d'hommes, mais sur tout le continent il y avait des groupes plus petits du même genre : catholiques dans les zones textiles du nord de la France ou de Catalogne, calvinistes en Alsace, luthériens piétistes dans la Rhénanie, Juifs dans toute l'Europe centrale et orientale. Ils furent rarement aussi durs qu'en Grande-Bretagne car rarement chez eux, le divorce fut aussi total avec les traditions anciennes de la vie citadine et du paternalisme. Léon Faucher fut douloureusement frappé, en dépit de son libéralisme doctrinaire, par le spectacle de Manchester vers les années 1840 et quel observateur continental ne l'était pas? [8] ». Mais ces groupes partageaient avec les Anglais une assurance qui leur venait d'un enrichissement continu — entre 1830 et 1856 les dots dans la famille Dansette à Lille passèrent de 15 000 à 50 000 francs [9] — une foi absolue dans le libéralisme économique et le refus de toute activité non économique. Les dynasties des filateurs de Lille conservèrent un mépris total pour la carrière des armes jusqu'à la Première Guerre mondiale. Les Dollfus de Mulhouse dissuadèrent leur jeune Frédéric Engel d'entrer dans la fameuse Ecole polytechnique, car ils craignaient qu'elle ne l'entraînât vers la carrière militaire plutôt que celle des affaires. L'aristocratie et ses arbres généalogiques n'arriva même pas à les tenter outre mesure : de même que les maréchaux de Napoléon, ils étaient eux-mêmes leurs propres ancêtres.

II

L'œuvre essentielle de ces deux révolutions fut donc d'ouvrir les carrières au talent ou en tout cas à l'énergie, à la sagacité, au travail acharné et à l'âpreté au gain. Non pas toutes les carrières et pas jusqu'aux plus hauts échelons, sauf peut-être aux Etats-Unis. Et cependant comme ces opportunistes étaient extraordinaires! comme le XIXe siècle était loin de l'idéal statique des hiérarchies du passé! Le Kabinettsrat von Schele, du royaume de Hanovre, qui refusa à un jeune avocat sans fortune le poste gouvernemental qu'il avait sollicité sous le seul prétexte que son père était relieur et qu'il aurait donc dû exercer ce métier, paraissait désormais aussi malveillant que ridicule [10]. Pourtant il ne faisait que se référer à l'antique et proverbiale sagesse de la société stable du précapitalisme, et en 1750 le fils d'un relieur aurait, selon toute probabilité, effectivement persévéré dans le métier de son père. Maintenant il n'y était plus obligé. Quatre voies de réussite s'ouvraient devant lui : les affaires, les études supérieures (qui à leur tour menaient aux trois débouchés du fonctionnarisme, de la politique et des professions libérales), les arts et la guerre. Cette dernière carrière, assez importante en France pendant la période révolutionnaire et napoléonienne, avait perdu beaucoup de sa signification pendant les longues générations de paix qui suivirent et peut-être pour cette raison même, n'exerçait plus qu'une faible attraction. La troisième n'était une voie nouvelle que dans la mesure où la récompense réservée à ceux qui avaient un don exceptionnel pour divertir ou émouvoir le public était devenue beaucoup plus importante que par le passé, comme le montre bien l'amélioration du standing des gens de théâtre : il devait finalement aboutir dans l'Angleterre d'Edouard VII, aux phénomènes liés de l'acteur-chevalier et du noble épousant la chanteuse, et déjà dans la période post-napoléonienne, il y avait eu le phénomène caractéristique des chanteurs ou des danseurs idolâtrés (comme Jenny Lind « le rossignol suédois » ou la danseuse Fanny Elssler) et des grands musiciens portés au pinacle comme Paganini et Franz Liszt).

Ni les affaires, ni les études supérieures, n'étaient des grandes routes d'accès facile, même pour ceux qui étaient suffisamment affranchis de l'emprise des usages et de la tradition pour se persuader que « des gens comme nous » pouvaient y prétendre, pour connaître les règles du jeu à observer dans une société individualiste, ou pour admettre qu'il est souhaitable « d'améliorer sa situation ». Il y avait un droit de péage à acquitter pour ceux qui désiraient entreprendre le voyage : sans certaines ressources initiales, aussi minimes fussent-elles, il était difficile de pouvoir s'engager sur la grande route du succès. Ce droit d'admission était assurément plus élevé pour ceux qui empruntaient la voie des études supérieures que pour ceux qui prenaient le chemin des affaires, car même dans les pays qui avaient acquis un système d'instruction publique, l'éducation primaire était en général terriblement négligée; et même quand elle existait, elle était réduite pour des raisons politiques à un minimum de littérature d'arithmétique et de règles morales. Cependant, à première vue et paradoxalement, la carrière des études supérieures semblait plus attrayante que celle des affaires.

Sans aucun doute parce qu'elle ne supposait pas la même révolution dans les habitudes des hommes et leur manière de vivre. L'enseignement, en tout cas l'enseignement clérical avait une place reconnue et acceptée dans la société traditionnelle; et même une place beaucoup plus éminente que dans la vraie société bourgeoise. Avoir un prêtre, un pasteur ou un rabbin dans sa famille était sans doute le plus grand honneur auquel les pauvres pouvaient aspirer et qui valût vraiment la peine de faire des sacrifices énormes. Cette admiration sociale pouvait être facilement reportée, ces carrières nouvelles une fois ouvertes sur l'intellectuel laïque, le fonctionnaire ou le professeur, ou, plus merveilleux encore, l'avocat ou le médecin. En outre, l'enseignement n'était pas aussi antisocial que de toute évidence le monde des affaires semblait l'être. L'homme cultivé ne se retournait pas automatiquement contre son semblable pour l'attaquer ainsi que l'aurait fait le commerçant ou l'employeur égoïstes et sans scrupules. Souvent même, particulièrement lorsqu'il était professeur, il aidait ses compagnons à sortir de cette ignorance et de cette obscurité qui semblaient être la cause de tous leurs malheurs. Une soif générale d'instruction pouvait se créer beaucoup plus facilement qu'une soif générale pour le succès en affaires, qui reste entreprise individuelle, et l'instruction scolaire était plus

facile à acquérir que la science étrange de la productivité pécu-
niaire. Des communautés presque entièrement composées de petits
paysans, de petits commerçants et de prolétaires comme le pays
de Galles, pouvaient développer simultanément le désir fiévreux
de pousser leurs enfants vers l'enseignement ou le pastorat et
un amer ressentiment social à l'endroit de la richesse et des affaires
en tant que telles.

Néanmoins, d'une certaine façon, l'instruction représentait la
concurrence individualiste, la « carrière ouverte au talent » le
triomphe du mérite sur la naissance et les relations, assuré presque
aussi efficacement que par les affaires et ceci grâce au système
des concours. Comme toujours, c'est la Révolution française qui
donna à celui-ci son expression la plus logique, ces hiérarchies
parallèles d'examens qui, aujourd'hui encore, par sélection progressive, désignent parmi les vainqueurs du savoir l'élite intellectuelle qui administre et enseigne le peuple français. Les études
et les concours représentaient aussi l'idéal de la plus consciemment bourgeoise des écoles de pensée britanniques, celle des philosophes radicaux, benthamites qui finalement — mais pas avant
la fin de notre période — l'imposèrent sous une forme extrêmement rigoureuse dans les sphères les plus hautes des Affaires
intérieures britanniques et dans le Service civil indien, malgré
une résistance acharnée de l'aristocratie. La sélection par le mérite
telle que l'établissent des examens et autres tests culturels,
devint l'idéal généralement admis sauf dans les administrations
européennes restées très archaïques (comme celle de la papauté
ou des Affaires étrangères britanniques) et aussi dans les administrations très démocratiques, qui eurent tendance — comme aux
États-Unis — à préférer l'élection à l'examen comme critère de
capacité pour les postes publics. Car, à l'égal des autres formes
de compétition individualiste, la sélection par les examens était
un système libéral, mais ni démocratique, ni égalitaire.

Le résultat principal du point de vue social de cette ouverture
de l'instruction au talent fut donc assez paradoxal. Il n'engendra
pas une « société ouverte » de libre concurrence dans les entreprises, mais au contraire une « société fermée » de bureaucratie ;
cependant ces deux formes de société furent l'une et l'autre,
chacune à leur façon, des institutions caractéristiques de l'ère
bourgeoise-libérale. *L'ethos* de la haute administration du
XIXᵉ siècle fut fondamentalement celui du siècle des Lumières :
franc-maçon et « joséphinien » dans l'Europe centrale et orientale, napoléonien en France, libéral et anticlérical dans les pays
latins, benthamite en Grande-Bretagne. On admettait que la compétition devait céder la place à la promotion automatique, à

partir du moment où le candidat méritant avait réellement gagné sa place dans l'administration bien que la rapidité et les limites de son avancement fussent également liées (en principe) à ses mérites, sauf le cas où un principe corporatif d'égalitarisme imposait une simple promotion à l'ancienneté. A première vue, donc, la bureaucratie semblait vraiment très éloignée de l'idéal de la société libérale. Et pourtant, les services publics étaient liés ensemble par la conscience d'avoir été choisis selon leurs mérites, par une atmosphère prédominante d'incorruptibilité, d'efficacité pratique et de compétence intellectuelle ainsi que par des origines non aristocratiques. Et même l'application rigide de la promotion automatique (qui atteignit des proportions absurdes dans l'organisation très bourgeoise de la marine anglaise), eut au moins l'avantage d'éliminer les habitudes de favoritisme typiquement aristocratiques et monarchiques. Dans les sociétés où le développement économique traînait, l'administration publique constitua alors un débouché pour les classes moyennes montantes*. Ce n'est pas un hasard si au parlement de Francfort en 1848, des députés étaient des employés de l'Etat ou autres fonctionnaires (contre seulement 12 % de « professions libérales » et 2,5 % d'hommes d'affaires) [11]

Ce fut donc une chance, pour qui voulait faire carrière, que la période post-napoléonienne ait été presque partout pour les institutions et les activités gouvernementales, une période d'expansion marquée, bien que tout juste suffisante pour absorber le surplus grandissant des citoyens cultivés. Entre 1830 et 1850, les dépenses budgétaires par tête d'habitant ont augmenté de 25 % en Espagne, 40 % en France, 4 % en Russie, 50 % en Belgique, 70 % en Autriche, 75 % aux Etats-Unis et plus de 90 % aux Pays-Bas. Il n'y a qu'en Grande-Bretagne, dans les colonies britanniques, la Scandinavie et quelques Etats peu avancés que les dépenses gouvernementales par unité de population soient restées stables ou même aient diminué pendant cette période, qui est celle des plus beaux jours du libéralisme économique [12]. Cette évolution budgétaire n'est pas seulement à imputer à ce consommateur connu des revenus de l'Etat que sont les forces armées : celles-ci en effet, après les guerres napoléoniennes, sont restées beaucoup plus importantes que par le passé malgré l'absence de toute guerre internationale importante : parmi les grands Etats,

---

* Tous les fonctionnaires des romans de Balzac, semblent venir de familles de petits entrepreneurs, ou leur être associés.

seules la Grande-Bretagne et la France avaient en 1811 une armée
plus petite qu'à l'apogée du pouvoir de Napoléon en 1810, tandis
que plusieurs pays — par exemple la Russie, divers Etats allemands
et italiens et l'Espagne — avaient nettement augmenté la leur.
Mais le gonflement des budgets tient aussi au développement par
les Etats eux-mêmes des anciens postes administratifs et à la création de nouvelles fonctions. Car c'est une erreur élémentaire (et
qui n'était pas partagée par les philosophes radicaux benthamistes,
ces protagonistes du capitalisme si pleins de logique), de croire
que le libéralisme a été hostile à la bureaucratie. Ils s'opposaient
uniquement aux interférences gouvernementales en des matières
mieux gérées par les soins de l'entreprise privée, et aux impôts
excessifs. Le slogan de la propagande libérale d'un Etat réduit
aux fonctions rudimentaires d'un gardien de nuit fait oublier
que le fait que le nouvel Etat, dépouillé de ses fonctions ineffi-
cientes, de ses ingérences nocives, était un Etat beaucoup plus
puissant et ambitieux que ceux de jadis. En 1848, par exemple,
il possédait une force de police moderne et souvent nationale,
acquise en France dès 1798, en Hollande depuis 1823, en Angleterre
depuis 1829 et en Espagne (la Guardia Civil) depuis 1844. En
dehors de la Grande-Bretagne, cet Etat normalement s'était doté
d'un système d'éducation publique. Exception faite de la Grande-
Bretagne et des Etats-Unis, il avait ou était sur le point d'avoir
un service de chemins de fer national; partout, il disposait d'un
service postal de plus en plus considérable pour répondre à l'expansion rapide des affaires et des communications privées. L'augmentation de la population l'obligeait à maintenir un système
judiciaire plus important; le développement des villes et des
problèmes sociaux des villes, un système d'administration municipale plus étendu. Que ces charges gouvernementales soient
anciennes ou neuves, elles étaient de plus en plus dirigées par
une administration nationale unique de fonctionnaires de carrière
à plein temps et qui, aux échelons supérieurs, étaient librement
nommés ou promus par l'autorité centrale de chaque Etat. Cependant, tandis qu'un service efficace de ce genre aurait très bien
pu réduire le nombre des fonctionnaires et le coût unitaire de
l'administration en éliminant la corruption et les emplois temporaires, il créait une machine gouvernementale beaucoup plus formidable. Les plus élémentaires des tâches de l'Etat libéral, comme
la répartition et la collection des impôts par un corps de fonctionnaires salariés ou l'entretien d'une police régulièrement organisée
à l'échelon rural aurait semblé des rêves extravagants à la plupart des absolutismes de l'époque prérévolutionnaire. De même
que le niveau des prélèvements fiscaux, qui étaient maintenant

parfois un véritable impôt proportionnel au revenu * que les sujets de l'Etat libéral toléraient : en 1840, les dépenses budgétaires de la Grande-Bretagne libérale étaient quatre fois plus élevées que celles de l'autocratique Russie.

Peu de ces nouveaux postes équivalaient réellement à cette « épaulette » d'officier que, proverbialement, le soldat de Napoléon portait dans sa giberne comme une première étape vers un éventuel bâton de maréchal. Parmi les 130 000 serviteurs civils que compte la France en 1839 [11], la grande majorité est composée de postiers, d'instituteurs, de fonctionnaires mineurs chargés de la collection des impôts et de la justice etc.; et même les 450 fonctionnaires du ministère de l'Intérieur, les 350 du ministère des Affaires étrangères sont surtout des employés; un type d'hommes qui — la littérature de Dickens à Gogol ne nous le montre que trop clairement — n'était guère à envier, sauf peut-être pour ce privilège des services de l'administration publique : avoir faim, au même rythme uniforme, tout au long de sa carrière. Il n'y avait pas beaucoup de fonctionnaires possédant vraiment l'équivalent, sur le plan social, d'une bonne situation bourgeoise — ne parlons pas du plan financier : pas un seul fonctionnaire honnête ne pouvait espérer atteindre plus qu'un confort décent. Même de nos jours, pour l'ensemble du service civil britannique, la « classe administrative » qui, dans l'esprit des réformateurs du milieu du XIXᵉ siècle, devait représenter l'équivalent des classes bourgeoises dans la hiérarchie bureaucratique, ne comprend pas plus de 3 500 personnes en tout.

Cependant, aussi modeste que fût la situation du petit fonctionnaire ou de l'employé « en col blanc », il était de mille coudées au-dessus de l'ouvrier pauvre. Il ne faisait aucun travail physique. Ses mains propres, sa chemise blanche, le rangeaient, même si ce n'était que symbolique, du côté des riches. Il était revêtu de toute la magie de l'autorité publique. Devant lui hommes et femmes devaient faire la queue pour obtenir les documents qui consignaient leur vie sur un registre; il leur faisait signe d'avancer ou le leur interdisait; il leur disait ce qu'ils pouvaient faire ou ne pas faire. Grâce à lui, dans les pays les plus arriérés (aussi bien que dans les démocratiques Etats-Unis), cousins et neveux avaient des chances de trouver un emploi; et dans bien des pays, pas forcément les moins arriérés, le pot-de-vin était d'usage. Pour d'innombrables familles de paysans ou d'ouvriers dont les autres chances d'ascension sociale étaient faibles, les petits postes de

* En Grande-Bretagne, cet impôt fut imposé d'une façon temporaire pendant les guerres napoléoniennes et d'une façon permanente à partir de 1842; aucun autre pays d'importance n'avait suivi cette voie avant 1848.

la bureaucratie, de l'enseignement et du sacerdoce, étaient en
principe au moins, parmi les choses à leur portée, autant d'hima-
layas que leurs fils pouvaient raisonnablement penser escalader.

Les professions libérales, en revanche, n'étaient guère de leur
ressort, car pour devenir médecin, avocat ou professeur (ce qui,
sur le continent, signifiait aussi bien professeur d'école secondaire
que professeur d'université) ou l'un de ces « hommes cultivés que
leur instruction menait à diverses carrières selon la définition
des recensements britanniques [14], il fallait de longues années
d'études ou des dons et des chances exceptionnels. La Grande-
Bretagne en 1851 avait quelques 16 000 hommes de loi (sans compter les juges) et seulement 1 700 étudiants en droit *, 17 000 médecins et chirurgiens et 3 500 étudiants en médecine et infirmiers,
moins de 3 000 architectes, environ 1 300 rédacteurs et écrivains
(le terme français de *journaliste* n'était pas encore entré dans
l'usage officiel). Le droit et la médecine étaient les deux grandes
professions traditionnelles. La troisième, le clergé, offrait moins
de possibilités qu'on n'aurait pu s'y attendre, ne serait-ce que parce
que (si l'on met à part les prédicateurs des sectes protestantes)
ses effectifs grandissaient probablement à un rythme plus lent
que ceux de la population. Et même, grâce au zèle anticlérical des
gouvernements — Joseph II avait supprimé 359 abbayes et cou-
vents, les Espagnols avaient profité de chaque période de politique
libérale pour tenter de les supprimer tous —, certains secteurs
de la profession se réduisaient plutôt qu'ils ne s'étendaient.

Seule, une carrière était réellement ouverte : l'enseignement
dans les écoles élémentaires, tant laïques que religieuses. Le nombre des enseignants, qui étaient recrutés surtout parmi les fils
de paysans, d'artisans et autre familles modestes, était loin d'être
négligeable dans les Etats d'Occident : en Grande-Bretagne
76 000 hommes et femmes environ se qualifiaient en 1851 d'instituteurs et d'institutrices, ou d'enseignants en général, sans parler
de quelque 20 000 gouvernantes, ce métier bien connu comme
l'ultime ressource des jeunes filles instruites et sans fortune,
n'ayant pas la possibilité ou le désir de gagner leur vie d'une
façon qui leur aurait paru moins respectable. En outre, l'enseignement n'était pas seulement une profession importante, mais
une profession qui se développait. Elle était peu payée; mais en
dehors des pays de philistins, comme la Grande-Bretagne ou les
Etats-Unis, le maître d'école élémentaire était un personnage à
juste titre, populaire. Car si quelqu'un a représenté l'idéal d'un

---

* Sur le continent, le nombre et la proportion des hommes de loi
étaient souvent élevés.

âge, où pour la première fois, les hommes et les femmes du commun regardaient plus haut qu'eux-mêmes et s'apercevaient qu'il y avait un remède à l'ignorance, c'est bien l'homme ou la femme dont la vie et la vocation furent consacrées à donner à des enfants les chances que leurs parents n'avaient jamais eues; à leur ouvrir le monde et à leur inculquer le vrai et le bien.

Les affaires, bien sûr, étaient la carrière la mieux ouverte au talent, et dans une économie qui se développait rapidement, les chances dans ce domaine étaient naturellement nombreuses. Les dimensions réduites de beaucoup d'entreprises, l'habitude très généralisée du sous-contrat et des transactions modestes, d'achat et de vente, en rendaient l'accès relativement facile. Mais ni les conditions matérielles, ni les conditions culturelles et sociales n'étaient en ce domaine favorables aux pauvres. En premier lieu — et le fait fréquemment échappait à celui qui réussissait —, il était indispensable, pour l'évolution de l'économie industrielle, que les effectifs des ouvriers salariés augmentent plus rapidement que ceux des employeurs ou des artisans travaillant pour leur propre compte. Pour chaque homme qui montait d'un échelon dans le monde des affaires, plusieurs autres, nécessairement, en descendaient un. En second lieu, l'indépendance économique exigeait des qualifications techniques, des attitudes mentales ou des ressources financières (si modestes fussent-elles) que la plupart des gens ne possédaient tout simplement pas. Ceux qui avaient la chance d'en disposer — par exemple, les membres de telles sectes ou minorités religieuses, dont l'aptitude pour ce genre d'activités est bien connue des sociologues — pouvaient tirer leur épingle du jeu : la majorité de ces serfs d'Ivanovo — le « Manchester russe » — qui devinrent des fabricants de textiles, appartenait à la secte des « Anciens Croyants [15] ». Mais il eût été parfaitement utopique de croire que ceux qui ne possédaient pas ces avantages — comme par exemple la majorité des paysans russes — pourraient en faire autant, ou même pourraient penser à les imiter.

III

Personne ne salua l'ouverture des carrières aux talents de toute nature, avec autant de passion que ces groupes minoritaires qui jusque-là avaient été exclus de toute prééminence, non pas seulement parce qu'il ne s'agissait pas de gens bien-nés, mais parce qu'une discrimination collective et officielle pesait sur eux. L'enthousiasme avec lequel les protestants français se lancèrent dans la vie publique, pendant et après la révolution, ne fut surpassée que par l'éruption volcanique des talents chez les Juifs d'Occident. Avant l'émancipation que le rationalisme du XVIIIᵉ siècle avait préparée et que la Révolution française réalisa, seules deux voies de succès étaient accessibles à un Juif, le commerce ou la finance et l'interprétation de la loi; et toutes deux le confinaient à la communauté étroitement isolée de son ghetto, hors duquel seule une poignée d'hommes, les « Juifs de cour » ou autres privilégiés de l'argent, émergeaient à demi, très soucieux toujours — même en Grande-Bretagne et en Hollande — de ne pas s'aventurer trop loin dans la dangereuse et impopulaire lumière de la célébrité. Une telle ascension n'était pas seulement mal vue chez les incroyants, ces brutes avinées qui paraissaient particulièrement hostiles à l'émancipation des Juifs. Des siècles d'oppression sociale avaient si bien enfermé le ghetto sur lui-même qu'il rejetait lui aussi comme hérésie et trahison toute tentative qui sortait tant soit peu de son étroite orthodoxie. Au XVIIIᵉ siècle, les pionniers de la libération juive en Allemagne et en Autriche, et particulièrement Moses Mendelssohn (1729-1786), furent traités de déserteurs et d'athées.

La grande masse des Juifs habitant ces ghettos qui grandissaient si rapidement dans la partie orientale de l'ancien royaume de Pologne et de Lituanie, continuaient à vivre leurs vies méfiantes de reclus au milieu d'une paysannerie hostile, divisés seulement dans leur allégeance, entre les rabbins intellectualistes et érudits de l'orthodoxie lituanienne et les Chassidi mystiques et miséreux. Il est bien caractéristique que sur 46 révolutionnaires de Galicie arrêtés par les autorités autrichiennes en 1834, un seul ait été juif [16]. Mais dans les communautés occidentales plus petites, les Juifs saisirent à deux mains les nouvelles possibilités, même s'il leur fallait les payer d'un baptême nominal comme cela se passait encore dans les pays semi-émancipés, en tout cas lorsqu'il s'agissait de postes officiels. Pour des hommes d'affaires, il n'en fallait pas tant. Les Rothschild, les rois de la juiverie internationale ne furent pas seulement riches. Cela, ils auraient aussi bien pu l'être beaucoup plus tôt, bien que les transformations politiques et militaires de cette période aient offert des possibilités sans précédent pour la finance internationale. Mais désormais, ils pouvaient également montrer qu'ils étaient riches, occuper une position sociale à peu près proportionnée à leur richesse et même aspirer à la noblesse que les princes de l'Europe commencèrent effectivement à leur concéder en 1816. (Les Habsbourg les firent barons héréditaires en 1823.)

Plus frappant encore que la richesse des Juifs fut l'épanouissement de leurs talents dans l'art profane, les sciences et les professions libérales. Comparée à celle du XXᵉ siècle, cette floraison était encore modeste, bien qu'en 1848 le plus grand esprit juif du XIXᵉ siècle ainsi que le politicien juif le plus brillant, soient tous deux arrivés à maturité : Karl Marx (1818-1883) et Benjamin Disraëli (1804-1881). Il n'y eut pas de grands savants juifs et seulement quelques mathématiciens d'une grande, mais non d'une extraordinaire valeur. Meyerbeer (1791-1864) et Mendelssohn-Bartholdy (1809-1847) ne sont pas des compositeurs de la plus haute classe, parmi leurs contemporains, bien que Heinrich Heine (1797-1856), parmi les poètes ait plutôt mieux survécu. Il n'y avait pas encore, à cette date, de peintres juifs importants ni de grands virtuoses de la musique, ni de grands chefs d'orchestre et une seule grande figure de théâtre, l'actrice Rachel (1821-1858). Mais peut-être la production de génies n'est-elle pas le critère de l'émancipation d'un peuple, laquelle se mesure bien mieux à ce grand nombre de Juifs, sans doute moins éminents, mais qui soudain se mirent alors à participer à la culture de l'Europe occidentale et à la vie publique, particulièrement en France et surtout dans les Etats allemands qui leur offraient le langage et l'idéologie capables, peu à peu, de combler le fossé existant entre le monde hébraïque médiéval et celui du XXᵉ siècle, pour les Juifs immigrants de l'intérieur de l'Europe centrale et orientale.

La double révolution avait donné aux Juifs la position qui, de toutes celles où ils s'étaient trouvés depuis la chrétienté, était la plus proche de l'égalité. Ceux qui avaient su saisir cette opportunité, n'avaient pas de plus haut désir que celui d'être « assimilés » à la nouvelle société et leurs sympathies pour des raisons évidentes allaient surtout aux libéraux. Pourtant la situation des Juifs restait encore incertaine et difficile, même si l'antisémitisme endémique des masses exploitées, qui souvent maintenant pouvaient identifier sans peine le Juif au « bourgeois », n'était pas sérieusement exploité par les politiciens démagogues *.

En France, dans l'Allemagne occidentale (mais pas encore ailleurs) quelques jeunes Juifs se prenaient à rêver d'une société plus parfaite encore : l'élément juif se marque fortement dans le saint-simonisme français (Olinde Rodrigues, les frères Pereire, Léon Halévy, d'Eichthal) et à un moindre degré dans le communisme allemand (Moses Hess, le poète Heine et, bien sûr, Karl

---

* Le bandit allemand Schinderhannes (Johannes Bœckler 1777-1803) devint très populaire en prenant surtout des Juifs pour victimes et à Prague l'agitation industrielle après les années 1840, commença également par des accents antijuifs (Vienne, *Verwaltungsarchiv*, Polizeihofstelle, 1186-1845).

Marx qui cependant s'est toujours montré d'une indifférence totale
vis-à-vis de ses origines et de sa filiation juives).

Par leur situation même, les Juifs étaient exceptionnellement
prêts à s'assimiler à la société bourgeoise. Ils étaient une minorité.
Ils étaient déjà, pour une énorme majorité, des citadins, au point
d'être grandement immunisés contre les maladies de l'urbanisation.
Dans les villes les statisticiens avaient déjà noté que la santé était
meilleure la mortalité était moins forte chez eux.

C'était pour la plupart une population instruite et ils étaient
complètement en dehors de l'agriculture. Une très grande partie
d'entre eux était déjà installée dans le commerce ou les professions
libérales. Leur position même les obligeait constamment à s'intéresser aux situations et aux idées nouvelles, ne serait-ce que pour
y découvrir la menace latente qu'elles pouvaient recéler. Au
contraire la grande masse des hommes, dans le monde, trouva
beaucoup plus difficile de s'adapter à la société nouvelle.

La raison en est, en partie, qu'enfermés dans la gangue étroite
de la coutume, il leur était presque impossible de comprendre ce
qu'on attendait d'eux; un peu comme ces jeunes Algériens de
bonne famille, transportés à Paris vers 1840 pour y acquérir une
éducation européenne, et qui furent très choqués de découvrir
que le but de leur séjour dans la capitale royale n'était pas ces
aimables relations sociales avec le roi et les nobles auxquelles
ils estimaient avoir droit. De plus, la nouvelle société ne facilitait
nullement l'adaptation. Ceux qui avaient accepté les bienfaits
manifestes de la civilisation bourgeoise et les manières de la bourgeoisie pouvaient jouir librement de ses avantages; ceux qui les
avaient refusés ou qui avaient été incapables de les assumer ne
comptaient pour rien, tout simplement. Il faut voir autre chose
qu'un simple parti pris politique dans l'attachement obstiné que
les gouvernements libéraux modérés de 1830 vouèrent au régime
électoral censitaire : tout homme qui n'était pas avéré capable
d'accumuler des biens n'était pas un homme au sens plein du mot
et pouvait donc difficilement être un citoyen à part entière. Ces
attitudes furent poussées à l'extrême là où la bourgeoisie européenne se trouva en contact avec les païens : avec l'aide de missionnaires qui ne s'embarrassaient guère de complications intellectuelles, elle chercha à les convertir aux vérités du christianisme,
du commerce et du port du pantalon (toutes choses entre lesquelles on ne faisait guère de distinction) ou à leur imposer les
vérités de la législation libérale. S'ils acceptaient ces dons, le
libéralisme (en tout cas celui des révolutionnaires français) était
tout à fait disposé à leur garantir une citoyenneté complète, avec
tous les droits qu'elle comportait; ou (dans le cas du libéralisme

anglais) à leur laisser l'espoir qu'un jour ils seraient presque à la
hauteur d'un Anglais. Cette attitude est parfaitement nette dans
le senatus consulte de Napoléon III qui, quelques années après la
fin de notre période mais tout à fait dans sa ligne de pensée, offrait
à l'indigène algérien la citoyenneté française : « Il peut sur sa
demande, être admis à jouir des droits de citoyen français; dans
ce cas il est régi par les lois civiles et politiques de la France » [17].
Tout ce à quoi il devait renoncer en réalité, c'était l'islam; s'il s'y
refusait — et ils furent peu à l'accepter — alors il resterait un
sujet, et non un citoyen.

Le mépris général du « civilisé » à l'égard des « barbares » [18]
(lesquels comprenaient la masse des travailleurs pauvres dans
la mère patrie) reposait sur le sentiment d'une infériorité qui
avait fait ses preuves. Le monde bourgeois était librement ouvert
à tous. Ceux qui ne réussissaient pas à franchir ses portes faisaient
ainsi la preuve d'un manque d'intelligence personnelle, de force
morale ou d'énergie — ce qui automatiquement les condamnaient
— ou, dans la meilleure interprétation, d'une hérédité historique
ou biologique qui constituait une infirmité permanente, car autrement, pourquoi n'auraient-ils pas déjà utilisé les occasions qui
leur étaient offertes? Si cette époque, et particulièrement vers le
milieu du siècle, fut d'une insensibilité et d'une dureté de cœur
sans exemple, ce n'est donc pas seulement parce que la misère
qui environnait la respectabilité bourgeoise était tellement choquante que celui qui était né dans la richesse apprenait à ne pas
la voir, laissant les étrangers en visite s'indigner seuls devant de
telles horreurs (comme ils font aujourd'hui devant les spectacles
misérables de l'Inde), mais parce que les pauvres, tout comme les
barbares d'outre-mer, n'étaient pas considérés comme des êtres
tout à fait humains, à proprement parler. Si leur sort était de
devenir des travailleurs industriels, c'est qu'ils étaient seulement
une masse qu'il fallait faire entrer de force, par la contrainte, dans
le moule d'une formation nécessaire, la discipline draconienne
des usines étant complétée sur ce point par l'appui de l'Etat. (Il
est significatif que l'opinion bourgeoise contemporaine n'ait pas
vu d'incompatibilité entre le principe de l'égalité devant la loi et les
codes de travail délibérément discriminatoires qui, tel ce *Code
anglais du Maître et du Serviteur*, de 1823, punissaient de prison
les ouvriers qui rompaient leur contrat, les employeurs dans le
même cas n'étant punis — quand ils l'étaient — que d'amendes
légères [19]. Cette masse d'ouvriers devrait constamment être mainte-
nue au bord de la famine, sinon ils ne travailleraient pas, car ils
étaient inaccessibles aux motivations « humaines ». « C'est dans
l'intérêt de l'ouvrier lui-même, disaient à Villermé certains patrons

vers 1835-1840, qu'il soit toujours aux prises avec le besoin, parce
que, alors, il ne donne pas de mauvais exemple à ses enfants et
sa misère est le garant de sa bonne conduite » [20] (P. Jaccard Hist.
Soc. du travail, 1960, p. 248). Il y avait néanmoins beaucoup trop
de pauvres « pour leur bien » mais il fallait espérer que la mise
en œuvre de la loi de Malthus en ferait mourir de faim un nombre
suffisant pour que s'établisse le maximum viable; à moins que,
bien sûr, *per absurdum,* les pauvres n'établissent leur propre
contrôle rationnel sur la population en refrénant un penchant
excessif pour la procréation.

Il n'y avait qu'un pas entre une telle attitude et la reconnaissance formelle de l'inégalité des hommes qui, Henri Baudrillart
l'avançait dans sa leçon inaugurale au Collège de France en 1853,
était l'un des trois piliers de la société humaine, les deux autres
étant la propriété, et l'héritage [21]. La hiérarchie de la société était
ainsi reconstruite sur les fondations d'une égalité de principe.
Elle avait seulement perdu ce qui jadis la rendait tolérable, la
conviction sociale générale que les hommes avaient des devoirs
et des droits, que la vertu n'était pas simplement synonyme de la
richesse et que les classes inférieures, bien qu'inférieures, avaient
droit à leur existence modeste à la place que Dieu leur avait assi-
gnée!

11.

Les masses laborieuses

...Chaque fabricant vit dans sa fabrique comme les planteurs des colonies au milieu de leurs esclaves, un contre cent; et la sédition de Lyon est une espèce d'insurrection de Saint-Domingue...

... Les Barbares qui menacent la société ne sont point au Caucase ni dans les steppes de la Tartarie; ils sont dans les faubourgs de nos villes manufacturières...

... Il faut que la classe moyenne sache bien quel est l'état des choses; il faut qu'elle connaisse bien sa position...

> SAINT-MARC GIRARDIN :
> *Journal des Débats*, 8 décembre 1831.

Pour gouverner, il faut avoir
Manteaux ou rubans en sautoir (bis)
Nous en tissons pour vous, grands de la terre
Et nous, pauvres canuts, sans drap on nous
                                        [*enterre*

> *C'est nous les canuts*
> *Nous sommes tout nus* (bis)

Mais notre règne arrivera
Quand votre règne finira (bis)
Alors nous tisserons le linceul du vieux monde
Car on entend déjà la révolte qui gronde

> *C'est nous les canuts*
> *Nous n'irons plus nus* (bis).

> *Chant des canuts lyonnais.*

I

Trois possibilités s'offraient aux pauvres qui en confrontation directe avec la société bourgeoise, ne pouvaient plus s'abriter dans les refuges encore protégés de la société traditionnelle. Ils pouvaient lutter pour devenir eux-mêmes des bourgeois; ils pouvaient accepter la défaite; ils pouvaient se révolter.

La première solution n'était pas seulement techniquement difficile, comme nous l'avons vu, pour ceux qui n'avaient pas le minimum de fortune, ou d'éducation nécessaire, mais profondément répugnante! Pour des hommes issus de sociétés traditionnelles, l'introduction d'un système individualiste et purement utilitaire de comportement social, la jungle anarchique de la société bourgeoise, que les idéologues justifiaient par la théorie et les praticiens — avec la devise « chacun pour soi et Dieu pour tous », ou dans la version anglaise plus brutale encore : « Chacun pour soi et le diable emportera le dernier » — n'apparaissait guère que comme un mal diabolique qu'on leur infligeait gratuitement. C'est à peu près ce que disait un de ces Silésiens, tisseurs de lin sur métiers à main, et qui, désespérés se révoltèrent en vain contre leur sort, en 1844 : « A notre époque, les hommes ont inventé d'excellents procédés pour réduire et supprimer le gagne-pain les uns des autres. Mais hélas, personne ne pense plus au septième commandement, qui comporte un ordre et une interdiction : Tu ne voleras point. Ils ne gardent pas davantage en mémoire les commentaires de Luther sur ce commandement dans lesquels il précise : « Nous aimerons et craindrons le Seigneur, de telle sorte que « nous ne soyons pas tentés de mettre la main sur l'argent et « la propriété de notre voisin ni de nous l'attribuer par des tran- « sactions ou des marchandises de mauvais aloi, mais qu'au « contraire nous l'aidions à conserver et à augmenter ses moyens « de vivre et ses biens. » Cet artisan était le porte-parole de tous ceux qui avaient l'impression d'être entraînés au fond d'un gouffre par ce qui ne pouvait être que les forces de l'enfer. Ils ne demandaient pas grand-chose. « Jadis le riche manifestait au pauvre sa charité et le pauvre vivait simplement parce que, en ces temps, les classes inférieures avaient beaucoup moins d'exigences qu'aujourd'hui pour l'habillement et autres dépenses ostentatoires ». Mais même cette place modeste dans l'échelle sociale, il semblait maintenant qu'on allait la leur retirer.

D'où leur résistance à toutes les initiatives de la société bourgeoise, même aux plus raisonnables, parce que toujours entachées d'un manque d'humanité. Quand les gros propriétaires terriens

introduisirent le système *Speenhamland,* les ouvriers agricoles lui
donnèrent leur adhésion, bien que les arguments économiques
fussent contre lui irréfutables. Comme moyen de soulager la
misère, la charité chrétienne était pire qu'inutile, comme on pouvait le voir dans les Etats pontificaux où elle florissait. Mais elle
conservait beaucoup d'adeptes parmi les riches traditionalistes
qui la considéraient avec tendresse comme un rempart contre le
fléau de l'égalité des droits (inventé par « ces rêveurs qui main-
tiennent que la nature a créé les hommes égaux en droit et que
les différences sociales ne devraient être fondées que sur l'utilité
commune » [2], mais aussi parmi les pauvres traditionalistes qui
étaient profondément convaincus qu'ils avaient *droit* aux miettes
de la table des riches. En Angleterre, un abîme séparait les partisans bourgeois des sociétés de secours mutuel qui n'y voyaient
qu'un cadre pour développer l'effort personnel individuel, et les
pauvres qui les considéraient aussi, et souvent au premier chef,
comme des « sociétés amicales », avec banquets, cérémonies, rites
et festivités; ceci au détriment de l'efficacité de leur action économique.

Cette résistance était encore renforcée par l'opposition des
bourgeois eux-mêmes à tels ou tels aspects de la libre et pure
compétition individuelle, lorsqu'ils n'y trouvaient pas leur avantage. Personne n'était plus féru d'individualisme que le vigoureux
agriculteur et industriel américain, aucune constitution plus opposée que la leur — du moins à ce qu'ont cru les juristes jusqu'à
notre siècle — à telles interventions dans les domaines de la liberté
que la protection fédérale du travail des enfants. Mais personne
n'était plus fermement partisan, nous l'avons vu, d'une protection
« artificielle » pour leurs affaires. L'invention de machines nouvelles était l'un des principaux avantages à attendre de l'initiative
privée et de la libre concurrence. Mais il n'y eut pas que les ouvriers
« luddites » à se soulever pour les détruire : les petits entrepreneurs et les fermiers de la région fraternisèrent avec eux, parce
qu'ils considéraient eux-mêmes les novateurs comme les destruc-
teurs du gagne-pain des hommes. Les fermiers allèrent parfois
jusqu'à laisser leurs machines en plein air pour que les insurgés
puissent mieux les détruire et le gouvernement dut envoyer, en
1830, une circulaire sévère dans ses termes pour rappeler que
« les machines sont soumises à la protection de la loi comme n'importe quel autre article de propriété [3] ». La très nette hésitation,
le sentiment de doute avec lesquels, lorsqu'il ne se trouvait pas
dans une des citadelles de la bourgeoisie libérale, le nouvel entrepreneur abordait sa tâche historique de démolisseur de l'ordre
moral et social, confirmait les pauvres dans leurs convictions.

Il y avait, bien entendu, des ouvriers qui faisaient tout leur possible pour pénétrer dans les classes moyennes ou au moins en suivre les préceptes d'économie, d'effort personnel et d'auto-amélioration. La littérature moralisante et didactique de la classe moyenne radicale, des mouvements de tempérance et de la propagande protestante est remplie de ce type d'hommes, dont le chantre homérique a été Samuel Smiles. Et d'ailleurs ces groupements attiraient et peut-être encourageaient les jeunes hommes ambitieux. Ainsi, du Royton Temperance Seminary, fondé en 1843 (et réservé aux garçons, surtout aux apprentis du coton, qui avaient fait vœu d'abstinence et pris l'engagement de ne pas jouer et d'observer les règles d'une bonne moralité) sont sortis, en vingt ans, cinq patrons filateurs de coton, un clergyman, deux directeurs d'usine textile en Russie « et beaucoup d'autres ont atteint des positions respectables comme directeurs, surveillants, chefs mécaniciens, instituteurs diplômés, ou sont devenus d'honorables commerçants » [4]. Il est évident qu'un tel phénomène était moins courant en dehors du monde anglo-saxon où les chemins d'évasion, pour la classe ouvrière (l'émigration mise à part) étaient beaucoup plus étroits.

Mais bien entendu, les gens de l'époque n'exagéraient pas quand ils déploraient la dégradation morale des masses laborieuses dont l'urbanisation et l'industrialisation étaient récentes. Tout se liguait pour porter cette dégradation à son maximum. Les villes et les zones industrielles grandissaient très vite, sans plan ni contrôle, et les services les plus élémentaires de la vie urbaine : nettoyage des voies, approvisionnement en eau, aménagements sanitaires, sans parler des logements ouvriers étaient parfaitement incapables de suivre ce rythme de croissance [6]. La conséquence la plus manifeste de cette détérioration des conditions de vie dans les cités fut la réapparition des grandes épidémies de maladies contagieuses (surtout celles qui sont transmises par l'eau), en particulier le choléra qui reconquit l'Europe à partir de 1831 et balaya tout le continent, de Marseille à Saint-Pétersbourg, en 1832 et plus tard encore. Pour prendre un seul exemple : le typhus à Glasgow « ne retient l'attention par aucune tendance épidémique avant 1818 [7] ». Après quoi, il devient plus fréquent. Il y eut deux grandes épidémies (typhus et choléra) dans la ville, entre 1830 et 1840; trois (typhus, choléra et fièvre récurrente) pendant la décennie suivante; deux entre 1850 et 1855, jusqu'à ce qu'enfin les améliorations urbaines aient mis fin aux négligences de toute une génération. Les effets néfastes de cette négligence furent d'autant plus terribles que les classes moyenne et dirigeante ne s'en rendaient pas compte. Le développement urbain, au cours de cette période, se faisait suivant un gigantesque processus de ségrégation sociale qui poussait les nouveaux travailleurs vers les immenses marécages de la misère, hors des centres de l'administration et des affaires, ou des nouveaux quartiers résidentiels de la bourgeoisie.

C'est à cette époque qu'apparut la distinction quasi générale en Europe entre les « beaux quartiers », à l'ouest, et les « quartiers pauvres » à l'est *. Et en dehors des tavernes et peut-être des églises, quels équipements sociaux procura-t-on à ces nouvelles agglomérations ouvrières, sinon ceux dont les ouvriers prirent eux-mêmes l'initiative? Ce n'est qu'après 1848 qu'une reconstruction et une modernisation urbaines systématiques furent entreprises, lorsque les nouvelles épidémies, surgissant des quartiers de la misère, commencèrent à tuer également les riches et que les masses désespérées qui y grandissaient se mirent à éveiller les appréhensions des autorités en place par leur agitation sociale.

L'alcool n'était pas le seul signe de cette baisse de moralité. Les travaux d'avant-garde menés à cette époque par ce que nous appellerions aujourd'hui médecine sociale, ont démontré que l'avortement, la prostitution, le suicide et les maladies mentales avaient tous une relation avec le cataclysme économique et social de l'heure *. Il en est de même de l'augmentation de la criminalité ainsi que de la violence grandissante et souvent sans objet, sorte d'affirmation personnelle aveugle contre les forces qui menaçaient d'engloutir l'être passif. La multiplication des sectes et des cultes apocalyptiques, mystiques, et autres à cette époque (*cf.* chap. XII)

---

* « On a observé que les circonstances qui obligent les travailleurs à habiter en dehors du centre de Paris ont habituellement des effets déplorables sur leur conduite et leur moralité. Autrefois, ils habitaient généralement les étages supérieurs des immeubles dont les étages inférieurs étaient occupés par les hommes d'affaires et autres membres des classes relativement aisées. Une certaine solidarité se développait ainsi parmi les locataires d'un même immeuble. Les voisins se rendaient de menus services. En cas de maladie ou de chômage, les ouvriers pouvaient trouver quelque assistance dans la maison où ils habitaient, et d'un autre côté un certain sentiment de respect humain donnait aux habitudes de vie de la classe ouvrière une certaine régularité. » Ce témoignage de satisfaction émane de la chambre de Commerce et de la préfecture de Police et est extrait d'un de ses rapports. Mais la nouveauté du phénomène de ségrégation y est bien mise en relief [8].

* La longue liste des médecins à qui nous devons une si grande part de nos connaissances sur cette époque — et des progrès qui ont suivi — contraste vivement avec la complaisance et l'insensibilité générales de l'opinion bourgeoise. Villermé et tous ceux qui apportèrent leur contribution aux *Annales d'Hygiène publique* qu'il fonda en 1829, Kay, Thackrah, Gaskell et Far en Angleterre, et plusieurs médecins en Allemagne, mériteraient qu'on se souvienne davantage d'eux qu'on ne le fait.

montre une semblable incapacité à résister au bouleversement de la
société qui était en train de démolir la vie des gens. Les épidémies
de choléra, par exemple, provoquèrent des accès de ferveur religieuse chez les catholiques de Marseille aussi bien que dans le
pays de Galles protestant.

Toutes ces formes de distorsion du comportement social ont
entre elles une chose en commun — qui a également son incidence
sur « l'effort personnel ». Elles étaient une recherche pour échapper au sort qui vous avait fait pauvre ouvrier ou, au mieux, pour
accepter ou oublier la misère et l'humiliation. Les tenants de
cette dernière position, les ivrognes, les petits « gangsters », non
plus en Angleterre — et où l'influence morale et intellectuelle
de la classe moyenne radicale sur les ouvriers qualifiés était
beaucoup moins vive.

En revanche, les ouvriers étaient bien plus nombreux qui,
affrontés à une catastrophe sociale qu'ils ne comprenaient pas,
appauvris, exploités, parqués dans des quartiers sordides, où la
tristesse s'alliait à la crasse, et dans les zones d'expansion des
petits villages industriels, sombraient peu à peu dans la dégradation. Privés des institutions et des modèles de comportement traditionnels, comment pouvaient-ils ne pas glisser dans l'abîme des
expédients au jour le jour, du mont-de-piété où les familles mettaient leurs couvertures en gage chaque semaine, en attendant le
jour de la paie *, de l'alcool qui était « le plus court chemin pour
sortir de Manchester » (ou de Lille, ou du Borinage) ? L'alcoolisme
des masses, compagnon presque invariable de l'industrialisation
et de l'urbanisation anarchiques et accélérées, répandait sur toute
l'Europe « la maladie de l'eau-de-vie [5] ». Peut-être les nombreux
contemporains qui déplorent les progrès de l'alcoolisme, comme
ceux de la prostitution et des autres formes de promiscuité sexuelle,
ont-ils exagéré. Néanmoins, la vague soudaine de campagnes systématiques en faveur de la tempérance, de caractère les excen-
triques, les vagabonds ou les petits entrepreneurs ambitieux, tous
détournaient leur regard de la condition collective et (à l'exception des derniers) étaient indifférents à l'idée d'une action collective. Dans l'histoire de la période qui nous intéresse, cette apathie
massive joue un rôle beaucoup plus grand qu'on ne le pense habituellement. Ce n'est pas un hasard si les moins qualifiés de tous
ces malheureux, les moins instruits, les moins organisés et donc
les plus éloignés de toute espérance, furent alors — comme plus
tard — les plus apathiques : aux élections de 1848, dans la ville

* En 1855, 60 % des pages des monts-de-piété de Liverpool avaient une
valeur égale ou inférieur à 5 shillings, et 27 % à 2 shillings et demi.

prussienne de Halle, 81 % des artisans indépendants et 71 % des maçons, des charpentiers et des autres ouvriers qualifiés du bâtiment votèrent; tandis que la participation fut seulement de 46 % chez les ouvriers d'usine, les cheminots, les salariés, les ouvriers à domicile [9], etc.

II

Entre l'évasion et l'échec, il y avait place pour la rébellion. Et la situation des masses laborieuses était telle, spécialement celle du prolétariat industriel qui en devint le noyau, que la rébellion n'était pas seulement possible, mais pratiquement obligatoire. Rien n'était plus inévitable, durant la première moitié du XIX⁰ siècle que l'apparition des mouvements travailliste et socialiste et d'une agitation sociale et révolutionnaire des masses. La révolution de 1848 en fut la conséquence directe.

Que la condition des masses ouvrières fût épouvantable entre 1815 et 1848, aucun observateur raisonnable ne le niait et vers 1840 ces observateurs ne manquaient pas. On admettait même généralement qu'en réalité, elle ne faisait que se détériorer. En Angleterre la théorie malthusienne sur la population qui soutenait que l'augmentation de la population devait inévitablement être supérieure à celle des moyens de subsistance, se fondait sur une telle constatation et elle était étayée par les arguments des économistes de l'école de Ricardo. Ceux qui voyaient l'avenir de la classe ouvrière en rose étaient moins nombreux — et intellectuellement moins valables — que ceux qui s'en faisaient une image sombre. En Allemagne entre 1830 et 1840, la paupérisation croissante de la population fut le thème commun d'au moins quatorze publications différentes et un des sujets proposés aux concours académiques était : *Les plaintes concernant l'augmentation de la paupérisation et l'insuffisance de l'alimentation sont-elles justifiées?* (Sur les 16 concurrents 10 répondirent affirmativement et 2 seulement par la négative) [10]. La généralisation même de telles opinions prouve à elle seule la misère universelle et apparemment sans espoir des ouvriers.

La misère était sans aucun doute pire dans les campagnes et spécialement chez les ouvriers agricoles sans terre, les garçons de ferme et bien entendu les paysans des terres pauvres ou infertiles. Une mauvaise récolte comme celle de 1789, 1795, 1817, 1832, 1847, provoquait encore une véritable famine, même sans que s'y ajoutent des catastrophes supplémentaires comme la concurrence des cotonnades britanniques qui ruina des bases de

l'industrie lainière silésienne à domicile. Après la récolte catastrophique de 1813 en Lombardie, les gens n'évitèrent la mort qu'en
mangeant du fumier et du foin, du pain fait avec les feuilles des
plants de haricots et des baies sauvages [11]. Une mauvaise année
comme 1817 pouvait entraîner, même dans la paisible Suisse, un net
excès des décès sur les naissances [12] La faim de l'Europe entre 1846-
1848 prend des couleurs moins tragiques quand on la compare au
cataclysme de la famine irlandaise (voir ci-dessus, p. 213) mais elle
fut bien assez réelle. En Prusse orientale et occidentale (1847), un
tiers de la population ne mangeait plus de pain et ne se soutenait
qu'avec des pommes de terre [13]. Dans les villages industriels des
monts de l'Allemagne centrale, villages austères, dignes et misérables où hommes et femmes n'avaient comme siège que des troncs
d'arbre ou des bancs, pour tout avoir que quelques rideaux et un
peu de linge de maison, et buvaient, faute de verres, dans des pots
de terre ou des gobelets de fer blanc, les gens s'étaient parfois telle-
men habitués au régime des pommes de terre et du café clairet
que, durant les famines, les organisations de secours qui s'en
occupaient durent leur apprendre l'usage des pois et bouillies
de céréales qui leur étaient distribués [14]. Le typhus associé à la
famine ravagea les campagnes des Flandres et de Silésie où les
villages de tisseurs de lin menaient contre l'industrie moderne un
combat perdu d'avance.

Mais en fait, en dehors de catastrophes totales comme celle
de l'Irlande, la misère qui retenait le plus l'attention, cette misère
dont tant d'observateurs dénonçaient la progression, c'était celle
de villes et des régions industrielles où le pauvre mourait de
faim moins passivement et avec moins de discrétion. La chute du
pouvoir d'achat réel reste un sujet de controverse entre historiens,
quoique, nous l'avons vu, la détérioration de la situation générale
des pauvres, dans les villes, ne soit guère douteuse. Etant donné les
variations entre une région et une autre, entre les diverses catégories de travailleurs et entre des époques économiquement différentes, étant donné l'insuffisance des statistiques, il est difficile
de répondre en toute certitude à des questions de ce genre. Mais
on peut exclure une amélioration générale absolue de quelque
importance avant 1848 (ou 1844 peut-être pour l'Angleterre) et
certainement le gouffre qui sépare le riche du pauvre se creuse
alors davantage, se fait surtout plus apparent. L'époque où la
baronne de Rotschild se pare, au bal masqué du duc d'Orléans,
d'un million et demi de bijoux (1842) est celle où John Bright
décrivait ainsi les femmes de Rochdale : « Deux mille femmes et
jeunes filles ont défilé dans les rues en chantant des hymnes —
c'était un singulier et impressionnant spectacle voisin du

sublime —; elles sont affamées au dernier degré — une miche est dévorée avec une voracité indescriptible — et même si le pain est couvert de boue, on le dévore avec empressement [15] ».

Il est tout de même probable qu'une certaine détérioration générale a affecté alors de vastes régions de l'Europe, car ce ne sont pas seulement, comme nous l'avons vu, les institutions urbaines et les services sociaux qui n'arrivent pas à suivre le phénomène rapide et désordonné de l'expansion; les salaires nominaux (et souvent aussi les salaires réels) tendent à diminuer après 1815 et, du moins jusqu'à l'âge du chemin de fer, la production et le transport des produits alimentaires, dans de nombreuses grandes villes, accusent eux aussi un retard [16]. C'est sur des décalages de ce genre que les malthusiens de l'époque fondaient leur pessimisme. Mais, ce décalage mis à part, le simple passage du régime alimentaire traditionnel des temps préindustriels, au choix libre, mais sans discernement du pauvre citadin et industriel, ce passage à lui seul avait des chances d'entraîner une baisse de qualité de l'alimentation, tout comme les conditions de vie et de travail à la ville risquaient de conduire à une baisse de la santé générale. Et c'est la raison, certainement, de l'extraordinaire différence, du point de vue de la santé et de la résistance physique, entre les populations industrielle et agricole (et bien sûr entre les classes sociales, supérieure, moyenne et ouvrière), différence qui a éveillé l'attention des statisticiens français et anglais. L'espérance moyenne de vie à la naissance, entre 1840 et 1850, était deux fois plus grande pour les populations rurales du Wiltshire et du Rutland (pourtant loin d'être privilégiées) que pour celles de Manchester ou de Liverpool. C'est que pour ne prendre qu'un seul exemple — « jusqu'à l'introduction de la machine à vapeur dans la profession, vers la fin du siècle précédent, la maladie des affûteurs était pour ainsi dire inconnue » dans les ateliers de coutellerie de Sheffield; mais en 1842, 50 % de tous les affûteurs avaient les poumons atteints dès trente ans, 79 % vers la quarantaine et 100 % après cinquante ans [17].

De plus, la transformation économique entraînait le transfert et le déplacement de larges groupes de travailleurs, quelquefois pour leur avantage, mais plus souvent pour leur malheur. Les masses considérables de population non encore absorbées par les industries ou les cités nouvelles constituaient un réservoir permanent de gens appauvris et sans espoir, et des masses plus importantes encore étaient périodiquement réduites au chômage par le jeu des crises dont on venait à peine de reconnaître qu'elles étaient temporaires autant que cycliques. Une de ces crises pouvait laisser absolument sans travail deux tiers des ouvriers tex-

tiles à Bolton (1842) ou à Roubaix (1847) [18]. Elle pouvait réduire
à l'indigence 20 % de ceux de Nottingham, et un tiers de ceux de
Paisley [19]. Un mouvement comme le chartisme anglais pouvait bien
s'effondrer, parfois, à cause de sa faiblesse politique. Mais de
temps à autre, la faim pure et simple, cet intolérable fardeau
qui pesait sur des millions de prolétaires, lui redonnait la vie.

S'ajoutant à ces tempêtes de caractère général, des catastrophes particulières s'abattaient sur la tête de catégories définies
de prolétaires. La phase initiale de la révolution industrielle,
comme nous l'avons vu, n'avait pas précipité tous les travailleurs
vers des usines mécanisées. Au contraire, autour de quelques secteurs de grande production hautement mécanisés, elle avait multiplié le nombre des artisans du type ancien, celui de certaines
catégories d'ouvriers spécialisés et de l'armée des travailleurs
à domicile et souvent elle avait amélioré leur condition spécialement durant les longues années de guerre où la main-d'œuvre
était rare. Mais de 1820 à 1840, le développement impitoyable et
impersonnel de la machine et la concurrence commença à les
atteindre sérieusement. Dans les meilleurs cas, ce processus transforme leur indépendance en dépendance, et de personnes, fit de
simples « bras ». Dans les autres cas — plus durs et aussi plus fréquents — il fit éclore ces multitudes de déclassés, de misérables
et d'affamés, tisserands à la main, et tricoteurs, etc. dont les conditions de vie glacent le sang de l'économiste le plus endurci. Il
ne s'agissait pas du tout-venant, d'ouvriers ignorants et sans qua-
lification professionnelle. Des communautés comme celle des tisserands de Norwich et de Dunfermline qui furent disloquées et
dispersées après 1830, les ébénistes londoniens dont les « cata-
logues » de prix syndicaux circulant depuis si longtemps devenaient chiffons de papier au fur et à mesure que ces artisans
allaient s'enliser dans le bourbier d'ateliers aux salaires de misère,
les « compagnons » voyageurs de l'Europe continentale qui
n'étaient plus que des prolétaires itinérants, les artisans qui avaient
perdu leur indépendance, tous ces hommes avaient été les plus
qualifiés, les plus instruits, les plus solides, la fleur du monde
ouvrier *. Ils ne comprenaient pas ce qui leur arrivait. Il était
naturel qu'ils cherchassent à en sortir, plus naturel encore qu'ils
protestassent **.

---

* Dans le Gloucestershire, en 1840, sur 195 tisserands adultes 15 seulement ne savaient ni lire ni écrire; en revanche, lors des révoltes de
1842 dans les régions industrielles du Lancashire, du Cheshire et du
Staffordshire, seulement 13 % des ouvriers arrêtés savaient lire et écrire
correctement et 32 % imparfaitement [19].
** « Un tiers environ de notre population laborieuse... est constitué

Matériellement, les ouvriers des nouvelles usines avaient quelques chances d'être en meilleure posture. D'un autre côté, ils n'étaient pas libres, sous la surveillance stricte et la discipline plus stricte encore imposée par le patron ou ses contremaîtres contre qui ils n'avaient pratiquement aucun recours légal, et seulement la première ébauche d'une protection officielle. Ils avaient à travailler aux heures et aux tâches imposées par le patron; à accepter les sanctions et les amendes par lesquelles il imposait sa loi ou augmentait ses profits. Dans des zones ou des usines isolées, ils étaient obligés de se ravitailler dans ses magasins, recevant plus d'une fois leur salaire en marchandises (ce qui permettait à l'employeur peu scrupuleux de grossir encore ses profits) ou d'habiter dans les logements fournis par le patron. Sans doute les jeunes villageois ne trouvaient-ils cette vie guère plus dépendante et moins pauvre que celle de leurs parents; et dans les industries de l'Europe continentale aux solides traditions paternalistes, le despotisme du patron était au moins partiellement composé par la sécurité, l'éducation et les services sociaux qu'il assurait parfois. Mais pour l'homme libre, entrer dans une usine comme un simple « manœuvre », c'était entrer dans quelque chose qui ne valait guère mieux que l'esclavage; tous, à moins d'être absolument faméliques, essayaient d'éviter d'en arriver là et, même pris au piège, ils résistaient à la discipline draconienne avec beaucoup plus de ténacité que les femmes ou les enfants. D'où la tendance des propriétaires de fabriques à préférer ces derniers. Bien entendu, de 1830 à 1845 environ, même la situation matérielle du prolétariat d'usine tend à se détériorer.

Quelle qu'ait été la situation réelle du prolétariat, il est tout à fait impossible de douter que chacun de ses membres, s'il était capable tant soit peu de penser — c'est-à-dire de ne pas accepter les tribulations des pauvres comme le lot de la destinée, dans un monde conçu de toute éternité — considérait que le travailleur était exploité et appauvri par le riche, lequel se faisait de plus en plus riche, tandis que le pauvre devenait de plus en plus pauvre. Et les pauvres souffraient à cause des profits des riches. Le mécanisme social de la société bourgeoise était un abîme de

de tisserands et d'ouvriers dont les revenus moyens n'atttteignent pas un montant suffisant pour élever et entretenir leur famille sans l'aide de l'assistance paroissiale. C'est cette fraction de la communauté, pour la plupart gens honnêtes et dignes, dans leur façon de vivre qui souffre le plus de la baisse des salaires et de la dureté des temps. C'est à cette classe, infortunée de mes semblables que je désire particulièrement recommander le système de la coopération. » (F. Baker : *First Lecture on Co-operation*, Bolton, 1830.)

cruauté, d'injustice et d'inhumanité. « Pas de richesse sans travail, écrivait le *Lancashire Co-operator*. Le travailleur est la source
de toute richesse. Qui a fait pousser le blé? le laboureur mal nourri
et misérable. Qui a construit toutes les maisons, les entrepôts et
les palais, propriétés de riches qui n'ont jamais travaillé ni rien
produit? l'ouvrier. Qui file et fabrique toutes les étoffes? les
fileurs et les tisserands. » Et cependant, « ... l'ouvrier reste pauvre
et déshérité, tandis que ceux qui ne travaillent pas sont riches
et vivent dans l'abondance, jusqu'à la satiété » [20]. Sentiments qu'exprime moins clairement, mais peut-être plus profondément encore,
le chant désespéré du travailleur de la terre (auquel font écho
aujourd'hui presque mot pour mot les chants des Noirs) :

Si la vie était une chose que l'argent puisse acheter
Le riche vivrait et le pauvre devrait mourir. [21]

III

Le mouvement ouvrier a fourni une réponse au cri de l'homme
pauvre. On ne doit pas le confondre avec la simple rébellion
collective contre des épreuves intolérables, qu'on retrouve tout
au long de la chronique de l'histoire, ou même avec la pratique
de la grève et des autres formes d'action militante qui sont depuis
devenues spécifiquement ouvrières. Celles-ci ont aussi leur histoire qui remonte bien au-delà de la révolution industrielle. Ce
qu'il y avait de nouveau dans le mouvement ouvrier du début
du XIXᵉ siècle, c'est une conscience de classe et une ambition de
classe. Il n'y a plus le « pauvre », en face du « riche ». Mais une
« classe » définie, la classe ouvrière, les travailleurs ou le prolétariat, en face d'une autre, celle des employeurs ou des capitalistes.
La Révolution française a donné à cette classe nouvelle la
confiance en soi. La révolution industrielle l'a marquée du besoin
d'une mobilisation permanente. Pour parvenir à un train de vie
décent, il ne suffisait pas de protestations périodiques qui ne
servaient qu'à restaurer l'équilibre de la société, toujours stable
bien que temporairement troublé. Il fallait la vigilance permanente,
l'organisation et les activités du « mouvement » — syndicat, société
mutuelle ou coopérative, sociétés de la classe ouvrière, journal
ou agitation. Mais la nouveauté et même la rapidité de la transformation sociale où ils étaient plongés, poussaient les travailleurs à penser selon les termes d'une société complètement transformée, fondée sur leur expérience et sur leurs idées, mises en
opposition avec celles de leurs oppresseurs. Elle serait coopéra-

tive et non compétitive, collectiviste et non individualiste. Bref, elle serait « socialiste ». Et elle représenterait non pas le rêve éternel d'une société libre, caressé sans cesse par les pauvres gens, ne leur revenant à l'esprit que dans les rares occasions d'une révolution sociale générale, mais un des termes permanent et réalisable d'une alternative au système en vigueur.

La conscience de la classe ouvrière ne s'extériorisait pas encore sous cette forme, en 1789, ou, au vrai, durant la Révolution française. En dehors de l'Angleterre et de la France, elle existait à peine en 1848, et encore... Mais dans les deux pays qui personnifient la double révolution, elle a fait son apparition entre 1815 et 1848, plus précisément aux alentours de 1830. L'expression même de *working class* (se distinguant des termes moins spécifiques de *the working classes*) apparaît dans les écrits d'ouvriers anglais peu de temps après Waterloo, peut-être même plus tôt, et sous la plume des ouvriers français l'expression correspondante de « classe ouvrière » devient fréquente après 1830 [22]. En Angleterre, les essais pour réunir tous les travailleurs en « syndicats généraux », c'est-à-dire pour passer de l'isolement local et professionnel des groupes particuliers de travailleurs à une solidarité nationale, peut-être même universelle du monde ouvrier, prirent naissance en 1818 et se poursuivirent dans la fièvre entre 1829 et 1834. A « l'union générale » faisait pendant la grève générale; et cette dernière également se formula à cette époque comme un concept et une tactique systématique de la classe ouvrière, notamment dans la brochure *Grand National Holiday and Congress of the Productive Classes,* de William Benbow (1832); les chartistes en discutèrent sérieusement l'intérêt en tant que moyen politique. Dans l'intervalle, la discussion intellectuelle avait abouti, en France comme en Angleterre, à la fois au concept et au mot de « socialisme » vers 1820. Les ouvriers l'adoptèrent immédiatement sur une petite échelle en France (comme chez les doreurs parisiens en 1832) et sur une échelle beaucoup plus vaste en Angleterre où Robert Owen allait bientôt être poussé à la tête d'un grand mouvement de masse, rôle pour lequel il n'était absolument pas fait. En bref, peu après 1830, une conscience de classe prolétarienne et des aspirations sociales existaient déjà. Elles étaient presque certainement plus faibles et beaucoup moins efficaces que la conscience de la classe moyenne que les employeurs, vers le même temps, étaient en train d'acquérir, ou même d'étaler. Mais elles existaient.

La conscience prolétarienne était puissamment combinée (et elle s'en trouvait renforcée) avec ce qu'on pourrait appeler la conscience jacobine — cet ensemble d'aspirations, d'expériences,

de méthodes et d'attitudes morales dont la Révolution française
(et avant elle l'américaine) avait pénétré les pauvres capables
de réflexion et de hardiesse. Si la situation de la nouvelle classe
ouvrière s'est exprimée pratiquement dans « le mouvement
ouvrier », et son idéologie dans « la communauté coopérative »,
de même ces gens du commun — prolétaires ou non — que la
Révolution française avait poussés sur la scène de l'histoire comme
acteurs et non plus comme victimes, trouvèrent leur expression
dans le mouvement démocratique. « Des citoyens de pauvre apparence et qui autrefois n'auraient pas osé se montrer en ces lieux
réservés à une compagnie plus élégante, venaient se promener
côte à côte avec les riches, et en levant aussi haut la tête » [23].
Ils demandaient du respect, des égards, l'égalité. Ils savaient qu'ils
pouvaient les obtenir, puisqu'en 1793-1794, ils les avaient déjà
obtenus. Ces citoyens n'étaient pas tous des ouvriers, mais tous
les ouvriers conscients étaient de cette sorte.

Conscience prolétarienne et conscience jacobine se complé-
taient l'une l'autre. L'expérience de la classe ouvrière apportait
au travailleur les grandes institutions de l'autodéfense quotidienne,
du syndicat et de la société d'aide mutuelle, et les grandes armes
nécessaires à une lutte collective de ce genre, la solidarité et la
grève * (qui a leur tour exigeaient organisation et discipline).
Cependant, même là où cette expérience n'était pas aussi faible,
instable et localisée qu'elle l'était encore, d'ordinaire, sur le continent, ses objectifs restaient strictement limités. C'est dans l'Angleterre de 1829-1834, et en partie dans le cadre, une fois de
plus, du chartisme, que l'on tenta d'utiliser un système purement
syndicaliste, ou mutualiste, non plus seulement avec l'objectif
d'obtenir des salaires plus élevés pour les groupes de travailleurs organisés, mais avec celui de détruire toute la société en
place et d'en établir une nouvelle. Or, ce fut un échec, et cet
échec brisa pour un demi-siècle un mouvement socialiste prolétarien remarquablement mûr et précoce. Les efforts pour transformer les syndicats en unions nationales de producteurs coopératifs (comme le fit l'Union du bâtiment, avec son Parlement du
bâtiment, et sa Corporation du bâtiment, 1831-1834) furent un
échec. Un échec aussi les projets de production coopérative nationale et « d'échanges équitables de travail ». Les grandes unions
générales qui voulaient tout embrasser, loin de se montrer plus

* La grève découle si spontanément et si logiquement de l'existence
d'une classe ouvrière que la plupart des langues européennes ont trouvé
un mot propre à chacune d'entre elles pour la désigner (par exemple *strike,
huelga, sciopero, zabastovka*) alors que les appellations d'autres concepts
sont souvent importées.

fortes que les sociétés locales ou professionnelles, se révélèrent peu maniables et sans vigueur, bien qu'il faille moins attribuer cet état à des inconvénients inhérents aux unions générales qu'à un manque de discipline, d'organisation et d'expérience dans le commandement. La grève générale se révéla inapplicable dans le cadre du chartisme, sauf (en 1842) sous la forme d'une révolte de la faim, éclatant spontanément.

A l'inverse, les méthodes d'agitation politique propres au jacobinisme et au radicalisme en général, mais non spécifiquement à la classe ouvrière, prouvèrent à la fois leur efficacité et leur souplesse : campagnes politiques à travers les pamphlets et la presse, manifestations et réunions publiques, et au besoin révolte et insurrection. Il est vrai que lorsque ces campagnes visaient trop haut, ou effrayaient par trop les classes dirigeantes, elles échouaient elles aussi. Dans cette période d'hystérie qui va de 1810 à 1820, la tendance fut de faire donner l'armée contre n'importe quelle manifestation sérieuse (comme celle de Spa Fields à Londres, en 1816, ou de « Peterloo » à Manchester, en 1819, où 10 manifestants furent tués et plusieurs centaines blessés). En 1838-1848, les millions de signatures recueillies par les pétitions en faveur de la « charte du peuple » ne menèrent à rien. Mais les campagnes politiques menées sur un front limité furent vraiment efficaces. Sans elles, il n'y aurait point eu d'Emancipation catholique en 1829, ni de Reform Act en 1832, ni certainement, malgré son efficacité médiocre, de législation contrôlant les conditions et les temps de travail dans les usines. Ainsi périodiquement nous voyons une classe ouvrière faiblement organisée et compensant sa faiblesse par les méthodes d'agitation du radicalisme politique. L' « agitation des usines » des années 1830-1840, dans le nord de l'Angleterre, compensa la faiblesse des syndicats locaux juste au moment où la campagne massive de protestation contre l'exil des « martyrs de Tolpuddle » (cf. ci-dessus p. 119) tentait de sauver quelque chose de la débâcle des unions générales, après 1834.

Cependant, de son côté, la tradition jacobine puisa une force une continuité et un poids massif qu'elle n'avait jamais connu, dans la solidarité sans faille et la fidélité si caractéristiques du nouveau prolétariat. Ce qui liait les travailleurs, ce n'était pas seulement qu'ils étaient pauvres, tous au même rang, mais que leur vie même dépendait du fait d'être très nombreux à travailler ensemble, à coopérer dans le travail, à compter les uns sur les autres. Une solidarité absolue était leur seule arme, parce que c'était la seule façon de démontrer leur unique mais décisif avantage, à savoir que, collectivement, ils étaient indispensables. Pas

de « briseurs de grève » (ou des expressions analogues), tel était,
tel est resté, le premier commandement de leur code moral. Celui
qui rompait la solidarité (on lui épinglait l'épithète injurieuse
de « jaune ») était le Judas de la communauté. Dès qu'ils avaient
acquis ne serait-ce qu'une lueur de conscience politique, leurs
manifestations n'étaient plus la simple bouffée d'exaspération pas-
sagère d'une foule qui retomberait facilement dans son apathie.
Elles étaient l'élan d'une armée en marche. Dans une ville comme
Sheffield, par exemple, lorsque (après 1840) les contestations politiques locales se mirent à déboucher régulièrement sur la lutte
de classe entre la bourgeoisie et le monde ouvrier, un bloc prolétaire fort et stable se forma immédiatement. A la fin de 1847,
il y avait huit chartistes au Conseil municipal et l'échec du chartisme en 1848 sur le plan national n'entama qu'à peine ses positions dans cette ville où la révolution parisienne, la même année,
était acclamée par dix ou douze mille personnes : en 1849 les
chartistes détenaient presque la moitié des sièges au Conseil municipal [24].

Derrière la classe ouvrière et la tradition jacobine demeurait le substrat d'une tradition encore plus ancienne qui les renforçait l'une et l'autre : la tradition de l'insurrection ou celle de
la protestation publique des hommes désespérés. L'action directe
ou l'insurrection, le sac des machines, des magasins ou des maisons des riches, avaient une longue histoire. En général, ils
traduisaient la faim pure et simple, ou les sentiments d'hommes
à bout de ressources : c'est le cas de ces vagues de destruction
de machines qui recouvrent périodiquement le secteur déclinant
des industries manuelles, écrasé par la machine (les industries
textiles anglaises en 1810-1811 et encore en 1826, celles du continent vers 1835 et vers 1845). Parfois, comme en Angleterre, ce
n'était qu'une forme collective de pression ouvrière organisée,
qui n'impliquait aucune hostilité contre les machines, par exemple
chez les mineurs, certains ouvriers qualifiés du textile, ou les
couteliers, qui alliaient la modération politique avec un terrorisme
systématique contre leurs collègues non unionistes. Ailleurs, c'était
l'expression du mécontentement des chômeurs ou des affamés.
A une époque où la révolution arrivait à maturité, une telle action
directe menée par des hommes et des femmes, par ailleurs, politiquement sous-développés, pouvait devenir une force décisive,
surtout si elle se déclenchait dans les capitales, ou d'autres points
sensibles. En 1830 comme en 1848, ces mouvements donnèrent un
poids fantastique à des manifestations de mécontentement, qui
autrement auraient été sans gravité, transformant une protestation en insurrection.

IV

Le mouvement ouvrier au cours de cette période n'était donc ni par sa composition, ni par son idéologie et son programme, un mouvement « prolétarien » au sens strict, c'est-à-dire un mouvement d'ouvriers d'usine, ou même un mouvement limité aux salariés. C'était plutôt un front commun de toutes les forces et tendances représentant le travailleur pauvre (essentiellement citadin). Un front commun de cette nature existait depuis longtemps, mais même à une époque aussi tardive que celle de la Révolution française, sa direction et son inspiration lui venaient de la fraction libérale et radicale des classes bourgeoises. Comme nous l'avons vu, c'est le jacobinisme et non le sans-culottisme (si l'on met à part certaines aspirations prolétariennes encore informes) qui avait su donner toute l'unité qu'il possédait à la tradition populaire parisienne. La nouveauté de la situation, après 1815, fut que le front commun était de plus en plus dirigé aussi bien contre la classe bourgeoise libérale que contre les rois et les aristocrates, et que ce qui forgeait son unité, c'était le programme et l'idéologie du prolétariat, même si la classe ouvrière de l'industrie et des usines n'existait encore qu'à peine et était dans l'ensemble beaucoup moins mûre politiquement que d'autres couches des masses laborieuses. Le pauvre comme le riche avaient tendance à identifier, du point de vue politique, la totalité « des masses urbaines se trouvant au-dessous des classes sociales moyennes [25] » avec le « prolétariat » ou la « classe ouvrière ». Tous ceux qui étaient troublés par « le sentiment de plus en plus vif et général qu'il y a une discordance interne dans la situation présente et que cet état de choses ne peut durer [26] » penchaient vers le socialisme comme l'unique solution et la seule analyse critique intellectuellement valable et estimable.

La situation était la même en ce qui concernait la direction du nouveau mouvement. La fraction la plus active, la plus militante et la plus consciente politiquement des masses laborieuses ne se recrutait pas parmi les nouveaux prolétaires d'usine, mais parmi les ouvriers qualifiés, les artisans indépendants, les travailleurs à domicile de la petite industrie qui continuaient à vivre, à travailler à peu près comme avant la révolution industrielle, quoique sous une contrainte beaucoup plus grande. Les premiers syndicats furent presque invariablement organisés par les imprimeurs, les chapeliers, les tailleurs et professions analogues. Le noyau dirigeant du chartisme dans une ville comme

Leeds — particulièrement typique — était formé d'un menuisier devenu tisserand travaillant sur métier à main, de deux « compagnons » imprimeurs, d'un libraire et d'un cardeur de laine. Les hommes qui adoptèrent les doctrines de M. Owen sur la coopération étaient en majorité des « artisans » de cette venue, des « mécaniciens » et des travailleurs manuels. Les premiers communistes de la classe ouvrière allemande étaient des artisans-compagnons allant de ville en ville : tailleurs, menuisiers, imprimeurs. Les hommes qui se soulevèrent contre la bourgeoisie, dans le Paris de 1848, c'étaient encore les habitants du faubourg Saint-Antoine vieux quartier d'artisans, et non pas déjà (comme lors de la Commune en 1871) les prolétaires de Belleville. Dans la mesure où les progrès de l'industrie démolissaient ces vraies forteresses de la conscience de « classe ouvrière », ils sapaient fatalement la vigueur de ces premiers mouvements ouvriers. Entre 1820 et 1850 par exemple, le mouvement britannique créa un réseau dense d'organismes pour faciliter l'auto-éducation et l'instruction politique de la classe ouvrière, les instituts de mécaniciens, les « temples de la science » d'inspiration owenite et autres. Vers 1850, il y en avait (sans compter les plus manifestement politiques d'entre eux) 700 en Angleterre — dont 151 dans le seul Yorkshire — avec 400 salles de lecture [27]; mais ils étaient déjà sur le déclin et quelques décennies plus tard, la plupart seront ou morts ou somnolents.

Il n'y avait qu'une exception. C'est seulement en Angleterre que les nouveaux prolétaires avaient commencé à s'organiser et même à fournir leurs propres chefs : l'Irlandais John Doherty, fileur de coton owenite, Tommy Hepburn et Martin Jude, l'un et l'autre mineurs. Les escouades du chartisme ne se recrutaient plus seulement chez les artisans qualifiés et les travailleurs à domicile sans travail; les ouvriers d'usine en étaient les combattants et parfois également les chefs. Mais hors d'Angleterre, les ouvriers d'usine et les mineurs étaient encore, dans la majorité des cas, figurants plutôt qu'acteurs. Il faudra attendre la dernière partie du siècle pour qu'ils prêtent la main à l'élaboration de leur propre destin.

Le mouvement ouvrier était une organisation d'autodéfense, de protestation, de révolution. Mais pour les masses laborieuses, il était quelque chose de plus qu'un instrument de lutte : c'était aussi un système de vie. La bourgeoisie libérale ne leur offrait rien; le mouvement de l'histoire les arrachait aux formes de la vie traditionnelle que les conservateurs s'efforçaient en vain de maintenir ou de restaurer; et il n'avait pas grand-chose à voir avec le type de vie vers lequel ils étaient de plus en plus entraînés. Mais le « mouvement » lui, oui. Ou plutôt le système de vie que ces hommes étaient en train de forger pour eux-mêmes, un système collectif, communautaire, combatif, idéaliste et isolé, impliquait le mouvement ouvrier, parce que la lutte était son essence même. Et en échange, le mouvement lui donnait une cohérence et un but. Le mythe libéral supposait que les syndicats soient composés de travailleurs incapables, animés par des agitateurs sans scrupule ; mais en réalité, l'incapable était généralement le dernier à se syndiquer, les ouvriers les plus intelligents et les plus compétents étant les plus fermes appuis du syndicat.

De ces milieux du travail, les plus développés, à cette époque, se rencontraient sans doute encore dans les vieilles industries locales. C'était la communauté des ouvriers soyeux de Lyon — les canuts, toujours prompts à la révolte — qui se soulevèrent en 1831 et en 1834. Le canut qui, selon le mot de Michelet ne va pas, « dans l'humide obscurité des rues, se crée un monde, à défaut du monde, un paradis moral de doux songes et de visions [28] ». C'étaient les communautés des tisseurs de lin d'Écosse, avec leur puritanisme républicain et jacobin, leurs hérésies « swedenborgiennes », leurs bibliothèques professionnelles, leurs caisses d'épargne, leurs instituts de mécaniciens, leurs clubs scientifiques et de lectures, leur académie de dessin, leurs réunions missionnaires, leurs ligues de tempérance et leurs écoles enfantines, leurs sociétés florales et leur revue littéraire (*Le Gasometer de Dunfermline* *) — et, bien entendu, leur chartisme. Conscience de classe, passion militante, haine et mépris pour l'oppresseur, tout cela faisait partie de leur vie au même titre que les métiers sur lesquels les hommes tissaient. Ils n'étaient redevables de rien envers le riche, sauf de leurs salaires. Ce qu'ils possédaient dans la vie leur venait de leur propre création collective.

Mais ce processus silencieux d'auto-organisation ne se développait pas seulement chez les ouvriers de cet ancien type. On le reconnaissait dans les syndicats, souvent appuyés sur les communautés locales de méthodistes primitifs, des mines du Northumberland ou du comté de Durham. On le reconnaissait encore à la forte concentration, dans les nouvelles régions industrielles, à des sociétés amicales et mutuelles d'ouvriers, spécialement dans le Lancashire **. Mais il était surtout illustré par les milliers

* Cf. T. L. Peacock : *Nightmare Abbey,* 1818 : « Vous êtes un philosophe, dit la dame, et un amoureux de la liberté. Vous êtes l'auteur d'un traité intitulé : *Gaz philosophique ; ou Projet pour l'illumination générale de l'esprit humain.* »
** En 1821 c'était dans le Lancashire, et de loin, que la proportion des membres de sociétés amicales rapportée à la population totale du comté était la plus élevée (17 %) ; en 1845 presque la moitié des loges d'*Oddfellows* était située dans le Lancashire et dans le Yorkshire [29].

d'hommes, de femmes et d'enfants qui, des petites villes industrielles du Lancashire, partaient en rangs serrés, torches à la
main, vers la lande pour les manifestations chartistes et par la
rapidité avec laquelle les nouveaux magasins coopératifs de Rochdale se multiplièrent, juste avant 1850.

V

Et cependant, à considérer cette époque, le contraste est évident entre la force intrinsèque de la masse laborieuse, redoutée
par les riches — le « spectre du communisme » les hantait — et la
débilité de l'organisation de ce nouveau prolétariat industriel.
L'expression publique de leur revendication était un « mouvement », au sens propre du mot, plutôt qu'une organisation. Même
les plus massives et les plus larges de leurs manifestations politiques — celles du chartisme de 1838-1848 — n'avaient quelque
cohésion que grâce à une poignée de slogans traditionnels et radicaux, quelques puissants orateurs et journalistes qui devinrent
les porte-parole du pauvre, tel Feargus O'Connor (1794-1855), quelques journaux comme le *Northern Star.* Ce qui servait de lien,
c'était cette destinée commune d'être contre le riche et le puissant. Les vieux militants la remettaient en mémoire :

« Nous avions un chien nommé Rodney. Ma grand-mère
n'aimait pas ce nom parce qu'elle avait le curieux sentiment que
l'amiral Rodney, ayant été élevé à la pairie, avait été hostile au
peuple. La vieille dame prenait également bien soin de m'expliquer
que Cobbett et Cobden étaient deux personnes différentes, que
Cobbett était le héros, et Cobden un simple avocat bourgeois.
L'un des tableaux dont je me souviendrai le plus longtemps — il
était accroché à côté de broderies au point de croix et de dessins
au pochoir, non loin d'une statuette de porcelaine représentant
George Washington — était le portrait de John Frost *. Une inscrip-
tion au haut du tableau indiquait qu'il faisait partie d'une collection appelée : « Galerie de portraits des amis du peuple. » Une
couronne de lauriers était tressée au-dessus de sa tête et au-dessous
M. Frost était représenté faisant appel à la Justice en faveur d'un
groupe de parias pitoyables et en haillons... Le plus assidu de nos
visiteurs était un cordonnier boiteux... qui faisait son apparition
chaque dimanche matin, avec la régularité d'une horloge, apportant un exemplaire du *Northern Star,* encore humide d'encre, pour
que quelqu'un de notre famille lise à haute voix, pour lui et quel-

---

* Chef de l'insurrection chartiste manquée de Newport en 1839.

ques autres, la « lettre de Feargus ». Il fallait d'abord faire sécher le journal devant le feu, puis en couper les pages soigneusement pour ne pas endommager une seule ligne de ce texte quasi sacré. Cela fait, Larry, fumant placidement une courte pipe qu'il tapait de temps en temps contre les chenêts, s'installait pour écouter, avec tout le ravissement d'un dévot devant le tabernacle, le message du grand Feargus [30] ».

La direction ou la coordination faisait défaut. La tentative la plus ambitieuse pour passer du stade du mouvement à celui de l'organisation, le « syndicat général » de 1834-1835, tourna court rapidement et misérablement. En Angleterre comme sur le continent — il y avait, au mieux, la solidarité spontanée des communautés ouvrières locales, celles d'hommes qui, tels les canuts lyonnais, mouraient aussi durement qu'ils avaient vécu. Ce qui assurait l'unité de ce mouvement, c'était la faim, la misère, la haine et l'espoir. Et ce qui fit son échec, dans l'Angleterre chartiste comme sur le continent révolutionnaire de 1848, c'est que les pauvres étaient assez affamés, nombreux et désespérés pour se soulever, mais qu'il leur manquait l'organisation et la maturité qui auraient pu faire de leur révolte autre chose qu'un danger momentané pour l'ordre social. En 1848, le mouvement des masses laborieuses avait encore à développer ce qui, pour lui, serait l'équivalent du jacobinisme de la bourgeoisie radicale.

12.

Idéologie et religion

« *Donnez-moi un peuple dont les passions bouil-
lonnantes et les appétits mondains soient tem-
pérés par la foi, l'espérance et la charité; un peuple qui considère cette terre comme un passage
et l'autre monde comme sa vraie patrie; un peuple qui ait appris à admirer et à révérer avec un
héroïsme tout chrétien sa pauvreté même et ses
souffrances mêmes; un peuple qui aime et adore
en Jésus-Christ le premier né de tous les opprimés
et en sa croix l'instrument du salut universel.
Donnez-moi, dis-je, un peuple de cette trempe, et
le socialisme non seulement sera facile à vaincre,
mais il ne sera pas même possible de le concevoir.* »

Civiltà Cattolica, II, 122 [1].

*Mais lorsque Napoléon commença son avance,
ils (les paysans hérétiques de la secte de Molokany) crurent qu'il était ce lion de la vallée de
Josaphat, qui ainsi que leurs vieux hymnes le
racontaient, est destiné à renverser le faux tsar
et à restaurer le trône du vrai Tsar Blanc. Et
ainsi les Molokany de la province de Tambov
choisirent parmi eux des députés pour aller à sa
rencontre et le saluer, habillés de vêtements
blancs.*

HAXTHAUSEN :
Studien über... Russland, I, p. 388.

I

Ce que les hommes pensent du monde est une chose; les termes
dans lesquels ils y pensent en sont une autre. Pendant presque

toute l'histoire des hommes et sur pesque toute la surface du globe (la Chine étant peut-être la principale exception) les termes dans lesquels tous les hommes, sauf quelques-uns plus cultivés et émancipés, se sont fait une opinion du monde, ont été les termes mêmes de la réligion traditionnelle, à tel point, qu'il y a des pays où le mot « chrétien » est simplement un synonyme de « paysan » ou même d' « homme ». A un certain moment — qui se place avant 1848 —, il cessa d'en être ainsi dans certaines parties de l'Europe, mais seulement dans les régions qui avaient été transformées par les deux révolutions. La religion qui avait été quelque chose comme le ciel lui-même auquel aucun homme ne peut échapper et qui contient tout ce qui est au-dessus de la terre était maintenant plutôt quelque chose comme la masse des nuages : un aspect important, mais limité et changeant, du firmament humain. De toutes les variations de l'idéologie, celle-ci est de loin la plus profonde, bien que ses conséquences pratiques aient été plus ambiguës et indéterminées qu'on ne le supposait alors. En tout cas elle était vraiment sans précédent.

Ce qui était sans précédent bien sûr, c'était la laïcisation des masses. Une indifférence religieuse aristocratique, accompagnée de l'exercice pointilleux des devoirs rituels (pour montrer l'exemple aux classes inférieures) avait été pendant longtemps familière aux nobles émancipés [2], bien que leurs épouses, comme toutes les personnes de leur sexe, fussent restées beaucoup plus pieuses. Les hommes, bien élevés et cultivés pouvaient croire techniquement à un être suprême, mais dont la seule fonction alors serait d'exister, qui certainement n'interférait pas avec les activités humaines et qui ne réclamait aucune forme de culte, sinon qu'on veuille bien reconnaître sa réalité. Mais leurs opinions sur la religion traditionnelle étaient méprisantes et souvent franchement hostiles; elles n'auraient pas été différentes s'ils avaient été prêts à s'avouer franchement athées. On raconte que le grand mathématicien Laplace aurait dit à Napoléon qui lui demandait où Dieu se trouvait logé dans sa machine céleste : « Sire, je n'ai pas besoin d'une telle hypothèse. » L'athéisme avoué était encore relativement rare, mais parmi les savants, les écrivains et la noblesse des Lumières qui avaient créé les modes intellectuelles de la fin du XVIIIᵉ siècle, le christianisme réel était plus rare encore. S'il y avait une religion en vogue parmi l'élite de cette période, c'était une franc-maçonnerie rationaliste, anticléricale et ralliée à la philosophie des Lumières.

Cette déchristianisation très largement répandue chez les hommes, parmi les classes bien élevées et instruites, remonte à la fin du XVIIᵉ siècle et aux premières années du XVIIIᵉ et ses

effets sur la vie publique avaient été surprenants et bénéfiques :
le simple fait que les procès de sorcellerie qui avaient été le fléau
de l'Europe centrale et occidentale, pendant des siècles, rejoignaient maintenant dans les limbes de l'oubli, les procès d'hérésie
et les *autodafés,* suffirait à en témoigner. Pourtant au début du
XVIII* siècle, les classes inférieures et même les classes moyennes
étaient à peine touchées par ce courant. Les paysans demeuraient
totalement inaccessibles à tout langage idéologique qui ne parlait
pas la langue de la Vierge, des saints et du Saint-Esprit, sans
parler de dieux et d'esprits plus anciens qui se cachaient encore
sous une façade superficiellement christianisée. Il y avait des
courants de pensée irréligieuse parmi ces artisans qui avaient été
jadis séduits par l'hérésie. Les cordonniers qui furent toujours les
ouvriers les plus obstinément intellectuels et qui ont produit des
mystiques comme Jacob Boehme, semblent avoir été les premiers
à mettre en doute la divinité, sous toutes ses formes. En tout cas,
à Vienne, ils furent le seul groupe d'artisans à sympathiser avec
les jacobins parce que ceux-ci, à ce qu'on disait, ne croyaient pas
en Dieu. Mais il ne s'agissait encore que de simples murmures. La
grosse masse des pauvres des cités, diverse et inexpérimentée
demeurait profondément pieuse, ou superstitieuse (sauf peut-être
dans quelques villes de l'Europe comme Paris ou Londres).

Mais même parmi les classes moyennes, l'hostilité ouverte
à la religion n'était pas populaire, bien que l'idéologie d'un illu-
minisme rationnel, progressiste et antitraditionnel, s'insérât à merveille dans l'ensemble des intérêts et horizons d'une bourgeoisie
montante. Cette hostilité s'associait dans les esprits à l'aristocratie
et à l'immoralité, qui elle-même était le fait des milieux de la
noblesse. Et il est bien vrai que ceux qui furent réellement les
premiers libre-penseurs, les « libertins » du XVII* siècle, ont mené
une vie très conforme à l'interprétation populaire de leur nom :
le don Juan de Molière n'est pas seulement la peinture de ce
mélange d'athéisme et de liberté sexuelle qui fut le leur, mais de
l'horreur qu'il inspirait aux respectables bourgeois. Il y avait de
bonnes raisons à la base de ce paradoxe (particulièrement manifeste au XVII* siècle) selon lequel les penseurs les plus audacieux
sur le plan intellectuel, et, par là, précurseurs de ce qui devait être
plus tard l'idéologie de la bourgeoisie — comme par exemple
Bacon et Hobbes — furent en tant qu'individus, identifiés à la
société ancienne et corrompue. Les armées de la classe moyenne
montante avaient besoin, pour mener leur combat, de la discipline
et de l'organisation d'une morale forte et tendue vers un seul
but. Théoriquement, l'agnosticisme ou l'athéisme sont parfaitement compatibles avec cette exigence et le christianisme n'est

certainement pas de ce point de vue une nécessité : les « philosophes » du XVIII⁰ siècle ne se lassèrent jamais de démontrer qu'une
morale « naturelle » (dont ils trouvaient l'illustration dans la
noblesse du sauvage) et les valeurs personnelles généralement
hautes du libre-penseur individuel étaient très au-dessus de celles
du christianisme. Mais dans la pratique, les avantages éprouvés
des formes anciennes de religion et les risques terribles qu'il y
avait à abandonner toute sanction surnaturelle de la moralité
étaient immenses; non seulement pour les classes laborieuses,
généralement considérées comme trop ignorantes et stupides pour
pouvoir se passer de certaines superstitions socialement utiles,
mais aussi pour la bourgeoisie elle-même.

Les générations post-révolutionnaires en France ont fait mille
tentatives pour créer une morale bourgeoise non chrétienne qui
vaille autant que la chrétienne, en recourant soit à un « culte de
l'Etre Suprême » à la Rousseau (Robespierre en 1794), soit à des
pseudo-religions variées, édifiées sur des bases rationalistes, non
chrétiennes mais maintenant toujours l'apparat du rituel et des
cultes (les saint-simoniens et la « religion de l'humanité » de
Comte). Finalement les efforts pour conserver les apparences
extérieures des anciens cultes religieux furent abandonnés, mais
non pas la volonté d'établir une morale formelle laïque (fondée
sur des concepts moraux divers, comme celui de la « solidarité ») et
surtout une réplique laïque du clergé, les maîtres d'école. L'*insti-
tuteur* * français, pauvre, désintéressé inculquant à ses élèves dans
chaque village, la morale romaine de la révolution et de la République, antagoniste officiel du curé de village, ne triompha pas
avant la III⁰ République, laquelle résolut aussi le problème politique d'établir la stabilité bourgeoise sur les fondements de la révolution sociale, en tout cas pour soixante-dix ans. Mais ce triomphe
futur est déjà implicite dans la loi de la constitution civile du clergé
de 1790 qui décidait que « les personnes chargées de l'instruction
dans les classes primaires seront appelées *instituteurs* * », faisant
ainsi écho à Cicéron ou à Salluste qui parlaient de « fonder la
communauté » *(instituere civitatem)* et de « fonder la morale des
communautés » *(instituere civitatum mores ³).*

La bourgeoisie resta donc divisée dans son idéologie entre
une minorité, sans cesse agrandie, de libres penseurs avoués et
une majorité formée par les croyants, protestants, juifs et catholiques. Mais fait nouveau dans l'histoire, des deux c'était le secteur
libre-penseur qui était incomparablement le plus dynamique et le
plus efficace. Bien que, en termes quantitatifs, la religion demeurât

* En français dans le texte *(N. d. T.).*

extrêmement puissante, et comme nous le verrons, en voie de le devenir davantage, elle n'était plus désormais (pour employer une analogie biologique) dominante, mais récessive et elle l'est restée depuis lors, dans le monde transformé par la double révolution. Il n'y a guère de doute que la grande masse des citoyens des nouveaux Etats-Unis d'Amérique était composée de croyants, d'une confession ou d'une autre, et surtout protestants, mais la constitution de la république est parfaitement agnostique et en dépit de tous les efforts déployés pour la changer, elle l'est demeurée. Il n'y a pas le moindre doute, que parmi les classes moyennes anglaises de notre période les protestants piétistes surpassaient grandement et chaque jour davantage la minorité des radicaux agnostiques. Mais un Bentham a façonné les institutions de son époque beaucoup plus réellement qu'un Wilberforce.

La preuve la plus manifeste de cette victoire décisive de l'idéologie laïque sur l'idéologie religieuse est aussi son résultat le plus important. Avec les Révolutions française et américaine, la plupart des transformations politiques et sociales se firent dans le sens de la laïcisation. Les problèmes mis en cause par les Révolutions hollandaise et anglaise des XVIe et XVIIe siècles, avaient encore été discutés et combattus dans le langage traditionnel de la chrétienté, qu'elle soit orthodoxe, schismatique ou même hérétique. Dans les idéologies des Révolutions américaine et française, pour la première fois dans l'histoire de l'Europe, la chrétienté était mise hors du jeu. Le langage, les symboles, les costumes de 1789 sont purement non chrétiens si nous laissons de côté quelques efforts populaires et archaïques pour créer un culte des saints et des martyrs, analogue à l'ancien, voué aux Sans-Culottes qui étaient morts en héros. En fait, ce langage de 1789 était romain. En même temps, cette laïcité de la révolution démontre l'hégémonie politique remarquable de la bourgeoisie libérale, qui imposa ses formes idéologiques particulières à un mouvement de masses beaucoup plus vaste que le sien. Si la ligne intellectuelle de la Révolution française avait été dictée, même très superficiellement, par les masses qui l'ont réellement faite, il serait inconcevable que son idéologie n'ait pas montré plus de signes de traditionalisme qu'elle ne le fit. Ce ne sont que ses chansons populaires qui, comme le *Ça ira,* montrent parfois l'influence de la terminologie catholique.

Le triomphe bourgeois a donc imprégné la Révolution française de l'idéologie agnostique et de la morale laïque des Lumières du XVIIIe siècle et comme l'idiome de cette révolution devint le langage général de tous les mouvements révolutionnaires sociaux qui ont suivi, à eux aussi cette laïcité a été transmise. Avec quelques

exceptions sans importance, notamment parmi des intellectuels
comme les saint-simoniens et parmi quelques sectaires archaïques
chrétiens communistes comme le tailleur Weitling (1808-1871),
l'idéologie de la nouvelle classe ouvrière et des mouvements socialistes du XIXᵉ siècle fut laïcisante dès le départ. Thomas Paine,
dont les idées expriment les aspirations radicales démocrates de
petits artisans et de compagnons paupérisés, est aussi connu pour
avoir écrit le premier livre qui démontre, dans un langage populaire, que la Bible n'est pas la parole de Dieu *(The Age of Reason,*
1794) que pour ses *Rights of Man,* de 1791. Les ouvriers des
années 1820 suivirent Robert Owen non seulement à cause de son
analyse du capitalisme, mais à cause de son incroyance et longtemps après l'effondrement de ce mouvement, leurs Halls of
Science continuaient à répandre une propagande rationaliste à
travers les villes. Il y a eu et il y a encore des socialistes religieux
et un grand nombre d'hommes qui, tout en étant religieux, sont
aussi socialistes. Mais l'idéologie dominante des mouvements travaillistes et socialistes modernes, pour autant qu'ils se réclament
d'une idéologie, est fondée sur le rationalisme du XVIIIᵉ siècle.
   Ceci est d'autant plus surprenant que nous avons vu les masses
rester religieuses d'une manière prédominante et que l'idiome
révolutionnaire naturel des masses qui ont été élevées au milieu
d'une société chrétienne traditionnelle est un idiome de rébellion
(hérésie sociale, millénarisme, etc.) la Bible étant un document
profondément incendiaire. Cependant, la laïcité triomphante des
nouveaux mouvements travaillistes et socialistes était fondée sur le
fait, également nouveau et beaucoup plus fondamental, du
triomphe de l'indifférence religieuse chez le nouveau prolétariat.
Selon un point de vue moderne, les classes ouvrières et les masses
urbaines qui ont grandi pendant la période de la révolution industrielle ont été à n'en pas douter, profondément influencées par la
religion. Mais selon les points de vue de la première moitié du
XIXᵉ siècle, leur éloignement, leur ignorance et leur indifférence
vis-à-vis d'une religion organisée était sans précédent. Les observateurs de toutes les tendances politiques sont d'accord sur ce
point. Le recensement religieux britannique de 1851 l'a démontré
pour la grande horreur des contemporains. Cet éloignement était
pour beaucoup dû à l'échec complet des Eglises traditionnelles en
place à affronter les problèmes des agglomérations — les grandes
villes et les nouvelles implantations industrielles — et ceux des
classes sociales — le prolétariat — qui étaient étrangers à leurs
routines et à leur expérience. En 1851, il n'y avait de place dans les
églises que pour 34 % des habitants de Sheffield, pour 31,2 %
des habitants de Liverpool et de Manchester et 29 % de ceux de

Birmingham. Les problèmes qui se posaient à un prêtre de paroisse dans un village agricole n'avaient rien à voir avec le soin des âmes dans une ville industrielle ou un sordide quartier urbain.

Les Eglises établies négligeaient donc ces nouvelles communautés et ces nouvelles classes, les abandonnant ainsi (particulièrement dans les pays catholiques et luthériens) presque totalement à la foi laïque et aux nouveaux mouvements travaillistes qui devaient en fin de compte — vers la fin du XIXᵉ siècle — se saisir d'eux (comme cette capture n'avait pas encore eu lieu, en 1848, sur une grande échelle, l'Eglise n'était même pas poussée par le désir de les reprendre et de les ramener à la fidélité). Les sectes protestantes réussirent mieux que les autres, en tout cas dans des pays comme la Grande-Bretagne, où l'action des sectes était un phénomène politico-religieux bien établi. Pourtant il semble bien évident que les sectes elles-mêmes ont eu plus de succès là où l'environnement social était plus proche de celui des petites communautés traditionnelles, citadines ou villageoises, comme parmi les ouvriers agricoles, les mineurs ou les pêcheurs. En outre, parmi les classes ouvrières industrielles, les sectes ne furent jamais plus qu'une minorité. La classe ouvrière en tant que groupe a été indubitablement moins touchée par la religion organisée que ne l'avait été n'importe quel autre groupe de pauvres, dans l'histoire du monde.

La tendance générale, entre 1789 et 1848, fut donc celle d'une laïcisation accentuée. La science elle-même se trouva de plus en plus en conflit ouvert avec les Ecritures, au fur et à mesure qu'elle s'aventurait dans le domaine de l'évolution (voir chapitre XV). L'érudition historique appliquée à la Bible comme jamais jusque-là — particulièrement à partir des années 1830 par les professeurs de Tübingen — décomposait l'unique texte inspiré, sinon écrit, par le Seigneur pour le réduire à une collection de documents historiques appartenant à diverses périodes, et présentant tous les défauts de la documentation humaine. Le *Novum Testamentum* de Lachmann (1842-1852) niait que les Evangiles aient été écrits par des témoins oculaires et allait jusqu'à mettre en doute que Jésus-Christ ait voulu fonder une religion nouvelle. La polémique *Vie de Jésus* (1835), de David Strauss, éliminait l'élément surnaturel de la biographie de son sujet. En 1848, l'Europe cultivée était presque mûre pour la révélation de Charles Darwin. Cette tendance était renforcée par l'attaque directe des nombreux régimes politiques sur la propriété et les privilèges légaux des Eglises en place, de leur clergé ou de toute autre personne attachée au culte, et par la propension croissante des gouvernements ou d'autres entremises laïques à prendre à leur

compte des charges jusque-là laissées pour la plupart aux entremises religieuses, particulièrement — dans les pays catholiques
— l'instruction et l'assistance sociale. Entre 1789 et 1848, des
monastères furent fermés et leurs biens vendus de Naples jusqu'au
Nicaragua. Hors d'Europe, naturellement, les Blancs conquérants
lançaient des attaques directes contre la religion de leurs sujets
ou de leurs victimes. Soit — comme les administrateurs britanniques en Inde qui abolirent la coutume de faire brûler les veuves
(Suttee) ainsi que le meurtre rituel de la secte des *thugs* dans
les années 1839 — parce qu'ils se posaient comme les champions
convaincus des Lumières contre la superstition; soit simplement
parce qu'ils savaient à peine quel effet leurs mesures auraient
sur leurs victimes.

II

D'un point de vue purement numérique, il est bien évident
que toutes les religions, à moins d'être vraiment dans une période
de récession, avaient des chances de se développer en même temps
que la population augmentait. Cependant deux types de religion
ont montré une aptitude particulière à l'expansion durant la
période qui nous intéresse : l'islam et le protestantisme des sectes.
Cette tendance expansionniste était d'autant plus frappante qu'elle
contrastait avec la stagnation marquée des autres religions chrétiennes — la catholique comme la protestante —, en dépit d'une
vive montée des activités missionnaires hors d'Europe, celles-ci
soutenues chaque jour davantage par les forces européennes de
pénétration, militaires, politiques et économiques. En effet, les
décennies révolutionnaires et napoléoniennes, ont vu les débuts
d'une activité missionnaire protestante systématique, menée surtout par les Anglo-Saxons. La Société missionnaire baptiste (1792),
la Société missionnaire (interconfessionnelle) de Londres (1795),
la Société missionnaire de l'Eglise évangélique (1799), la British
and Foreign Bible Society (1804), furent suivies par l'American
Board of Commissionneers for Foreign Missions (1810), par les
baptistes américains (1814), les wesleyens (1813-1818), la Société
américaine de la Bible (1816), l'Eglise d'Ecosse (1824), les presbytériens unis (1835), les épiscopaliens méthodistes américains
(1819) et ainsi de suite. Les protestants du continent, en dépit de
quelques sociétés pionnières, comme la Société des missionnaires
hollandais (1797) et les missionnaires de Bâle (1815) ne se développèrent qu'un peu plus tard : les sociétés de Berlin et du Rhin
vers les années 1820, les sociétés suédoises, de Leipzig et de Brême

vers 1830 et la norvégienne en 1842. Le catholicisme romain, dont
les missions étaient inactives et négligées, se réveilla plus tard
encore. Les raisons de ce déversement sur les païens de bibles, en
même temps que de commerce, tiennent à la fois à l'histoire économique, religieuse et sociale de l'Europe et de l'Amérique. Remar-
quons toutefois qu'en 1848, les résultats en étaient encore négligeables, sauf dans quelques îles du Pacifique comme les îles
Hawaï. Quelques têtes de pont avaient été gagnées sur la côte de la
Sierra Leone (où l'agitation anti-esclavagiste avait attiré l'attention dès les années 1790) et au Liberia, constitué après 1820 en un
Etat d'esclaves américains libérés. Dans cette frange que dessi-
naient les colonies européennes en Afrique du Sud, les missionnaires étrangers (mais non les Eglises officielles du lieu, Eglise
d'Angleterre et Eglise réformée de Hollande) avaient commencé
à convertir un certain nombre d'Africains. Cependant lorsque
David Linvingstone, le fameux missionnaire et explorateur,
s'embarqua pour l'Afrique en 1840, les autochtones étaient encore
pratiquement intouchés par le christianisme, sous quelque forme
que ce fût.

Comme à contrepied, l'islam poursuivait cette expansion silencieuse, progressive et irréversible, développée sans l'appui d'une
entreprise missionnaire organisée ou de la conversion forcée, qui
est tellement caractéristique de cette religion. Il s'étendait à la fois
vers l'est, en Indonésie et dans la Chine occidentale du Nord ;
vers l'ouest, depuis le Soudan jusqu'au Sénégal et, sur une échelle
beaucoup moins grande, des bords de l'océan Indien vers l'intérieur. Lorsque des sociétés de forme traditionnelle changent quelque chose d'aussi fondamental que leur religion, il est bien évident
qu'elles doivent faire face à de graves problèmes nouveaux. Sans
doute les commerçants musulmans, qui pratiquement monopoli-
saient le commerce de l'Afrique intérieure avec le monde extérieur et qui se multipliaient au même rythme que lui, contri-
buèrent-ils à porter l'islam à la connaissance de nouveaux peuples.
Le trafic des esclaves, tout en affaiblissant la vie communale,
renforçait ses attractions ; car l'islam est un moyen puissant pour
intégrer les structures sociales 3ₐ. En même temps, la religion de
Mahomet attirait les sociétés semi-féodales et militaires du Soudan, et son sens de l'indépendance, sa passion militante et son
esprit de supériorité firent d'elle un utile contrepoids à l'esclavage.
Les Noirs musulmans faisaient de mauvais esclaves : les Haoussa
(et les autres Soudanais) qui avaient été importés à Bahia (Brésil)
se révoltèrent neuf fois, entre 1807 et le grand soulèvement de
1835, jusqu'à ce qu'ils aient été, en fait et pour la plupart, tués ou
déportés de nouveau en Afrique. Les négriers apprirent à éviter les

importations venant de ces zones-là, qui n'avaient été que récemment ouvertes au commerce [4].

Cependant, si l'élément de résistance contre les Blancs était vraiment très peu de chose dans l'islam africain (quand seulement il existait), il était par tradition d'une importance capitale dans l'Asie du Sud-Est. Là, l'islam — une fois de plus propagé par les commerçants — avait depuis longtemps progressé dans les îles des épices contre les cultes locaux et contre l'hindouisme déjà sur le déclin, en grande partie comme un moyen de résistance plus efficace contre les Portugais et les Hollandais; comme « une sorte de prénationalisme », mais aussi comme un contrepoids populaire à l'attitude des princes hindouistes [5]. Au fur et à mesure que ces princes se transformaient en serviteurs étroitement tenus ou en agents des Hollandais, l'islam s'enracinait plus profondément dans la population. A son tour la Hollande apprenait que les princes indonésiens pouvaient, en s'alliant avec les religieux, provoquer un soulèvement populaire général, comme celui de la guerre de Java déclenchée par le prince de Djokjakarta (1825-1830). Ils étaient donc ramenés de temps en temps à une politique d'alliance étroite avec les gouvernants locaux, ou à une politique de gouvernement indirect. Au même moment la poussée du commerce et de la navigation forgeait des liens plus étroits entre les musulmans de l'Asie du Sud-Est et La Mecque et contribuait à accroître le nombre des pèlerins, à rendre plus orthodoxe l'islam indonésien et même à l'ouvrir à l'influence militante et rénovatrice du wahabisme arabe.

A l'intérieur de l'islam, les mouvements de réforme et de renouveau, qui, à cette époque furent pour beaucoup dans son pouvoir de pénétration, peuvent aussi être considérés comme une répercussion du choc provoqué par l'expansion européenne et de la crise des anciennes sociétés mahométanes (particulièrement celles des empires turc et persan), et peut-être aussi de la crise grandissante de l'empire chinois. Le mouvement puritain des wahabites était né en Arabie au milieu du XVIIIᵉ siècle. En 1814, il avait conquis l'Arabie et était prêt à conquérir la Syrie, jusqu'au jour où il fut stoppé par l'effet combiné des efforts d'occidentalisation de Mohammed Ali en Egypte et des armes européennes; pourtant ses enseignements se répandirent vers l'Est, en Perse, en Afghanistan et en Inde. Inspiré par le wahabisme, un saint homme algérien, Sidi Muhammad ben Ali al-Snussi, développa un mouvement similaire qui, à partir des années 1840, se répandit depuis Tripoli jusque dans le désert du Sahara. En Algérie Abd el-Kader, au Caucase Chamil, développèrent des mouvements politico-religieux de résistance aux Français d'une part et aux Russes de l'autre (cf. ch. VII) s'appuyant sur un panislamisme qui, anticipant sur l'avenir ne s'efforçait pas seulement de retourner à la pureté originaire du prophète, mais aussi d'absorber les innovations de l'Occident. En Perse, une hétérodoxie encore plus nettement nationaliste et révolutionnaire, le mouvement « bâb » de Ali Muhammad, naquit vers les années 1840. Il tendait entre autres choses à revenir aux anciennes pratiques perses des fidèles de Zoroâstre et réclamait l'abolition du voile pour les femmes.

La fermentation et l'expansion de l'islam furent telles qu'en termes d'histoire purement religieuse, la meilleure définition à donner de la période qui va de 1789 à 1848 est celle d'un renouveau du monde islamique. Pareils mouvements de masse ne se sont développés dans aucune autre religion non chrétienne, bien qu'à la fin de cette période nous soyons à la veille de la grande rébellion chinoise des Tai-ping qui par bien des traits, évoque un phénomène du même genre. Des petits mouvements de réforme religieuse, menés par des « évolués » furent fondés dans les Indes britanniques, particulièrement celui de Ram Mohan Roy (1772-1833), *Brahmo Samaj.* Aux Etats-Unis, les tribus indiennes vaincues commencèrent à développer des mouvements de résistance aux Blancs à caractère prophétique, religieux et social (comme celui qui entraîna à la guerre la plus grande confédération des Indiens de la grande plaine qu'on ait connue, dirigées par le chef Tecumseh, pendant la première décennie du siècle) et qui inspira la religion de Handsom Lake (1799), dont le but était de préserver la vie traditionnelle des Iroquois contre la menace représentée par la société blanche américaine. Il faut mettre au crédit de Thomas Jefferson, homme d'une si rare ouverture d'esprit, qu'il donna sa bénédiction officielle à ce prophète, lequel adopta quelques éléments du christianisme, surtout quaker. Cependant, le contact direct entre une civilisation capitaliste avancée et les peuples animistes était encore trop rare pour produire en grand nombre ces mouvements prophétiques et millénaristes qui sont devenus tellement typiques du XXᵉ siècle.

Le mouvement expansioniste des sectes protestantes diffère de celui de l'islam en ce qu'il s'est presque entièrement limité aux pays de civilisation capitaliste avancée. Sa portée ne peut se mesurer, car certains de ces mouvements (par exemple le piétisme allemand ou l'évangélisme anglais) sont restés dans le cadre des Eglises d'Etat, en place dans leurs pays respectifs. Mais, on ne peut douter de leur ampleur. En 1851 la moitié en gros des fidèles protestants, en Angleterre et dans le pays de Galles, fréquentaient des services religieux autres que ceux de l'Eglise officielle. Cet extraordinaire triomphe des sectes était le résultat, essentiellement d'une évolution religieuse remontant à 1790, ou plus précisément aux dernières années des guerres napoléoniennes. Ainsi en 1790, les méthodistes wesleyens ne comptaient que 59 000 membres, dans leur communauté du Royaume-Uni; en 1850, avec leurs diverses ramifications, ils en comptaient à peu près dix fois autant [6]. Aux Etats-Unis, un processus quasi identique de conversion massive multiplia le nombre des baptistes, des méthodistes et, à un moindre degré, des presbytériens, relativement aux dépens des Eglises autrefois prédominantes; en 1850 presque les trois quarts de toutes les églises existant aux Etats-Unis appartenaient à ces trois confessions [7]. La désintégration des Eglises nationales officielles, la sécession et la montée des sectes, marquent aussi l'histoire religieuse de cette époque en Ecosse (le « Grand Schisme » de 1843), dans les Pays-Bas, la Norvège et d'autres pays encore.

Les raisons des limites géographiques et sociales du phénomène protestant des sectes sont évidentes. Les pays catholiques romains n'offraient aux sectes publiques ni un véritable champ d'action, ni l'appui de la tradition. Dans ce milieu, une rupture analogue avec l'Eglise officielle, où la religion dominante avait toutes les chances de revêtir la forme de la déchristianisation massive (particulièrement chez les hommes) plutôt que celle du schisme [*] et réciproquement l'anticléricalisme protestant des pays anglo-saxons fut souvent le pendant exact de l'anticléricalisme athée des pays du continent. S'il y avait renouveau religieux, il avait tendance à s'attacher à quelque nouveau culte sentimental, à quelque saint faiseur de miracles ou à tel pèlerinage, à l'intérieur du cadre autorisé de la religion catholique. Un ou deux saints de notre période ont acquis une renommée assez vaste, par exemple le curé d'Ars en France (1796-1859). Le chrétien orthodoxe de l'Europe orientale se prêtait plus aisément aux dissidences des sectes et, en Russie, la détérioration grandissante d'une société rétrograde avait engendré, depuis la fin du XVIIe siècle, toute une moisson de sectes. Plusieurs d'entre elles, en particulier les skoptsi qui pratiquaient sur eux-mêmes la castration, les doukhobors de l'Ukraine et les Molokanes furent les produits de la fin du XVIIIe siècle et de la période napoléonienne; les « vieux croyants » dataient du XVIIe siècle. Mais en général les classes auprès desquelles les sectes avaient le plus de succès — les petits artisans, les commerçants, les agriculteurs qui produisaient pour un marché et autres précurseurs de la bourgeoisie, ou les paysans consciem-

---

[*] Les sectes et les déviations du protestantisme qui s'y sont effectivement vérifiées — pas très fréquemment — restaient et sont restées depuis numériquement faibles.

ment révolutionnaires, n'avaient pas encore des effectifs suffisants pour entraîner un vaste mouvement de sectes.

Dans les pays protestants, la situation était différente. L'impact de la société commerciale et individualiste y était plus puissant (en tout cas en Grande-Bretagne et aux Etats-Unis) cependant que la tradition du phénomène de secte y était déjà bien installé. L'exclusivisme qui le caractérisait, sa façon d'insister sur la communication individuelle entre l'homme et Dieu, aussi bien que son austérité morale le rendait attrayant — ou lui donnait valeur d'école — pour les chefs d'entreprise qui débutaient ou les petits hommes d'affaires. Sa lugubre et implacable théologie de l'enfer, de la damnation et de l'austérité nécessaire au salut personnel attirait les hommes qui vivaient de rudes vies, dans un environnement non moins rude : des pionniers de la « frontière » américaine et des marins aux petits cultivateurs indépendants et aux mineurs ou aux artisans exploités. La secte pouvait facilement se transformer en une assemblée démocratique et égalitaire des fidèles, sans hiérarchie sociale ou religieuse, et séduisait par là l'homme du commun. Son hostilité à l'égard des rites trop compliqués, ou des doctrines trop savantes, encourageaient les amateurs en veine de prophéties ou de prédications. La tradition persistante du millénarisme se prêtait à une rébellion sociale. En fin de compte, la « conversion » personnelle qui lui était associée, toujours lourde d'émotion, ouvrit la voie à un *revival* religieux massif et d'une intensité hystérique, dans lequel hommes et femmes pouvaient trouver un heureux soulagement aux contraintes exercées sur eux par une société pesante qui ne laissait aux émotions collectives aucun moyen aussi puissant de se donner cours et qui détruisait même ceux qui avaient existé par le passé.

Le *revival* fit plus que n'importe quoi d'autre pour propager les sectes. Ainsi par exemple, c'est l'idée de rédemption personnelle de John Wesley (1703-1791) et de ses méthodistes, très irrationnelle, mais d'un intense pouvoir émotif, qui donna son élan à la renaissance et à l'expansion des protestants dissidents, en tout cas en Grande-Bretagne. C'est pourquoi les nouvelles sectes et les nouveaux courants furent au départ apolitiques ou même (comme les wesleyens) fortement conservateurs, car ils se détournaient du monde extérieur, domaine du mal, pour se consacrer au salut personnel, ou à la vie collective du petit groupe replié sur lui-même, ce qui souvent signifiait qu'ils rejetaient la possibilité de toute modification collective de l'ordre temporel du monde. Leurs énergies « politiques » se dépensaient généralement en campagnes morales et religieuses, comme celles qui multiplièrent les missions étrangères, les manifestations antiesclavagistes et antialcooliques.

Les « sectaires » radicaux qui menèrent une action politique durant la période des révolutions américaine et française, appartenaient plutôt aux communautés puritaines et dissidentes, plus anciennes, plus froides et plus sereines, qui s'étaient maintenues depuis le XVIIᵉ siècle, dans une certaine immobilité quand elles n'avaient pas évolué vers un déisme intellectualiste, sous l'influence du rationalisme du XVIIIᵉ siècle les presbytériens, les congrégationistes, les unitariens, les quakers. Les sectes nouvelle manière des méthodistes, étaient antirévolutionnaires et l'immunité de la Grande-Bretagne à la contagion révolutionnaire pendant la période qui nous intéresse a même été attribuée — à tort — à leur influence grandissante.

Pourtant, le caractère social des nouvelles sectes militait contre leur retraite théologique, hors du monde. Elles se répandirent très facilement parmi ces gens qui se tenaient entre les riches et les puissants d'un côté, les masses de la société traditionnelle de l'autre : c'est-à-dire parmi ceux qui étaient sur le point d'accéder à la classe moyenne, ceux qui allaient tomber dans un nouveau prolétariat et entre les deux, la masse indiscriminée des petites gens jouissant de leur indépendance. L'orientation politique fondamentale de toutes ces catégories les faisait pencher vers un radicalisme jacobin ou jeffersonien, ou à tout le moins, vers un libéralisme bourgeois modéré. Le « non-conformisme » en Angleterre, les principales églises protestantes aux Etats-Unis, avaient donc tendance à se placer en tant que forces politiques, vers la gauche ; bien que, chez les méthodistes anglais, la tendance tory de leur fondateur ait longtemps prévalu et n'ait pu être surmontée qu'au cours de ce demi-siècle de sécessions et de crises internes qui se terminent en 1848.

C'est seulement parmi les très pauvres ou les très éprouvés que la position initiale de refus du monde existant a persisté. Mais il y eut souvent une sorte de refus révolutionnaire et primitif qui prit la forme de la prédiction millénariste de la fin du monde, les tribulations de la période post-napoléonienne semblaient (conformément à l'Apocalypse) la laisser entrevoir pour un proche avenir. Les irvingites en Grande-Bretagne l'annoncèrent pour 1835, puis 1838 ; William Miller, le fondateur des « adventistes du septième jour » aux Etats-Unis la prédisait pour 1843 et 1844, époque à laquelle il était suivi, dit-on, par 50 000 personnes et secondé par 3 000 prédicateurs. Dans les régions où la petite exploitation agricole individuelle et stable et le petit commerce subissaient le choc direct de la poussée d'une économie capitaliste dynamique, comme par exemple dans l'Etat montant de New York, le ferment millénariste fut particulièrement puissant. Son produit le plus dramatique fut la secte des Saints du dernier jour (les mormons) fondée par le prophète Joseph Smith qui reçut sa révélation près de Palmyre, aux Etats-Unis, dans les années 1820 et qui conduisit son peuple en exode vers quelque lointaine Sion, ce qui finalement les mena dans les déserts de l'Utah.

Il y eut aussi des groupes au milieu desquels l'hystérie collective des réunions massives du *revival* eut un très grand succès; ou bien parce qu'elles soulageaient la rigueur et la monotonie de leur vie (« lorsque aucun autre divertissement ne s'offre, les *revivals* religieux peuvent parfois les remplacer » remarquait une dame à propos des jeunes filles des usines d'Essex [8], ou bien parce que cette union religieuse collective créait une communauté temporaire entre des individus disparates. Dans sa forme moderne, le *revival* fut le produit de la « frontière » américaine. Le « grand réveil » commença aux environs de 1800, dans les Apalaches, avec de gigantesques « camps de rencontre » — l'un d'eux à Kane Ridge, Kentucky (1801) réunit entre 10 et 20 000 personnes, sous la direction de 40 prédicateurs — et dans une atmosphère d'hystérie orgiaque soutenue à un niveau tel qu'il est difficile de l'imaginer : hommes et femmes, agités de mouvements saccadés, dansaient jusqu'à épuisement, tombaient en transes par milliers, hurlaient des paroles indistinctes ou aboyaient comme des chiens. L'éloignement, un dur environnement naturel ou social, ou bien un mélange du tout, encourageaient ce mouvement de *revival* que les prédicateurs itinérants importèrent en Europe, provoquant alors la sécession d'une branche prolétaire et démocratique parmi les wesleyens (ceux qu'on appela les méthodistes primitifs) après 1808 : elle se répandit particulièrement chez les mineurs du Nord de la Grande-Bretagne, et les petits agriculteurs montagnards, chez les pêcheurs de la mer du Nord, les ouvriers de ferme et les travailleurs à domicile exploités dans les industries inhumaines des Midlands. De tels accès d'hystérie religieuse se sont répétés périodiquement tout au long de notre période. Dans le sud du Pays de Galles, ils éclatèrent en 1807, 1809, 1828-1830, 1839, 1842, 1849 et 1859 [10] et eurent à leur actif les plus fortes augmentations des effectifs numériques des sectes. On ne saurait les imputer à aucun agent unique qui les aurait brusquement précipités. Quelques-uns correspondent à des périodes de tension aiguë et d'agitation (à une exception près, il en fut ainsi pour toutes les périodes d'expansion ultra-rapide des wesleyens), mais quelquefois aussi avec une rapide reprise suivant une période de dépression; occasionnellement ils étaient précipités par des calamités sociales, telles que les épidémies de choléra qui produisirent des phénomènes religieux analogues dans d'autres pays chrétiens.

III

Notre période d'un point de vue purement religieux, doit donc être considérée comme une période au cours de laquelle une laïcisation croissante et (en Europe) l'indifférence religieuse s'opposent vivement à des réveils religieux, prenant les formes les plus fanatiques, les plus irrationnelles, celles qui faisaient le plus appel à l'émotivité. Si Tom Paine se trouvait au point extrême d'une de ces positions, William Miller l'adventiste se trouvait au point opposé. Le matérialisme mécanique, franchement athée du philosophe allemand Feuerbach (1804-1872) vers 1830-1840, est en contraste complet avec les tendances de ces jeunes gens anti-intellectualistes du Mouvement d'Oxford qui prétendaient défendre l'exactitude, dans chaque détail, dans ces premières chroniques de la *Vie des Saints,* léguées par le Moyen Age.

Mais ce retour à une religion militante, traditionnelle, s'en tenant strictement à la lettre, comportait trois aspects différents. Pour la foule, c'était surtout une façon de lutter contre l'oppressante société du libéralisme bourgeois, de plus en plus froide et inhumaine : selon les mots de Marx (mais il n'était pas seul à parler ce langage) c'était « le cœur d'un monde sans cœur, comme c'était l'âme d'une vie où l'âme était absente... l'opium du peuple » [10]. Plus encore : c'était une tentative pour créer des institutions sociales et quelquefois éducatives et politiques, dans un milieu qui n'en offrait aucune et pour des gens politiquement non développés, c'était une sorte d'expression rudimentaire de leurs mécontentements et de leurs aspirations. Le formalisme, le côté émotionnel et superstitieux de ce courant religieux, étaient une façon de protester à la fois contre l'ensemble d'une société où dominait le calcul rationnel et contre les classes supérieures qui déformaient la religion à leur propre image.

Pour les classes moyennes qui émergeaient de ces masses, la religion pouvait être un puissant soutien moral, une justification de leur existence sociale contre le mépris mêlé de haine que leur témoignait la société traditionnelle, et un instrument de leur expansion matérielle. S'ils faisaient partie d'une secte, leur religion les libérait des obstacles de cette société. Elle donnait à leurs gains une valeur morale plus grande que celle du simple intérêt personnel et rationnel; elle légitimait la dureté de leur comportement vis-à-vis des humbles; elle s'alliait au commerce pour apporter aux païens la civilisation et à leurs propres affaires une augmentation des chiffres de ventes...

Pour les monarchies et les aristocraties, et d'ailleurs pour tous ceux qui se trouvaient au sommet de la pyramide sociale, la religion assurait la stabilité de la société. Ils avaient appris de la Révolution française que l'Eglise était le plus fort soutien du trône. Les peuples analphabètes et pieux, tels les Italiens du Sud, les Espagnols, les Tyroliens et les Russes avaient sauté sur leurs armes pour défendre leur Eglise et leur souverain contre les étrangers, les infidèles et les révolutionnaires, avec la bénédiction de leurs prêtres et quelquefois même conduits par eux. Les peuples pieux et analphabètes vivaient heureux dans la pauvreté à laquelle Dieu les avait appelés, sous l'autorité des souverains que la Providence leur avait donnés, simples, vertueux, disciplinés et à l'abri des effets subversifs de la raison. Pour les gouvernements conservateurs après 1815 — et quels gouvernements ne l'étaient point en Europe continentale? — encourager les sentiments religieux et les Eglises était une part aussi indispensable de la politique que l'organisation de la police et de la censure, car le prêtre, le policier et le censeur étaient désormais les trois principaux soutiens de la réaction contre la révolution.

Pour la plus grande partie des gouvernements en place, le fait que le jacobinisme menaçait les trônes et que l'Eglise les défendait était une raison suffisante de leur attitude. Mais pour un groupe d'intellectuels et d'idéologistes romantiques, l'alliance entre le trône et l'autel avait une signification plus profonde : elle préservait une société ancienne, organique et vivante contre le pouvoir corrosif de la raison et du libéralisme et l'individu trouvait en elle une expression de sa situation tragique plus adéquate que toutes celles qu'avaient pu lui fournir les rationalistes. En France et en Angleterre, de telles justifications de l'alliance entre le trône et l'autel n'avaient pas une grande importance politique. Pas plus que n'en avait la recherche romantique d'une religion tragique et personnelle. (Le plus important de ces explorateurs des profondeurs du cœur humain, le Danois Sören Kierkegaard, (1813-1855) vint d'un petit pays et attira fort peu l'attention de ses contemporains : sa renommée est entièrement posthume). Mais chez les allemands et en Russie, les tenants de la réaction monarchiste, les intellectuels romantiques et réactionnaires jouaient un certain rôle dans la politique comme fonctionnaires de l'Etat, rédacteurs de manifestes et de programmes, et là où les monarques étaient eux-mêmes enclins au déséquilibre mental (comme Alexandre I⁺ᵉʳ de Russie et Frédéric-Guillaume IV de Prusse), comme conseillers privés. Mais, somme toute, les Frédéric Gentz et les Adam Müller

furent des personnages mineurs et leur médiévisme religieux
(dont Metternich lui-même se méfiait) n'était qu'un petit air de
fanfare traditionaliste pour annoncer les policiers et les censeurs,
ceux sur qui les rois pouvaient faire fond. La Sainte-Alliance
entre la Russie, l'Autriche et la Prusse qui devait maintenir l'ordre
en Europe après 1815, ne tirait pas sa force du mysticisme de croisade que son nom affichait, mais de la simple décision de détruire
tous les mouvements subversifs et de toute nature, par une intervention armée russe, prussienne ou autrichienne. En outre les
gouvernements vraiment conservateurs avaient tendance à se
méfier de tous les intellectuels et de tous les idéologues, même des
réactionnaires, car une fois établi le principe de la pensée plutôt
que celui de l'obéissance, la fin était proche. Comme Frédéric Gentz
(le secrétaire de Metternich) l'écrivait en 1819 à Adam Müller :
« Je continue à défendre cette proposition : afin qu'on ne puisse
abuser de la presse, pas une ligne de plus ne sera imprimée pendant
les prochaines années..., pas une de moins. Si ce principe venait à
s'appliquer comme une règle absolue, les rares exceptions étant
autorisées par un tribunal indiscutablement supérieur, nous
aurions bientôt trouvé le chemin nous ramenant à Dieu et à la
vérité. » [11].

Et cependant, si les idéologues antilibéraux n'eurent qu'une
mince importance politique, leur fuite loin des horreurs du libéralisme, vers un passé de dévotion vraie, est d'un intérêt religieux
considérable car elle a engendré un renouveau marqué du catholicisme romain parmi les jeunes gens sensibles des classes supérieures. Le protestantisme lui-même n'était-il pas, en effet, le précurseur direct de l'individualisme, du rationalisme et du libéralisme?
Si seule une société vraiment religieuse voulait guérir la maladie
du XIX⁰ siècle, n'était-ce pas la seule société vraiment chrétienne
du Moyen Age catholique * ? Comme à l'ordinaire, Gentz a expliqué
l'attrait du catholicisme avec une clarté peu compatible avec le
sujet : « Le protestantisme est la première, la vraie, la seule source
de tous les maux sous lesquels nous gémissons aujourd'hui. S'il
s'était simplement contenté de raisonner, nous aurions pu, nous
aurions dû le tolérer, car discuter est un penchant enraciné dans la
nature humaine. Mais dès que les gouvernements ont convenu d'accepter le protestantisme comme une forme permise de la religion,
une expression du christianisme, un droit de l'homme; dès qu'ils...
lui ont assuré une place dans l'Etat à côté, ou même sur les ruines

---

* En Russie où la société vraiment chrétienne de l'Eglise orthodoxe
était encore florissante, la tendance correspondante ne fut pas tant celle
d'un retour à la piété immaculée du passé que celle d'un refuge dans les
profondeurs infinies du mysticisme, offertes à l'orthodoxie du présent.

de la seule église véritable, l'ordre religieux, moral et politique du monde s'est immédiatement dissous... La Révolution française tout entière et la révolution, pire encore, qui est sur le point de s'abattre sur l'Allemagne, ont jailli de cette même source » [12].

Des groupes de jeunes gens exaltés se réfugièrent donc loin des horreurs de l'intellect, entre les bras accueillants de Rome; embrassant le célibat, les mortifications de l'ascétisme, les écrits des Pères de l'Eglise ou s'abandonnant simplement avec passion à ce chaud rituel de l'Eglise, qui satisfait si bien le sens esthétique. Comme on pouvait le présumer, ils sont pour la plupart originaires de pays protestants : les romantiques allemands étaient en général prussiens. Le Mouvement d'Oxford des années 1830 est le phénomène le plus familier du genre pour un Anglo-Saxon, bien qu'il soit très caractéristiquement britannique, puisque seuls quelques-uns des jeunes fanatiques qui traduisaient ainsi l'esprit de la plus obscurantiste et de la plus réactionnaire des universités, ont effectivement rallié l'Eglise romaine, en particulier le talentueux J.H. Newmann (1801-1890). Les autres trouvèrent une position de compromis confortable comme « ritualistes » au sein de l'Eglise anglicane, qu'ils proclamaient authentiquement catholique et prétendaient, à la grande horreur des membres de l'Eglise « basse » et de l'Eglise « large », remplir d'ornements sacerdotaux, d'encens et autres abominations papistes. Les nouveaux convertis rendirent très perplexes la poignée de familles nobles et bien-nées traditionnellement catholiques, qui considéraient leur religion comme un emblème familial, ainsi que la masse des travailleurs irlandais immigrants qui de plus en plus formaient la majorité du catholicisme britannique; leur noble zèle ne fut pas non plus entièrement apprécié par les fonctionnaires ecclésiastiques du Vatican, aussi prudents que réalistes. Mais comme ils appartenaient à d'excellentes familles et que la conversion des classes supérieures pouvait très bien préluder à celle des classes inférieures, on salua en eux un signe encourageant du pouvoir à conquérir de l'Eglise.

Cependant, même à l'intérieur des religions organisées (au moins les religions catholique romaine, protestante et juive), sapeurs et mineurs libéraux étaient à l'œuvre. En ce qui concerne l'Eglise romaine. La France était leur principal champ d'action et leur personnage le plus important, Hugues-Félicité-Robert de Lamennais (1782-1854), qui passa successivement d'un conservatisme romantique à une idéalisation révolutionnaire du peuple qui le conduisit très près du socialisme. Les *Paroles d'un Croyant* (1834) de Lamennais créèrent une grande effervescence parmi les gouvernements qui ne s'attendaient guère à être poignardés dans le dos avec une arme aussi apparemment au service du *statu quo*

que l'était le catholicisme, et Lamennais fut bien vite condamné
par Rome. Le catholicisme libéral néanmoins survécut en France,
pays toujours réceptif à toutes les orientations de l'Eglise qui se
sont légèrement écartées de celles de Rome. En Italie aussi le
courant révolutionnaire puissant des années 1830-1850 entraîna
dans ses remous certains penseurs catholiques comme Rosmini et
Gioberti (1801-1852), le champion de l'Italie libérale unifiée par le
pape. Mais le corps principal de l'Eglise était activement, et chaque
jour davantage antilibéral.

    Les minorités protestantes et les sectes se trouvaient beau-
coup plus proches du libéralisme, en tout cas politiquement parlant : être un huguenot en France signifiait pratiquement qu'on
était pour le moins un modéré libéral (Guizot, le premier ministre
de Louis-Philippe en était). Les Eglises protestantes nationales,
comme l'Eglise anglicane et l'Eglise luthérienne, étaient plus
conservatrices d'un point de vue politique, mais leurs théologies
étaient plutôt moins capables de résister à la corrosion de l'érudition biblique ou des investigations rationalistes. Les Juifs, naturellement, étaient exposés à la pleine force du courant libéral.
Après tout c'est à lui qu'ils devaient entièrement leur émancipation politique et sociale. L'assimilation culturelle était le but de
tous les Juifs émancipés. Parmi les « évolués », les plus extrêmes
abandonnèrent leur ancienne religion pour le conformisme chrétien ou l'agnosticisme, comme le père de Karl Marx ou le poète
Heinrich Heine (qui découvrit pourtant que les Juifs ne cessent
pas d'être des Juifs au moins pour le monde extérieur parce qu'ils
ne vont plus à la synagogue). Les moins extrêmes développèrent
une forme libérale atténuée du judaïsme. Ce n'est que dans les
sombres ghettos de l'Est que la Torah — et une existence tout
entière dominée par le Talmud — poursuivirent leur cours, pratiquement sans changement, dans les petites villes.

13.

L'Idéologie laïque

(M. Bentham) s'amuse à modeler des ustensiles de bois sur un tour, et s'imagine qu'il peut modeler les hommes de la même façon. Il n'a pas un penchant extrême pour la poésie et ne sait guère tirer de morale de Shakespeare. Sa maison est chauffée et illuminée grâce à la vapeur. Il est de ces hommes qui, en toutes choses, préfèrent l'artificiel au naturel et pensent que l'esprit humain est tout-puissant. Il a un profond mépris pour tous les paysages de plein air, pour l'herbe verte et pour les arbres, et toujours il rapporte tout à l'utilité.

W. Hazlitt :
The Spirit of Age, 1825.

Les communistes dédaignent de dissimuler leurs idées et leurs buts. Ils déclarent ouvertement que leurs fins ne peuvent être atteintes qu'en renversant par la force toutes les conditions existantes. Laissez les classes dirigeantes trembler en face d'une révolution communiste. Les prolétaires n'ont rien d'autre à perdre que leurs chaînes. Ils ont le monde à gagner. Travailleurs de tous les pays, unissez-vous!

Marx et F. Engels :
Manifeste du parti communiste, 1848.

I

Si l'on parle quantité, c'est encore à l'idéologie religieuse qu'il nous faut donner la place d'honneur dans le monde de 1789-1848;

si l'on parle qualité, c'est à l'idéologie laïque qu'elle revient. Sauf
quelques rares exceptions, tous les penseurs d'importance de cette
période parlent un langage laïque, quelles que soient leurs croyan-
ces religieuses personnelles. L'essentiel de ce qu'a été leur pensée
(et que la moyenne des gens prend pour argent comptant sans y
réfléchir beaucoup) sera discuté dans les chapitres concernant
plus particulièrement la science et les arts; une partie en a déjà
été abordée dans les pages qui précèdent. Ici nous concentrerons
notre attention sur ce qui est, après tout, le plus grand thème qui
ait jailli de la double révolution : la nature de la société, les voies
qu'elle prenait ou devrait prendre. Sur ce problème clé, il y avait
deux grandes lignes divergentes d'opinion : ceux qui acceptaient la
façon dont le monde tournait, et ceux qui ne l'acceptaient pas.
En d'autres termes ceux qui croyaient au progrès et ceux qui n'y
croyaient pas. Car en un sens il n'y avait qu'une seule *Weltans-
chauung* d'importance vraiment majeure et quantité d'autres
points de vue qui, quels que fussent leurs mérites n'étaient guère
au fond que des critiques négatives de cette « vue du monde »
essentielle, je veux dire les Lumières triomphantes, rationalistes
et humanistes du XVIIIᵉ siècle. Ses champions croyaient fermement (et justement) que l'histoire humaine était une montée plutôt
qu'un déclin, ou qu'un mouvement oscillant de part et d'autre d'une
ligne de direction horizontale. Ils pouvaient constater que les
connaissances scientifiques de l'homme et son contrôle technique
de la nature augmentaient chaque jour. Ils croyaient que la société
des hommes et que l'individu pouvaient être perfectionnés si on
leur appliquait la même attention rationnelle et que leur destin
était donc d'être perfectionnés par le cours de l'histoire. Sur ce
point, les bourgeois libéraux et les prolétaires socialistes révolutionnaires étaient unanimes.

Jusqu'à 1789, l'expression la plus puissante et la plus avancée
de cette idéologie du progrès avait été celle du libéralisme bourgeois classique. A la vérité, le système fondamental en avait été si
fermement élaboré dès les XVIIᵉ et XVIIIᵉ siècles qu'en discuter
ne serait guère du ressort de cet ouvrage. C'était une philosophie
étroite, lucide, précise, qui trouva ses plus purs représentants en
France et en Angleterre, comme on pouvait s'y attendre.

Elle était rigoureusement rationaliste et laïque; c'est-à-dire
convaincue que l'homme était capable de tout comprendre et
de résoudre tous les problèmes par l'usage de la raison et qu'un
comportement ou des institutions irrationnels (entre autres le
traditionalisme et toute religion qui n'était pas celle de la raison)
conduisaient vers les ténèbres plutôt que vers la lumière. D'un
point de vue philosophique, elle était orientée vers le matérialisme

ou l'empirisme, comme il convenait à une idéologie qui tirait sa force et ses méthodes de la science, en l'occurence surtout des mathématiques et de la physique mises au point par la révolution scientifique du XVIIe siècle. Ses opinions générales sur le monde et sur l'homme étaient sous le signe d'un individualisme omniprésent qui devait plus à l'introspection des individus de la bourgeoisie, ou à l'observation de leurs comportements qu'aux principes à priori sur lesquels elle prétendait se fonder et qui s'exprimait dans une psychologie (bien que le mot n'existât pas encore en 1789) dont on retrouve l'écho dans cette philosophie mécanique du XVIIe siècle dite école « associationniste ».

En bref, pour le libéralisme classique, le monde humain était composé d'atomes individuels indépendants, avec certaines passions et certaines impulsions intrinsèques, chacun recherchant par-dessus tout le bonheur maximum et l'insatisfaction la moins grande, à égalité sur ce point avec tous les autres * et n'admettant « naturellement » aucune limite à ses aspirations ni le droit pour quiconque d'y faire obstacle. En d'autres termes, tous les hommes avaient « naturellement » droit à la vie, à la liberté, à la poursuite du bonheur, ainsi que le stipulait la Déclaration d'indépendance américaine, bien que les plus logiques des penseurs libéraux aient préféré ne point formuler la chose dans le langage des « droits naturels ». Au cours de cette poursuite de l'intérêt personnel, chaque individu, au milieu de l'anarchie de concurrents tous égaux, trouvait avantageux, ou inévitable, d'entretenir certaines relations avec d'autres individus et ce complexe d'accords utiles — qui s'exprimaient souvent dans la terminologie franchement commerciale du « contrat » — constituait la société et les groupes sociaux ou politiques. Bien sûr, de tels arrangements et de telles associations impliquaient pour l'homme une certaine réduction de sa liberté, naturellement illimitée, de faire tout ce qui lui plaisait, une des tâches de la politique étant de réduire une telle interférence au minimum possible. Sauf peut-être pour les groupes aussi irréductiblement liés par le sang que les parents et leurs enfants, l' « homme » du libéralisme classique (dont le symbole littéraire est Robinson Crusoé) n'était un animal social que dans la mesure où il vivait avec un grand nombre de ses semblables. Les aspirations sociales n'étaient donc que la somme arithmétique des aspirations individuelles. Le bonheur (source de difficultés aussi grandes pour qui voulait le définir que pour qui était à sa poursuite) était l'objectif suprême de chaque individu; et le plus grand bon-

---

* Le grand Thomas Hobbes se livra même à un vigoureux plaidoyer en faveur de l'égalité complète — à des fins pratiques — de tous les individus, dans tous les domaines sauf la « science ».

heur pour le plus grand nombre, était évidemment le but de la société.

En réalité, l'utilitarisme pur, qui réduisait carrément toutes les relations humaines exactement au schéma que nous venons d'esquisser, se limitait au cercle étroit de quelques philosophes indiscrets, comme le grand Thomas Hobbes au XVIIᵉ siècle, ou de champions très convaincus de la bourgeoisie, comme l'école des penseurs et des publicistes britanniques associés aux noms de Jeremy Bentham (1748-1832), James Mill (1773-1836) et surtout des économistes politiques « classiques ».

Et cela pour deux raisons. Tout d'abord une idéologie qui réduisait si complètement tout ce qui n'était pas calcul rationnel de l'intérêt personnel à une « sottise pompeuse » (pour employer une expression de Bentham) heurtait certaines bases instinctives puissantes de ce comportement bourgeois qu'on souhaitait justement perfectionner *. Ainsi on pouvait démontrer que l'intérêt personnel rationnel risquait de justifier une intervention dans la « liberté naturelle » reconnue à l'individu de faire ce qu'il voulait et de conserver ce qu'il gagnait, et une intervention plus grande qu'il n'était souhaitable. (Thomas Hobbes dont les œuvres ont été pieusement rassemblées et publiées par les utilitaristes britanniques avait effectivement démontré que cet intérêt empêchait toute limitation a priori du pouvoir de l'Etat et les benthamites eux-mêmes se faisaient les champions d'une administration bureaucratique de l'Etat lorsqu'ils pensaient qu'elle assurait le plus grand bonheur, au plus grand nombre, aussi aisément que le *laissez-faire* **. C'est pourquoi ceux qui cherchaient à sauvegarder la propriété et l'entreprise privées et la liberté individuelle préféraient souvent y apposer la sanction métaphysique d'un « droit naturel » plutôt que celle, plus vulnérable, d' « utilité ». En outre, une philosophie qui éliminait si totalement la morale et le devoir, en les réduisant au calcul rationnel, pouvait fort bien affaiblir le sens de l'équilibre éternel des choses, parmi la classe pauvre et ignorante sur qui reposait la stabilité de la société.

* Il ne faudrait pas imaginer que par « intérêt personnel », on voulait dire nécessairement égoïsme antisocial. Les militaristes dotés d'un sens humain et social soutenaient que les satisfactions que l'individu recherchait dans leur plénitude, incluaient, ou pouvaient fort bien inclure, grâce à une éducation adéquate, la « bienveillance », c'est-à-dire le besoin pressant d'aider son prochain. Mais — là était le problème — il ne s'agissait pas d'un devoir moral ou d'aspect de la vie sociale, mais de quelque chose susceptible de rendre l'individu heureux. L' « intérêt », soutenait Holbach dans son *Système de la Nature*, I, p. 268, « n'est rien sinon ce que chacun de nous considère comme nécessaire pour son bonheur ».

** En français dans le texte (N. d. T.).

C'est pour des raisons de ce genre que l'utilitarisme ne s'acquit jamais le monopole de l'idéologie libérale de la bourgeoisie. Il fournit aux radicaux la plus tranchante des haches, pour abattre les institutions traditionnelles incapables de répondre aux questions fondamentales : est-ce rationnel? est-ce utile? est-ce que cela contribue au plus grand bonheur du plus grand nombre? Mais il n'était suffisamment fort ni pour inspirer une révolution, ni pour en empêcher une. C'est John Locke, malgré sa faiblesse philosophique, plus que le superbe Thomas Hobbes, qui demeura le penseur favori du libéralisme vulgaire; car lui au moins mettait la propriété privée à l'abri des interférences et des attaques, comme étant le plus fondamental des « droits naturels ». Et les révolutionnaires français préfèrent formuler leur requête en faveur de la libre entreprise. Voir déclaration des Droits de l'homme, note 1 et 2 chapitre XIII, sous la forme d'un droit général et naturel à la liberté. « La liberté consiste à pouvoir faire tout ce qui ne nuit pas à autrui; ainsi, l'exercice des droits naturels de chaque homme, n'a de bornes que celles qui assurent aux autres membres de la Société, la jouissance de ces mêmes droits; ces bornes ne peuvent être déterminées que par la loi *. »

Dans sa pensée politique, le libéralisme classique s'est donc écarté de l'audace et de la rigueur qui en avaient fait une force révolutionnaire si puissante. Dans sa pensée économique cependant, ses inhibitions furent moindres; en partie parce que les classes moyennes étaient beaucoup plus assurées du triomphe du capitalisme que de la suprématie politique de la bourgeoisie sur l'absolutisme ou sur la foule ignorante; en partie parce que les opinions classiques sur la nature et l'état naturel de l'homme s'accordaient mieux sans aucun doute avec la condition particulière du marché qu'avec la condition de l'humanité en général. C'est pourquoi l'économie politique classique constitue, avec Thomas Hobbes, le monument intellectuel le plus impressionnant élevé à l'idéologie libérale. Sa période de grandeur est légèrement antérieure à celle qui nous occupe dans ce volume. La publication d'Adam Smith (1723-1790), *Wealth of Nations,* marque ses débuts en 1776; celle de David Ricardo (1792-1823), *Principles of Political Economy,* son apogée, en 1817; et 1830 voit déjà son déclin ou sa transformation. Cependant, sous sa version vulgarisée, elle continua à se faire des adeptes parmi les hommes d'affaires, tout au long de la période qui nous intéresse.

L'argument social de l'économie politique d'Adam Smith était à la fois élégant et commode. Il est vrai que l'humanité était com-

---

* En français dans le texte *(N. d. T.).*

posée essentiellement d'individus souverains, d'une constitution
psychologique particulière, poursuivant leurs intérêts propres en
concurrence les uns avec les autres. Mais l'on pouvait démontrer
que ces activités, si on les laissait opérer autant que possible
sans les contrôler, produisaient non seulement un ordre social
« naturel » se distinguant comme tel des ordres artificiels imposés
par les privilèges de l'aristocratie, l'obscurantisme, les traditions
ou les interventions sans discernement mais aussi le moyen d'augmenter le plus rapidement possible les « richesses de la nation »,
c'est-à-dire le confort et le bien-être et donc le bonheur, de tous les
hommes. La base de cet ordre naturel était la division sociale du
travail. On pouvait prouver scientifiquement que l'existence d'une
classe de capitalistes détenant les moyens de production était
bénéfique pour tous, y compris pour la classe des travailleurs qui
se louaient eux-mêmes à ces capitalistes; tout comme on pouvait
démontrer scientifiquement que les intérêts de la Grande-Bretagne
et de la Jamaïque, à la fois, étaient mieux servis si l'une produisait
les produits manufacturés et l'autre le sucre à l'état brut. Car
l'augmentation de la richesse des nations procédait des opérations
de l'entreprise privée possédante et de l'accumulation du capital
et l'on pouvait aussi démontrer que toute autre méthode pour y
parvenir ne ferait que la ralentir ou l'arrêter. D'ailleurs la société
économiquement très inégale qui résultait inévitablement des opérations de la nature humaine n'était pas incompatible avec l'égalité naturelle de tous les hommes, ou avec la justice. Car même sans
considérer du tout le fait qu'elle assurait aux plus pauvres eux-
mêmes, une vie meilleure qu'ils ne l'auraient eue autrement, elle
était fondée sur la plus égale de toutes les relations : le troc.
Comme l'a affirmé un économiste moderne : « Personne ne dépendait de la bienfaisance des autres, car pour toute chose reçue de
quelqu'un on donnait l'équivalent en échange. De plus le libre jeu
des forces naturelles aurait détruit toute position qui n'aurait
pas été édifiée sur une contribution au bien commun[3]. »

Le progrès était donc aussi « naturel » que le capitalisme. Une
fois levés les obstacles artificiels que le passé avait construits
contre lui, il devait inévitablement se réaliser; et il était évident
que les progrès de la production allaient de pair avec ceux des
arts, des sciences et de la civilisation en général. N'allons pas supposer que les hommes qui soutenaient ces points de vue n'étaient
que les simples défenseurs des intérêts privilégiés des hommes
d'affaires. C'étaient des hommes qui croyaient — et à cette époque
l'histoire justifiait considérablement leur croyance — que la voie
du progrès pour l'humanité passait par le capitalisme.

La puissance de cette vue, digne du docteur Pangloss, ne

reposait pas simplement sur ce que l'on croyait ses théorèmes économiques rigoureusement démontrables par un raisonnement déductif, mais sur le progrès manifeste du capitalisme et de la civilisation du XVIIIᵉ siècle. Inversement, elle commença à vaciller non pas seulement parce que Ricardo découvrit à l'intérieur du système des contradictions qui avaient échappé à Smith, mais parce que les résultats positifs, tant économiques que sociaux, du capitalisme se révélèrent moins heureux qu'on ne l'avait prévu. L'économie politique, dans la première moitié du XIXᵉ siècle, devint la science « des idées noires » plutôt que celle des idées roses. Naturellement, on pouvait encore soutenir que la misère des pauvres qui (à ce qu'avançait Malthus dans son fameux *Essay on Population,* 1798) étaient condamnés à vivre toujours au bord de la famine, ou qui (comme le pensait Ricardo) souffraient de l'introduction des machines *, constituait encore le plus grand nombre; à ceci près que ce nombre était bien moindre qu'on n'aurait pu l'espérer. Mais ces faits et d'ailleurs les difficultés si notoires de l'expansion capitaliste pendant la période qui va à peu près de 1810 à 1840, décourageaient l'optimisme et stimulaient la recherche critique, particulièrement en ce qui concerne la *distribution* opposée à la *production,* problème qui avait déjà été la principale préoccupation de la génération de Smith.

L'économie politique de David Ricardo, chef-d'œuvre de rigueur dans la déduction, introduisit donc des éléments de discorde considérables au sein de cette harmonie naturelle sur laquelle les économistes antérieurs avaient tout misé. Il souligna même, et plus sans doute que ne l'avait fait Smith, certains facteurs, comme, par exemple, une tendance à décliner du taux du profit, dont on pouvait craindre qu'ils mettent au point d'arrêt la machine du progrès économique, en réduisant ses approvisionnements en combustible. Qui plus est, c'est lui qui fournit les bases de la théorie générale sur la valeur du travail : un léger artifice suffit à la transformer en argument puissant contre le capitalisme. Néanmoins la maîtrise technique de Ricardo en tant que penseur et l'appui passionné qu'il donna aux objectifs pratiques que tant d'hommes d'affaires britanniques préconisaient — liberté du commerce et hostilité aux grands propriétaires terriens — aidèrent l'économie politique classique à s'assurer une place plus solide encore que par le passé dans l'idéologie libérale. Dans les buts pratiques, les troupes de choc de la réforme bour-

* « L'opinion entretenue par la classe ouvrière que l'emploi des machines se fait fréquemment au détriment de leurs intérêts, n'est pas fondée sur un préjugé ou une erreur, mais conforme aux bons principes de l'économie politique. » (RICARDO : *Principles,* p. 383.)

geoise britannique, pendant la période post-napoléonienne,
s'étaient armées d'un mélange d'utilitarisme benthamite et d'économie ricardienne. A leur tour, les œuvres magistrales de Smith et
de Ricardo, accompagnées par celles de l'industrie et du commerce
britannique, firent de l'économie politique une science largement
britannique, réduisant les économistes français (qui avaient à
tout le moins partagé avec les Anglais la première place au
XVIIIᵉ siècle) au rôle moins important de précurseurs ou d'auxi-
liaires, et les économistes non classiques à jouer les francs-tireurs
isolés. En outre, elles en firent un symbole essentiel du progrès
libéral. Le Brésil institua une chaire d'économie politique dès
1808 — bien avant qu'il n'y en ait une en France — tenue par un
disciple d'Adam Smith, de J.-B. Say (le plus grand économiste
français) et de l'anarchique utilitariste William Godwin. L'Argentine était à peine indépendante lorsque, en 1823, la nouvelle université de Buenos Aires commença à enseigner l'économie politique, sur les bases de Ricardo et de James Mill qui avaient déjà
été traduits; mais Cuba l'avait précédé encore, qui eut sa première chaire dès 1818. Il est vrai que les cheveux se dressaient
d'horreur sur la tête des financiers et des économistes européens au
spectacle de la politique économique pratiquée par les gouvernements d'Amérique latine, mais ceux-ci n'en étaient pas moins très
attachés à l'orthodoxie économique.

En politique, comme nous l'avons vu, l'idéologie libérale ne
fut ni aussi cohérente, ni aussi consistante. Sur le plan de la théorie,
elle restait divisée entre l'utilitarisme et les adaptations des doctrines antiques de la loi naturelle et du droit naturel, avec une
prédilection pour celles-ci. Sur le plan pratique des programmes,
elle restait écartelée entre la foi dans un gouvernement populaire,
c'est-à-dire le gouvernement de la majorité — ce qui avait la
logique de son côté et qui reflétait aussi un fait, à savoir que le
moteur réel des révolutions et l'instrument de pression politique
capable de pousser effectivement aux réformes, ce n'était pas les
argumentations de la bourgeoisie mais la mobilisation des masses *
et la foi plus répandue dans un gouvernement assumé par l'élite
des possédants — ou si l'on veut, pour employer la terminologie
anglaise entre le « radicalisme » et le « whigisme ». Car si le gouvernement était réellement populaire et si c'était réellement la
majorité qui gouvernait (c'est-à-dire si les intérêts de la minorité

---

* Condorcet (1743-1794) dont la pensée est une sorte d'abrégé des
positions de la bourgeoisie éclairée, fut converti par la prise de la Bastille qui le fit passer de sa foi dans le suffrage limité à la foi dans le
suffrage démocratique, bien qu'avec de puissantes garanties pour l'individu
et pour les minorités.

lui étaient sacrifiés comme il était logiquement inévitable), pouvait-on se fier à cette majorité — « les classes les plus nombreuses et les plus pauvres [4] » — pour sauvegarder la liberté et pour mettre en exécution les préceptes de la raison qui, c'était évident, coïncidaient avec le programme des bourgeois libéraux?

Avant la Révolution française le principal motif d'alarme, de ce point de vue, c'était l'ignorance et la superstition de la classe ouvrière pauvre, trop souvent sous la coupe du clergé et du roi. La révolution elle-même introduisit le risque additionnel d'un programme de gauche, anticapitaliste, celui qui était implicite (quelques-uns pensaient explicite) dans certains aspects de la dictature jacobine. Les whigs modérés à l'étranger s'avisèrent très tôt de ce danger : Edmund Burke dont l'idéologie économique était de la plus pure veine adam-smithienne [5], adopta comme attitude politique une foi franchement irrationnelle dans les vertus de la tradition, de la continuité et de la lente poussée organique, qui depuis a toujours constitué le pilier théorique du conservatisme. Sur le continent, les libéraux engagés dans l'action s'éloignaient prudemment de la démocratie politique, lui préférant une monarchie constitutionnelle avec vote censitaire ou, en cas d'urgence, n'importe quel absolutisme démodé qui garantirait leurs intérêts. Après 1793-1794, seule une bourgeoisie extrêmement mécontente, ou extrêmement sûre d'elle-même, comme la bourgeoisie anglaise, était prête, avec James Mill, à se fier suffisamment à ses propres forces pour s'associer en permanence l'appui de la classe ouvrière, même dans une république démocratique.

Les mécontentements sociaux, les mouvements révolutionnaires et les idéologies socialistes de la période post-napoléonienne intensifièrent ce dilemme et la révolution de 1830 le rendit plus aigu. Libéralisme et démocratie semblaient être des adversaires plutôt que des alliés et le triple slogan de la Révolution française, « Liberté, égalité, fraternité », exprimait une contradiction plus qu'une association. Il est assez naturel que la chose se soit marquée avec plus d'évidence qu'ailleurs dans le pays de la révolution, la France. Alexis de Tocqueville (1805-1859), qui appliqua une intelligence remarquablement aiguë à l'analyse des tendances inhérentes à la démocratie américaine (1835), et plus tard à celles de la Révolution française, est de tous les critiques libéraux modérés de la démocratie de cette période, celui qui a le mieux résisté au temps; ou plutôt celui qui a révélé des affinités particulières avec les libéraux modérés du monde occidental depuis 1845. Peut-être est-ce naturel d'un homme qui a écrit : « Du XVIIIᵉ siècle, jaillissent comme d'une source commune, deux rivières. L'une entraîne les hommes vers les institutions libérales, l'autre vers le pouvoir

absolu [6]. » En Grande-Bretagne également, la confiance résolue que
James Mill accorde à la démocratie menée par les bourgeois,
contraste fortement avec le désir anxieux de son fils, John Stuart
Mill (1806-1873) de sauvegarder les droits des minorités contre les
majorités, sentiment qui prédomine dans l'ouvrage de ce penseur
noble mais tourmenté, _On Liberty_ (1859).

II

Tandis que l'idéologie libérale perdait ainsi l'élan agressif
et hardi de ses débuts — quelques libéraux commençaient même
à se demander si le progrès était inévitable, ou souhaitable — une
nouvelle idéologie, le socialisme, formulait à nouveau les vérités
anciennes du XVIIIe siècle. La raison, la science, le progrès, étaient
ses solides fondements. Ce qui distingua les socialistes de cette
époque, de ces avocats d'une société parfaite, fondée sur la propriété commune, qui périodiquement surgissent dans la littérature,
tout au long de la chronique de l'histoire, ce fut l'acceptation sans
réserve de la révolution industrielle, qui créait la possibilité même
du socialisme moderne. Le comte Claude de Saint-Simon (1760-
1825) qui est traditionnellement reconnu comme le premier « socialiste utopiste », bien que sa pensée occupe en réalité une position
beaucoup plus ambiguë, fut d'abord et avant tout l'apôtre de
« l'industrialisme » et des « industriels » (deux mots de l'invention
de Saint-Simon). Ses disciples devinrent des socialistes, des techniciens aventureux, des financiers et des industriels, ou l'un et
l'autre à la suite. Le saint-simonisme occupe donc une place particulière dans l'histoire de l'évolution capitaliste et anticapitaliste
à la fois. Robert Owen (1771-1858) en Grande-Bretagne, fut lui-
même un pionnier des réussites de l'industrie cotonnière et s'il
avait confiance dans la possibilité d'un monde meilleur, ce n'était
pas simplement parce qu'il croyait à la perfectibilité de l'homme
grâce à la société mais aussi parce qu'il voyait de ses propres
yeux la révolution industrielle créer une société au potentiel
énorme. Frédéric Engels, bien qu'à contrecœur, travailla lui aussi
dans l'industrie cotonnière. Aucun de ces nouveaux socialistes
ne désirait ramener en arrière l'horloge de l'évolution sociale,
contrairement à beaucoup de leurs adhérents. Même Charles Four-
rier (1772-1837), le fondateur socialiste qui faisait le moins
confiance à l'industrialisation, pensait que la solution était à trouver au-delà d'elle, plutôt qu'en deçà.

D'ailleurs, les arguments mêmes du libéralisme classique pouvaient être et furent aisément retournés contre la société capi-

taliste qu'ils avaient contribué à bâtir. Le bonheur était vraiment comme le disait Saint-Just « une idée nouvelle de l'Europe [7] »; mais il était bien facile de remarquer que le plus grand bonheur du plus grand nombre qui, c'était clair, n'était pas près d'être atteint, était celui des classes laborieuses pauvres. Il n'était pas difficile non plus, comme le firent William Goodwin, Robert Owen, Thomas Hodgskin et autres admirateurs de Bentham, de séparer la poursuite du bonheur des prétentions d'un individualisme égoïste. « L'objet primordial et nécessaire de toute existence, c'est d'être heureux écrivait Owen, mais le bonheur ne peut s'obtenir individuellement; il est inutile d'espérer un bonheur isolé; tous doivent y participer, ou alors le petit nombre des élus n'en jouira jamais [8]. »

Avec plus de sens encore l'économie politique classique dans sa forme ricardienne pouvait se retourner contre le capitalisme; ce qui entraîna les économistes de la bourgeoisie, après 1830, à considérer Ricardo avec inquiétude, ou même à le regarder, ce que fit l'Américain Carey (1793-1879), comme la source inspiratrice des agitateurs et des briseurs de société. Si comme l'économie politique l'affirmait, le travail était la source de toute valeur, alors pourquoi la masse de ceux qui le produisaient vivait-elle au bord de la misère? Parce que, comme Ricardo le montrait — bien qu'assez mal à l'aise au moment de tirer les conclusions de ses propres théories — le capitaliste s'appropriait, sous forme de profit, le surplus représenté par la différence entre ce que le travailleur produisait et ce qu'il recevait en retour comme salaire (le fait que les propriétaires terriens s'appropriaient aussi une partie de ce surplus n'avait pas une influence fondamentale en la matière.) En réalité, les capitalistes exploitaient les travailleurs. Il ne restait plus qu'à se passer des capitalistes et par là abolir l'exploitation. Un groupe d' « économistes du travail » ricardiens apparut bientôt en Grande-Bretagne pour analyser la situation et en tirer la morale.

Si le capitalisme avait réellement accompli tout ce qu'on en avait attendu dans les jours d'optimisme de l'économie politique, de telles critiques n'auraient point trouvé de résonance. Contrairement à ce que l'on pense souvent, au cœur de la classe pauvre, il y a peu de « révolutions de l'optimisme ». Mais dans la période qui vit la formation du socialisme, c'est-à-dire entre la publication de la *New View of Society* (1813-1814) de Robert Owen [9] et celle du *Manifeste Communiste* (1848), la dépression, la baisse des salaires, un fort chômage structurel et des doutes sur les possibilités futures de l'expansion économique, ne firent que trop sentir leur présence *. On pouvait donc faire porter la critique non seulement

* Le mot socialisme lui-même est une invention des années 1820.

sur l'injustice de l'économie, mais sur les défauts de son fonctionnement, sur ses « contradictions internes ». Des yeux qu'aigui-
sait l'antipathie détectaient ainsi ces fluctuations cycliques ou ces
« crises » inhérentes au capitalisme (Sismondi, Wade, Engels) mais
sur lesquelles ses défenseurs fermaient les yeux et dont d'ailleurs
une « loi », associée au nom de J.-B. Say (1767-1832), déniait la
possibilité même. Il était difficile de ne pas remarquer que la
distribution toujours plus inégale des revenus nationaux, en cette
période (« Les riches devenant plus riches, et les pauvres plus
pauvres ») n'était pas un accident, mais bien le résultat de la
mise en œuvre de ce système. Bref, on pouvait démontrer non
seulement que le capitalisme était injuste, mais qu'il semblait fonc-
tionner mal, et pour autant qu'il fonctionnât, produire des résultats opposés à ceux qui avaient été prédits par ses défenseurs.

Jusque-là les nouveaux socialistes s'étaient contentés, pour
plaider leur cause, de pousser les arguments du libéralisme franco-
britannique classique au-delà des limites que les bourgeois libéraux se refusaient à franchir. Et la nouvelle société dont ils se
faisaient les avocats ne devait pas non plus nécessairement abandonner le terrain traditionnel de l'idéal classique, humaniste et
libéral. Un monde dans lequel tous seraient heureux et chaque
individu à même de réaliser pleinement et librement toutes ses
possibilités, dans lequel la liberté régnerait, tout gouvernement de
coercition ayant disparu, tel était l'ultime ambition aussi bien des
libéraux que des socialistes. Ce qui distingue les divers membres de
la famille idéologique issue de l'humanisme et des Lumières :
libéraux, socialistes, communistes ou anarchistes, ce n'est pas cette
douce anarchie, qui est leur utopie à tous, mais les méthodes pour
y parvenir. A ce stade, cependant, le socialisme faussa compagnie
à la tradition libérale classique.

En premier lieu, il brisa radicalement avec cette conviction
des libéraux que la société était un simple agrégat ou une simple
combinaison d'atomes individuels, dont la force motrice était l'intérêt personnel et la compétition. Ce faisant, les socialistes revenaient
à la plus ancienne de toutes les traditions idéologiques de l'homme,
la croyance que l'homme est par nature un être social. Il était
naturel aux hommes de vivre ensemble et de s'aider les uns les
autres. La société n'était pas une diminution nécessaire, mais
regrettable, du droit naturel et illimité de l'homme à faire ce qu'il
veut mais l'assise de sa vie, de son bonheur, de son individualité.
L'idée de Smith, que le troc de biens équivalents sur le marché
assurait d'une certaine manière la justice sociale, les heurtait
comme quelque chose d'incompréhensible, ou d'immoral. La
masse des gens ordinaires partageait ce point de vue, même si elle

n'était pas toujours capable de l'exprimer. Beaucoup de critiques du capitalisme réagissaient contre l'évidente « déshumanisation » de la société bourgeoise (le terme technique d' « aliénation » que les hégéliens et les prémarxistes utilisaient, reflète l'antique concept de la société conçue comme le « foyer » des hommes plutôt que comme le simple lieu des activités isolées de chaque individu) en blâmant le processus entier de la civilisation, du rationalisme, de la science et de la technologie. Les nouveaux socialistes — à la différence des révolutionnaires de type plus ancien et artisanal, comme le poète William Blake et Jean-Jacques Rousseau — prenaient garde de ne pas en faire autant. Pourtant ils ne partageaient pas seulement l'idéal traditionnel de la société en tant que foyer de l'homme, mais l'antique concept suivant lequel, avant l'institution d'une société de classes et de la propriété, les hommes avaient plus ou moins vécu dans l'harmonie; concept que Rousseau exprimait en idéalisant l'homme primitif et les pamphlétaires radicaux moins sophistiqués en recourant au mythe des peuples jadis libres et fraternels conquis par des maîtres étrangers — les Saxons par les Normands, les Gaulois par les Teutons. « Le génie, disait Fourier, devait retrouver les voies de ce bonheur primitif et l'appliquer à la grande industrie [10] ». Le communisme primitif cherchait, à travers les siècles et les Océans, de quoi constituer un modèle pour le communisme des temps futurs.

En second lieu, le socialisme adopta une forme d'argumentation, qui, si elle n'était pas tout à fait étrangère à la tradition libérale classique n'avait jamais eu chez elle beaucoup d'accent : une argumentation évolutionniste et historique. Pour les libéraux classiques, et d'ailleurs aussi pour les premiers socialistes modernes, l'objectif à atteindre était une société naturelle et rationnelle, par opposition à cette société artificielle et irrationnelle que l'ignorance et la tyrannie avaient jusque-là imposée au monde. Maintenant que le progrès des Lumières avait montré aux hommes ce qui était la raison, tout ce qui restait à faire, c'était de balayer les obstacles qui empêchaient le bon sens de faire son chemin. De fait, les socialistes « utopiques » (les saint-simoniens, Owen, Fourier, etc.) étaient tellement ancrés dans la ferme conviction que la vérité n'avait qu'à être proclamée pour être adoptée sur-le-champ par tous les hommes cultivés ou de simple bon sens, qu'à l'origine leurs efforts pour réaliser le socialisme se limitèrent à une propagande s'adressant surtout aux classes influentes — les travailleurs, qui en auraient certainement bénéficié, étaient malheureusement un groupe ignorant et retardataire — et à la construction, disons, d'installations modèles du socialisme — colonies communistes et entreprises coopératives, situées pour la plupart dans

les grands espaces vides de l'Amérique, où aucune tradition
d'obscurantisme historique ne se dressait sur le chemin du progrès
des hommes. La communauté New Harmony d'Owen s'était installée en Indiana et il existait aux Etats-Unis environ trente-
quatre « phalanstères » fouriéristes importés ou poussés sur
place, ainsi que de nombreuses colonies inspirées par le communiste chrétien Cabet et quelques autres. Les saint-simoniens, moins
voués aux expériences communautaires, n'abandonnèrent jamais
leur recherche d'un despote éclairé qui aurait pu réaliser leurs
propositions, et ils crurent un moment l'avoir trouvé dans ce personnage invraisemblable que fut Mohammed Ali, le souverain
d'Egypte.

Il y avait déjà un élément d'évolution historique dans la
plaidoirie classique rationaliste en faveur d'une société parfaite
car une idéologie du progrès, implique une idéologie de l'évolution, peut-être même d'une évolution inévitable à travers les divers
stades du développement historique. Mais ce n'est que lorsque
Karl Marx (1818-1883), dans la discussion sur le socialisme, mit
le point non plus sur sa rationalité ou son opportunité, mais sur
son caractère historique d'inévitabilité, que le socialisme fut en
possession de ses armes intellectuelles les plus formidables, contre
lesquelles les défenses de la polémique se dressent encore aujour-
d'hui. Marx tirait cette ligne de raisonnement d'un mélange de
traditions idéologiques franco-britannique et allemande (l'économie politique anglaise, le socialisme français et la philosophie
allemande). Pour lui, la société humaine avait inévitablement
divisé en classes le communisme primitif; et tout aussi inévitablement avait évolué à travers une succession de sociétés de classes,
chacune, malgré ses injustices, « progressives » en son temps; chacune contenant les « contradictions internes » qui, à un certain
moment, en faisaient un obstacle à tout nouveau progrès et engen-
draient les forces qui lui feraient céder la place. Le capitalisme
était la dernière de ces sociétés et Marx, loin de l'attaquer purement et simplement, mettait toute son éloquence bouleversante à
célébrer hautement son œuvre historique. Mais le capitalisme, on
pouvait le démontrer grâce à l'économie politique, possédait des
contradictions internes qui à un certain stade, faisaient de lui
inévitablement une barrière à tout progrès nouveau et l'enfoncerait
dans une crise de laquelle il ne pourrait se relever. Le capitalisme d'ailleurs (l'économie politique pouvait également le
démontrer) engendrait inévitablement celui qui creuserait sa
tombe, le prolétariat, dont l'importance numérique et le mécontentement devaient augmenter, tandis que la concentration du pouvoir
économique entre des mains de moins en moins nombreuses le

rendrait plus vulnérable et plus facile à renverser. La révolution prolétarienne devait donc inévitablement le renverser. Mais l'on pouvait également démontrer que le système social qui correspondait aux intérêts de la classe ouvrière, était le socialisme, ou le communisme. De même que le capitalisme l'avait emporté, non pas seulement parce qu'il était plus rationnel que le féodalisme, mais en raison de la force sociale de la bourgeoisie, de même le socialisme l'emporterait en raison de l'inévitable victoire des travailleurs. Il était fou de supposer que c'était là un idéal éternel, que les hommes auraient pu réaliser, s'ils avaient été plus intelligents, du temps de Louis XIV. Il était l'enfant du capitalisme. Il n'aurait même pas pu être formulé d'une manière adéquate avant les transformations de la société qui en créa les conditions. Mais une fois que ces conditions existaient, la victoire était certaine car « l'humanité ne se propose jamais que les tâches qu'elle est capable de résoudre [11] ».

III

Comparées à toutes ces idéologies relativement cohérentes du progrès, celles de la résistance au progrès méritent à peine le nom de systèmes de pensée. C'était plutôt des attitudes sans méthode intellectuelle commune, pénétrées de l'acuité de leur compréhension des faiblesses de la société bourgeoise et de l'inébranlable conviction qu'il y avait plus à retirer de la vie que le libéralisme ne l'admettait. Elles ne demandent donc qu'une attention relativement faible.

Le principal thème de leur critique était que le libéralisme détruisait l'ordre social ou la communauté que l'homme avait jusque-là considérée comme essentielle à la vie, le remplaçant par l'intolérable anarchie de la compétition de tous contre tous (« chacun pour soi et Dieu pour tous ») et la déshumanisation du marché. Sur ce point les antiprogressistes conservateurs et révolutionnaires ou les représentants des riches et des pauvres tendaient à s'accorder même avec les socialistes, convergence qui fut très marquée parmi les romantiques (cf. chap. XIV) et qui produisit des phénomènes aussi étranges que celui de la « démocratie tory » ou du « socialisme féodal ». Les conservateurs étaient enclins à identifier l'ordre social idéal — ou aussi proche de l'idéal qu'il était possible, car les ambitions sociales des gens aisés sont toujours plus modestes que celles des pauvres — à un régime quelconque menacé par la double révolution ou avec quelque état spécifique du passé comme par exemple le féodalisme médiéval. Ils

soulignaient aussi bien entendu l'élément « ordre » de cette société
idéale, car c'était lui qui sauvegardait ceux qui étaient placés sur
les degrés les plus élevés de la hiérarchie sociale contre ceux
qui se trouvaient plus bas. Les révolutionnaires comme nous
l'avons vu, songeaient plutôt à quelque lointain âge d'or, perdu
dans le passé, où tout allait bien pour le peuple, car en réalité,
aucune société présente n'est jamais satisfaisante pour le pauvre.
Aussi mettaient-ils l'accent sur l'assistance mutuelle et le sens de la
communauté d'une telle époque plutôt que son « ordre ».

Toutefois les deux bords s'accordaient pour penser que, à
beaucoup d'égards, l'Ancien Régime avait été, ou était, meilleur
que le nouveau. Dans ce régime, c'est Dieu qui faisait les hommes
puissants ou humbles et qui décidait de leur état, ce qui plaisait
aux conservateurs, mais il imposait aussi des devoirs (cependant
légers et mal respectés) aux puissants. Les hommes n'étaient pas
tous égaux en humanité, mais ils n'étaient pas non plus des marchandises évaluées en fonction du marché. Et surtout, ils vivaient
ensemble, dans un étroit réseau de relations sociales et personnelles, guidés par le clair schéma de la coutume, des obligations
et des institutions sociales. Sans doute Gentz, le secrétaire de
Metternich, et le démagogue et journaliste radical anglais William
Cobbett (1762-1835), avaient-ils dans l'esprit un idéal médiéval tout
à fait différent, mais tous deux s'attaquaient de la même façon à la
Réforme qui, soutenaient-ils, avait introduit les principes de la
société bourgeoise. Et même Frédéric Engels, le plus ferme de ceux
qui ont cru au progrès, a fait un tableau particulièrement idyllique
de l'ancienne société du XVIIIᵉ siècle, que la révolution industrielle
avait détruite.

N'ayant aucune théorie cohérente de l'évolution, les penseurs
antiprogressistes trouvaient difficile de déterminer exactement ce
qui s'était « détraqué ». La raison était leur accusé favori, ou plus
exactement le rationalisme du XVIIIᵉ siècle, qui cherchait d'une
façon absurde et impie à s'immiscer dans des questions trop
compliquées pour l'entendement et la capacité d'organisation des
hommes : on ne pouvait pas faire le plan d'une société comme
celui d'une machine. « Il vaudrait mieux oublier, une fois pour
toutes, écrivait Burke, *L'Encyclopédie* et tout le corps des économistes, et revenir à ces anciennes règles et principes qui ont jusqu'ici fait les princes grands et les nations heureuses [12]. » L'instinct,
la tradition, la foi religieuse, la « nature humaine », la raison
« véritable » par opposition à la « fausse », étaient mobilisés l'un
après l'autre, suivant les tendances intellectuelles du penseur,
contre le rationalisme systématique. Mais c'est surtout à l'histoire
qu'on demandait de gagner la bataille.

Car si les intellectuels conservateurs n'avaient aucunement le sens du progrès historique, ils avaient celui, très aigu de la différence entre les sociétés formées et stabilisées naturellement, graduellement, par le cours de l'histoire et celles qui avaient été mises en place brusquement, par « artifice ». S'ils ne savaient pas expliquer comment les vêtements de l'histoire avaient été confectionnés, et d'ailleurs ils refusaient d'admettre qu'ils l'avaient été, ils pouvaient admirablement expliquer comment un long usage les avait rendus confortables. L'effort intellectuel le plus sérieux de l'idéologie antiprogressiste porta sur l'analyse historique et la réhabilitation du passé, la recherche d'une continuité à opposer à la révolution. C'est pourquoi ses représentants les plus importants ne furent pas ces émigrés français fantaisistes, comme Bonald (1753-1840) ou Joseph de Maistre (1753-1821), qui cherchèrent à réhabiliter un passé déjà mort, souvent par des arguments rationalistes qui frisaient l'extravagance même si leur but était d'établir les vertus de l'irrationalisme, mais plutôt des hommes comme Edmund Burke en Angleterre et comme les juristes de « l'école historique » allemande qui légitimaient un ancien régime encore vivant sur les bases de sa continuité historique.

IV

Reste à considérer un groupe d'idéologies qui hésitaient étrangement entre le progressisme et l'antiprogressisme, ou pour parler en termes sociaux, entre la bourgeoisie industrielle et les prolétaires d'un côté, l'aristocratie, les classes mercantiles et les masses féodales de l'autre. Leurs représentants les plus importants étaient les « petites gens » de tendance radicale de l'Europe occidentale et des Etats-Unis, et les classes moyennes modestes de l'Europe centrale et méridionale, blotties confortablement dans le cadre d'une société aristocratique et monarchique, mais pas entièrement satisfaits. Les uns et les autres, d'une certaine façon croyaient au progrès. Ni les uns, ni les autres, n'étaient prêts à le suivre jusque dans ses conclusions logiques, libérales ou socialistes; les premiers parce qu'ils savaient qu'elles auraient condamné les petits artisans, boutiquiers, fermiers et hommes d'affaires, à se transformer soit en capitalistes, soit en simples ouvriers; les derniers parce qu'ils étaient trop désarmés et, après l'expérience de la dictature jacobine, trop effrayés, pour contester le pouvoir de leurs princes, desquels ils étaient fort souvent les fonctionnaires. Les points de vue de ces deux groupes étaient donc un mélange de composantes libérales (dans le premier cas implicitement socialistes) et antilibérales, progressistes et antiprogressistes. D'ailleurs, cette complexité et cette contradiction essentielle leur permettaient d'avoir une vision de la nature de la société plus pénétrante que celle, ou des progressistes libéraux, ou des antiprogressistes. Elle les poussait de force dans la dialectique.

Le penseur le plus important (ou plutôt le génie intuitif) de ce premier groupe de petits-bourgeois radicaux, Jean-Jacques Rousseau, était déjà mort en 1789. Partagé entre l'individualisme pur et la conviction que l'homme n'est vraiment lui-même que dans une communauté; entre l'idéal d'un Etat fondé sur la raison et la défiance vis-à-vis de la raison parce que hostile au « sentiment »; entre la reconnaissance d'un progrès inévitable et la certitude qu'il détruit l'harmonie de l'homme « naturel » primitif, il exprimait, en même temps que son propre dilemme personnel, celui des classes qui ne pouvaient accepter totalement ni les convictions libérales des propriétaires d'usines, ni les convictions socialistes des prolétaires. Les idées de ce déplaisant, névrosé, mais, hélas! grand homme ne nous intéresseront pas dans le détail, car il n'y a pas eu une école de pensée, ou de politique, spécifiquement rousseauiste; sauf pour Robespierre et les jacobins de l'an II. Son influence intellectuelle fut pénétrante et puissante, particulièrement en Allemagne et chez les romantiques, toutefois ce ne fut pas celle d'un système, mais d'une attitude et d'une passion. Son influence parmi les radicaux plébéiens et petits-bourgeois fut également immense, mais peut-être, n'a-t-elle été prédominante que pour les esprits les plus confus, comme Mazzini et les nationalistes de son espèce. En général, elle se confondit avec des adaptations du rationalisme du XVIIIᵉ siècle beaucoup plus orthodoxes, comme celles de Thomas Jefferson (1743-1826) et de Thomas Paine (1737-1809).

Les courants de pensée académique récents ont eu tendance à se méprendre profondément sur sa pensée. Ils ont rallié la tradition qui le rangeait avec Voltaire et les encyclopédistes parmi les pionniers des Lumières et de la révolution, sous le prétexte qu'il en a fait la critique. Mais ceux qu'il a influencés l'ont considéré alors comme faisant partie des Lumières, dans les petits ateliers de typographie radicaux au début du XIXᵉ siècle, tous ses ouvrages ont été réimprimés automatiquement en compagnie de ceux de Voltaire, d'Holbach et des autres. Des critiques libéraux récents l'ont attaqué comme l'ancêtre du « totalitarisme » de gauche. Mais en réalité, il n'a pas exercé la moindre influence sur l'ensemble de la tradition du communisme moderne et du marxisme *. Très

---

* En presque quarante années d'échange de correspondance, Marx et Engels ne le mentionnèrent que trois fois, par hasard, et d'une manière

typiquement, ceux qui l'ont suivi ont été tout au long de cette période et depuis, les petits-bourgeois radicaux du groupe jacobin, jeffersonien ou mazziniste : croyant à la démocratie, au nationalisme et à un Etat de petites gens, mais indépendants, avec chacun une part égale de propriété et quelques activités prospères. Pendant notre période on l'a considéré comme quelqu'un qui luttait pour l'égalité, pour la liberté contre la tyrannie et l'exploitation (« l'homme est né libre mais partout il est dans les chaînes ») pour la démocratie contre l'oligarchie, pour l'homme simple « naturel » qui n'était pas gâté par les sophistications de la richesse et de l'éducation et pour le « sentiment » contre les froids calculs.

Le second groupe qu'on pourrait peut-être mieux appeler celui de la phisolophie allemande, était beaucoup plus complexe. D'autant que puisque ses membres n'avaient pas le pouvoir pour renverser leurs sociétés ni les ressources économiques pour faire une révolution industrielle, ils essayèrent de se concentrer sur l'élaboration de systèmes de pensée généraux et compliqués. Il y eut peu de libéraux classiques en Allemagne. Wilhelm von Humboldt (1767-1835), le frère du grand savant, est le plus remarquable. Parmi les intellectuels allemands de la classe moyenne et supérieure, la croyance au progrès, à son caractère inévitable et aux avantages de l'évolution scientifique et économique mais en même temps une certaine foi dans les vertus d'une administration éclairée, paternaliste ou bureaucratique et le sens de la responsabilité parmi les classes supérieures, telle était sans doute l'attitude la plus courante, d'ailleurs naturelle, pour une classe qui comprenait tant de fonctionnaires civils et de professeurs employés par l'Etat. Le Grand Gœthe, lui-même ministre et conseiller privé d'un petit Etat, illustre assez bien cette attitude [13]. Ce qui représentait le mieux le libéralisme modéré allemand, c'était des requêtes bourgeoises — souvent formulées dans un langage philosophique comme l'inévitable accomplissement du cours de l'histoire —, mises à exécution par un Etat éclairé. Le fait que les Etats allemands, dans leurs grandes époques, aient toujours pris une initiative active et efficace dans l'organisation du progrès de l'économie et de l'éducation et que le laissez-faire parfait n'était pas une politique particulièrement avantageuse pour les hommes d'affaires allemands, ne donna que plus de force à cette attitude.

Cependant, si nous pouvons assimiler ainsi les points de vue pratiques des penseurs de la bourgeoisie allemande (compte tenu des particularités de leur position historique) à ceux des classes

plutôt négative. Mais ils appréciaient au passage, ses essais de dialectique qui ont anticipé sur ceux de Hegel.

correspondantes dans les autres pays, il n'est pas certain cependant que nous puissions expliquer de la même façon la froideur extrême à l'égard du libéralisme classique dans sa forme pure qui transparaît dans la pensée de beaucoup d'Allemands. Ce qui était lieux communs pour les libéraux — le matérialisme ou l'empirisme, Newton, l'analyse cartésienne et la suite — embarrassait profondément la plupart des penseurs allemands, tandis que le mysticisme, le symbolisme et les grandes généralisations sur les totalités organiques les attiraient visiblement. Peut-être une certaine réaction nationaliste contre la culture française, qui était prédominante au début du XVIIIe siècle, contribua-t-elle à intensifier ce teutonisme de la pensée allemande. Mais la responsabilité en revient plus probablement à la persistance de l'atmosphère intellectuelle de ce qui avait été les derniers moments d'une prédominance allemande, économique, intellectuelle et même, d'une certaine façon, politique. Car pendant la période de déclin qui va de la Réforme jusqu'à la fin du XVIIIe siècle, l'archaïsme de la tradition intellectuelle allemande s'était préservé comme s'était préservé, l'aspect quasi immuable, très « seizième siècle » des petites villes allemandes. En tout cas, l'atmosphère profonde de la pensée allemande que ce soit dans la philosophie, la science ou les arts, différait puissamment de ce qui était la tradition essentielle en Europe occidentale, la tradition du XVIIIe siècle. A une époque où les points de vue classiques du XVIIIe allaient atteindre leurs limites, cette originalité donna à la pensée allemande quelque avantage et permet d'expliquer son influence intellectuelle croissante au XIXe siècle *.

L'expression la plus puissante de cette pensée, c'est la philosophie classique allemande, qui s'est élaborée entre 1760 et 1830, en même temps que la littérature classique allemande et en rapport étroit avec elle (on ne doit pas oublier que le poète Gœthe était un savant et un « philosophe naturel » distingué et que le poète Schiller n'était pas seulement professeur d'histoire **, mais un auteur non moins distingué de traités philosophiques). Emmanuel Kant (1724- 1804) et Georg Wilhelm Friedrich Hegel (1770-1831) sont les deux astres de cette pensée.

---

* Ceci ne s'applique pas à l'Autriche qui avait traversé une histoire extrêmement différente. La principale caractéristique de la pensée autrichienne c'est qu'il n'en existait aucune qui mérite d'être mentionnée, bien qu'en ce qui concerne les arts (particulièrement la musique, l'architecture et le théâtre) et quelques sciences appliquées, l'empire autrichien se soit beaucoup distingué.

** Ses drames historiques — à l'exception de la trilogie de Wallenstein — sont truffés de plus d'inexactitudes poétiques qu'on ne l'aurait supposé chez un historien.

Après 1830, le processus de désintégration que nous avons déjà vu à l'œuvre au même moment au sein de l'économie politique classique (la fine fleur intellectuelle du rationalisme du XVIIIe siècle) se vérifia aussi au sein de la philosophie allemande. Le résultat fut le courant des « jeunes hégéliens » et en dernière analyse le marxisme.

La philosophie allemande, ne l'oublions jamais, a été un phénomène entièrement bourgeois. Tous ses maîtres à penser (Kant, Hegel, Fichte, Schelling) avaient applaudi à la Révolution française et d'ailleurs lui restèrent fidèles pendant très longtemps — Hegel soutint Napoléon jusqu'à la bataille d'Iéna (1806). La philosophie des Lumières fut l'armature de la pensée de Kant, typique du XVIIIe siècle et un tremplin pour celle de Hegel. Leur philosophie, à l'un comme à l'autre, était profondément imprégnée de l'idée de progrès : la première grande réussite de Kant fut de suggérer une hypothèse de l'origine et du développement du système solaire, tandis que la philosophie tout entière de Hegel est une philosophie de l'évolution (ou en terme de société, de l'historicité et du progrès nécessaire). De sorte que, si Hegel, dès le début, détesta l'extrême gauche de la Révolution française et finit par devenir un parfait conservateur, jamais il ne douta un seul instant de la nécessité historique de cette révolution comme le fondement de la société bourgeoise. En outre, contrairement à la plupart des philosophes académiques postérieurs, Kant, Fichte et particulièrement Hegel, avaient fréquenté certains économistes (les physiocrates dans le cas de Fichte, les économistes anglais dans le cas de Kant et de Hegel) ; et il y a quelque raison de croire que Kant et le jeune Hegel se sont considérés eux-mêmes comme marqués par Adam Smith[14].

Ce penchant bourgeois de la philosophie allemande est d'une certaine façon plus manifeste chez Kant, qui demeura toute sa vie un homme de gauche libéral — parmi ses derniers écrits (1795) se trouve un noble plaidoyer pour la paix universelle grâce à une fédération mondiale de républiques qui accepteraient de renoncer à la guerre — mais d'une autre façon aussi, plus obscur que chez Hegel. Car dans la pensée de Kant, cloîtré dans son logement simple et modeste de professeur dans la lointaine ville prussienne de Kœnigsberg, le concept social qui est tellement spécifique de la pensée anglaise et française, se réduit à une abstraction austère, si elle est aussi sublime ; en particulier l'abstraction morale de la « volonté » *. La pensée de Hegel est, tous ses lecteurs l'ont

---

* Ainsi Lukács montre que le paradoxe Smithien très concret de la « main cachée » qui obtient des résultats socialement bienfaisants de l'égoïste antagonisme des individus, chez Kant devient la pure abstraction d'une « sociabilité insociable » (*Der Junge Hegel*, p. 409).

appris à leurs dépens, passablement abstraite. Toutefois, il est fort clair, au moins en un premier temps, que ses abstractions sont des tentatives pour en arriver à un pacte avec la société, la société bourgeoise; et de fait, dans son analyse du travail comme facteur fondamental de l'humanité (« l'homme fabrique des outils parce qu'il est un être raisonnable, et c'est la première expression de sa volonté [15] », disait-il dans une série de conférences en 1805-1806), Hegel manie, dans la note abstraite, les mêmes outils que les économistes classiques libéraux et il fournit au passage à Marx un des fondements de sa doctrine.

Il n'en est pas moins vrai que, dès ses débuts, la philosophie allemande se sépare nettement, sur des points importants, du libéralisme classique, et plus encore chez Hegel que chez Kant. Tout d'abord elle est délibérément idéaliste, rejetant le matérialisme ou l'empirisme de la tradition classique. Ensuite, alors que l'unité de base de la philosophie de Kant est l'individu — même s'il s'agit plus précisément de la conscience individuelle — le point de départ de Hegel est le collectif (c'est-à-dire la communauté) qu'il voit se désintégrer en individus sous la pression du développement historique. Et en réalité la fameuse dialectique de Hegel, sa théorie du progrès (dans tous les domaines) s'accomplissant par la résolution toujours à recommencer des contradictions, pourrait bien avoir reçu son stimulus initial de cette profonde prise de conscience de la contradiction entre l'individu et le collectif. En outre, dès le départ, leur position en marge de la zone du progrès spectaculaire de la bourgeoisie libérale et peut-être aussi leur impuissance à y participer complètement, donnèrent aux penseurs allemands une conscience beaucoup plus vive des limites et des contradictions de ce progrès. Sans aucun doute, il était inévitable mais n'entraînait-il pas d'énormes pertes, autant que d'énormes gains? Ne devrait-il pas à son tour céder le pas?

Il semble donc que la philosophie classique particulièrement hégélienne, suive une route étrangement parallèle à cette vision du monde de Rousseau, hérissée de dilemmes. Bien que contrairement à lui, les philosophes aient fait des efforts gigantesques pour inclure leurs contradictions dans l'unité de systèmes qui embrassent tout dans un ensemble intellectuellement cohérent (Rousseau, soit dit en passant, exerça une influence immense sur la sensibilité d'Emmanuel Kant qui, dit-on, ne rompit que deux fois son invariable habitude de faire chaque après-midi sa promenade hygiénique, une fois à cause de la prise de la Bastille, une autre fois — qui se prolongea plusieurs jours — parce qu'il lisait *Emile*). Sur le plan pratique, les révolutionnaires de la philosophie, désappointés, eurent à faire face au problème d'une « réconciliation » avec la réalité, qui dans le cas de Hegel, après des années d'hésitations — il était resté partagé à propos de la Prusse jusqu'après la chute de Napoléon et de même que Gœthe, ne s'intéressa pas le moins du monde aux guerres de libération — prit la forme d'une idéalisation de l'Etat prussien. Sur le plan de la théorie, l'aspect transitoire de la société condamnée par l'histoire s'incorporait à la construction même de leur philosophie. Il n'y avait pas de vérité absolue. Le développement du processus historique lui-même s'accomplissait à travers la dialectique des contradictions et était appréhendé par une méthode dialectique ; ou c'est en tout cas ce que concluaient les « jeunes hégéliens » des années 1830, prêts à poursuivre la logique de la philosophie allemande classique au-delà des limites où leur grand maître avait voulu lui-même s'arrêter (car il souhaitait, non sans illogisme, que l'histoire s'arrête avec la connaissance de l'idée absolue), de même qu'après 1830, ils furent prêts à s'engager à nouveau sur les routes de la révolution que leurs aînés avaient abandonnées ou (comme Gœthe) sur lesquelles ils n'avaient jamais choisi d'avancer. Mais l'aboutissement de la révolution en 1830-1848 n'était plus désormais la simple conquête du pouvoir par les libéraux bourgeois. Et le révolutionnaire intellectuel qui émergea de la désintégration de la philosophie allemande classique n'était ni un girondin, ni un philosophe radical, c'était Karl Marx.

Ainsi la période de la double révolution a-t-elle vu à la fois le triomphe et la meilleure formulation des idéologies des bourgeois libéraux et des petits-bourgeois radicaux, puis leur désintégration provoquée par les Etats et les sociétés qu'elles avaient elles-mêmes voulu créer, ou qu'elles avaient à tout le moins bien accueillis, 1830 qui marque le renouveau du plus grand mouvement révolutionnaire après la quiescence de la période de Waterloo marque aussi les débuts de la crise de ces idéologies. Elles allaient d'ailleurs y survivre, mais sous une forme beaucoup moins vigoureuse : aucun économiste libéral classique de cette période tardive n'a l'envergure de Smith ou de Ricardo (certainement pas J.S. Mill, qui devint le représentant des philosophes économistes libéraux, en Angleterre, à partir des années 1840) ; aucun philosophe classique allemand n'aura plus le rayonnement ni la puissance de Kant ou de Hegel. Quant aux girondins et jacobins de France, en 1830, 1840 et plus tard encore ils ne sont que des pygmées en comparaison de leurs ancêtres de 1789-1794. C'est pour cette raison que les Mazzini du milieu du XIXe siècle ne peuvent se comparer au Jean-Jacques Rousseau du XVIIIe siècle. Mais la grande tradition — le courant principal du développement intellectuel depuis la Renaissance — ne mourut point ; elle se transforma

en son contraire. Par sa stature et par sa façon d'aborder les problèmes, Marx est l'héritier des économistes et des philosophes
classiques. Mais la société dont il espérait devenir le prophète et
l'architecte, était une société très différente de la leur.

14.

Les arts

Il y a toujours eu des goûts à la mode : le goût de conduire la diligence, le goût de jouer Hamlet, le goût des conférences philosophiques, le goût du merveilleux, le goût du simple, le goût du brillant, le goût du sombre, le goût du tendre, le goût du macabre, le goût des brigands, le goût des fantômes, le goût du diable, le goût des danseurs français et des chanteurs italiens, et des favoris et des tragédies à l'allemande, le goût d'aimer la campagne en novembre et de garder ses quartiers d'hiver à Londres jusqu'aux derniers jours de la canicule, le goût de fabriquer des chaussures, le goût des excursions pittoresques, et le goût du goût lui-même, ou des essais sur le goût!

The Hon. Mrs Pinmoney dans
T. L. Peacock :
Melincourt, 1816.

Au regard de la richesse du pays, combien sont rares, en Angleterre, les monuments dignes de mention...; et combien faible le capital investi dans les musées, les tableaux, les bijoux, les curiosités, les palais, les théâtres ou autres biens improductifs! Principal fondement de la grandeur du pays, ceci est souvent dénoncé par les voyageurs étrangers et par certains de nos propres journalistes, comme une preuve de notre infériorité.

S. Laing :
Notes of a Traveller on the social and political State of France, Prussia, Switzerland, Italy, and other parts of Europe, 1842, éd. 1854, p. 275.

I

La première chose qui frappe celui qui s'essaie à une vue
d'ensemble sur le développement des arts durant cette période
de la double révolution, c'est leur extraordinaire floraison. Un
demi-siècle qui comprend Beethoven et Schubert, l'âge mur et la
vieillesse de Gœthe, le jeune Dickens, Dostoïevski, Verdi et
Wagner, la fin de Mozart et tout Goya ou presque, Pouchkine et
Balzac, sans mentionner une légion d'hommes qui seraient des
géants en tout autre compagnie, ce demi-siècle peut soutenir la
comparaison avec n'importe quelle autre époque de même durée
dans l'histoire du monde. Ce record extraordinaire est dû pour
beaucoup au renouveau et à l'expansion des arts qui ont fortement
attiré le public lettré dans pratiquement tous les pays européens *.

Plutôt que d'accabler le lecteur sous une longue liste de
noms, mieux vaut, pour éclairer l'étendue et la profondeur de ce
renouveau culturel, faire au hasard quelques coupes à travers ces
cinquante années. Ainsi en 1798-1801, l'amateur de nouveauté en
matière d'art pouvait goûter la lecture les *Ballades lyriques* de
Wordsworth et de Coleridge en anglais, de plusieurs ouvrages de
Gœthe, Schiller, Jean-Paul et Novalis en allemand, tout en écoutant
Les Saisons et *La Création* de Haydn, la première symphonie et
les premiers quatuors pour instruments à cordes de Beethoven. Au
cours de ces mêmes années J.-L. David achevait son *Portrait de
Madame Récamier* et Goya le *Portrait de la Famille du roi
Charles IV*. En 1824-1826, l'amateur aurait pu lire plusieurs nouvelles récentes de Walter Scott en anglais, les poèmes de Leo-
pardi et *I Promessi sposi* de Manzoni en italien, des poèmes
de Victor Hugo et d'Alfred de Vigny en français, et, si la chose lui
était possible, les premiers morceaux d'*Eugène Oneguine* de Pouchkine en russe, et des sagas norvégiennes nouvellement éditées.
A ces mêmes années appartiennent la *Neuvième symphonie* de
Beethoven, le quatuor *La Mort et la Jeune fille* de Schubert,
les premières œuvres de Chopin, l'*Oberon* de Weber, et aussi le
tableau de Delacroix *Le Massacre de Chio* ainsi que *La Charrette
de foin* de Constable. Dix ans plus tard, 1834-1836, la littérature
offrait *L'Inspecteur Général* de Gogol et *La Dame de Pique* de

---

* Les arts des civilisations non européennes ne seront pas pris en
considération ici sauf dans la mesure où ils ont été influencés par la
double révolution, cas très rare à cette époque.

de Pouchkine ; en France *Le Père Goriot* de Balzac et des œuvres de Musset, Hugo, Théophile Gautier, Vigny, Lamartine et Alexandre Dumas père ; en Allemagne celles de Büchner, Grabbe, et Heine ; en Autriche de Grillparzer et de Nestroy ; au Danemark d'Hans Andersen ; en Pologne le *Pan Tadeusz* de Mickiewicz ; en Finlande l'édition la plus importante de l'épopée nationale Kapevala ; en Angleterre des poésies de Browning et Wordsworth. En musique, c'étaient les opéras de Bellini et de Donizetti en Italie ; les œuvres de Chopin en Pologne ; de Glinka en Russie ; en peinture, Constable en Angleterre, Caspar David Friedrich en Allemagne. Si on ajoute un ou deux ans dans les deux sens (avant et après) à cette période de trois années, nous y trouvons le *Pickwick* de Dickens, *La Révolution Française* de Carlyle, le deuxième *Faust* de Gœthe, des poèmes de Platen, Eichendorff et Mörike en Allemagne, des contributions importantes aux littératures flamande et hongroise aussi bien que des publications nouvelles des principaux écrivains français, polonais et russes ; en musique, les *Davidsbündlertärze* de Schumann et le *Requiem* de Berlioz.

Deux évidences découlent de ces échantillonnages fortuits. La première, c'est l'extraordinaire extension des grandes œuvres d'art parmi les nations. Ceci était nouveau. Dans la première moitié du XIXᵉ siècle, la littérature et la musique russes atteignirent soudainement une classe internationale, comme, sur une échelle beaucoup plus modeste, le fit la littérature américaine avec Fenimore Cooper (1787-1851), Edgar Allan Poe (1809-1849) et Herman Melville (1819-1891). Même phénomène dans la littérature et la musique polonaise et hongroise et, au moins sous la forme de publication de chants folkloriques de contes et de poèmes épiques, dans les littératures scandinave et balkanique. Or plusieurs de ces civilisations récemment forgées atteignirent tout de suite au chef-d'œuvre, et le chef-d'œuvre qui reste inégalé : Pouchkine (1799-1837) par exemple, reste le poète russe classique, Mickiewicz (1798-1855) le plus grand écrivain polonais, Petoefi (1823-1849) le poète national hongrois.

La seconde évidence, c'est le développement exceptionnel de certains arts et de certains genres. La littérature en est un bon exemple et à l'intérieur de la littérature, le roman. Aucun demi-siècle ne compte probablement un plus grand nombre de romanciers immortels : Stendhal et Balzac en France, Jane Austen, Dickens, Thackeray et les Brontë en Angleterre ; Gogol, le jeune Dostoïevski et Tourgueniev en Russie (les premiers écrits de Tolstoï parurent après 1850. L'exemple de la musique est peut-être encore plus frappant. Le répertoire habituel des concerts repose encore largement sur les œuvres des compositeurs de cette

époque : Mozart et Haydn, quoiqu'ils appartiennent en fait à un
âge antérieur, Beethoven et Schubert, Mendelssohn, Schumann,
Chopin et Liszt. La période « classique » de la musique instrumentale fut principalement celle des chefs-d'œuvre allemands et autrichiens, mais un genre, l'opéra, s'épanouit plus largement et peut-
être avec plus de succès qu'aucun autre : avec Rossini, Donizetti,
Bellini, et le jeune Verdi en Italie, avec Weber et le jeune
Wagner (sans mentionner les deux derniers opéras de Mozart) en
Allemagne, Glinka en Russie et plusieurs noms moins illustres
en France. Le record des arts visuels, d'un autre côté, est moins
brillant, à l'exception — partielle — de la peinture. Certes l'Espagne a donné avec Francisco Goya y Lucientes (1746-1828) un de
ces grands artistes qu'elle produit par intermittence et de la poignée des peintres les plus doués de tous les temps. On peut avancer
que la peinture britannique (avec J.W. Turner, 1775-1851 et John
Constable, 1776-1837) atteignit un sommet de perfection et d'originalité plutôt plus élevé qu'au XVIIIᵉ siècle et que son influence
internationale fut alors plus grande que jamais auparavant ou
depuis; on peut aussi soutenir que la peinture française (avec
J.L. David, 1748-1825; J.-L. Géricault 1791-1824, J.-D. Ingres 1780-
1867 F.E. Delacroix 1790-1863, Honoré Daumier 1808-1879 et le
jeune Gustave Courbet 1819-1877) fut aussi remarquable qu'elle l'a
toujours été au cours de sa riche histoire. D'un autre côté, la
peinture italienne arrivait à la fin d'une gloire séculaire et la peinture allemande restait très en arrière des triomphes exceptionnels
de la littérature et de la musique allemande, ou même de ses
propres réalisations au XVIᵉ siècle. Dans tous les pays la sculpture
était nettement moins remarquable qu'au XVIIIᵉ siècle et il en
était de même de l'architecture, en dépit de quelques réalisations
dignes d'être notées en Allemagne et en Russie. Au vrai les plus
grandes réussites architecturales de cette époque furent à coup sûr
l'œuvre des ingénieurs.

Les raisons qui font s'épanouir ou décliner les arts, à une
époque donnée, demeurent encore très obscures. Cependant, il
ne fait pas de doute qu'entre 1789 et 1848, elles doivent être
recherchées en premier lieu dans le choc produit par la double
révolution. Si nous devions résumer en une seule formule au
risque de la rendre trompeuse, les relations de la société et de
l'artiste à cette époque, nous pourrions dire que pour celui-ci la
Révolution française fut une inspiration par son exemple et la
révolution industrielle par son horreur, et que la société bourgeoise qui naquit de l'une et de l'autre modifia la vie même de
l'artiste et jusqu'à son mode de création.

Il ne fait pas davantage de doute qu'au cours de cette période les artistes furent d'autant plus directement inspirés par les événements publics, qu'ils y étaient mêlés. Mozart écrivit un opéra de propagande en faveur de la franc-maçonnerie très orienté politiquement, (*La Flûte enchantée*, en 1790); Beethoven dédia la *Symphonie héroïque* à Napoléon en tant qu'héritier de la Révolution française; Gœthe fut un homme d'Etat et un fonctionnaire compétent; Dickens écrivit des romans pour stigmatiser les abus sociaux; Dostoïevski fut condamné à mort en 1849 pour ses activités révolutionnaires; Wagner et Goya envoyés en exil pour motif politique; Pouchkine condamné pour ses attaches avec les décembristes et la totalité de *La Comédie humaine* de Balzac est un monument de sociologie. Décrire la création artistique comme « non engagée » n'aura jamais été plus loin de la vérité. Les honorables décorateurs de boudoirs et de palais rococos ou les fournisseurs de pièces de collection pour les gentilshommes anglais de passage sont justement ceux dont l'art s'est flétri dans l'oubli : combien parmi nous se souviennent que Fragonard a survécu de dix-sept ans à la révolution? Même la musique, le moins politique apparemment de tous les arts, a été très fortement associée à la politique. C'est peut-être la seule période de l'histoire où des opéras furent composés comme des manifestes politiques et des appels à la révolution; ou considérés comme tels *.

Le lien entre les événements de l'actualité et les arts est particulièrement fort dans les pays où la conscience nationale et les mouvements de libération nationale ou d'unification étaient alors en train de se développer (cf. chapitre VII). Ce n'est évidemment pas un hasard si le renouveau ou la naissance des cultures et littératures nationales en Allemagne, en Russie, en Pologne, en Hongrie, dans les pays scandinaves et ailleurs, coïncident — quand ils n'en sont pas la première manifestation — avec l'affirmation de la suprématie culturelle de la langue vernaculaire et des autochtones contre la culture aristocratique et cosmopolite qui usait volontiers de langues étrangères. Il est assez compréhensible que ce nationalisme ait trouvé son mode d'expression le plus naturel dans la littérature et dans la musique; ces deux arts qui s'adressaient à un vaste public pouvaient compter en outre sur le puissant réservoir d'inspiration constitué par l'héritage populaire — la langue et les

---

* En dehors de *La Flûte enchantée*, nous devons mentionner les premiers opéras de Verdi qui furent applaudis comme des manifestations du nationalisme italien, *La Muette de Portici* d'Auber, qui donna l'impulsion à la révolution belge de 1830, *Une Vie pour le Tsar* de Glinka, et différents « opéras nationaux », comme le *Hunyady Làszlo*, opéra hongrois de 1844, qui font encore partie du répertoire local à cause de leurs liens avec la période héroïque du nationalisme.

chants folkloriques. Il est également compréhensible que les arts
qui traditionnellement dépendaient des commandes des classes
dirigeantes, des cours et des gouvernements, c'est-à-dire l'architecture, la sculpture et à un degré moindre, la peinture, aient moins
reflété ces renouveaux nationalistes *. L'opéra italien se mit à
fleurir comme il ne l'avait jamais fait, et comme art populaire
plutôt que comme art de cour; tandis que la peinture et l'architecture italiennes se mouraient. On ne doit pas oublier bien entendu
que ces nouvelles cultures nationales n'étaient le fait que d'une
minorité appartenant aux classes cultivées bourgeoises et aristocratiques. A l'exception peut-être de l'opéra italien, de certaines
formes d'art graphique faciles à reproduire et de quelques petits
poèmes ou chansons, aucun des grands chefs-d'œuvre artistiques
de cette période ne touchèrent l'illettré ou le pauvre et la plupart
des habitants d'Europe les ignorèrent jusqu'à ce que les mouvements nationaux ou politiques de masse en aient fait des
symboles collectifs. La littérature, bien sûr, bénéficiait d'une diffusion très large, mais avant tout chez les nouvelles classes montantes de la bourgeoisie qui représentaient un marché particulièrement réceptif (surtout parmi la population féminine oisive)
pour les romans et les longs poèmes narratifs. Les auteurs à
succès ont rarement joui d'une plus grande prospérité relative :
Byron reçut 2 600 livres sterling pour les trois premiers chants du
Childe Harold. Le théâtre, dont socialement l'audience était beaucoup plus réduite, atteignait pourtant un public de plusieurs milliers de personnes. La musique instrumentale était moins bien
partagée, en dehors des pays bourgeois comme l'Angleterre et la
France et de ceux qui étaient affamés de culture comme les
Amériques, où les concerts pour grand public étaient courants
(c'est pourquoi tant de compositeurs et virtuoses du continent
portaient une attention assidue au marché anglais, très lucratif
bien que comptant peu de connaisseurs.) Ailleurs, le service de la
cour, le financement des concerts par souscription, perpétué par
quelques aristocrates locaux, et les spectacles privés et d'amateurs
restaient encore maîtres du terrain. La peinture bien sûr s'adressait aux acheteurs privés et les tableaux n'étaient plus visibles

---

* La proportion beaucoup trop faible des hommes lettrés et politiquement conscients dans la plus grande partie de l'Europe limita l'utilisation
des procédés récemment inventés de reproduction à bon marché comme la
lithographie. Mais les réalisations remarquables de grands artistes révolutionnaires à partir de cette technique ou de procédés semblables — par
exemple *Les Désastres de la guerre* et les *Caprichos* de Goya, les illustrations fantastiques de William Blake, les lithographies et caricatures de
Daumier — montrent bien l'intérêt suscité par ces techniques de vulgarisation propagandiste.

après leur première présentation dans les expositions de vente ou dans les galeries privées; toutefois ces expositions publiques étaient alors fréquentes. Les musées et galeries d'art qui furent fondés ou ouverts au public à cette époque (par exemple le Louvre et la British National Gallery, fondée en 1826) exhibaient les merveilles du passé plutôt que les productions du moment. Et finalement l'architecture continuait à vivre pour l'essentiel (si l'on met à part une certaine activité pour la construction d'immeubles locatifs de rapport) des commandes individuelles ou gouvernementales.

II

Mais même les arts d'une petite minorité de la société pouvaient encore faire écho aux grondements des séismes qui secouaient toute l'humanité. La littérature et les arts contemporains y réussirent et le résultat fut le romantisme. En tant que style, école, période artistique, rien n'est plus difficile à définir que le romantisme ou même seulement à décrire en termes d'analyse formelle; rien, pas même le classicisme contre lequel le romantisme brandissait l'étendard de la révolte. Les romantiques ne nous y aident guère eux-mêmes, car si leurs propres descriptions de ce qu'ils poursuivaient témoignent de fermeté et de décision, elles sont souvent aussi tout à fait dépourvues de contenu rationnel. Pour Victor Hugo la poésie romantique n'est à tout prendre que le *libéralisme* en littérature

Elle se mettra à faire comme la nature, à mêler dans ses créations, sans pourtant les confondre, l'ombre et la lumière, le grotesque au sublime, en d'autres termes, le corps à l'âme la bête à l'esprit.

Novalis pensait que le romantisme donnait « une plus haute signification aux choses communes et un aspect d'infini à ce qui est fini »³. Hegel prétendait que « l'essence de l'art romantique réside dans le caractère libre et concret de l'objet artistique et dans l'idée spirituelle de sa véritable essence, tout ceci se révélant non à l'œil extérieur mais à l'œil intérieur »⁴. On ne trouvera pas dans ces définitions les lumières qu'on souhaiterait et qu'on ne saurait guère attendre des romantiques, car ils préféraient les clartés atténuées, vacillantes et diffuses aux vifs éclairages.

Et pourtant, même si le romantisme se dérobe à qui veut le classer exactement — ses origines comme sa conclusion perdent

toute réalité au fur et à mesure qu'on cherche à les fixer dans
le temps et ses caractères deviennent généralités vagues dès qu'on
essaie de les préciser — personne ne saurait sérieusement mettre
en doute son existence ni hésiter à le reconnaître. Au sens étroit,
il surgit comme une tendance militante et consciente d'elle-même
dans le monde artistique d'Angleterre, de France et d'Allemagne
dès les environs de 1800 (à la fin de la décennie qui avait vu la
Révolution française), mais dans une beaucoup plus large por-
tion de l'Europe et de l'Amérique du Nord après Waterloo seulement. Il avait été précédé avant la révolution (surtout en France
et en Allemagne) par ce qu'on a appelé le « préromantisme »
de Jean-Jacques Rousseau et le *Sturm und Drang* des jeunes
poètes allemands. La période révolutionnaire de 1830-1848 vit probablement le summum de sa vogue européenne. Dans un sens
plus large, le romantisme domine plusieurs secteurs de la création
artistique européenne, à partir de la Révolution française. Dans
cette acception, l'élément romantique chez un compositeur comme
Beethoven, un peintre comme Goya, un poète comme Gœthe, un
romancier comme Balzac, est une part déterminante de leur grandeur tandis que tel n'est pas le cas, disons, chez Haydn ou Mozart,
Fragonard ou Reynolds, Mathias Claudius ou Choderlos de Laclos
(qui tous vivaient encore à cette époque); mais aucun de ces
hommes ne saurait être qualifié purement et simplement de romantique et eux-mêmes d'ailleurs ne se seraient pas définis comme
tel *. Dans un sens plus large encore, l'attitude caractéristique
du romantisme vis-à-vis de l'art et de l'artiste devint l'attitude
typique de la société bourgeoise du XIX⁰ siècle, et son influence
est encore vivante aujourd'hui.

Cependant, si l'on ne peut dire clairement ce que poursuivait le romantisme, on voit d'évidence ce contre quoi il se dressait : le juste milieu. Son credo, quel que soit son contenu, était
d'extrémisme. Les artistes ou les penseurs romantiques au sens
le plus étroit du mot se trouvent ou à l'extrême gauche, comme le
poète Shelley, ou à l'extrême droite, comme Chateaubriand et
Novalis; passant d'un bond de la gauche à la droite comme
Wordsworth, Coleridge et de nombreux partisans déçus de la
Révolution française, ou sautant du monarchisme à l'extrême
gauche comme Victor Hugo, mais on n'en trouve guère au centre,
parmi les modérés rationalistes ou les libéraux du type whig

---

* Etant donné que le romantisme fut souvent le slogan et le manifeste de groupes restreints d'artistes, nous risquons de lui donner un
sens restrictif qui ne corresponde pas à l'histoire si nous le limitons à
ces groupes ou si nous en excluons complètement tous ceux qui ne partageaient pas leurs vues.

qui, au contraire, furent les bastions du classicisme. « Je n'ai aucun respect pour les whigs, disait le vieux tory Wordsworth, mais il y a en moi une bonne dose de chartisme » [5]. Il serait excessif de qualifier le romantisme de profession de foi antibourgeoise car ce qu'il y avait de révolutionnaire et conquérant dans ces nouvelles classes sociales toujours prêtes à escalader le ciel, fascinait aussi les romantiques. Napoléon devint un de leurs héros légendaires, comme Satan, Shakespeare, le Juif errant et tous ceux qui franchissaient les frontières de la vie ordinaire. L'élément démoniaque de l'accumulation capitaliste, la poursuite sans trêve ni limite du « toujours plus », au-delà de tout calcul rationnel ou utilitaire, le besoin de luxe effréné, autant de rêves qui les hantaient. Certains de leurs héros les plus caractéristiques, Faust et don Juan, ont la même avidité insatiable que les pirates du monde des affaires dans les romans de Balzac. Et pourtant l'élément romantique resta au second plan, même dans la phase de la révolution bourgeoise. Rousseau a donné à la Révolution française certains de ses accessoires, mais il ne l'a dominée qu'au cours de la seule période où elle échappa au libéralisme bourgeois, celle de Robespierre. Et même alors, sa démarche était surtout romaine, rationaliste et néo-classique. David était son peintre, la Raison son Être Suprême !

Le romantisme ne peut donc pas être classé simplement comme un mouvement antibourgeois. Par exemple, durant les années qui précédèrent la Révolution française, beaucoup des slogans habituels du préromantisme avaient servi à la glorification de la classe bourgeoise, dont la sincérité et la simplicité, pour ne pas dire la fadeur, contrastaient agréablement avec l'arrogance hautaine d'une société corrompue et dont le goût spontané pour la nature devait, pensait-on, balayer les artifices de la cour et du cléricalisme. Cependant, une fois établi le triomphe de la société bourgeoise grâce aux révolutions française et industrielle, le romantisme devint sans conteste son ennemi instinctif et peut, à juste titre, être décrit comme tel.

Sans doute sa répulsion passionnée, confuse, mais profonde de la société bourgeoise était-elle, pour une bonne part, due aux intérêts égoïstes des deux groupes chez qui se recrutaient ses troupes de choc : jeunes hommes déclassés socialement et artistes professionnels. Il n'y a jamais eu pour les jeunes artistes, vivants ou morts, une époque aussi extraordinaire que la période romantique : les *Ballades lyriques* (1798) étaient l'œuvre de moins de trente ans, Byron devint célèbre à vingt-quatre ans, âge auquel Shelley était également célèbre et Keats presque déjà au tombeau. La carrière poétique de Victor Hugo commença lorsqu'il avait

vingt ans, celle de Musset à vingt-trois ans. Schubert écrivit
Erlkönig à dix-huit ans et était mort à trente et un, Delacroix
peignit *Le Massacre de Chio* à vingt-cinq ans, Petoefi publia ses
Poésies à vingt et un ans. Une réputation encore à faire, un chef-
d'œuvre non encore produit à trente ans est une exception chez
les romantiques. La jeunesse — spécialement la jeunesse étu-
diante et intellectuelle — était leur univers naturel; ce fut à cette
époque que le Quartier latin à Paris devint, pour la première
fois depuis le Moyen Age, autre chose que le quartier de la Sorbonne, mais un concept culturel (et politique). Le contraste entre
un monde en principe largement ouvert au talent et en pratique
monopolisé, avec une injustice criarde, par des bureaucrates sans
vergogne et des béotiens ventrus était un affront fait au ciel. Les
ténèbres de la prison bourgeoise — mariage, carrière respectable,
naufrage dans le philistinisme — les guettaient et les oiseaux
de nuit, personnifiés par leurs aînés, étaient là pour annoncer
(trop souvent, hélas, avec justesse) l'avenir auquel ils n'échap-
peraient pas, comme le Registrator Heerbrand dans le *Goldener
Topf* de E.T.A. Hoffmann prédit (« avec un sourire plein de ruse
et de mystère ») au poétique étudiant Anselmus le sort terrifiant
qui l'attend, comme conseiller à la cour. Byron était assez clairvoyant pour sentir que seule une mort prématurée le préserverait
d'un âge mur « respectable » et il avait raison, A.W. Schlegel
l'a prouvé. Dans cette forme de la révolte des jeunes contre
leurs aînés, il n'y a en fait rien d'universel. Elle était elle-même
un reflet de la société créée par la double révolution. Mais, malgré
tout, la forme historique spécifique de cette aliénation a certainement donné au romantisme une bonne partie de ses couleurs.

On peut en dire autant, et plus encore, de l'aliénation de
l'artiste dont la réaction fut de s'ériger au génie, une des inventions les plus caractéristiques de l'ère romantique. Quand la fonction sociale de l'artiste est claire et sa relation avec le public
directe, quand la question de savoir ce qu'il a à dire et comment
le dire trouve sa réponse dans la tradition, la moralité, la raison
ou quelque autre principe reconnu, un artiste peut être un génie
mais il est rare qu'il prétende se comporter comme tel. Les rares
artistes qu'on peut considérer comme les précurseurs du modèle
du XIXᵉ siècle — un Michel-Ange, un Caravagge ou un Salvator
Rosa — se distinguent nettement de la multitude des hommes
qui vécurent selon les normes de l'artisan ou de l'artiste professionnel, les Jean-Sébastien Bach, les Haendel, les Haydn, et les
Mozart, les Fragonard et les Gainsborough de l'époque pré-révo-
lutionnaire. Là où quelque chose d'assez semblable à l'ancienne
situation sociale s'est maintenu après la double révolution, l'artiste

a continué à se comporter en « non-génie », en dépit de sa vanité habituelle. Quant aux architectes et aux ingénieurs, ils ont continué à produire, sur des commandes précises, des bâtiments auxquels l'usage qui leur était réservé imposait à l'avance des formes convenues. Il est significatif que la grande majorité des édifices caractéristiques, et pratiquement tous les plus fameux, durant la période qui va de 1790 à 1848, sont le style néo-classique, comme la Madeleine, le British Museum, la cathédrale Saint-Isaac à Leningrad, le Londres de Nash, le Berlin de Schinkel, à moins qu'ils ne soient fonctionnels comme les merveilleux ponts, les canaux, les entrelacs de voies ferrées, les usines de cet âge de beauté technologique.

Cependant, toute question de style mise à part, les architectes et les ingénieurs de cette époque, travaillaient en professionnels, sans prétendre au génie. De même, dans les formes d'art authentiquement populaires, comme l'opéra en Italie, ou (à un niveau social supérieur) le roman en Angleterre, les compositeurs et les écrivains continuaient à se donner pour tâche le divertissement de leur public et considéraient la tyrannie du bureau de location et des salles à remplir comme une condition naturelle de leur art plutôt que comme une conspiration contre leur muse. Rossini n'aurait pas voulu écrire un opéra sans possibilités commerciales, ni le jeune Dickens un roman qu'on n'aurait pu publier en feuilletons, pas plus que le librettiste d'une opérette moderne aujourd'hui ne penserait un instant à écrire un texte qui devrait être exécuté selon son premier jet (ceci aide à comprendre pourquoi l'opéra italien de cette époque était fort peu romantique, en dépit de son goût populaire naturel pour le sang, le tonnerre et les situations à grand fracas).

Le vrai problème était celui de l'artiste coupé de toute fonction, public ou patron officiel, contraint à jeter son âme même comme une marchandise sur un marché aveugle où elle serait ou ne serait pas achetée; ou à travailler dans un système de patronage qui eût été en général économiquement intenable, même si la Révolution française n'avait pas stigmatisé son caractère humainement indigne. L'artiste alors restait seul, criant dans la nuit, incertain même d'éveiller un écho. Il n'était que naturel qu'il s'érige dès lors en génie, se refusant à créer autre chose que ce qui était en lui, indifférent au monde et se méfiant d'un public à qui il ne reconnaissait que le droit de l'accepter tel quel, ou pas du tout. Au mieux, il comptait, comme Stendhal, sur la compréhension de quelques élus ou d'une postérité plus ou moins lointaine; au pire, il se mettait à produire des drames impossibles à mettre en scène, comme Grabbe — ou même le deuxième

Faust de Gœthe — ou des compositions chimériques pour orchestres géants, comme Berlioz; à moins qu'il ne sombre dans la folie comme Hölderlin, Grabbe, Nerval et plusieurs autres. Sans doute le génie incompris était-il parfois amplement récompensé par des princes accoutumés aux extravagances de leurs maîtresses et habitués au prix des dépenses de prestige; ou même par une bourgeoisie enrichie avide de maintenir quelque contact avec les plus hautes réalités de la vie. Franz Liszt (1811-1886) ne fut jamais condamné à mourir de faim dans la proverbiale mansarde romantique. Mais il y a peu d'exemples d'artistes ayant réussi, comme Richard Wagner, à satisfaire les fantaisies de leur mégalomanie. Et entre les révolutions de 1789 et de 1848, les princes ne se méfièrent que trop souvent des arts * « informels », cependant que la bourgeoisie se préoccupait davantage d'amasser que de dépenser. Les génies généralement n'étaient donc pas seulement incompris, mais pauvres par surcroît. Et la plupart d'entre eux étaient des révolutionnaires.

La jeunesse et le génie incompris auraient suffi à provoquer la répulsion romantique vis à vis des « philistins », la mode de harceler et de choquer le bourgeois, le lien avec le *demi-monde* et la *bohème* (deux termes qui acquièrent leur signification actuelle à l'époque romantique), le goût pour la folie ou pour tout ce qui normalement était éprouvé par les institutions respectables et l'opinion commune. Mais ceci n'est qu'un aspect secondaire du romantisme. L'encyclopédie des sommets de l'érotisme de Mario Praz n'est pas plus « l'agonie romantique » [6] qu'une discussion de squelettes et de fantômes, dans le symbolisme élisabéthain, n'est une critique d'Hamlet. Derrière les sentiments d'insatisfaction d'un cercle romantique limité, celui des artistes et des jeunes hommes, à l'occasion même des jeunes femmes (c'était la première fois que des femmes en Europe continentale se présentaient en nombre comme des artistes de plein droit **, il existait un sentiment plus général contre le type de société qui émergeait de la double révolution.

* L'ineffable Ferdinand d'Espagne, qui ne retira pas son appui à Goya le révolutionnaire, en dépit de ses provocations artistiques et politiques, était une exception.
** Mme de Staël, George Sand, les peintres Mme Vigée-Lebrun et Angélica Kauffman en France, Bettina von Arnim, Annette von Droste-Hülshoff en Allemagne. Les romancières étaient bien sûr chose courante depuis longtemps dans la bourgeoisie britannique où cette forme d'art était admise comme une manière respectable de gagner de l'argent pour des jeunes filles de bonne famille. Fanny Burney, Mrs. Radcliffe, Jane Austen, Mrs. Gaskell, les sœurs Brontë appartiennent toutes, au moins partiellement, à cette période; de même la poétesse Elizabeth Barett Browning.

Une analyse sociale précise n'a jamais été le fort des romantiques et ils se méfiaient en fait du raisonnement mécanique, matérialiste, sûr de sa vérité, à la façon du XVIIIᵉ siècle (symbolisé par Newton que Gœthe comme William Blake avaient en horreur) : ils le regardaient, à juste titre, comme l'un des principaux outils de l'édification de la société bourgeoise. Nous ne saurions en conséquence attendre des romantiques une critique raisonnée de la société bourgeoise quoique quelque chose qui y ressemble bien, caché sous le masque mystique de la « philosophie de la nature » et voguant dans les tourbillons nuageux de la métaphysique, se soit développé à l'intérieur d'un cadre largement romantique, apportant, entre autres, sa contribution à la philosophie de Hegel (voir ci-dessus page 314). C'est aussi une sorte de critique de la bourgeoisie qui apparaît, dans un jaillissement de pensée visionnaire toujours au bord de l'excentricité ou même de la folie, chez les socialistes utopiques en France. Les premiers saint-simoniens (mais non leur chef lui-même), spécialement Fourier, ne peuvent guère être pris pour autre chose que des romantiques. Les produits les plus durables de ces critiques romantiques furent le concept de l' « aliénation » de l'homme qui devait jouer un rôle décisif chez Marx, et l'annonce de la société parfaite de l'avenir. Cependant la critique la plus frappante et la plus puissante de la société bourgeoise devait venir non pas de ceux qui la rejetaient dans sa totalité et a priori (rejetant avec elle les traditions de la science et du rationalisme classique du XVIIᵉ siècle), mais de ceux qui poussèrent ces traditions de pensée classique jusqu'à leurs conclusions antibourgeoises. Dans le socialisme de Robert Owen, il n'y a pas une once de romantisme ; ses composantes étaient intégralement tirées du rationalisme du XVIIIᵉ siècle et de la plus bourgeoise des sciences, l'économie politique. Saint-Simon lui-même est à juste titre considéré comme le descendant des Lumières. Il est significatif que le jeune Marx, élevé dans la tradition allemande (c'est-à-dire fondamentalement romantique) ne devint marxiste que lorsqu'il rencontra la critique socialiste française et la théorie anglaise, qui n'a rien de romantique, de l'économie politique. Et c'est l'économie politique qui constitua le centre de sa pensée lorsqu'elle fut arrivée à maturité.

III

Il n'est jamais sage de négliger ces raisons du cœur que la raison ne connaît pas. Comme penseurs, dans le sens donné à ce mot par les économistes et les physiciens, les poètes sont hors jeu, mais ils ne voient pas seulement plus profond, ils voient parfois aussi plus clairement. William Blake fut bien un des premiers à voir le bouleversement social causé par la machine et l'usine et pourtant, vers 1790, il avait bien peu d'éléments sur lesquels s'appuyer, seulement quelques moulins équipés à la vapeur et des fours à briques. A quelques exceptions près, les meilleures observations sur le problème de l'urbanisation nous viennent des écrivains d'imagination dont les remarques, souvent fort peu réalistes en apparence, ont pu servir d'indicateurs sûrs pour l'étude concrète de l'évolution urbaine de Paris. Carlyle est un guide plus confus, mais plus perspicace pour l'Angleterre de 1840 que J.R. McCulloch, statisticien et compilateur méticuleux; et si J.S. Mill se montre très supérieur aux autres utilitaristes c'est parce que, grâce à une crise personnelle, il fut le seul d'entre eux à s'apercevoir de la valeur des critiques allemandes et romantiques sur la société, celles de Gœthe et de Coleridge. La critique romantique du monde, quoique mal définie, n'est donc pas négligeable.

Sa hantise fut un désir ardent de retrouver l'unité perdue entre l'homme et la nature. Le monde bourgeois était un monde profondément et délibérément asocial.

« La bourgeoisie a joué dans l'histoire un rôle éminemment révolutionnaire.

« Partout où elle a conquis le pouvoir, elle a foulé aux pieds les relations féodales, patriarcales et idylliques. Tous les liens complexes et variés qui unissent l'homme féodal à ses supérieurs naturels, elle les a brisés sans pitié pour ne laisser subsister d'autre lien, entre l'homme et l'homme, que le froid intérêt, les dures exigences du *paiement au comptant*. Elle a noyé les frissons sacrés de l'extase religieuse, de l'enthousiasme chevaleresque, de la sentimentalité petite-bourgeoise dans les eaux glacées du calcul égoïste. Elle a fait de la dignité personnelle une simple valeur d'échange; elle a substitué aux nombreuses libertés, si chèrement conquises, l'unique et impitoyable liberté du commerce. En un mot, à la place de l'exploitation que masquaient les illusions religieuses et politiques, elle a mis une exploitation ouverte, éhontée, directe, brutale.»

Cette voix est celle du *Manifeste du Parti communiste,* mais elle parle aussi pour tout le romantisme. Un tel monde pouvait donner aux hommes richesse et bien-être, bien qu'en apportant en même temps à la majorité, le fait semblait évident, la faim et la misère; en tout cas il laissait les âmes nues et solitaires. Il laissait les humains sans abri, perdus dans l'univers comme des êtres « aliénés ». Il permettait, par une révolution de l'histoire mondiale, qu'un abîme les sépare de ce qui était la réponse la plus naturelle à cette « aliénation » : la décision de ne jamais abandonner le foyer qui avait toujours été le leur. Les poètes du romantisme allemand pensaient savoir mieux que quiconque qu'il n'y avait de salut que dans la simple et modeste vie de travail, telle qu'elle se déroulait dans ces petites villes idylliques du monde préindustriel, éparpillées dans des paysages de rêves qu'ils décrivaient inlassablement, irrésistiblement, comme aucun écrivain ne l'avait fait avant eux.

Cependant le jeune romantique devait abandonner ces paysages pour poursuivre la quête, par définition impossible, de l'« oiseau bleu », ou simplement pour errer à jamais, avec, au cœur, le mal du pays et sur les lèvres les poèmes d'Eichendorff ou les chansons de Schubert. Le chant des vagabonds serait leur ritournelle, la nostalgie, leur compagnon. Novalis en a tiré toute une philosophie [8]. Trois sources étanchaient cette soif d'une harmonie perdue pour l'homme : le Moyen Age, l'homme primitif (ou ce qui revenait parfois au même, l'exotisme et le folklore) et la Révolution française.

La première attira surtout le romantisme réactionnaire. La société ordonnée et stable de l'âge féodal, ce lent produit organique des siècles coloré d'héraldisme, enveloppé par le mystère ombreux de forêts pour contes de fées sous le dôme d'un ciel chrétien dont personne ne contestait le règne, quel paradis perdu pour les conservateurs opposés à la société bourgeoise! Depuis la Révolution française, ils étaient plus que jamais attachés aux vertus de piété, de fidélité et partisans d'une culture aussi faible que possible pour les classes inférieures. A quelques nuances locales près, c'est l'idéal que Burke jette à la face des assaillants rationalistes de la Bastille, dans ses *Réflexions sur la Révolution française* (1790). Cependant c'est en Allemagne qu'il devait trouver son expression classique; le rêve médiéval à cette époque devient quasiment un monopole allemand, peut-être parce que la sage *Gemütlichkeit* qui semblait régner à l'ombre des châteaux du Rhin et de la Forêt-Noire se prêtait mieux à l'idéalisation que la grossièreté et la cruauté de pays plus authentiquement moyenâgeux [*]. En tout cas, le goût du médiéval est un trait romantique beaucoup plus fort en Allemagne que partout ailleurs et il s'est propagé à partir de l'Allemagne, sous la forme de l'opéra et du ballet romantique le *Freischütz* de Weber, *Giselle,* ou celle des *Contes* de Grimm, aussi bien que de théories histo-

---

[*] « O Hermann, O Dorothée! *Gemütlichkeit!* » écrivait Gautier qui raffolait de l'Allemagne comme tous les romantiques français, « Ne semble-t-il pas que l'on entende au loin le cor du postillon [9]? »

riques; à partir aussi d'œuvres d'inspiration allemande comme
celles de Coleridge ou de Carlyle. Cependant sous la forme plus
générale d'une renaissance gothique, ce courant médiéviste a été
l'emblème des conservateurs et spécialement un peu partout de
l'antibourgeois religieux. Chateaubriand dans son *Génie du Christianisme* (1802), a exalté le gothique contre la révolution; les
défenseurs de l'Eglise d'Angleterre le favorisait contre les rationalistes et les non-conformistes, dont les constructions restaient
classiques : l'architecte Pugin et le Mouvement d'Oxford des années
1830, catholicisant et ultra-réactionnaire, se sentaient gothiques
du plus profond du cœur. De ses brumeuses solitudes d'Ecosse —
qui depuis longtemps constituaient le cadre idéal de rêves archaïques comme les légendaires poèmes d'Ossian — le conservateur
Walter Scott donnait à l'Europe dans ses romans historiques une
autre série encore d'images médiévales. Le fait que ses meilleurs
romans se déroulassent à une époque beaucoup plus récente, ne
fut pratiquement pas remarqué.

Comparée à ce médiévisme conservateur prépondérant que
les gouvernements réactionnaires, après 1815, ont cherché à utiliser vaille que vaille comme une justification de l'absolutisme
(cf. ci-dessus p. 294), l'aile gauche des admirateurs du Moyen Age
est sans importance. En Angleterre, elle a existé surtout sous la
forme d'un courant intérieur au mouvement radical populaire, dont
le désir était d'identifier la période antérieure à la Réforme à un
âge d'or pour le travailleur et la Réforme elle-même au premier
grand pas vers le capitalisme. En France, elle fut nettement plus
importante, parce qu'elle ne mettait pas l'accent sur la hiérarchie
féodale et l'ordre catholique, mais sur le peuple, le peuple éternel,
souffrant, turbulent et créateur, la nation française réaffirme ainsi
son identité et sa mission. Jules Michelet, le poète historien, fut
le plus grand de ces médiévistes démocrates révolutionnaires,
Notre-Dame de Paris, de Victor Hugo, l'œuvre la plus connue
correspondant à cette attitude d'esprit.

Lié de près à ce courant médiéval, spécialement par l'attention portée aux traditions religieuses mystiques, se situait la
recherche des mystères et des sources — encore plus anciennes
et profondes — de la sagesse irrationnelle de l'Orient : les royaumes
romantiques, mais aussi très conservateurs, de Kublai Khan ou des
brahmanes. Connu comme le « découvreur » du sanscrit, Sir William Jones était un honnête radical whig qui acclama les révolutions américaine et française comme se devait de le faire un
gentilhomme éclairé; mais la majorité des connaisseurs de l'Orient
et des écrivains de poèmes pseudo-persans, dont l'enthousiasme
est pour beaucoup dans la naissance de l'orientalisme moderne,

appartenaient au groupe antijacobin. Il est caractéristique que ce soit l'Inde brahmane qui intellectuellement les ait attirés plutôt que l'empire chinois irreligieux et rationnel qui avait excité les imaginations avides d'exotisme, au temps des Lumières.

IV

Le rêve de l'harmonie perdue de l'homme primitif a une histoire beaucoup plus longue et plus complexe. Ce fut avant tout un rêve révolutionnaire se référant tantôt à l'âge d'or du communisme, tantôt à l'égalité « du temps où Adam bêchait et où Eve filait », à la liberté de l'Anglo-Saxon avant que ne l'ait réduit à l'esclavage la conquête normande, ou enfin au noble sauvage qui révélait tous les défauts d'une société corrompue. En conséquence, le goût romantique pour le primitif se prêtait tout naturellement à une rébellion de gauche, sauf lorsqu'il n'était qu'un moyen d'échapper à la société bourgeoise (comme l'exotisme d'un Gautier ou d'un Mérimée qui découvrirent le bon sauvage comme un spectacle touristique dans l'Espagne de 1830) ou bien, quand, au nom de la continuité historique, on faisait du primitif une sorte de modèle du conservatisme. C'est notamment le cas du *folk,* du « peuple » au sens particulier que va lui donner la vogue nouvelle du « folklore ». Les romantiques de toutes nuances admettaient que ce peuple-là, c'est-à-dire habituellement le paysan ou l'artisan des temps préindustriels, illustrait les vertus non frelatées et que dans son langage, ses chants, ses histoires et ses coutumes, se conservait intacte l'âme de la race. Retrouver cette simplicité et cette vertu, c'est à quoi visait le Wordsworth des *Ballades lyriques*; cependant que l'ambition de nombreux poètes et compositeurs teutons — plusieurs la réalisèrent — était d'être admis dans le répertoire des chants et des contes folkloriques. Le puissant courant pour recueillir les chants populaires, la publication d'anciens poèmes épiques, la lexicographie des langues vivantes, tout ceci est étroitement lié au romantisme; le mot même de « folklore » est une invention de cette époque (1846). Les *Chants des Ménestrels de la frontière écossaise* de Scott (1803), *Des Knaben Wunderhorn* d'Arnim et Bretano (1806), les *Contes* de Grimm (1812), les *Mélodies irlandaises* de Moore (1807-1834), *l'Histoire de la langue de Bohême* de Dobrovski (1818), le *Dictionnaire serbe* (1818) et les *Chants populaires serbes* (1823-1833) de Vuk Karajic, la *Frithjofs-saga* de Tegner en Suède (1825), l'édition de Lönnrot du *Kalevala* en Finlande (1835), la *Mythologie allemande* de Grimm (1835), les *Contes populaires norvégiens* de Abssjörnson et de Moe (1842-1871) en sont autant de monuments.

Ce retour à la tradition populaire pouvait être un concept révolutionnaire, spécialement parmi les peuples opprimés qui étaient en train de découvrir ou de réaffirmer leur identité nationale, et plus particulièrement ceux où n'existaient pas une aristocratie ou une bourgeoisie indigènes. La première grammaire, les premiers dictionnaires ou recueils de chants populaires y représentaient un grand événement politique, une première déclaration d'indépendance. Mais d'un autre côté, pour ceux que frappaient davantage les simples vertus de résignation, d'ignorance et de piété du peuple, la profonde sagesse de sa foi dans le pape, le roi ou le tsar, le culte du primitif à conserver chez-soi dans son propre pays, se prêtait à une interprétation conservatrice. Il illustrait le lien qui unit l'innocence, le mythe et la tradition séculaire, ce lien que la société bourgeoise s'employait quotidiennement à détruire *. Le capitaliste et le rationaliste étaient les ennemis contre lesquels roi, seigneur et paysan, avaient à maintenir leur union sacrée.

Le Primitif existait dans chaque village; mais il existait comme un concept bien plus révolutionnaire dans la période supposée d'or du communisme originel; il était aussi le noble sauvage libre d'au-delà des mers; plus précisément le Peau-Rouge. Depuis Rousseau, qui l'a présentée comme l'idéal de l'homme social libre, jusqu'aux socialistes, la société primitive a été une sorte de modèle pour l'utopie. La théorie des trois phases de l'histoire selon Marx — le communisme primitif, la société de classe, le communisme à un niveau supérieur — fait écho, bien qu'en la transformant, à cette tradition. L'idéal du primitivisme n'a pas été spécialement romantique. Et même certains de ses plus ardents champions étaient des fidèles de la tradition du XVIIIᵉ siècle des Lumières. La quête romantique du primitif ne conduisit pas ses explorateurs vers l'innocente utopie sociale et érotique de Tahiti, mais plutôt vers les déserts d'Arabie ou d'Afrique du Nord, chez les guerriers et les odalisques de Delacroix et de Fromentin, avec Byron à travers le monde méditerranéen ou avec Lermontov au Caucase où, sous l'habit du cosaque d'un côté, sous celui du rebelle des tribus de l'autre, « l'homme naturel » combattait « l'homme naturel », au milieu des gouffres et des cataractes. Elle les conduisait aussi en Amérique, où l'homme primitif combattait et succombait, situation qui le rendait plus proche de la sensibilité des romantiques. Les

---

* La façon d'interpréter la soudaine popularité, à cette époque, des danses populaires dans les réunions mondaines, comme la valse, la mazurka et la schottisch est affaire de goût. Mais ce fut certainement une mode romantique.

poésies indiennes de l'Austro-Hongrois Lenau sont un cri de protestation contre l'expulsion des Peaux-Rouges; si le Mohican n'avait pas été le dernier de sa tribu, serait-il devenu un symbole si puissant dans la culture européenne? Naturellement le noble sauvage joua un rôle incommensurablement plus important dans le romantisme américain que dans l'européen — son ouvrage le plus important est le *Moby Dick* de Melville (1851) —, mais à travers les aventures de *Leatherstocking* retracées dans les romans de Fenimore Cooper, il conquit le Vieux Monde comme jamais n'avaient su le faire les *Natchez* de Chateaubriand, le conservateur.

Le Moyen Age, le peuple et le « bon sauvage », étaient des idéaux solidement ancrés dans le passé. Seule la révolution, le « printemps des peuples » se tournait exclusivement vers l'avenir : et pourtant, même le plus extrême des utopistes trouvait réconfortant de chercher un précédent à ce qui n'en avait pas. Ceci ne fut guère possible avant qu'une deuxième génération de romantiques eût fait lever une moisson de jeunes pour qui la Révolution française et Napoléon étaient des événements historiques, et non un chapitre douloureux d'autobiographie. 1789 avait pratiquement été salué par tous les artistes et les intellectuels d'Europe, mais si certains avaient réussi à conserver leur enthousiasme malgré la guerre, la terreur, la corruption bourgeoise et l'Empire, leur rêve n'était pas facile à partager ni à communiquer. Même en Angleterre, où la première génération romantique, celle de Blake, Wordsworth, Coleridge, Southey, Campbell et Hazlitt, avait été 100 % jacobine, vers 1805 c'était la déception et le néo-conservatisme qui prévalaient. En France et en Allemagne, le mot « romantique » avait pratiquement été forgé comme un slogan antirévolutionnaire par les conservateurs antibourgeois des dernières années du XVIIIe siècle (très souvent des ex-hommes de gauche déçus) ce qui explique pourquoi un grand nombre de penseurs et d'artistes de ces pays qui, suivant nos critères modernes, auraient été considérés comme de purs romantiques, sont traditionnellement exclus de cette catégorie. Cependant dans les dernières années des guerres napoléoniennes commençaient à grandir de nouvelles générations de jeunes hommes pour lesquels seule la grande flamme libératrice de la révolution restait vive malgré les années, maintenant que les cendres de ses excès et de ses corruptions s'étaient dispersées; après son exil, même le personnage antipathique de Napoléon se transformait en phénix semi-légendaire et en libérateur. Et au fur et à mesure que l'Europe s'enfonçait, jour après jour, plus profondément dans les mornes bas-fonds de la réaction, de la censure et de la médiocrité, et dans les relents pestilentiels de la

misère, du malheur et de l'oppression, la figure de la révolution
libératrice resplendissait plus que jamais.

La seconde génération des romantiques anglais — celle de
Byron (1788-1824), du gauchiste apolitique Keats (1795-1821) et
surtout de Shelley (1792-1822) — fut la première à allier le romantisme à une attitude révolutionnaire active : les désillusions que
la Révolution française avaient fait naître et que la majeure partie
de leurs aînés n'avaient point oubliées, étaient pour eux estompées
par l'étalage dans leur propre pays des affreuses conséquences de
la transformation capitaliste. En Europe continentale, la jonction
entre l'art romantique et la révolution débute entre 1820 et 1830,
mais ne se développe pleinement qu'à partir de la révolution de
1830. Il en est de même pour ce qu'on pourrait peut-être appeler
la vision romantique de la révolution et le style romantique de
l'attitude révolutionnaire, dont l'expression la plus familière est
le tableau de Delacroix *La Liberté sur les barricades* (1831). De
graves jeunes hommes barbus et en haut-de-forme, des ouvriers
en bras de chemise, les tribuns du peuple, cheveux flottant sous
des chapeaux à larges bords, au milieu d'emblèmes tricolores et
de bonnets phrygiens, y incarnent la Révolution de 1793 — non
pas les modérations de 1789, mais les gloires de l'an II — dressant
ses barricades dans toutes les villes du continent.

On ne peut pas dire que le révolutionnaire romantique était
un type d'homme tout à fait nouveau. Son ancêtre et prédécesseur
immédiat, membre des sectes révolutionnaires secrètes italiennes
et maçonniques — le carbonaro ou le philhellène — s'était inspiré
directement des derniers survivants jacobins, ou bien de babouvistes comme Buonarotti. La lutte révolutionnaire typique de la
Restauration, c'étaient tous ces hommes jeunes et élégants, en uniformes de garde ou de hussard, quittant l'opéra, les soirées, leurs
rendez-vous avec des duchesses, ou les réunions presque lithur-
giques de leurs loges pour entreprendre un coup de main militaire
ou pour se mettre à la tête d'une nation en lutte; bref, le style byro-
nien. Beaucoup plus directement que la précédente, cette mode
révolutionnaire était inspirée par les modes de penser du
XVIIIᵉ siècle, peut-être aussi était-elle plus exclusive socialement.
Il lui manquait encore un élément déterminant de ce qui sera la
vision révolutionnaire romantique après 1830 : les barricades, les
masses, le nouveau prolétariat et sa désespérance, cet élément que
devait ajouter à l'imagerie romantique la lithographie de Daumier,
et le cadavre anonyme de l'ouvrier du *Massacre de la rue Trans-
nonain* (1834).

La conséquence la plus nette de cette jonction entre le romantisme et la conception d'une Révolution française nouvelle et plus

haute, fut la victoire incontestable de l'art politique entre 1830 et 1848. Rares sont les époques où même les moins idéologues des artistes ont été aussi universellement des partisans, pour qui très souvent se mettre au service de la politique représentait le premier devoir. « Le romantisme, proclamait Victor Hugo dans la préface d'*Hernani,* ce manifeste de la révolte (1830), c'est le libéralisme en littérature [10]. » Et le poète Alfred de Musset (1810-1857) dont le talent naturel — comme celui du compositeur Chopin (1810-1849) ou du poète austro-hongrois de l'introspection Lenau (1802-1850) — l'inclinait davantage à s'adresser à l'individu qu'au grand public remarquait que « ... les écrivains affectaient alors... de parler de l'avenir, du progrès social, de l'humantié et de la civilisation [11] ». De nombreux artistes devinrent des personnages politiques, et pas seulement dans les pays qui se trouvaient dans les affres de la libération nationale, et où tout artiste avait tendance à être un prophète ou un symbole national : ainsi Chopin, Liszt et même le jeune Verdi parmi les musiciens, Mickiewicz (qui s'attribuait lui-même un rôle messianique), Petœfi et Manzoni parmi les poètes respectivement polonais, hongrois et italiens. Le peintre Daumier travailla essentiellement comme caricaturiste politique. Le poète Uhland, les frères Grimm furent des politiciens libéraux, le bouillant Georg Büchner, l'enfant prodige (1810-1837), un révolutonnaire actif, Henri Heine (1797-1856) un des amis intimes de Karl Marx, une voix ambiguë mais puissante de l'extrême-gauche *. Littérature et journalisme se confondaient, plus particulièrement en France, en Allemagne et en Italie. A une autre époque, un Lamennais ou un Jules Michelet en France, un Carlyle ou un Ruskin en Angleterre auraient sans doute été des poètes ou des romanciers ayant certaines idées sur les affaires publiques; mais leur époque en fit des journalistes, des prophètes, des philosophes ou des historiens, soulevés par une inspiration poétique. C'est pourquoi la lave de l'imagination poétique accompagne aussi l'éruption de la jeune intelligence de Marx dans des proportions inhabituelles chez les philosophes ou les économistes. Jusqu'au doux Tennyson et à ses amis de Cambridge qui soutenaient de tout leur cœur la brigade

---

* Il est à noter que ce fut l'une des rares périodes où les poètes ne se contentèrent pas de sympathiser avec l'extrême gauche, mais écrivirent des poèmes à la fois de qualité et susceptibles de servir à une agitation politique. Le remarquable groupe des poètes socialistes allemands des années 1840 — Herwegh, Weerth, Freiligrath et, bien entendu, Heine — mérite une mention particulière, quoique le plus puissant des poèmes du genre soit sans doute le *Masque de l'Anarchie* (1820) de Shelley, une riposte à *Peterloo.*

internationale qui, en Espagne, prêtait main-forte aux libéraux
contre les cléricaux.

Les théories esthétiques caractéristiques qui se développent
alors et qui dominent toute cette période, consacrent cette unité de
l'art et de la mission sociale. Les saint-simoniens français d'un
côté, les brillants intellectuels révolutionnaires russes d'après 1840
de l'autre, en ont même dégagé les idées qui, plus tard, devinrent
un thème habituel dans les mouvements marxistes (sous le nom
par exemple de « réalisme socialiste [12] »), idéal qui ne manquait
pas de noblesse, mais n'était pas un assemblage très heureux puisqu'il dérivait à la fois de l'austère vertu du jacobinisme et de cette
foi romantique en la puissance de l'esprit qui faisait dire à Shelley
que les poètes étaient « les législateurs ignorés du monde ». « L'art
pour l'art », quoique déjà prôné par les conservateurs ou les dilet-
tantes, ne pouvait pas encore rivaliser avec l'art au service de
l'humanité, de la nation ou du prolétariat. Ce n'est qu'après les
révolutions de 1848 et la destruction des espoirs que les romantiques avaient mis dans une grande renaissance de l'homme, que
l'esthétisme pur reprit ses droits. L'évolution de révolutionnaires
de 1848 tels que Baudelaire ou Flaubert, illustre cette transformation, politique aussi bien qu'esthétique, et *L'Education sentimentale*
de Flaubert en reste la meilleure illustration littéraire. Seuls des
pays comme la Russie, qui n'avaient pas connu les déceptions de
1848 (ne serait-ce que parce qu'ils n'avaient pas connu non plus
la révolution en 1848), continuèrent comme par le passé à réserver
à l'art une mission et des intérêts sociaux.

V

Dans l'art comme dans la vie, le romantisme est la mode la
plus caractéristique de la double révolution, mais certes pas la
seule. En fait, étant donné qu'il ne dominait ni la culture de l'aristocratie, ni celle des classes moyennes, et moins encore celle des
masses laborieuses, son importance quantitative réelle fut faible
à l'époque. Les arts qui dépendaient de la protection ou de l'appui
massif des classes aisées toléraient plus facilement le romantisme
là où son caractère idéologique était le moins voyant, comme en
musique. Quant aux arts qui dépendaient du soutien des masses
laborieuses, ils n'éveillaient guère l'intérêt des artistes romantiques, bien que, à vrai dire, les divertissements du pauvre —
romans à quatre sous, placards pamphlétaires, cirques forains,
bateleurs, théâtres ambulants, etc. — aient été une copieuse source
d'inspiration pour les romantiques; et que, en retour, les acteurs

populaires aient réapprovisionné leur propre stock d'effets à sensation — les scènes de métamorphose, les jeux d'illusion et la toute dernière façon de jouer les assassins et les brigands — en allant puiser les accessoires de ce goût dans l'arsenal du romantisme.

Fondamentalement, la vie et l'art aristocratiques, par leur style, restaient enracinés dans le XVIIIe siècle, bien que passablement vulgarisés par ce qu'y avaient introduit les nouveaux riches, parfois annoblis, et dont témoigne par exemple le style Empire napoléonien, d'une laideur et d'une prétention remarquables ou le style *Regency* anglais. Une comparaison entre les uniformes du XVIIIe siècle et ceux d'après les temps napoléoniens — l'art de l'uniforme exprime très directement le goût des officiers et gentilhommes qui en choisissaient les modèles — le montrerait non moins clairement. La suprématie de l'Angleterre triomphante faisait de l'aristocrate anglais le modèle de la culture — ou plutôt de l'inculture aristocratique internationale; car le « dandy », rasé de près, impassible et suprêmement élégant était censé ne s'intéresser qu'aux chevaux, aux chiens, aux équipages, aux boxeurs professionnels, au jeu, aux débauches distinguées et à sa propre personne. Un extrémisme aussi héroïque enthousiasmait jusqu'aux romantiques, qui eux-mêmes jouaient volontiers aux dandys; mais il est probable qu'il enflammait plus encore les jeunes femmes de rang social peu élevé qu'il faisait longuement rêver (c'est au moins ce que dit Théophile Gauthier [11]) :

« Sir Edward était si bien l'Anglais de ses rêves! L'Anglais rasé de frais, vermeil, luisant, brossé, peigné, poncé, en cravate blanche dès l'aurore, l'Anglais waterproff *(sic)* et mackintosh! l'expression suprême de la civilisation... J'aurai, pensait-elle de l'argenterie anglaise, des porcelaines de Wedgwood, des tapis dans toute la maison, des domestiques poudrés, j'irai me promener à Hyde Park à côté de mon mari conduisant son *four-in-hand*... des daims familiers joueraient sur la pelouse verte de mon château, et peut-être aussi quelques enfants blonds et roses : des enfants font si bien sur le devant d'une calèche à côté d'un *king charles* authentique... »

C'était peut-être là une vision séduisante, mais certes pas une vision romantique, pas plus romantique que le tableau de Leurs majestés Impériales ou Royales honorant de leur gracieuse présence quelque bal ou opéra, au milieu d'une profusion d'élégantes et de beautés, resplendissantes de bijoux, mais toutes de la meilleure naissance.

La culture de la classe bourgeoise ou moyenne n'était pas davantage romantique. Chez elle, la note dominante était de sobriété et modestie. Ce n'est que chez les grands banquiers et les

spéculateurs, ou dans la première génération des industriels millionnaires qui n'avaient jamais eu, ou qui n'avaient plus besoin
de réinvestir dans les affaires une bonne part de leurs revenus,
que commençait à se faire jour ce pseudo-baroque cossu qui sera
roi à la fin du XIX⁰ siècle. Encore ces premiers signes ne touchaient-
ils que les quelques pays où les monarchies et les aristocraties
anciennes avaient cessé de dominer complètement la « société ».
Les Rothschild, monarques de plein droit, se donnaient déjà des
airs de princes [14]. Mais ce n'était pas le cas pour le bourgeois ordinaire. Le puritanisme, le piétisme évangélique ou catholique encourageait la modération, l'économie, un certain esprit spartiate dans
le confort, et une bonne conscience sans pareille, en Angleterre
comme aux Etats-Unis, en Allemagne ou chez les protestants français. La tradition morale des Lumières et de la franc-maçonnerie
du XVIII⁰ siècle aboutissait aux mêmes résultats, chez les gens
plus émancipés, ou agnostiques. Sauf lorsqu'il s'agissait de poursuivre les jeux de la logique et du profit, la vie de la classe bourgeoise était une vie d'émotion contrôlée et d'ambition délibérément
freinée. Le secteur des classes bourgeoises — très important en
Europe continentale — qui ne faisait pas du tout partie du monde
des affaires, mais qui servait l'Etat, que ce soit comme fonctionnaires, instituteurs, professeurs, ou dans certains cas pasteurs,
restait encore en dehors de la sphère, sans cesse élargie, de
l'accumulation du capital; et il en était de même pour les modestes
bourgeois de province qui savaient qu'une prospérité aux dimensions de ces petites villes où ils vivaient — le maximum de ce qu'ils
pouvaient espérer — n'était pas très brillante selon les critères de
la vraie richesse et de la vraie puissance de leur époque. En fait,
la vie des classes moyennes était « a-romantique », et son style
encore très largement inspiré par les modes du XVIII⁰ siècle.

Ceci est parfaitement net dans la maison bourgeoise qui, après
tout, était le centre de la culture des classes moyennes. Le style
de la maison ou de la rue bourgeoise, après 1815, vient tout droit,
souvent en le continuant directement, du classicisme ou du rococo
XVIII⁰ siècle. Un style géorgien tardif se perpétue en Angleterre
jusque vers 1840 et la rupture architecturale qui intervient ailleurs
(essentiellement par le canal d'une redécouverte, désastreuse sur
le plan artistique, de la Renaissance) est plus tardive encore. Le
style qui prévalait dans la décoration intérieure et la vie domestique (communément appelé « Biedermayer » du nom de celui qui
l'exprima dans sa perfection), le style allemand, était une sorte
de classicisme à usage domestique, réchauffé par une atmosphère
d'intimité sentimentale et de rêverie *(Innerlichkeit, Gemütlichkeit)*
qui devait sans doute quelque chose au romantisme — ou plutôt

au préromantisme de la fin du XVIIIe siècle — mais cette dette elle-même se réduisait aux dimensions de ce bourgeois modeste qui, le dimanche après-midi, jouait des quatuors dans son salon. Biedermayer produisit l'un des plus merveilleux styles de décoration et de mobilier qu'on ait jamais imaginé : de simples tentures blanches sur des murs clairs, des parquets nus, des chaises et des bureaux massifs, mais presque toujours élégants, des pianos, des vitrines avec leurs collections de minéraux, et des vases pleins de fleurs; mais dans son essence, c'était un style classique tardif dont le plus bel exemple est peut-être offert par la maison de Gœthe à Weimar. C'est ce style-là, ou quelque chose qui y ressemble, qui a constitué le cadre de la vie, pour les héroïnes de Jane Austen (1775-1817), pour les plaisirs et les rigueurs évangéliques de la secte de Clapham, pour la bourgeoisie hautaine de Boston, ou pour les Français de province, lecteurs du *Journal des Débats*.

Le romantisme s'infiltra cependant dans la culture bourgeoise, peut-être surtout à cause du goût croissant pour la rêverie qui se répandait parmi la gent féminine, dans les familles bourgeoises. Faire la preuve que le chef de famille gagnait suffisamment sa vie pour les maintenir dans une oisiveté pleine d'ennui était une des principales fonctions sociales de ces femmes; un esclavage douillet constituant leur destin idéal. En tout cas, les jeunes filles bourgeoises, et les non-bourgeoises, à l'image de ces odalisques et de ces nymphes que les peintres antiromantiques, tel Ingres (1780-1867), tiraient du contexte romantique pour les faire entrer dans l'ambiance bourgeoise, toutes ces jeunes filles se modelaient de plus en plus sur le même type de femme fragile, au long visage ovale, avec des bandeaux lisses et des « anglaises », cette tendre fleur en fichu et capote à brides si caractéristique de la mode de 1840. On était loin de cette lionne prête à bondir, la duchesse d'Albe de Goya, ou des jeunes émancipées, drapées à la grecque dans de blanches mousselines, dont la Révolution française avait peuplé les salons, ou encore des grandes dames et des courtisanes de la Régence anglaise, comme Lady Lieven ou Harriet Wilson, aussi peu romantiques qu'elles étaient peu bourgeoises.

Les jeunes filles de la bourgeoisie pouvaient jouer de la musique romantique édulcorée, comme celle de Chopin ou de Schumann (1810-1856). Le style Biedermayer pouvait favoriser une sorte de lyrisme romantique, comme celui d'Eichendorff (1788-1857) ou d'Edouard Mörike (1804-1875) dans lequel la passion cosmique se muait en nostalgie ou en mélancolie passive. L'entrepreneur plongé dans ses activités pouvait même, au cours d'un voyage d'affaires, jouir de la vue d'un col de montagne comme du « paysage le plus romantique que j'aie jamais contemplé », se détendre

chez lui en faisant un croquis du « château d'Udolpho », ou même,
comme John Cragg de Liverpool, « étant amateur d'art aussi bien
que maître de forges introduire le fer forgé dans l'architecture
gothique [15] ». Mais, dans l'ensemble, la culture bourgeoise n'était
pas romantique. L'optimisme exultant en face du progrès technique
excluait même tout romantisme orthodoxe, au moins dans les centres de l'expansion industrielle. Un homme comme James Nasmyth,
l'inventeur du marteau-pilon (1808-1890), était tout sauf un bar-
bare, ne serait-ce que parce qu'il était le fils d'un peintre jacobin
(« le père de la peinture paysagiste en Ecosse », élevé au milieu
d'artistes et d'intellectuels, amoureux du pittoresque et de l'ancien
et doté de la culture vaste et minutieuse de tout bon Ecossais. Et
pourtant, avec quel naturel ce fils de peintre est devenu un spécialiste de mécanique qui, jeune garçon encore, faisant un tour
à pied avec son père, s'intéressait aux aciéries du Devon beaucoup
plus qu'à n'importe quel autre paysage! Pour lui, comme pour les
citoyens raffinés de l'Edimbourg du XVIIIᵉ siècle parmi lesquels
il avait grandi, les choses pouvaient être sublimes, mais non irrationnelles. Rouen possédait simplement « une merveilleuse cathédrale, l'église Saint-Ouen, tellement exquise dans sa beauté, et
aussi les vestiges d'une précieuse architecture gothique épars dans
cette ville intéressante et pittoresque ». Et le pittoresque sans doute
était « splendide », cependant notre voyageur ne pouvait s'empêcher de noter, au cours de vacances enthousiasmantes, qu'il était
un produit de la négligence. La beauté aussi était chose splendide,
mais à coup sûr, ce qui n'allait pas avec l'architecture moderne,
c'est que « la destination de l'édifice est... considérée comme un élément secondaire ». « Je n'arrivais pas à m'arracher de Pise, écri-
vait-il; mais ce qui m'a passionné le plus dans la cathédrale, ce
sont les deux lampes de bronze suspendues à l'extrémité de la nef
et qui ont suggéré à l'intelligence de Galilée l'invention du pen-
dule [16] » De tels hommes n'étaient certes ni des barbares, ni des
philistins, mais leur univers était mille fois plus proche de celui
de Voltaire ou de Josiah Wedgwood que de celui de John Ruskin.
Le grand fabriquant d'outils Henry Maudslay se sentait sans aucun
doute infiniment plus à l'aise lorsqu'il retrouvait à Berlin ses amis
(Humboldt, le roi des savants libéraux, et l'architecte néo-classique
Schinkel) qu'il ne l'eût été dans la compagnie du grand, mais
nuageux Hegel.

En tout cas, dans les centres de la société bourgeoise montante,
les arts, pris dans leur ensemble, tenaient la deuxième place derrière la science. Les industriels et ingénieurs de bonne éducation,
anglais ou américains, pouvaient les apprécier, tout spécialement
aux heures de détente familiale ou de vacances, mais leur véritable

effort culturel était orienté vers la diffusion et le progrès du savoir — le leur —, grâce à des organismes comme l'Association britannique pour l'avancement de la science; ou celle de leur prochain, dans le cadre de la Société pour la diffusion des connaissances utiles, et autres groupements du même genre. Il est significatif que ce produit type du XVIIIe siècle des Lumières, l'*Encyclopédie,* ait été alors plus en faveur que jamais, conservant d'ailleurs (comme dans les *Conversations-Lexikon* de Meyer, ce dictionnaire allemand fruit des années 1830) beaucoup de son esprit de libéralisme politique militant. Byron retira beaucoup d'argent de ses poèmes, mais l'éditeur Constable, en 1812, offrit un millier de livres à Dugald Stewart pour un essai sur le *Progrès de la Philosophie,* publié comme une introduction au supplément de l'*Encyclopédie britannique* [17]. Et même quand la bourgeoisie s'abandonnait au romantisme, ses rêves étaient ceux de la technologie; les jeunes sens enflammés par la doctrine de Saint-Simon sont devenus les promoteurs du canal de Suez, de réseaux ferroviaires titaniques reliant toutes les parties du monde, de finances « faustiennes » dépassant largement la sphère ordinaire des intérêts des Rotschild, hommes calmes et raisonnables qui savaient qu'il y avait beaucoup d'argent à gagner avec un minimum de risques spéculatifs, en recourant à des procédés classiques [18]. La science et la technologie étaient les muses de la bourgeoisie et elles célébraient son triomphe — le chemin de fer — par le grand portique néo-classique (hélas aujourd'hui détruit) de la gare d'Euston.

VI

Cependant, à l'extérieur de l'univers des gens instruits, la culture du commun des mortels allait son train. Dans les régions non urbanisées et non industrielles du monde, elle ne changeait pour ainsi dire pas. Les chansons et les fêtes, vers 1840-1850, les costumes, les dessins et les couleurs des décors chers à l'art populaire, le modèle qui réglait les habitudes, restaient très proches de ce qu'ils avaient été en 1789. L'industrie et l'expansion urbaine commençaient à les détruire. Aucun homme ne pouvait vivre dans une ville industrielle comme il l'avait fait dans son village, et tout l'ensemble du système culturel tombait forcément en miettes dès lors que s'effondrait le cadre social qui en assurait la cohésion et qui lui donnait forme. Quand une chanson parle de labours, elle ne peut être chantée par des hommes qui ne labourent pas; et s'ils la chantent, elle cesse alors d'être une chanson populaire pour devenir quelque chose d'autre. La nostalgie de l'émigrant entretenait les anciennes coutumes et les chansons traditionnelles

dans l'exil citadin, et peut-être même intensifiait-elle leur pouvoir
de séduction, car elles étaient un palliatif à la douleur du déracinement. Mais, en dehors des villes et des fabriques, ce sont
quelques parcelles seulement de l'ancienne vie rurale, particulièrement dans certaines zones d'Irlande et d'Angleterre, que la double
révolution avait transformées — ou plus exactement dévastées —
au point d'y rendre impossibles les vieux modes d'existence.

Il est certain qu'avant 1840, même dans l'industrie, la transformation sociale n'avait pas été encore assez profonde pour
détruire complètement la culture de jadis; d'autant plus qu'en
Europe occidentale, l'activité artisanale et manufacturière ayant
plusieurs siècles d'existence, avait eu le temps de développer un
système de culture qu'on peut dire semi-industriel. Dans les campagnes, les mineurs et les tisserands exprimaient leurs espoirs
et leurs protestations dans des chants populaires traditionnels et la
révolution industrielle ne fit qu'accroître leur nombre et aiguiser
leur expérience. Les chants de travailleurs étaient superflus à
l'usine, mais ils ne l'étaient pas dans les diverses activités accessoires du développement économique et ils y fleurirent comme au
temps jadis : le chant du cabestan des marins des grands voiliers
vient de cet âge d'or du chant populaire « industriel », pendant
la première moitié du XIXᵉ siècle, de même que les ballades des
baleiniers du Groenland, la *Ballade du Patron de la mine et de la
Femme du mineur* et la complainte du tisserand [19]. Dans les villes
qui en étaient encore au stade préindustriel, les communautés
d'artisans et de travailleurs à domicile entretenaient une culture
littéraire intense dans laquelle l'encouragement que représentait
pour l'autodidacte le radicalisme jacobin était tantôt appuyé, tantôt freiné, par l'esprit de secte protestant, Bunyan et Jean Calvin
le disputant à Tom Paine et Robert Owen. Des bibliothèques, des
chapelles et des instituts, des jardins et des cages dans lesquels
l'artisan amateur forçait artificiellement ses fleurs et élevait ses
pigeons et ses chiens, se retrouvaient partout dans ces communautés actives et dynamiques d'hommes qualifiés; Norwich en
Angleterre n'était pas seulement réputée pour son esprit républicain et son athéisme, elle était, elle est encore, célèbre pour ses
canaris *. Mais l'adaptation des vieilles chansons populaires à la

* « Il y a encore beaucoup de vieilles maisons, écrivait Francis Horner
en 1879, cachées tout au fond des villes, qui ont d'habitude leur jardin —
bien souvent digne d'un fleuriste. C'est là par exemple que vous verrez la
fenêtre — étonnamment large et lumineuse — derrière laquelle un tisserand à main travaille à son métier, gardant la possibilité de regarder ses
fleurs d'aussi près que son ouvrage — peine et joie entremêlées... Mais
la fabrique a supplanté son patient métier manuel et un mur de brique écrase
de sa masse son jardin [20]. »

vie industrielle n'a pas survécu (sauf aux Etats-Unis d'Amérique) au choc de l'âge du chemin de fer et de l'acier, et les communautés d'anciens ouvriers qualifiés, comme le Dunfermline des vieux tisserands de lin, ne survécurent pas non plus au développement de la fabrique et de la machine. Après 1840, elles tombèrent en désuétude.

Et pourtant, rien ou presque, ne vint remplacer l'ancienne culture. En Angleterre par exemple le nouveau style d'une vie intégralement industrialisée n'émergera pas vraiment avant 1870 ou 1880. Le laps de temps qui s'étend des débuts de la crise des anciens genres de vie traditionnels jusqu'à cette date tardive a donc été, par bien des côtés, le plus sombre moment d'un âge qui, pour les travailleurs, fut vraiment par trop sombre. Au cours de la période que nous étudions, même les grandes villes n'ont pas su développer un modèle de culture populaire — qui, nécessairement, devait être commercialisé plutôt que le fruit d'efforts autodidactes, comme dans les petites communautés.

Il est exact que la grande ville, spécialement la grande capitale, offrait déjà des institutions importantes qui répondaient aux besoins culturels du pauvre, du « petit peuple », quoique souvent, assez significativement, à ceux aussi de l'aristocratie. Ces institutions, cependant, étaient dans leur majorité un héritage du XVIIIᵉ siècle, qui a contribué beaucoup plus qu'on ne le croit généralement à l'épanouissement des arts populaires. Le théâtre populaire de banlieue, à Vienne, le théâtre de langue dialectale des villes italiennes, l'opéra populaire (par opposition à l'opéra de cour), la *commedia dell'arte* et les spectacles de mimes itinérants, les combats de boxe et les courses, ou la version démocratique en Espagne des courses de taureaux *, autant de produits du XVIIIᵉ siècle; les placards et les livres de colportage illustrés sont encores plus anciens. Les formes véritablement neuves de divertissement dans les grandes villes furent des sous-produits de la taverne ou du café qui devenaient de plus en plus une source de consolation pour le travailleur, dans sa vie sociale désorganisée, et le dernier refuge urbain de la coutume et du cérémonial traditionnel, préservés et renforcés par les guildes de compagnons, par les syndicats et les sociétés amicales, si attachées aux formes rituelles. De la taverne naquirent le « music-hall » et la salle de bal; mais vers 1884, ils ne s'étaient pas encore beaucoup répandus,

---

* Sa version originale se rattachait à la chevalerie, le combattant principal étant à cheval; l'innovation consistant à tuer le taureau en l'affrontant à pied est traditionnellement attribuée à un charpentier du XVIIIᵉ siècle, originaire de Ronda.

même en Angleterre, bien que leur existence ait été notée dès
1834 [21]. Les autres formes nouvelles de divertissement urbain dans
les grandes villes se développèrent à partir de la foire, qui tou
jours avait été accompagnée d'un certain nombre d'amuseurs
ambulants. Dans les grandes cités, la foire se fixa en permanence.
Et vers 1840-1850, la juxtaposition sur certains boulevards de bateleurs, de camelots, de pickpockets et de marchands des quatre
saisons furent une source d'inspiration pour les intellectuels
romantiques de Paris autant qu'une source de plaisir pour les
foules.

Le goût populaire commanda également la forme et la décoration de ces quelques objets, relativement peu personnalisés, que
l'industrie commençait à proposer à la bourse des pauvres : les
brocs qui représentaient le triomphe du Reform Act, le grand pont
métallique enjambant le Wear ou les magnifiques trois-mâts qui
sillonnaient l'Atlantique; les brochures populaires qui immortali-
saient le sentiment révolutionnaire, le patriotisme et les crimes
célèbres; et encore ces quelques rares articles d'ameublement et
d'habillement qui étaient à la portée du citadin pauvre. Mais
au total, la ville, et tout spécialement la ville industrielle neuve, restait un endroit lugubre dont les quelques agréments — espaces
verts, loisirs — s'amenuisaient de jour en jour devant la lèpre
envahissante des immeubles, les fumées qui empoisonnaient toute
vie naturelle et la contrainte d'un travail ininterrompu, alourdi à
l'occasion par l'austère discipline dominicale imposée par la bourgeoisie. Seuls le nouvel éclairage au gaz et les étalages des bou-
tiques, ici et là, offraient une anticipation des vives colorations de
la nuit, dans les cités modernes. Mais il fallut attendre la seconde
moitié du XIXe siècle pour que se crée la grande cité moderne et le
mode actuel de la vie populaire citadine. Dans sa première moitié,
ce qui a prévalu, c'est la destruction dont on pouvait tout au plus
essayer de pallier les effets.

15.

La science

N'oublions jamais que longtemps avant nous, les sciences et la philosophie ont combattu les tyrans. La constance de leurs efforts a engendré la révolution.

En hommes libres et reconnaissants, nous devons les établir parmi nous, et les chérir à jamais. Car les sciences et la philosophie maintiendront la liberté que nous avons conquise.

Un membre de la Convention [1].

Les problèmes de science sont fréquemment des problèmes de carrière. Une seule découverte peut faire la renommée d'un homme et établir les bases de sa fortune en tant que citoyen... Tout phénomène récemment observé est une découverte, toute découverte est une richesse. Touchez à la richesse d'un homme et ses passions se déchaînent aussitôt.

GŒTHE :
Conversations avec Eckermann,
21 décembre 1823.

I

Faire un parallèle entre les arts et les sciences est toujours une chose dangereuse, car les relations qui lient les uns et les autres avec la société dans laquelle ils fleurissent sont tout à fait différentes, bien que les sciences reflètent elles aussi à leur façon, la double révolution, en partie parce que celle-ci leur a adressé des demandes nouvelles et très spécifiques, en partie parce qu'elle leur a ouvert de nouvelles possibilités, les a formées et les a affrontées à de nouveaux problèmes; en partie encore parce que par son existence même, elle a suggéré de nouveaux modèles de pensée. Je ne veux pas dire par là que l'évolution des sciences entre 1789 et 1848, peut s'analyser exclusivement par rapport aux mouvements de la société qui tournaient autour d'elles. La plupart des activités humaines ont leur logique interne qui détermine au moins en partie leurs mouvements. La planète Neptune fut découverte en 1846, certainement pas à cause de réalités extérieures à l'astronomie qui auraient poussé à cette découverte, mais parce que les tables de Bouvard en 1821 avaient démontré que l'orbite de la planète Uranus, découverte en 1781, montrait des déviations que les calculs n'avaient pas prévus; parce que vers la fin des années 1830, ces déviations étaient devenues plus fortes, et qu'on chercha à les attribuer à des perturbations provoquées par quelque corps céleste inconnu, et parce qu'enfin divers astronomes se mirent en devoir de calculer la position de ce corps. Pourtant, même celui qui croit le plus passionnément à la pureté immaculée de la science pure n'ignore pas que la pensée scientifique peut au moins être influencée par des données qui sortent du champ spécifique d'une discipline, ne serait-ce que parce que les savants, même les mathématiciens les plus abstraits, vivent dans un monde plus vaste. Le progrès de la science n'est pas une simple avancée linéaire, chaque étape marquant la solution de problèmes qu'elle portait déjà en elle, implicitement ou explicitement, et qui à leur tour en posent de nouveaux. Il dépend aussi de la découverte de nouveaux problèmes, de la façon nouvelle de voir les anciens, des nouveaux moyens de s'y atteler ou de les résoudre, de champs de recherche entièrement neufs ou de nouveaux outils théoriques et pratiques mis au service de la recherche. Et là le champ est grand ouvert à la stimulation ou à la formation de la pensée par des facteurs extérieurs. Si la plupart des sciences, pendant la période que nous étudions, avaient avancé d'une simple façon linéaire, comme ce fut le cas pour l'astronomie qui conserva en substance sa structure newtonienne, ceci n'aurait peut-être pas grande importance. Mais, comme nous le verrons, cette époque fut au contraire celle d'innovations décisives dans certains domaines de la pensée (comme dans les mathématiques), de réveil dans des sciences qui jusque-là dormaient (comme la chimie) ou de véritable création de sciences nouvelles (comme la géologie), enfin du lancement de nouvelles idées révolutionnaires dans quelques autres (comme les sciences sociales et biologiques).

En l'occurrence, de toutes les forces extérieures qui jouèrent un rôle dans le développement scientifique, les demandes directes adressées aux savants par le gouvernement ou l'industrie furent parmi les moins importantes. Mais la Révolution française les mobilisa, à la lettre, en confiant au géomètre et ingénieur Lazare Carnot la responsabilité de l'effort de guerre jacobin, au mathématicien et physicien Monge (ministre de la Marine en 1792-1793) et à une équipe de mathématiciens et de chimistes la responsabilité de l'armement, comme elle avait chargé plus tôt le chimiste et économiste Lavoisier de préparer une estimation du revenu national. Ce fut peut-être la première fois dans l'histoire moderne, ou dans l'histoire tout court, que des savants avertis entrèrent, en tant que tels, dans un gouvernement, mais ceci eut alors une plus grande importance pour le gouvernement que pour la science. En Grande-Bretagne, les plus grandes industries, pendant notre période, furent celles du coton, du charbon, du fer, des chemins de fer et des constructions navales. Les révolutions dont elles furent l'objet sont le fait d'hommes de génie empiriques, trop empiriques. Le héros de la révolution des chemins de fer britanniques, George Stephenson, était un ignorant sur le plan scientifique, mais il avait un sens étonnant de ce qui pouvait faire marcher une machine : un super-artisan plutôt qu'un technicien. Les tentatives de savants comme Babbage pour mettre leurs connaissances au service des chemins de fer ou celles d'ingénieurs scientifiques comme Brunel pour les organiser sur des bases rationnelles plutôt que simplement empiriques, n'aboutirent à rien.

D'autre part la sience bénéficiait énormément de l'encouragement remarquable donné à l'enseignement scientifique et technique et du soutien plutôt moins frappant pour la recherche, qui naquit pendant cette période. Ici l'influence de la double révolution est parfaitement claire. La Révolution de 1789 a transformé les études scientifiques et techniques en France, principalement en instituant l'Ecole polytechnique (1795) — entendue comme une école pour des techniciens de toutes sortes — et la première ébauche de l'Ecole normale supérieure (1794) qui fut solidement établie comme partie intégrante de la réforme générale de l'instruction secondaire et supérieure menée par Napoléon. Elle raviva également l'Académie royale qui languissait (1795) et créa, avec le Museum national d'histoire naturelle (1794) le premier centre authentique de recherche dans les sciences autres que physiques. La suprématie mondiale de la science française pendant la plus grande partie de notre période est presque certainement à attribuer à ces grandes fondations, particulièrement à l'Ecole polytechnique, centre turbulent du jacobinisme et du libéralisme tout au long de la période post-napoléonienne et pépinière incomparable de grands mathématiciens et de physiciens théoriciens. L'Ecole polytechnique trouva des imitateurs à Prague, à Vienne,

à Stockholm, à Saint-Pétersbourg et à Copenhague, dans toute
l'Allemagne et en Belgique, à Zurich et dans le Massachussetts,
mais pas en Angleterre. Le choc de la Révolution française secoua
aussi la Prusse et tira son enseignement de la léthargie; la nouvelle
université de Berlin (1806-1810), fondée dans le cadre du renouveau de la Prusse, devint un modèle pour la plupart des universités allemandes qui, à leur tour, devaient créer le modèle des institutions académiques dans le monde entier. Cette fois encore,
aucune de ces réformes n'eut sa place en Grande-Bretagne où la
révolution politique n'avait ni gagné ni conquis. Mais la richesse
immense du pays, qui rendit possibles des laboratoires privés tels
que ceux de Henry Cavendish et de James Joule, et la pression
générale des personnes intelligentes de la bourgeoisie en faveur de
l'enseignement scientifique et technique, aboutirent à des résultats
comparables. Le comte Runford, un aventurier des Lumières qui
courut le monde, fonda l'Institution royale en 1799. Sa renommée
auprès de l'homme de la rue fut surtout fondée sur ses fameuses
conférences publiques, mais son importance véritable, c'est d'avoir
fourni à Humphrey Davy et Michel Faraday une base unique pour
leur recherche expérimentale. Ce fut en réalité un des premiers
exemples du laboratoire de recherche. Des groupements pour
l'encouragement de la science, comme la Société lunaire de Birmingham et la Société littéraire et philosophique de Manchester
mobilisaient le soutien des industriels dans les provinces : John
Dalton, le fondateur de la théorie de l'atome sortait de la dernière.
Les radicaux benthamites fondèrent (ou plutôt reprirent et transformèrent) l'Institut des mécaniciens de Londres — l'actuel Birk-
beck College — comme une école pour les techniciens, l'université de Londres comme un contrepoids à la somnolence d'Oxford
et de Cambridge, et l'Association britannique pour l'avancement
des sciences (1831) comme une autre compensation à la torpeur
aristocratique de la Société royale, en pleine décadence. Il ne
s'agissait pas là de fondations destinées à encourager la poursuite
de la connaissance pure, pour elle-même. C'est sans doute la raison pour laquelle les établissements d'une recherche spécifique
furent lents à naître. Même en Allemagne où le premier laboratoire universitaire de recherches en chimie (celui de Liebig à
Giessen) ne fut pas mis sur pied avant 1825 (son inspiration était
française, inutile de le dire). Ce qui existait, c'étaient des institutions pour la formation de techniciens comme en France et en
Grande-Bretagne, et de professeurs comme en France et en Allemagne; ou bien des établissements destinés à inculquer à la jeunesse un esprit de civisme à l'égard de son pays.

L'âge révolutionnaire a donc enflé le nombre des savants et

des étudiants et augmenté la production scientifique. Qui plus est, il a vu l'univers de la science s'élargir de deux côtés. Tout d'abord le développement même du commerce et de l'exploration ouvrait de nouvelles régions du monde à l'étude scientifique et excitait l'imagination à leur propos, comme en témoigne un des plus grands esprits scientifiques de cette période, Alexandre von Humboldt (1769-1859) : sa contribution scientifique fut à la fois celle d'un voyageur et d'un observateur infatigable, d'un théoricien dans le domaine de la géographie, de l'ethnographie et de l'histoire naturelle, et pourtant son imposante synthèse de l'ensemble du savoir humain, le *Kosmos* (1845-1859), ne peut être enfermée dans les limites de disciplines particulières.

En second lieu, l'univers de la science s'élargit pour englober des pays et des peuples qui, jusque-là, n'y avaient apporté que de très minces contributions. La liste des grands savants de 1750 environ, ne se compose guère que de Français, d'Anglais, d'Allemands, d'Italiens et de Suisses. Mais réduite au minimum, la liste des grands mathématiciens de la première moitié du XIXᵉ siècle inclut le Norvégien Henryk Abel, le Hongrois Janos Bolyai et Nikolaï Lobachevski, encore plus éloigné des anciens centres dans la ville de Kazan. Là encore la science semble refléter la naissance des cultures nationales hors de l'Europe occidentale, qui est un produit si frappant de l'âge révolutionnaire. Cet élément national dans l'expansion des sciences se reflète à son tour dans le déclin du cosmopolitisme qui avait été tellement caractéristique des petites communautés scientifiques du XVIIᵉ et du XVIIIᵉ siècle. Le temps des célébrités internationales itinérantes qui passaient comme Euler, de Bâle à Saint-Pétersbourg, puis à Berlin et à nouveau à la cour de la Grande Catherine, ce temps s'est envolé en même temps que les anciens régimes. Désormais le savant demeure dans sa zone linguistique propre, si l'on met à part quelques courtes visites à l'étranger, communiquant avec ses collègues grâce aux revues savantes, qui sont un produit si typique de cette période : les *Proceedings of the Royal Society* (1831), les *Comptes rendus de l'Académie des sciences* (1837), les *Proceedings of the American Philosophical Society* (1838) ou les récentes revues spécialisées comme le *Journal für reine und angewandte Mathematik* de Crelle ou les *Annales de Chimie et de Physique* (1797).

II

Avant de pouvoir juger de la nature de la répercussion de la double révolution sur les sciences, il est bon d'examiner brièvement comment celles-ci ont évolué. En gros, les sciences classiques physiques n'ont subi aucune révolution. Ce qui revient à dire qu'en substance, elles sont demeurées dans le cadre de références établi par Newton, ou bien en continuant à progresser dans la ligne de recherche suivie au XVIIIe siècle, ou bien en poussant certaines découvertes fragmentaires antérieures et en les organisant dans des systèmes de théories plus vastes. Le plus important de ces nouveaux champs ainsi ouverts à la recherche (et le seul qui eut des conséquences techniques très immédiates) fut celui de l'électricité ou plutôt de l'électro-magnétisme. Cinq dates principales — dont quatre se situent pendant notre période — en marquent le progrès décisif : 1786, découverte du courant électrique par Galvani; 1799, construction d'une batterie par Volta; 1800, invention de l'électrolyse; 1820, découverte par Oersted de la relation entre l'électricité et le magnétisme; en 1831 enfin, Faraday établit les relations existant entre toutes ces forces et se trouva ainsi, par hasard, le précurseur d'une conception de la physique (en termes de « champs » plutôt que d'action ou de réactions mécaniques) qui était une anticipation des temps modernes. La plus importante des nouvelles synthèses théoriques fut la découverte des lois de la thermodynamique, c'est-à-dire des relations entre la chaleur et l'énergie.

La révolution qui fit de l'astronomie et de la physique des sciences modernes date du XVIIe siècle; celle qui créa la chimie était en plein essor au début de la période qui nous intéresse. C'est de toutes les sciences, celle qui se liait le plus intimement et immédiatement à la pratique industrielle, particulièrement en ce qui concerne les procédés de blanchissement et de teinture dans l'industrie textile. Ses créateurs ne furent pourtant pas seulement des hommes pratiques, liés à d'autres hommes non moins pratiques (comme Dalton dans la Manchester Literary and Philosophical Society et Priestley dans la Lunar Society de Birmingham), mais quelquefois aussi des hommes politiques révolutionnaires, même s'il s'agissait de révolutionnaires modérés. Deux d'entre eux furent victimes de la Révolution française : Priestley par la main de la populace tory, pour avoir eu trop de sympathie à l'égard de la révolution et le grand Lavoisier sur la guillotine, pour n'en avoir pas eu assez, ou plutôt parce qu'il était un gros homme d'affaires.

La chimie, comme la physique, fut une science éminemment française. Son fondateur véritable, Lavoisier (1743-1794), publia son ouvrage fondamental, le *Traité élémentaire de Chimie*, l'année même de la Révolution et dans les autres pays — même dans ceux qui par la suite devaient devenir les plus grands centres de la recherche chimique, comme l'Allemagne — l'inspiration des progrès et particulièrement l'organisation de la recherche chimique furent à l'origine françaises. Les plus grands progrès avant 1789 avaient consisté à mettre un certain ordre élémentaire dans la confusion de l'expérience empirique, en élucidant certains processus chimiques fondamentaux, comme la combustion, et quelques éléments non moins fondamentaux, comme l'oxygène. Ils apportèrent aussi des mesures quantitatives précises et un programme pour les recherches futures en la matière. Le concept fondamental d'une théorie de l'atome (dont l'origine remonte à Dalton, 1803-1810) permit l'invention de la formule chimique et, du même coup ouvrit la voie à l'étude de la structure chimique. Des résultats expérimentaux abondants et neufs s'ensuivirent. Au XIXᵉ siècle, la chimie allait devenir l'une des sciences les plus vigoureuses et donc capable d'attirer — comme c'est le cas pour toutes les activités dynamiques — une masse d'hommes de valeur. Cependant l'atmosphère et les méthodes de la chimie demeuraient en grande partie ce qu'elles avaient été au XVIIIᵉ siècle.

La chimie eut cependant une implication révolutionnaire : la découverte que la vie peut être analysée du point de vue des sciences inorganiques. Lavoisier découvrit que la respiration est une forme de combustion de l'oxygène. Woehler (1828) qu'une composante qui n'avait été rencontrée jusque-là que dans les choses vivantes — l'urée — pouvait être produite par synthèse dans un laboratoire; ainsi s'ouvrait le domaine nouveau et vaste de la chimie organique. Pourtant, bien que ce grand obstacle au progrès, la croyance que la matière vivante obéissait à des lois naturelles fondamentalement différentes de celles de la matière non vivante, fut sérieusement entamé — ni les conceptions sur la mécanique, ni celles sur la chimie ne permettaient encore au biologiste d'aller très loin. Le progrès le plus spectaculaire qu'il ait fait pendant cette période, la découverte de Schleiden et Schwann que toute matière vivante est composée d'une multiplicité de cellules (1838-1839), établit pour la biologie une sorte d'équivalence de la théorie atomique; mais la maturité de la biophysique et de la biochimie appartenait encore à un lointain futur.

Une révolution beaucoup plus profonde encore, mais de par la nature même du sujet, moins éclatante que celle de la chimie, se manifesta dans les mathématiques. A la différence de la physique qui restait enfermée dans le cadre de références du XVIIᵉ siècle, et de la chimie qui se renouvelait en s'échappant largement à travers la brèche ouverte au XVIIIᵉ siècle, les mathématiques, pendant notre période, ont pénétré dans un univers entièrement neuf, bien au-delà des mathématiques grecques qui dominaient encore l'arithmétique et la géométrie plane, et de celles du XVIIᵉ siècle

qui dominaient l'analyse. Il n'y a guère que des mathématiciens
pour pouvoir apprécier la profondeur de l'innovation apportée
dans la science par la théorie des fonctions de variables complexes
(Gauss, Cauchy, Abel, Jacobi) ou par la théorie des groupes (Cauchy, Galois), ou celle des vecteurs (Hamilton). Mais même le
profane peut saisir la portée de cette révolution par laquelle le
Russe Lobachevski (1826-1829) et le Hongrois Bolyaï (1831) ren-
versèrent la plus permanente des certitudes intellectuelles, la géométrie d'Euclide. Toute la structure majestueuse et inébranlable
de la logique euclidienne repose sur certains postulats, dont l'un,
l'axiome selon lequel des lignes parallèles ne se rencontrent jamais,
n'est ni évident en soi, ni démontrable. Il peut sembler aujourd'hui
élémentaire de construire une géométrie tout aussi logique sur
d'autres postulats, par exemple (Lobachevski, Bolyaï) qu'une infi-
nité de parallèles à une ligne I peuvent passer par un point P;
ou (Riemann) qu'aucune parallèle à une ligne I ne passe par le
point P; d'autant plus que nous pouvons construire des surfaces
réelles auxquelles ces règles s'appliquent. (Ainsi la terre, dans la
mesure où elle est un globe, satisfait aux suppositions de Riemann
plutôt qu'à celles d'Euclide). Mais avancer ces hypothèses au
début du XIX° siècle était un acte d'audace intellectuelle comparable à celui qui mit le soleil au centre du système planétaire, à
la place de la terre.

III

Cette révolution mathématique passa inaperçue, sauf auprès
de quelques spécialistes peu nombreux dans ces domaines connus
pour être fort éloignés de la vie de tous les jours. La révolution
dans les sciences sociales, elle, pouvait difficilement manquer de
toucher l'homme de la rue, car elle l'affectait visiblement, généralement à son désavantage croyait-on. Les savants et les étudiants
amateurs des romans de Thomas Love Peacock étaient entourés
d'une bienveillante sympathie ou ridiculisés avec affection; mais
on ne peut en dire autant des économistes et des propagandistes
de la Steam Intellect Society.

Il y eut, pour être précis, deux révolutions dont les courants se
rejoignirent pour engendrer le marxisme, la synthèse la plus complète des sciences sociales. La première de ces révolutions qui
continuait la brillante œuvre d'avant-garde des rationalistes du
XVII° et du XVIII° siècle, établissait pour les populations humaines
l'équivalent des lois de la physique. Son tout premier triomphe
fut l'édification d'une théorie déductive systématique d'économie

politique, qui avait déjà fait du chemin en 1789. La seconde, qui appartient en substance à la période qui nous occupe et qui est étroitement liée au romantisme, fut la découverte de l'évolution historiques (cf. ci-dessus p. 300-2).

L'audacieuse innovation des rationalistes classiques avait été de démontrer qu'on pouvait appliquer à la conscience et au libre arbitre de l'homme des lois que la logique rendait en quelque sorte impératives. Les « lois de l'économie politique » étaient de cette sorte. La conviction qu'elles avaient aussi peu à voir avec le monde des sentiments et des désirs que les lois de la gravité (auxquelles on les comparait souvent), donnait une impitoyable assurance aux capitalistes du début du XIXᵉ siècle et tendait à pénétrer leurs adversaires romantiques d'un antirationalisme tout aussi farouche. En principe, les économistes avaient, bien sûr, raison, mais ils exagéraient grossièrement l'universalité des postulats sur lesquels ils fondaient leur déduction, la valeur de l'hypothèse consacrée par la formule « toutes choses étant égales d'ailleurs », autrement dit la capacité des conditions extérieures à rester immuables; et aussi parfois leurs propres capacités intellectuelles. Si la population d'une ville double et que le nombre des habitations qu'elle possède n'augmente pas, alors « toutes choses étant égales d'ailleurs », le prix des loyers doit augmenter, que les gens le veuillent ou non. Ce sont des propositions de ce genre qui firent la force de ces systèmes de raisonnement déductif construits par l'économie politique, surtout en Grande-Bretagne, mais aussi, à un degré moindre dans les vieux centres de la science du XVIIIᵉ siècle, la France, l'Italie et la Suisse. Comme nous l'avons vu, la période qui va de 1776 à 1830 vit le plus beau triomphe de ces théories (cf. ci-dessus p. 300). Elles furent complétées par la première présentation systématique d'une théorie de la démographie qui avait pour objet d'établir un système de relations mécaniques et pratiquement inévitables entre les taux de croissance de la population et ses moyens de subsistance. L'*Essay on Population* de T. R. Malthus (1798) n'est ni aussi original, ni aussi convaincant que ne voulaient bien le dire ses admirateurs, tout enthousiastes de découvrir que quelqu'un avait démontré que le pauvre obligatoirement serait toujours pauvre et les raisons pour lesquelles la générosité et la bienfaisance ne le rendraient que plus pauvre. Son importance ne réside pas tant dans ses mérites intellectuels, assez limités, que dans le fait qu'il se hasardait à réclamer qu'on traitât scientifiquement de décisions aussi personnelles et capricieuses que les décisions sexuelles, en les considérant comme un phénomène social.

L'application à la société des méthodes mathématiques fit

encore un autre grand progrès à cette époque. Cette fois, ce sont les savants de langue française qui montrèrent le chemin, soutenus sans aucun doute par le milieu mathématique extraordinaire qui entourait l'enseignement français. Ainsi le Belge Adolphe Quetelet, dans son ouvrage *Sur l'Homme* (1835) qui fit époque, montrait que la distribution statistique des caractéristiques de l'homme obéissait à des lois mathématiques connues, desquelles il déduisait avec une certitude, qu'on jugera plus tard excessive, la possibilité d'assimiler les sciences sociales aux sciences physiques. La possibilité de faire des statistiques générales sur les populations humaines et de fonder des prévisions solides sur de telles généralisations avait été depuis longtemps annoncée par les théoriciens de la probabilité (point de départ de Quetelet dans les sciences sociales) et par des hommes qui, engagés dans certaines activités pratiques, étaient obligés d'y recourir — par exemple les compagnies d'assurances. Mais Quetelet et le groupe qui florissait à son époque de statisticiens, d'anthropomètres et d'enquêteurs sociaux appliquèrent ces méthodes à des domaines beaucoup plus étendus et créèrent ce qui est encore aujourd'hui le plus grand outil mathématique de l'investigation dans le domaine social.

Ces développements dans les sciences sociales furent révolutionnaires dans le même sens que les progrès de la chimie, c'est-à-dire qu'ils suivaient la lancée de progrès déjà antérieurement accomplis sur le plan de la théorie. Mais il faut mettre aussi au crédit des sciences sociales une réussite entièrement neuve et originale qui, à son tour, stimula les sciences biologiques et même certaines sciences physiques comme la géologie. Ce fut la découverte de l'histoire comme processus d'une évolution logique, et non plus seulement comme succession chronologique d'événements. Les liens de cette innovation avec la double révolution sont tellement évidents qu'il est presque inutile d'en parler. Ainsi ce qui allait devenir la sociologie (le mot fut inventé par Auguste Comte vers 1830) jaillit directement de la critique du capitalisme. Comte lui-même, qu'on reconnaît généralement comme son fondateur, avait commencé sa carrière comme secrétaire privé du premier socialiste utopiste, le comte de Saint-Simon * et le plus redoutable théoricien de son temps, Karl Marx, considéra surtout sa théorie comme un instrument capable de transformer le monde.

La création de l'histoire comme un sujet académique est peut-être l'aspect le moins important de cette historisation des

---

* Bien que la pensée de Saint-Simon soit, comme nous l'avons vu, difficilement classifiable, il semblerait un peu pédant d'abandonner l'habitude établie de l'appeler « socialiste utopiste ».

sciences sociales. Il est vrai qu'une épidémie d'ouvrages historiques submergea l'Europe dans la première moitié du XIXᵉ siècle. Rarement les hommes s'étaient autant interrogés sur le sens profond du monde où ils vivaient à travers une description aussi volumineuse de son passé, description qui souvent d'ailleurs était faite pour la première fois : Karamzin en Russie (1818-1824), Geijer en Suède (1832-1836), Palacky en Bohème (1836-1867), sont les pères fondateurs de la critique historique de leurs pays respectifs. En France, le besoin impérieux de comprendre le présent grâce au passé, fut particulièrement vif et c'est la révolution elle-même qui y devint vite le sujet d'études intensives et partisanes, celles de Thiers (1823-1843), Mignet (1824), Buonarroti (1828), Lamartine (1847) et le grand Jules Michelet (1847-1853). Ce fut la période héroïque de la critique historique, mais parmi les ouvrages de Guizot, Augustin Thierry et Michelet en France, du Danois Niebuhr et du Suisse Sismondi, de Hallam, Lingard et Carlyle en Grande-Bretagne et des innombrables professeurs allemands, il en est peu qui vivent encore aujourd'hui, sinon peut-être à titre de document historique, d'ouvrage littéraire ou, accidentellement, comme un témoignage sur un génie.

C'est dans le domaine de la documentation et de la méthode historique que les résultats de ce réveil historique ont été les plus durables. Collecter les documents, écrits ou non, légués par le passé devient une passion universelle. Peut-être était-ce en partie une tentative pour sauvegarder ce passé contre les attaques d'un présent armé par la puissance de la vapeur, mais le nationalisme représenta sans doute en l'occurrence la principale incitation : dans les nations jusque-là endormies, l'historien, le lexicographe et le collecteur de chansons folkloriques furent souvent les vrais fondateurs de la conscience nationale. Et c'est ainsi que les Français instituèrent leur Ecole des chartes (1821) et les Anglais un Public Record Office (1838), que les Allemands commencèrent à publier leur *Monumenta Germaniae historica* (1826), tandis que la doctrine selon laquelle l'histoire doit être établie sur une critique minutieuse des documents originaux était formulée par le fécond Leopold von Rancke (1795-1886). Cependant, comme nous l'avons vu (cf. chapitre XIV) les linguistes et les amateurs de folklore publiaient des dictionnaires fondamentaux de leurs langues et des recueils des traditions orales de leur peuple.

L'introduction de l'histoire dans les sciences sociales eut ses effets les plus immédiats dans le domaine du droit où Friedrick Karl von Savigny fonda l'école historique de jurisprudence (1815) ; dans l'étude de la théologie où l'application du critère historique — particulièrement dans la *Leben Jesu* (1835) de D. F. Strauss —

horrifia les croyants naïfs mais surtout dans cette science toute
nouvelle qu'était la philologie. Celle-ci commença elle aussi à
se développer en Allemagne, pays qui était de loin le centre le plus
vigoureux de diffusion de la pensée historique. Ce n'est pas un
hasard si Karl Marx était allemand. Apparemment le stimulus
qui lança la philologie fut la conquête des sociétés non européennes par l'Europe. Les premières investigations de sir William
Jones dans le sanskrit (1786) furent le résultat de la conquête
du Bengale par la Grande-Bretagne; le déchiffrement des hiéro-
glyphes par Champollion (son principal ouvrage sur le sujet fut
publié en 1824) le résultat de l'expédition de Napoléon en Egypte;
l'interprétation de l'écriture cunéiforme (1835) par Rawlinson
témoigne de la polyvalence des fonctionnaires coloniaux britanniques. Mais au vrai la philologie ne se limita pas à découvrir, à
décrire et à classifier. Entre les mains des grands savants allemands tels que Franz Bopp (1791-1867) et les frères Grimm, elle
devint la seconde science sociale proprement dite : soit la seconde
qui ait découvert des lois générales applicables à un domaine aussi
capricieux apparemment que celui de la communication humaine,
(la première étant l'économie politique). Mais contrairement aux
lois de l'économie politique, celles de la philologie étaient fondamentalement historiques ou plutôt évolutionnistes *.

Leur origine fut la découverte qu'une large série de langages,
les langues indo-européennes, étaient reliés les uns aux autres;
à quoi s'ajoutait cette constatation évidente que toutes les langues
écrites existant en Europe s'étaient largement transformées au
cours des siècles et allaient très probablement encore subir des
modifications. Le problème n'était pas seulement de prouver et
de classer ces relations grâce à la « comparaison scientifique »,
méthode qui était alors largement appliquée (par exemple dans
l'anatomie comparée de Cuvier). C'était aussi et surtout celui d'élu-
cider leur évolution historique à partir de ce qui avait dû être pour
elles un ancêtre commun. La philologie fut la première science
à considérer l'évolution comme le cœur même de son être. Elle a
été, bien sûr, favorisée du fait que la Bible est relativement silencieuse en ce qui concerne l'histoire du langage, alors qu'elle n'est
que trop explicite, comme les biologistes et les géologues l'apprirent
à leurs dépens, sur la création et sur l'histoire des origines de la
terre. C'est pourquoi le philologue courait moins le risque de se

* Paradoxalement l'application d'une méthode de physique-mathéma-
tique à la linguistique, considérée comme un secteur de la théorie plus
générale des « communications » ne fut pas tentée avant notre siècle.

faire tremper par les eaux du déluge de Noé ou de trébucher sur les obstacles du premier chapitre de la Genèse que ses malheureux confrères. En tout cas l'affirmation biblique « et sur toute la terre ils ne parlaient qu'une seule langue et ne prêchaient qu'une seule parole » était de son côté. Mais la philologie fut aussi favorisée parce que, seule parmi les sciences sociales, elle ne s'occupait pas directement des êtres humains — qui se froissent toujours lorsqu'on suggère que leurs actions sont déterminées par quelque chose d'autre que leur libre choix — mais des mots qui sont à l'abri de ces susceptibilités. C'est pourquoi la liberté lui fut laissée d'affronter librement ce qui reste encore le problème fondamental des sciences historiques : comment faire dériver la variété immense — et apparemment très capricieuse — des individus dans la vie réelle, du fonctionnement de lois générales invariables.

Les pionniers de la philologie n'avancèrent pas très loin, pour dire le vrai, dans l'explication des transformations du langage, bien que Bopp lui-même ait déjà proposé une théorie des origines des inflexions grammaticales. Mais ils établirent, pour les langues indo-européennes, une espèce d'arbre généalogique. Ils aboutirent par induction à un certain nombre de généralités sur l'ampleur relative des transformations dans les divers éléments linguistiques et, par l'histoire, à quelques généralités de très vaste portée, comme la loi de Grimm (qui montrait que toutes les langues teutoniques ont enregistré certaines substitutions de consonnes et que plusieurs siècles après, d'autres substitutions très similaires s'étaient manifestées dans un groupe de dialectes teutoniques). Cependant, tout au long de ces explorations de la découverte, ils ne doutèrent jamais que l'évolution du langage n'était pas seulement une façon d'établir des séquences chronologiques, ou d'enregistrer les variations linguistiques, mais qu'elle devait être expliquée par des lois linguistiques générales, analogues aux lois scientifiques.

IV

Les biologistes et les géologues eurent moins de chance. Pour eux l'histoire était la voie essentielle, bien que l'étude de la terre (grâce à la minéralogie) fût étroitement liée avec la chimie, et l'étude de la vie (grâce à la médecine) non moins étroitement liée avec la physiologie, et (grâce à cette découverte décisive que les éléments chimiques existant dans les êtres vivants étaient les mêmes que ceux de la nature inorganique) avec la chimie. Mais, pour le géologue en tout cas, les problèmes les plus évidents impliquaient l'intervention de l'histoire — par exemple lorsqu'il s'agissait d'expliquer la distribution de la terre et des eaux, des montagnes et par-dessus tout la nette différenciation des diverses couches.

Le problème historique de la géologie était donc d'expliquer l'évolution de la terre, celui de la biologie était double : expliquer la croissance de l'être vivant pris individuellement que ce soit à partir de l'œuf, de la graine ou du spore; expliquer l'évolution de l'espèce. Et les deux sciences étaient liées l'une à l'autre : les fossiles en étaient la preuve tangible puisque chaque couche de roche en recélait une variété particulière qui n'existait pas dans les autres.

Vers 1790, un ingénieur anglais spécialiste des drainages découvrit que la succession historique des stratifications pouvait être très commodément datée par ces fossiles caractéristiques : les deux sciences se trouvèrent ainsi éclairées en même temps grâce aux travaux très prosaïques de la révolution industrielle.

Le problème se posait avec une telle évidence qu'on avait déjà tenté d'avancer des théories de l'évolution; il faut noter en particulier, pour le monde animal, celle de ce zoologiste séduisant mais quelquefois aventureux qu'était le comte de Buffon (*Les Epoques de la Nature,* 1778). Dans la décennie de la Révolution française, ces théories avaient gagné rapidement du terrain. Le méditatif James Hutton d'Edimbourg (*Theory of the Earth,* 1795) et l'excentrique Erasme Darwin, ce membre brillant de la Lunar Society de Birmingham qui s'amusa à écrire en vers quelques-uns de ses ouvrages scientifiques (*Zoonomia,* 1794), formulèrent des théories assez complètes sur l'évolution de la terre, de l'espèce animale et végétale. Laplace (1796) est même l'auteur d'une théorie évolutionniste du système solaire que le philosophe Emmanuel Kant avait d'ailleurs annoncée, et Pierre Cabanis, à peu près à la même époque, allait jusqu'à envisager que les facultés mentales de l'homme sont elles-mêmes le résultat de l'histoire de son évolution. En 1879, le Français Lamarck proposait la première grande théorie moderne et systématique de l'évolution, fondée sur la transmission héréditaire des caractères acquis.

Aucune de ces théories ne triompha. En fait elles rencontrèrent très vite la résistance passionnée de ceux qui, à l'image de la *Quarterly Review* très conservatrice, étaient « résolument attachés à la cause de la révélation [2] ». Que deviendrait dans cette aventure le Déluge de Noé? ou la création séparée des espèces, pour ne pas parler de celle de l'homme? Surtout que deviendrait la stabilité sociale? Toutes ces questions ne troublaient pas seulement des prêtres un peu simples ou des politiciens qui l'étaient moins. Le grand Cuvier, lui-même fondateur de l'étude systématique des fossiles (*Recherches sur les ossements fossiles,* 1812) rejetait la théorie de l'évolution au nom de la Providence. Mieux valait encore imaginer une série de catastrophes dans l'histoire géologique, suivies d'une série de re-créations divines — il était presque impossible de nier l'existence de transformations *géologiques* et de les séparer des transformations biologiques — plutôt que de s'en prendre à l'intangibilité des Ecritures ou d'Aristote. L'infortuné docteur Lawrence qui répondit à Lamarck en lui proposant une théorie à la Darwin d'évolution par la sélection naturelle, fut bel et bien contraint par la réprobation des conservateurs de retirer de la circulation sa *Natural History of Man* (1819). Il avait eu l'imprudence non seulement de discuter du problème de l'évolution de l'homme, mais encore de signaler ce que ces idées impliquaient pour la société contemporaine. Sa rétractation lui permit de conserver sa place et de s'assurer, en même temps qu'un bel avenir dans sa carrière, une mauvaise conscience permanente qu'il apaisait en encensant les courageux imprimeurs radicaux qui, de temps à autre publiaient subrepticement son œuvre incendiaire.

Ce n'est pas avant les années 1830 — c'est-à-dire, remarquons-le, lorsque la politique eut pris un nouveau tournant vers la gauche — que des théories au point sur l'évolution firent leur apparition avec la publication des fameux *Principles of Geology* (1830-1833) de Lyell : ils mirent fin à la résistance des « neptuniens », qui soutenaient, en s'appuyant sur la Bible, que tous les minéraux avaient été précipités à partir des solutions acqueuses qui autrefois avaient recouvert la terre (cf. Genèse, I, 7-9) et des « catastrophistes » qui suivaient Cuvier dans son argumentation désespérée.

Dans la même décennie, Schmerling, qui faisait de la recherche en Belgique, et Boucher de Perthes, qui heureusement avait préféré son « dada », l'archéologie, à son poste de directeur des douanes à Abbeville, pronostiquèrent un événement plus alarmant encore : la découverte effective de ces fossiles de l'homme préhistorique dont on avait si violemment nié qu'ils puissent exister *. Mais le conservatisme scientifique parvint à rejeter cette horrible perspective en arguant du manque de preuves, jusqu'au jour où, en 1856, on découvrit l'homme du Neanderthal.

---

* Ses *Antiquités celtiques et antédiluviennes* ne furent pas publiées avant 1846. En réalité plusieurs hommes fossiles avaient été découverts, en telle ou telle occasion, mais ou bien on ne les avait pas reconnus comme tels, ou bien on les avait oubliés dans un coin de quelque musée provincial.

Désormais, il fallait admettre : *a)* que des causes *aujourd'hui* encore en œuvre avaient, dans le cours du temps, transformé la terre en la faisant passer de son état originel à son état présent; *b)* que cela avait demandé un laps de temps beaucoup plus considérable que celui qu'on pouvait tenter de calculer à partir des Ecritures; et *c)* que la succession des couches géologiques révélait une succession de formes animales qui évoluaient, ce qui impliquait par conséquent une évolution biologique. Il est assez significatif de voir que ceux qui acceptèrent le plus volontiers ces conclusions et qui d'ailleurs montrèrent le plus d'intérêt pour le problème de l'évolution, furent les laïques et radicaux convaincus des classes moyennes britanniques (à l'exception toutefois du célèbre docteur Andrew Ure, bien connu pour ses hymnes à la louange du système des manufactures). Les savants mirent beaucoup de temps à accepter la science. On s'en étonnera moins si l'on sait que la géologie fut, en cette période, la seule science considérée comme d'assez bon ton (peut-être parce qu'on la pratiquait au grand air, de préférence en « tournées géologiques » fort dispendieuses) pour qu'il soit question de s'en occuper sérieusement dans les universités d'Oxford et de Cambridge.

Le problème de l'évolution biologique, cependant, restait à la traîne. Ce n'est que bien après l'échec des révolutions de 1848 que ce sujet brûlant fut à nouveau remis en question; et même alors, Charles Darwin le traita avec mille précautions et ambiguïtés, pour ne pas dire roublardises. Même les enquêtes sur l'évolution menées parallèlement, par le moyen de l'embryologie, firent chou blanc. Là aussi très tôt, certains philosophes allemands spécialistes de sciences naturelles, comme Johann Meckel, professeur à Halle (1781-1833), avaient suggéré que, pendant son développement, l'embryon d'un organisme récapitulait en quelque sorte l'évolution de son espèce. Mais cette « loi de biogénétique », bien que soutenue d'abord par des hommes tels que Rathke qui découvrit que les embryons d'oiseaux passaient par un stade où ils étaient dotés de branchies (1829), fut rejetée par l'autorité de von Baer (de Kœnigsberg et Saint-Pétersbourg : la physiologie expérimentale semble avoir eu un attrait particulier pour les chercheurs des régions slaves et baltiques). Cette ligne de pensée ne fut pas reprise avant l'avènement du darwinisme.

Cependant, les théories évolutionnistes avaient fait des progrès frappants dans l'étude de la société. Encore ne faudrait-il pas exagérer ces progrès. La période de la double révolution appartient à la préhistoire de toutes les sciences sociales, sauf l'économie politique, la linguistique et peut-être la statistique. Même la plus formidable de ses réussites, la théorie cohérente de Marx et Engels sur l'évolution sociale, fut à l'époque à peine plus qu'une brillante hypothèse, proposée comme une superbe esquisse pamphlétaire — ou utilisée comme base du récit historique. La construction solide de bases scientifiques pour l'étude de la société humaine ne devait pas se faire avant la seconde moitié du siècle.

C'est le cas pour l'anthropologie sociale ou l'ethnographie, la préhistoire, la sociologie et la psychologie. Sans doute est-il important que ces champs d'étude aient reçu leur nom de baptême pendant notre période, et qu'au même moment on ait proclamé la nécessité de considérer chacune d'entre elles comme une science indépendante, avec ses propres lois particulières : John Stuart Mill, en 1843, fut peut-être le premier à revendiquer énergiquement ce statut pour la psychologie. Le fait que des sociétés spéciales d'ethnologie aient été fondées en France et en Angleterre (1839, 1843) pour l'étude des races humaines, est également significatif, de même que la multiplication de sociétés de statistiques et d'enquêtes sociales fondées sur la statistique, entre 1830 et 1848. Mais les *Instructions générales aux voyageurs* de la Société ethnologique française qui les pressaient de « rechercher quels sont chez un peuple les souvenirs qu'il a conservés de son origine, quelles sont les révolutions qu'il a éprouvées dans sa langue ou dans ses mœurs, dans les arts et dans les sciences, dans la richesse, sa puissance ou son gouvernement, par des causes internes ou des invasions étrangères [3] », n'est guère plus qu'un programme, et, au vrai, un programme profondément historique. En réalité, ce qui est important à propos des sciences sociales pendant notre période, c'est moins les résultats atteints (bien qu'on ait accumulé alors une quantité considérable de matériel descriptif) que leur ferme tendance matérialiste, exprimée à travers la décision d'expliquer les différences sociales entre les hommes grâce à leur milieu ; c'est aussi leur non moins ferme confiance dans la théorie de l'évolution. En 1787, Chavanne ne définissait-il point l'ethnologie, alors à ses débuts, comme « l'histoire du progrès des peuples vers la civilisation [4] » ?

Un sous-produit douteux de ce premier développement des sciences sociales doit cependant être mentionné brièvement : les théories sur les races. L'existence de races (ou plutôt de couleurs) différentes chez les hommes avait été longuement discutée au XVIIIe siècle, alors que le problème d'une création de l'homme unique ou multiple tourmentait les esprits. La ligne qui séparait les monogénistes et les polygénistes n'était pas simple. Le premier groupe réunissait des hommes qui croyaient à l'évolution et à l'égalité humaine avec des hommes soulagés de découvrir que, sur ce point au moins, la science n'était pas en conflit avec les Ecritures; par exemple les pro-darwiniens Prichard et Lawrence, Cuvier. Le second groupe, indiscutablement, ne se composait pas seulement de savants de bonne foi, mais aussi de racistes originaires de l'Amérique esclavagiste. Ces discussions sur la race provoquèrent un vif jaillissement d'études anthropométriques, surtout fondées sur la collecte, la classification et les mensurations de crânes, pratique qu'encourageait encore l'étrange marotte de l'époque pour la phrénologie, laquelle se flattait de définir les tempéraments d'après la configuration du crâne. En Grande-Bretagne et en France, des sociétés de phrénologie furent fondées (1823, 1832), mais le sujet disparut bientôt des préoccupations scientifiques.

A la même époque, un mélange de nationalisme, de radicalisme, d'histoire et d'observation sur le terrain introduisait le thème de discussion également dangereux des caractéristiques permanentes, nationales ou raciales, d'une société. Vers les années 1820, les frères Thierry, historiens français d'avant-garde et révolutionnaires, s'étaient lancés dans une étude de la conquête normande et des Gaulois dont on peut retrouver encore la marque dans cette première phrase rituelle des manuels scolaires français : « Nos ancêtres les Gaulois... », et sur les paquets bleus de cigarettes « Gauloises ». En bons radicaux qu'ils étaient, ils soutenaient que le peuple français descendait des Gaulois, les aristocrates des Teutons qui les avaient conquis, argument qui sera utilisé plus tard à des fins réactionnaires par les racistes appartenant aux classes supérieures, comme le comte de Gobineau. La conviction que des lignées raciales survivaient — idée appliquée aux Celtes avec un zèle compréhensible par un naturaliste gallois, W. Edwards — était admirablement faite pour un âge où les hommes voulaient découvrir l'individualité romantique et mystérieuse de leur nation, revendiquer des missions messianiques s'ils étaient révolutionnaires, ou attribuer leur richesse et leur puissance, s'ils les possédaient, à « une supériorité innée ». (Ils ne montraient aucune tendance à attribuer l'état de pauvreté ou d'opprimé à une infériorité, également innée). Mais il faut bien dire à leur décharge que les pires abus des théories raciales ne furent pas leur fait : ils ne se produisirent qu'après la période dont nous nous occupons ici.

V

Comment faut-il expliquer ces développements scientifiques? Comment, en particulier, peut-on les lier aux autres transformations historiques de la double révolution? Qu'il existe des liens, et des plus naturels, c'est bien évident. Les problèmes théoriques de la machine à vapeur conduisirent le brillant Sadi Carnot, en 1824, à la plus importante découverte de la physique du XIX⁰ siècle, les deux lois de la thermodynamique *(Réflexions sur la puissance motrice du feu *)*, bien qu'il y ait eu d'autres façons d'aborder le problème. La grande avance de la géologie et de la paléontologie doit beaucoup au zèle avec lequel les ingénieurs industriels et les constructeurs s'étaient mis à creuser la terre et à la grande importance des mines. Ce n'est pas pour rien que la Grande-Bretagne est devenue le pays géologique par excellence, mettant sur pied une Enquête géologique nationale, en 1836. L'enquête sur les ressources minérales fournit aux chimistes d'innombrables composés inorganiques à analyser; au moment même où l'industrie minière, la céramique, la métallurgie, les textiles, les nouvelles industries d'éclairage par le gaz, les produits chimiques et l'agriculture stimulaient leurs travaux. Et l'enthousiasme du solide bourgeois radical anglais, ou de l'aristocrate whig, non seulement pour les recherches appliquées, mais aussi pour d'audacieux progrès de la connaissance devant lesquels la science officielle elle-même reculait, cet enthousiasme suffit à prouver que le progrès scientifique, pendant notre période, ne peut être séparé de ce stimulant que fut pour lui la révolution industrielle.

D'une façon semblable, les implications scientifiques de la Révolution française se montrent avec évidence dans l'hostilité à la science, franche ou déguisée que les conservateurs et les modérés en matière politique réservaient à ce qu'ils considéraient comme les conséquences naturelles de la subversion matérialiste et rationaliste du XVIII⁰ siècle. La défaite de Napoléon apporta une vague d'obscurantisme. « Les mathématiques sont les chaînes de la pensée humaine, s'écriait cet indécis que fut toujours Lamartine, je souffle et elles se brisent ». La lutte entre une gauche combative, pro-scientifique et anticléricale qui, en ses rares moments de victoire, a su construire la plupart des institutions permettant aux savants français de travailler, et une droite antiscience qui a fait de son mieux pour les décourager [5], s'est toujours poursuivie depuis ces temps. Ce qui n'implique pas que les savants, en France ou ailleurs, aient été pendant cette période particulièrement révolutionnaires. Certains le furent, comme le jeune prodige Evariste Galois qui s'était précipité sur les barricades en 1830, qui fut poursuivi comme rebelle et tué dans un duel suscité

---

* Sa découverte de la première loi, cependant, ne fut publiée que longtemps après.

par des provocateurs politiques, à l'âge de vingt et un ans, en
1832. Des générations de mathématiciens se sont nourries des idées
profondes qu'il avait notées fiévreusement, dans cette nuit qu'il
savait être la dernière pour lui sur la terre. D'autres savants
étaient franchement réactionnaires, comme le légitimiste Cauchy,
bien que, pour des raisons évidentes, la tradition de l'Ecole polytechnique dont il se parait volontiers, fut activement antiroyaliste.
Il est probable que la plus grande partie des savants se seraient
reconnus du centre gauche, pendant la période post-napoléonienne,
et quelques-uns, particulièrement dans les nations neuves ou dans
des communautés jusque-là apolitiques, furent contraints de prendre des positions de chefs politiques; en particulier les historiens,
les linguistes et autres, qui avaient des rapports manifestes avec
les mouvements nationaux. Palacky devint le principal porte-
parole des Tchèques en 1848; les sept professeurs de Göttingen
qui signèrent une lettre de protestation en 1837, se trouvèrent du
jour au lendemain des vedettes nationales *, et le parlement de
Francfort, pendant la révolution allemande de 1848, fut une assemblée notoirement composée de professeurs autant que d'autres
fonctionnaires. Par ailleurs, comparés aux artistes et aux philosophes, les savants — et spécialement les naturalistes — ne montraient qu'un très faible degré de conscience politique, sauf quand
leur sujet d'études l'exigeait précisément. Hors des pays catholiques, par exemple, ils témoignaient d'une grande capacité pour
combiner la science avec une paisible orthodoxie religieuse qui
est très surprenante pour qui étudie, aujourd'hui, l'époque post-
darwinienne.

Ces filiations directes entre les savants et la science expliquent
certains aspects du développement scientifique entre 1789 et 1848,
mais quelques-uns seulement. Il est clair que les effets indirects
des événements contemporains furent beaucoup plus importants
de ce point de vue. Personne ne pouvait ne pas voir que le monde
se transformait, et beaucoup plus radicalement qu'il ne l'avait
jamais fait jusque-là. Et personne, en y réfléchissant, ne pouvait
manquer d'être à la fois effrayé, troublé et mentalement stimulé
par ces convulsions et transformations extraordinaires. Il n'est
guère surprenant de penser que les modèles de pensée dérivant
des changements rapides de la société, de révolutions profondes
et du remplacement systématique des institutions coutumières ou
traditionnelles par des innovations rationalistes, avaient des
chances d'être bien accueillis. Est-il possible d'établir une liaison
entre cette visible apparition de la révolution et l'empressement

* Les frères Grimm faisaient partie du groupe.

concommittant des mathématiques abstraites à renverser les barrières mentales jusque-là opérantes? Nous ne saurions l'affirmer, bien que nous sachions que l'adoption de nouvelles lignes de pensée est, d'ordinaire, beaucoup moins freinée par leurs difficultés intrinsèques que par les conflits qui les opposent aux opinions tacitement admises sur ce qui est, ou n'est pas « naturel ». Les termes mêmes de nombre « irrationnel » (pour des nombres comme $\sqrt{2}$), ou de nombre « imaginaire » (pour les nombres comme $\sqrt{-1}$) montrent bien la nature de la difficulté. Il suffit de décider que ces nombres ne sont ni plus, ni moins rationnels ou réels que les autres, et ensuite tout va tout seul. Mais, pour que les penseurs parviennent à de semblables décisions, il faut parfois des siècles de transformations. Et par exemple, les variables imaginaires ou complexes, traîtées avec tant de perplexité et de précautions par des mathématiciens du XVIIIᵉ siècle, ne jouèrent véritablement leur rôle qu'après la révolution.

Mais, si on laisse de côté les mathématiques abstraites, il y avait toutes les chances pour que les savants se laissent tenter par les modèles que suggéraient les transformations de la société et les utilisent dans les domaines auxquels pareilles analogies semblaient applicables; par exemple, en introduisant des concepts évolutionnistes dynamiques dans des domaines jusqu'alors statiques, la chose pouvant se faire soit directement, soit par le relais de quelque autre science. C'est ainsi que le concept de la révolution industrielle, tellement fondamental pour l'histoire et pour un large secteur des sciences économiques modernes, fut franchement présenté, dans les années 1820, comme une analogie de la Révolution française. Charles Darwin arriva au mécanisme de la « sélection naturelle » par analogie avec le modèle de la concurrence capitaliste qu'il avait pris chez Malthus (« la lutte pour la vie »). Et la vogue des théories « catastrophistes » en géologie (1790-1830) a peut-être bien quelque chose à voir avec les violentes convulsions de la société, familières à cette génération.

Cependant, en dehors des sciences les plus manifestement sociales, il serait peu prudent de donner trop de poids aux influences extérieures. Le monde de la pensée est, jusqu'à un certain point, un monde autonome : ses mouvements sont, si l'on peut dire, sur la même longueur d'onde que les mouvements du monde extérieur, mais ils n'en sont pas le simple écho. Par exemple, les théories catastrophistes de la géologie doivent aussi quelque chose à cette affirmation si volontiers insistante chez les protestants et plus particulièrement chez les calvinistes, de la toute puissance arbitraire du Seigneur. D'ailleurs ces théories furent surtout le monopole des protestants, opposés sur ce point aux penseurs catho-

liques ou agnostiques. Bref, si certains développements dans le
domaine des sciences ont leur parallèle en d'autres domaines, ce
n'est pas parce que chacun d'eux peut tout simplement s'agrafer
à un aspect correspondant, dans le domaine politique ou économique.

Toutefois, les liens existent, indéniables. Les principaux courants de la pensée générale, durant notre période, ont leur correspondance dans les domaines spécialisés de la science et c'est ce qui
nous autorise à établir un parallèle entre la science et les arts, ou
entre ces deux activités et les attitudes politico-sociales. Ainsi le
classicisme et le romantisme existent dans les sciences; et comme
nous l'avons vu, chacun cadre avec une conception particulière
de la société humaine. L'identification du classicisme (ou en termes
intellectuels de l'univers newtonien, rationaliste et mécaniste des
Lumières) avec un milieu du libéralisme bourgeois, et celle du
romantisme (ou en termes intellectuels de ce qu'on a appelé la
« philosophie naturelle ») avec les adversaires de ce libéralisme,
est manifestement une simplification excessive et qui de toute
manière n'a plus aucun sens après 1830. N'empêche qu'elle représente un certain aspect de la vérité. Jusqu'à ce que la naissance
de théories comme le socialisme moderne soit parvenue à ancrer
solidement la pensée révolutionnaire dans le passé rationaliste
(cf. chapitre XIII), les sciences telles que la physique, la chimie
et l'astronomie allèrent de pair avec le libéralisme bourgeois
franco-anglais. Par exemple, les révolutionnaires plébéiens de
l'an II s'inspirèrent de Rousseau plutôt que de Voltaire et soup-
çonnèrent Lavoisier (qu'ils exécutèrent) et Laplace, non pas simplement du fait de leurs liens avec l'Ancien Régime, mais pour
des raisons analogues à celles qui conduisirent le poète William
Blake à se détacher de Newton *. Inversement, l'histoire naturelle
avait bonne pressé, parce qu'elle représentait la voie de la spon-
tanéité, de la nature dans sa vérité et son authenticité. La dictature
jacobine, qui supprima l'Académie française, ne fonda pas moins
de douze chaires de recherche au Jardin des plantes. Un peu de la
même façon, c'est en Allemagne où le libéralisme classique avait
assez peu d'importance (cf. chapitre XIII) qu'une idéologie scientifique rivale de l'idéologie classique : la philosophie dite « naturelle », fut la plus populaire.

Il n'est que trop facile de sous-estimer la « philosophie naturelle », car ses conflits sont très visibles avec ce que nous en sommes

---

* Cette suspicion vis-à-vis de la science newtonienne ne s'étendait pas
aux sciences appliquées, dont la valeur économique et militaire était évidente.

venus à considérer, à juste titre, comme la science. Elle était spé-
culative et intuitive. Elle cherchait à exprimer l'esprit du monde
ou de la vie, la mystérieuse union organique de toutes les choses
entre elles et bon nombre d'autres concepts qui résistaient aux
mesures quantitatives précises de la clarté cartésienne. En réalité,
elle était en révolte ouverte contre le matérialisme mécanique,
contre Newton et, parfois, contre la raison elle-même. Le grand
Gœthe a gaspillé beaucoup de son temps olympien à essayer de
réfuter l'optique de Newton, pour l'unique raison qu'il ne se sentait
pas à l'aise dans une théorie qui omettait d'expliquer les couleurs
par l'interaction des principes de lumière et d'obscurité. Une telle
aberration n'eut d'autre résultat que de provoquer une surprise
pénible à l'Ecole polytechnique, où l'obstination des Allemands
à préférer les confusions de Képler et tout leur pesant mysticisme
à la lucide perfection des *Principia* restait incompréhensible. Quel
usage faire, en vérité, de ces déclarations de Lorenz Oken :

« L'activité ou la vie de Dieu consiste à se manifester éternellement, à se contempler éternellement dans l'unité et la dualité,
se divisant extérieurement et demeurant toujours un... La polarité
est la première force qui apparaisse dans le monde... La loi de
causalité est une loi de polarité. La causalité est un acte de génération. Le sexe a ses racines dans le premier mouvement du
monde... Dans toutes choses, donc, il y a deux processus, l'un qui
individualise et donne vie, l'autre qui universalise et détruit [6]. »

Oui, quel usage, en vérité? La totale incompréhension de Ber-
trand Russell pour Hegel qui raisonnait en des termes analogues,
est une bonne illustration de la réponse des rationalistes du
XVIIIᵉ siècle à cette question de rhétorique. En revanche, la dette
que Marx et Engels reconnaissaient ouvertement avoir à l'égard de
la philosophie naturelle [*] nous avertirait si nécessaire qu'on ne
peut la considérer comme un simple verbiage. Le point essentiel
étant d'ailleurs qu'elle fut effectivement agissante. Elle n'engendra
pas seulement un effort dans le domaine scientifique — Lorenz
Oken a fondé la Deutsche Naturforscherversammlung de tendance
libérale et inspiré la British Association for the Advancement of
Science — elle aboutit aussi à des résultats fructueux. La théorie
de la cellule en biologie, une bonne partie de la morphologie, de
l'embryologie, de la philologie et de cet aspect historique et évolutionniste que comportent toutes les sciences, ont été surtout d'inspiration « romantique ». Certes, même dans son domaine par excel-

---

[*] *L'Anti-Dühring* d'Engels et son *Feuerbach* contiennent une défense
en bonne et due forme de cette philosophie, comme de celle de Képler
contre Newton.

lence — la biologie — le romantisme a dû finalement accepter
la contribution du classicisme froid de Claude Bernard (1813-1878),
le fondateur de la physiologie moderne. Mais, d'un autre côté,
même dans les sciences physico-chimiques qui étaient demeurées
la forteresse du « classicisme », les spéculations des philosophes
naturels sur des sujets aussi mytérieux que l'électricité ou le
magnétisme sont responsables de certains progrès. Hans Christian
Oersted de Copenhague, le disciple du nébuleux Schelling, chercha
et trouva le lien entre ces deux mystères, lorsqu'il démontra, en
1820, l'effet magnétique des courants électriques. Au vrai, les deux
attitudes en face de la science — la classique et la romantique —
étaient imbriquées. Elles ne se confondirent jamais complètement,
même chez Marx qui était beaucoup plus conscient que la plupart
des penseurs des origines intellectuelles combinées de sa pensée.
Au total, la démarche « romantique » a joué le rôle d'un stimulant
pour les idées et orientations nouvelles, avant de disparaître à
nouveau de l'horizon scientifique. Mais, pendant la période qui
nous intéresse, on ne pourrait la négliger.

Or, s'il est impossible de l'ignorer en tant que stimulant purement scientifique, à plus forte raison ne peut-elle être écartée
par l'historien des idées et des opinions pour qui même les idées
fausses et absurdes sont des faits et des forces historiques. Nous
ne pouvons effacer d'un trait un mouvement qui a su captiver, ou
influencer des hommes de la qualité intellectuelle de Gœthe, Hegel,
ou le jeune Marx. Nous pouvons seulement chercher à comprendre
le sentiment d'insatisfaction profonde suscité par la vision « classique » du monde qui avait été celle du XVIIIᵉ siècle franco-anglais
et dont les réussites gigantesques, aussi bien dans le domaine scientifique que dans le domaine social, étaient indéniables, mais dont
l'étroitesse et les limites apparurent de plus en plus clairement
pendant la période des deux révolutions. Etre conscient de ces
limites et chercher, par intuition souvent plutôt que par analyse,
d'autres termes qui permettraient de construire une image plus
satisfaisante du monde, ce n'était pas construire vraiment celle-ci.
Pas plus que les visions qui obsédèrent les philosophes naturels
d'un univers évolutionniste, dialectique, aux multiples connexions
internes, n'étaient des preuves, ou même des formulations exactes
de cet univers. Mais elles correspondaient à des problèmes réels —
et même à des problèmes réels relevant des sciences exactes — et
aussi à un certain sens prophétique des transformations et des
extensions de ce monde des sciences qui a produit notre univers
scientifique actuel. A leur façon, elles étaient le reflet de cet impact
de la double révolution auquel rien n'a échappé, qui n'a laissé
intact aucun aspect de la vie humaine.

16.

Conclusion : vers 1848

Le paupérisme et le prolétariat sont les ulcères suppurants qui se sont développés sur l'organisme des États modernes. Peut-on les guérir? Les médecins communistes proposent la destruction complète et l'anéantissement de l'organisme existant... Une chose est sûre; si ces hommes gagnent le pouvoir d'agir à leur guise, il n'y aura pas une révolution politique, mais une révolution sociale, une guerre contre toute propriété, une anarchie totale. Celle-ci, à son tour, céderait-elle la place à de nouveaux états nationaux, et sur quelles bases morales et sociales? Qui déchirera le voile de l'avenir? Et quel sera le rôle joué par la Russie? « Je m'assieds sur la rive et j'attends le vent », dit un vieux proverbe russe.

HAXTHAUSEN :
Studien über... Russland, 1847.

I

Nous avons commencé par une vue d'ensemble du monde en 1789. Nous concluerons en y jetant à nouveau un coup d'œil, quelque cinquante ans plus tard, à la fin du plus révolutionnaire demi-siècle que l'histoire ait connu jusqu'à cette date.

Ce fut un âge de superlatifs. Les nombreux résumés statistiques par lesquels cette époque de comptabilité et de calcul a cherché à fixer tous les aspects du monde connu *, pouvaient conclure

---

* Environ cinquante grands résumés de ce genre ont été publiés entre 1800 et 1848, sans compter les statistiques officielles (recensements, enquêtes, etc.), ou les nombreux journaux nouveaux de spécialisation ou d'économie qui sont pleins de tableaux statistiques.

en toute équité que, pratiquement, toutes les quantités mesurables étaient alors les plus grandes (ou les plus petites) qui aient jamais existé. La surface du globe alors connue, cartographiée et parcourue par le réseau des communications était plus vaste qu'elle ne l'avait jamais été, ses liaisons incroyablement plus rapides. La population du monde était plus importante qu'elle ne l'avait jamais été, dépassant parfois toute attente et tout ce qu'on avait pu présumer à une époque antérieure. Des villes de vastes dimensions se multipliaient plus vite qu'elles ne l'avaient jamais fait. La production industrielle atteignait des chiffres astronomiques : en 1840, quelque chose comme 640 millions de tonnes de charbon étaient extraits de la terre. Seuls les dépassaient les chiffres plus extraordinaires encore du commerce international, lequel s'était multiplié par quatre depuis 1780 pour atteindre la valeur de quelque 800 millions de livres sterling, et beaucoup plus encore si le calcul s'exprime dans des unités monétaires moins solides et moins stables.

La science n'avait jamais été plus triomphante; les connaissances n'avaient jamais été aussi largement répandues. Plus de quatre mille journaux informaient les citoyens du monde et le nombre des livres publiés annuellement en Angleterre, en France, en Allemagne et aux Etats-Unis, s'écrivait à lui seul en cinq chiffres. L'invention humaine gravissait chaque année des sommets plus stupéfiants. La lampe d'Argand (1782-1784) avait été une vraie révolution de la lumière artificielle — le premier grand progrès depuis la lampe à huile et la chandelle — quand ces laboratoires gigantesques que l'on appelle usines à gaz, envoyant leurs produits à travers d'interminables tuyauteries souterraines, commencèrent à assurer l'éclairage des fabriques *, et peu après celui des villes d'Europe : Londres à partir de 1807, Dublin de 1818, Paris de 1819, et même la lointaine Sydney en 1841. Et déjà la lampe à arc électrique était connue. Déjà le professeur Wheatstone de Londres projetait de relier l'Angleterre à la France par un télégraphe électrique sous-marin. Déjà 48 millions de passagers utilisaient les chemins de fer du Royaume-Uni en une seule année (1845). Hommes et femmes déjà pouvaient se faire secouer tout au long de 5 000 kilomètres (1846) — une dizaine de mille dès avant 1850 — de voies ferrées en Grande-Bretagne, une quinzaine de mille aux Etats-Unis. Déjà des services de bateaux à vapeur réguliers reliaient l'Europe à l'Amérique, l'Europe aux Indes, bien que les

---

* Boulton et Watt introduisirent l'éclairage au gaz en 1798; les filatures de coton de Philips and Lee, à Manchester, employèrent d'une façon permanente 1 000 brûleurs, à partir de 1805.

bateaux à voile fussent encore de beaucoup les plus nombreux.

Sans aucun doute, ces triomphes avaient leurs revers sombres, même si ceux-ci ne se laissaient pas aussi aisément résumer en tableaux statistiques. Comment trouver une expression quantitative à ce fait qu'aujourd'hui bien peu de gens nieraient, à savoir que la révolution industrielle a créé le monde le plus laid où l'homme ait jamais vécu, comme en témoignaient déjà les ruelles de Manchester, sinistres et malodorantes derrière leur rideau de brouillard? Et aussi probablement le monde le plus malheureux, par suite du déracinement, dans des proportions inconnues jusquelà, de multitudes d'hommes et de femmes qu'on priva ainsi de toutes les certitudes rassurantes du passé. Cependant, nous pouvons pardonner aux champions du progrès, en ce milieu du XIXᵉ siècle, leur confiance et leur détermination de faire en sorte que « le commerce puisse aller de l'avant librement, conduisant d'une main la civilisation et de l'autre la paix, afin de rendre l'humanité plus heureuse, plus sage, meilleure. » « Sire, disait Lord Palmerston poursuivant ces déclarations couleur de rose en la plus noire des années, 1842, Sire, c'est là un don dispensé par la Providence » [1]. Personne ne pouvait nier que la pauvreté existait, et une pauvreté de l'espèce la plus révoltante. Beaucoup même étaient d'avis qu'elle ne faisait que croître et s'approfondir. Et cependant, selon les critères qui, de tout temps, ont mesuré les triomphes de l'industrie et de la science, quel observateur raisonnable, même le plus chagrin aurait pu soutenir qu'en termes matériels, les choses étaient pires qu'à aucune autre époque du passé, ou même ajouterons-nous, qu'elles étaient pires que dans les pays non industrialisés d'aujourd'hui? Personne n'y songeait. C'était déjà une accusation assez cruelle que de souligner que la prospérité matérielle des travailleurs n'était souvent pas plus grande que dans la nuit des temps, et parfois moindre que dans certaines périodes dont le souvenir était encore vivant. Les défenseurs du progrès essayaient d'écarter l'accusation avec l'argument que la responsabilité n'en revenait pas à l'action de la société bourgeoise, mais au contraire aux obstacles que les forces du passé, féodalisme, monarchie, aristocratie, plaçaient encore sur le chemin de la libre entreprise, dans sa perfection. Les nouveaux socialistes, à l'inverse, prétendaient qu'il fallait mettre en cause le fonctionnement même du système. Mais les uns et les autres s'accordaient pour reconnaître que ce n'étaient que des maladies de croissance. Les uns assuraient qu'elles seraient surmontées dans le cadre du capitalisme, les autres qu'elles n'avaient aucune chance de l'être, mais tous croyaient, à juste titre, que la vie humaine avait devant elle des perspectives d'amélioration matérielle capables d'égaler les progrès déjà réalisés pour le contrôle, par l'homme, des forces de la nature.

Cependant, si nous passons à l'analyse des structures sociales et politiques du monde en ce milieu du siècle, nous abandonnerons le monde des superlatifs pour celui des bilans modestes. La grande masse des habitants du globe continuait, comme autrefois, à vivre en paysans, bien que dans quelques zones — particulièrement en Grande-Bretagne — l'agriculture fût déjà l'occupation d'une petite minorité et la population urbaine déjà sur le point de dépasser la rurale, ce qui se vérifia pour la première fois lors du recensement de 1851. Il y avait relativement moins d'esclaves, car le trafic international des Noirs avait été officiellement aboli, en 1815, et l'esclavage lui-même dans les colonies britanniques, en 1834, dans les colonies françaises et les anciennes possessions espagnoles pendant et après la Révolution française. Cependant, si les « Antilles », à quelques exceptions près, étaient, selon la loi, une zone d'agriculture libre, numériquement l'esclavage continuait sa progression dans ses deux dernières forteresses, le Brésil et le sud des Etats-Unis : il s'y trouvait stimulé par le progrès mêmes de l'industrie et du commerce qui empêchaient toute restriction sur les biens et les personnes, et la prohibition officielle ne faisait que rendre le commerce des esclaves plus lucratif. Le prix approximatif d'un ouvrier agricole dans l'Amérique du Sud était de 300 dollars en 1795, mais de 1 200 à 1 800 dollars en 1860; le nombre des esclaves aux Etats-Unis était passé de 700 000, en 1790, à 2 500 000 en 1840, et 320 000 en 1850. Il en arrivait encore d'Afrique, mais le plus en plus, on en faisait l'élevage dans les zones où ils existaient en nombre, c'est-à-dire dans les provinces maritimes des Etats-Unis, pour les vendre aux plantations cotonnières dont l'expansion était rapide.

En outre, des systèmes de semi-esclavage se développaient au même moment, telle l'exportation de « main-d'œuvre sous contrat » de l'Inde vers les îles à sucre de l'océan Indien et des Antilles.

Le servage, c'est-à-dire l'enchaînement légal des paysans, avait été aboli dans la plus grande partie de l'Europe (d'ailleurs sans changer grand-chose à la situation réelle des pauvres des campagnes, dans les zones traditionnelles de *latifondia,* comme la Sicile ou l'Andalousie). Il se maintenait sans doute dans ses principaux bastions européens, mais, après une grande extension initiale, ses effectifs restèrent stationnaires en Russie à partir de 1811 (aux alentours de 10 ou 11 millions de mâles), ce qui signifie qu'il se réduisait en termes relatifs *. D'ailleurs l'agriculture servile (à la différence de l'esclavagiste) était partout dans une phase nette de déclin, ses inconvénients économiques se révélant avec de plus en plus d'évidence et la révolte paysanne — surtout à partir des années 1840 — se marquant de plus en plus nettement. Le plus grand soulèvement de serfs fut probablement celui de la Galicie autrichienne en 1846, prélude à l'émancipation générale que devait apporter la révolution de 1848. Mais même en Russie, il y eut 148 crises d'agitation paysanne en 1826-1834, 216 en 1835-1844, 348 en 1844-1854, le maximum étant atteint avec le chiffre de 474 soulèvements dans les années précédent immédiatement l'émancipation de 1861[3].

A l'autre bout de la pyramide sociale, la position de l'aristocratie terrienne se transformait moins, elle aussi, qu'on n'aurait pu le supposer, sauf dans les pays de révolution paysanne directe, comme la France. Sans doute y avait-il maintenant des nations — la France et les Etats-Unis par exemple — où les hommes les plus fortunés n'étaient plus les propriétaires fonciers (à moins qu'ils n'aient acheté eux-mêmes leurs domaines comme un symbole de leur pénétration dans les plus hautes sphères sociales, tels les Rothschild). Cependant, même dans la Grande-Bretagne des années 1840, la plus grande concentration de richesse se trouvait encore dans les mains de la noblesse et, dans les Etats-Unis du Sud, les planteurs de coton avaient même fabriqué, à leur propre usage, une sorte de caricature provinciale de la société aristocratique, inspirée par Walter Scott, la « chevalerie », le « romanesque » et autres concepts qui n'avaient pas grand-chose à voir avec les esclaves noirs sur lesquels cette fortune était bâtie, ni avec les fermiers puritains de l'arrière-pays, mangeurs de maïs et de porc gras. Naturellement, cette stabilité de l'aristocratie dissimulait un changement : les revenus des nobles dépendaient, pour une part de plus en plus considérable, de l'industrie, des actions et des rentes, des immeubles, toutes créations de la bourgeoisie méprisée.

Les classes moyennes, bien entendu, avaient augmenté rapidement, mais même ainsi, leur nombre n'était pas extraordinairement large. En 1801, il y avait environ 100 000 contribuables gagnant plus de 150 livres par an en Grande-Bretagne. A la fin de notre période, il y en avait peut-être 340 000[4] : disons, avec les familles nombreuses de ce temps, un million et demi de personnes sur une

---

* L'extension du servage sous le règne de Catherine II et Paul (1762-1801) l'avait fait passer de 3,8 millions de serfs mâles à 10,4 millions en 1811.

population totale de 21 millions (1851) *. Naturellement, le nombre
de ceux qui cherchaient à se hausser jusqu'au standard et au
niveau de vie des classes moyennes était beaucoup plus grand.
Mais ces bourgeois eux-mêmes n'étaient pas tous riches : une bonne
approximation ** donne le chiffre de 4 000 personnes — y compris
l'aristocratie — gagnant plus de 5 000 livres par an; chiffre qui
cadre assez bien avec celui des employeurs présumés des
7 579 cochers privés qui circulaient dans les rues anglaises. Or
nous pouvons affirmer que la proportion des « classes moyennes »
dans les autres pays n'était assurément pas plus haute qu'en
Grande-Bretagne, qu'elle était généralement plus basse.

C'est naturellement la classe ouvrière (y compris le nouveau
prolétariat des usines, des mines, des chemins de fer, etc.) qui
a poussé à un rythme plus rapide que toutes les autres. Cependant,
sauf en Grande-Bretagne, on pouvait au mieux la compter par centaines de milliers, et non par millions. Comparée au total de la
population du monde, elle était encore négligeable numériquement
et, en tout cas — sauf encore une fois en Grande-Bretagne et dans
quelques autres foyers d'industrialisation — une masse encore
inorganisée. Cependant, nous l'avons vu, son importance politique
était déjà immense, et tout à fait hors de proportion avec ses
dimensions, ou ses réalisations.

La structure politique du monde s'était aussi très considérablement transformée, et pourtant pas autant certes que l'observateur enthousiaste (ou pessimiste) aurait pu le prévoir en 1800.
La monarchie restait encore, en majorité, le système de gouvernement le plus commun, sauf sur le continent américain, où cependant l'un des plus grands pays (le Brésil) était un empire, un autre
(le Mexique) ayant au moins fait l'expérience du titre d'empereur
sous le gouvernement du général Iturbide, (Augustin Ier), de 1822
à 1833. Il est vrai que plusieurs royaumes européens, dont la
France, pouvaient maintenant être qualifiés de monarchies consti-
tutionnelles, mais en dehors de la bande littorale que ces régions
forment sur la rive est de l'Atlantique, partout ailleurs c'était la
monarchie absolue qui régnait. Il est vrai aussi que, vers 1840, il
y avait plusieurs nouveaux Etats, tous produits de révolutions :

* Ces estimations sont arbitraires, mais en supposant que toutes les
personnes susceptibles d'être classées dans la classe moyenne entretenaient
au moins un domestique, les 674 000 femmes qui sont « bonnes à tout faire »
en 1851 nous donnent un chiffre qui dépasse le maximum de la domesticité
bourgeoise, tandis que les quelque 50 000 cuisinières (chiffre égal à peu
près à celui des femmes de chambre et des gouvernantes) donnent le chiffre
minimum.
** Due à William Far dans le *Statistical Journal*, 1857, p. 102.

la Belgique, la Serbie, la Grèce et toute une série d'Etats latino-américains. Cependant, bien que la Belgique fût une puissance industrielle d'importance (dans une large mesure parce qu'elle évoluait dans le sillage de sa grande voisine française *), le plus important des Etats révolutionnaires était justement celui qui, en 1789, l'était déjà, les Etats-Unis. Il était favorisé par deux avantages immenses : l'absence de tout voisin ou rival puissant qui puisse, ou même veuille empêcher son expansion vers le pacifique, à travers l'immense continent — la France lui avait vendu une zone aussi large que l'étaient alors les Etats-Unis eux-mêmes, par le Louisiana Purchase de 1803 — et un taux extraordinairement rapide d'expansion économique. Le premier de ces avantages était également le partage du Brésil, qui s'étant séparé à l'amiable du Portugal, avait échappé à la fragmentation que des guerres révolutionnaires, pendant l'espace d'une génération, avait valu à la plus grande partie de l'Amérique espagnole; mais la richesse des ressources brésiliennes restait pratiquement inexploitée.

Néanmoins, il y avait eu de grands changements, et dont le rythme, depuis 1830 environ, se faisait visiblement de plus en plus vif. La révolution de 1830 avait introduit, dans les principaux Etats de l'Europe occidentale, des constitutions bourgeoises, modérément libérales (antidémocratiques, mais non moins nettement antiaristocratiques). Elles représentaient sans conteste un compromis, imposé par la crainte d'une révolution de masse qui dépasserait les vœux de la bourgeoisie modérée. Elles laissaient aux grands propriétaires terriens — en Angleterre par exemple — une représentation excessive dans le gouvernement, tandis que de vastes secteurs des nouvelles classes moyennes — et spécialement le plus dynamique, celui de la bourgeoisie industrielle — continuaient, comme en France, à n'y être pas du tout représentés. Pourtant, il s'agissait bien de compromis et qui faisaient résolument pencher la balance politique en faveur de la bourgeoisie. Pour tout ce qui leur tenait à cœur, les industriels obtinrent tout ce qu'ils voulurent, après 1832; réussir à obtenir l'abolition de la loi sur les céréales était un succès qui valait bien le retrait des propositions républicaines et anticléricales les plus extrêmes des utilitaristes. Il ne fait aucun doute qu'en Europe occidentale, le libéralisme bourgeois (mais non le radicalisme démocratique) avait le vent en poupe. Ses principaux adversaires — les conservateurs en Angleterre, les forces généralement groupées autour

* Environ un tiers du charbon et de la fonte produits par la Belgique était exporté, et presque entièrement en France.

de l'Eglise catholique ailleurs — en étaient réduits à la défensive; et ils le savaient parfaitement.

Cependant, la démocratie radicale avait fait elle aussi des progrès remarquables. Après cinquante ans d'hésitation et d'hostilité, la pression des pionniers et des agriculteurs l'avaient finalement imposée aux Etats-Unis, en la personne du président Andrew Jackson (1820-1837), *grosso modo* au moment où la révolution européenne retrouvait son élan. Tout à fait à la fin de notre période (1847), une guerre civile entre catholiques et radicaux amena en Suisse ces derniers au pouvoir. Mais ils étaient peu nombreux, les libéraux de la bourgeoisie modérée, qui pensaient déjà que ce système de gouvernement, prôné surtout par les révolutionnaires de gauche et fait surtout, semblait-il, pour les rudes petits producteurs et commerçants de la montagne et de la « prairie » américaines, deviendrait un jour le cadre politique caractéristique du capitalisme, défendu à ce titre contre les assauts de ceux-là mêmes qui, en 1840, étaient ses partisans.

C'est seulement dans la politique internationale qu'il y avait eu une révolution apparemment globale et pratiquement sans restrictions. Le monde de 1840 était complètement dominé par les puissances européennes, politiques et économiques, auxquelles s'ajoutaient les Etats-Unis en pleine croissance. La guerre de l'Opium (1839-1842) avait démontré que la seule grande puissance non européenne encore en vie, l'empire chinois, était impuissant en face de l'agression militaire et économique de l'Occident. Rien, semblait-il, ne pouvait plus désormais barrer la route à ces quelques canonnières ou régiments d'Occident qui transportaient avec eux le commerce et la Bible. Dans cette domination générale de l'Occident, l'Angleterre avait la place suprême, étant donné qu'elle possédait plus de canonnières, plus de commerce et plus de Bibles que quiconque. Et cette suprématie britannique était si absolue qu'elle n'avait pour ainsi dire pas besoin d'un soutien politique pour régner. Il ne restait aucune autre puissance coloniale, si ce n'est par une gracieuseté des Anglais, et par conséquent plus de rivaux. L'empire français se réduisait à quelques îles éparpillées et à quelques comptoirs commerciaux, bien qu'il fût en voie de se renouveler grâce à l'Algérie, de l'autre côté de la Méditerranée. Les Hollandais, réinstallés en Indonésie sous l'œil vigilant de la nouvelle base de Singapour, n'étaient plus des compétiteurs. Les Espagnols étaient encore à Cuba, aux Philippines et revendiquaient certains droits vagues sur l'Afrique. On ne pensait même plus aux colonies portugaises. Le commerce anglais dominait les Etats indépendants d'Argentine et du Brésil, ainsi que les Etats-Unis du Sud, aussi fortement que la colonie espagnole de Cuba ou ses propres

colonies aux Indes. Les investissements anglais avaient des intérêts dans les Etats-Unis du Nord, et au vrai partout où un développement économique intervenait. Jamais, dans toute l'histoire du
monde, un pays n'a, à lui seul, exercé une hégémonie mondiale
comparable à celle des Anglais au milieu du XIXe siècle, car même
les plus grands empires du passé — ceux des Chinois, de l'islam,
de Rome — étaient restés de caractère régional. Et jamais, depuis
lors, aucun pouvoir n'est arrivé à lui seul à établir à nouveau
pareille hégémonie; on n'imagine guère au vrai qu'aucun puisse
le faire dans un avenir prévisible; car aucune puissance, depuis
lors, n'a été capable de revendiquer le rôle exclusif d' « atelier
du monde ».

Néanmoins, la future décadence de la Grande-Bretagne était
déjà perceptible. Et même des observateurs perspicaces, entre
1830 et 1850 — comme Tocqueville et Haxthausen — avaient déjà
prédit que la taille et les ressources potentielles de la Russie et
des Etats-Unis les destinaient à être finalement les deux géants
du monde; en Europe, l'Allemagne (Frédéric Engels le prédisait
en 1844) serait bientôt aussi un rival sur pied d'égalité avec l'Angleterre. Seule la France se trouvait décidément hors de course dans
cette compétition pour l'hégémonie internationale, quoique pas
avec une évidence suffisante pour rassurer les soupçons des Anglais
et d'autres nationalités.

Bref, le monde vers 1840 était un monde déséquilibré. Les
forces qui, libérées depuis un demi-siècle, s'exerçaient en faveur
d'un changement économique, technique et social, étaient sans
précédent, irrésistibles visiblement, même pour le plus superficiel
des observateurs. Mais d'un autre côté, leurs conséquences institutionnelles restaient modestes. Par exemple, il était inévitable
que, tôt ou tard, l'esclavage et le servage aient à disparaître (sauf
peut-être sous la forme d'un reliquat du passé dans les régions
encore à l'écart de l'économie mondiale); comme il était inévitable
que la Grande-Bretagne puisse rester à jamais le seul pays industriel. Il était inévitable que les aristocraties terriennes et les
monarchies absolues reculent dans tous les pays où une bourgeoisie forte se développait, quels que fussent les compromis politiques
ou les formules imaginées pour qu'elles conservent leur statut,
leur influence et même leur pouvoir politique. Plus encore, il
était inévitable que ce qui s'était infusé dans les masses de
conscience politique et d'activité politique permanente et qui restait le grand legs de la Révolution française, signifie tôt ou tard
que ces masses seraient autorisées à jouer un rôle officiel dans
la politique. Et, étant donné l'accélération étonnante du changement social à partir de 1830 et le renouveau du mouvement révo-

lutionnaire mondial, il était certes inévitable que ces changements
— quelle que soit leur nature institutionnelle précise — ne puissent
être très longtemps différés *.

Tout ceci aurait suffi à donner aux hommes, vers 1840, la
conscience d'un changement imminent. Mais ne suffit pas à expliquer cette conscience, qui fut largement ressentie à travers toute
l'Europe, d'une révolution sociale imminente. Assez significativement, ce sentiment n'était pas seulement celui des révolutionnaires,
qui l'exprimaient avec plus d'emphase que d'autres, ni des classes
dirigeantes dont la crainte du pauvre en masse est toujours prête
à affleurer dans les époques de transformation sociale. Les pauvres eux-mêmes partageaient ce sentiment. Et la couche littéraire
du peuple l'exprimait sans ambages. « Tous les gens bien informés,
écrit le consul américain d'Amsterdam pendant la famine de 1847,
rapportant les sentiments des émigrants allemands lors de leur
passage en transit par la Hollande, expriment leur conviction que
la crise actuelle est si intimement mêlée aux événements de notre
époque qu'elle n'est que le commencement de cette grande révolution qui, pensent-ils, est appelée tôt ou tard à dissoudre le présent
état de choses [5]. »

La raison en était que la crise, dans ce qui restait de la vieille
société, semblait se superposer à une crise de la société nouvelle.
En jetant aujourd'hui un regard rétrospectif sur cette période, il
n'est pas difficile de penser que les socialistes qui prédisaient
comme imminente la crise finale du capitalisme, étaient des
rêveurs qui prenaient leurs espoirs pour des perspectives d'avenir
réalistes. Car, en fait, ce qui devait suivre, ce n'est pas la chute
du capitalisme, mais au contraire la période de son expansion
la plus rapide et la moins contestée, de son triomphe. Mais, entre
1830 et 1850, il était loin d'être évident que la nouvelle économie
pourrait — ou voudrait — surmonter les difficultés qui ne faisaient apparemment qu'augmenter, au même rythme que sa capacité même de produire de plus en plus grandes quantités de marchandises, par des méthodes de plus en plus révolutionnaires. Ses
propres théoriciens étaient hantés par la perspective de l'« état
stationnaire », cette panne de la force motrice qui faisait avancer
l'économie, et (à la différence des théoriciens du XVIIIᵉ siècle
ou du début du XIXᵉ), ils croyaient cette panne imminente
plutôt que relevant d'un avenir problématique. Même les cham-

---

* Ceci ne veut pas dire naturellement que tous les changements précis
alors tenus généralement pour inévitables se vérifieraient nécessairement;
par exemple le triomphe universel du libre-échange, de la paix, et des
assemblées représentatives souveraines, ou encore la disparition des
monarques ou de l'Eglise catholique.

pions de l'économie nouvelle hésitaient à se prononcer sur son avenir. En France les hommes qui allaient être les capitaines de la haute finance et de l'industrie lourde (les saint-simoniens) étaient encore indécis vers 1830 : était-ce le socialisme, ou le capitalisme qui permettrait le mieux d'assurer le triomphe de la société industrielle ? Aux Etats-Unis, des hommes tels que Horace Greeley, qui est passé à la postérité comme le prophète du progrès individualiste (« Allez à l'Ouest, jeune homme », aimait-il dire) étaient, dans les années 1840, les adeptes du socialisme utopique, découvrant et prêchant à leur tour les mérites des « phalanstères » fouriéristes, ces espèces de *kiboutzim* communautaires qui cadrent si mal avec ce qu'on dit aujourd'hui être « l'américanisme ». Même les hommes d'affaires étaient désespérés. Rétrospectivement, il peut paraître incongru que les entrepreneurs quakers comme John Bright, et les prospères manufacturiers du coton dans le Lancashire, alors au plein de leur période d'expansion la plus dynamique, aient été prêts à plonger leur pays dans le chaos, la famine et l'émeute par un lock-out politique général, simplement pour obtenir l'abolition des tarifs douaniers [6]. Mais, dans la terrible année 1841-1842, un capitaliste réfléchi pouvait bien avoir l'impression que l'industrie se trouvait à la veille non seulement de difficultés et de pertes financières, mais d'un étranglement général, si les obstacles à son expansion ultérieure n'étaient pas immédiatement levés.

Pour les masses populaires, le problème était plus simple encore. Comme nous l'avons vu, leur condition dans les grandes cités et les régions manufacturières de l'Europe occidentale et centrale les poussait irrémédiablement vers la révolution sociale. Leur haine envers les riches et les grands de ce monde amer dans lequel ils vivaient, leur rêve d'un monde nouveau et meilleur, donnaient à leur désespoir une certaine clairvoyance et un but, même s'ils n'étaient que quelques-uns, en France et en Angleterre surtout, à avoir pleinement conscience de ce but. Leur organisation, ou leur proposition à l'action collective leur donnait de la force. La grande prise de conscience de la Révolution française leur avait appris que les petites gens ne sont pas obligés de supporter l'injustice avec résignation : « Les nations ne savaient rien jusque-là et les peuples pensaient que les rois étaient des dieux sur la terre à qui, quoi qu'ils fassent, il fallait dire que tout était bien fait. Grâce aux changements du temps présent, il est devenu plus difficile de gouverner le peuple » [7].

Tel était le « spectre du communisme » qui hantait toute l'Europe, la peur du « prolétariat » qui ne troublait pas seulement les patrons des fabriques du Lancashire ou de la France du Nord,

mais aussi les fonctionnaires de l'Allemagne rurale, les prêtres à
Rome et les professeurs en tous lieux. Et non sans raison. Car
la révolution qui éclata dans les premiers mois de 1848 n'était
pas seulement une révolution sociale en ce sens qu'elle toucha
et mobilisa toutes les classes sociales; elle fut, au sens littéral,
la levée des travailleurs dans les villes — surtout les capitales — de
l'Europe centrale et occidentale. C'est leur force, et pour ainsi dire
leur force seule, qui fit s'écrouler les anciens régimes, de Palerme
jusqu'aux frontières de la Russie. Quand la poussière, retombée
sur leurs ruines, se fut dissipée, on vit les ouvriers — en France
des ouvriers bel et bien socialistes — qui s'y tenaient debout, ne
demandant pas simplement du pain et du travail, mais un État
nouveau, une société nouvelle.

Tandis que les travailleurs se mettaient en mouvement, la
faiblesse et la décrépitude croissantes des anciens régimes en
Europe multipliaient les crises, dans le monde des riches et des
puissants. En soi, elles n'étaient pas d'une grande importance.
Si elles s'étaient produites à un autre moment, ou dans des systèmes permettant aux différents groupes des classes dirigeantes
de régler à l'amiable leurs rivalités, elles n'auraient pas plus
conduit à la révolution que les éternelles chamailleries des factions,
à la cour de Russie au XVIIIᵉ siècle, n'avaient mené à la chute du
tsarisme. En Angleterre et en Belgique, par exemple, un tas de
conflits opposaient le secteur agraire et le secteur industriel, plus
les différents groupes à l'intérieur de chacun d'eux. Mais chacun
savait que les transformations de 1830-1832 avaient décidé du litige
en faveur des industriels, que néanmoins le *statu quo* politique
ne pouvait être rigidement maintenu qu'au risque d'une révolution
et que celle-ci devait être évitée à tout prix. En conséquence, la
lutte sévère au sujet de la loi sur les blés, entre les industriels
anglais partisans du libre-échange et les protectionnistes du secteur agraire, put être menée et gagnée (1846) au milieu de l'agitation chartiste sans que, à un seul moment, ait été mise en danger
l'unité de toutes les classes dirigeantes contre la menace du suffrage universel. En Belgique, la victoire des libéraux sur les catholiques, aux élections de 1847, détacha les industriels des rangs des
révolutionnaires en puissance, et en 1848, une référence électorale
soigneusement pesée, qui doubla les effectifs des électeurs *, supprima les mécontents dans le secteur décisif de la classe moyenne
inférieure. Il n'y eut pas de révolution en 1848, alors que sur le
plan des souffrances réelles, la Belgique (ou plutôt les Flandres)
étaient le pire pays de l'Europe, l'Irlande exceptée.

* Ils n'étaient encore que de 80 000 sur une population de 4 millions.

Mais dans l'Europe absolutiste, la rigidité des régimes politiques conçus en 1815 pour empêcher tout changement, qu'il soit libéral ou national, ne laissait pas d'autre choix, même aux membres les plus modérés de l'opposition, que le *statu quo* ou la révolution. Peut-être n'étaient-ils pas prêts à se révolter eux-mêmes, mais — sauf au cas d'une révolution sociale irréversible — aucune amélioration n'était possible pour eux si d'autres ne passaient pas à la révolte. Les régimes de 1815 devaient disparaître tôt ou tard. Ils le savaient eux-mêmes. La conscience que « l'histoire était contre eux » sapait leur volonté de résistance, de même que cette hostilité de l'histoire, passant dans les faits, sapait leur capacité de résistance. En 1848, il suffit de la première bouffée révolutionnaire — souvent d'une révolution étrangère — pour qu'ils soient emportés par ce faible souffle. Mais il fallait au moins ce souffle. En son absence, ils restèrent en place. Et inversement, des frottements relativement mineurs dans ces Etats — les difficultés des gouvernements avec les diètes prussienne et hongroise, l'élection en 1846 d'un pape « libéral » (c'est-à-dire soucieux de rapprocher la papauté du siècle nouveau, au moins de quelques pas), le ressentiment de la maîtresse d'un roi de Bavière, etc. — devenaient de grandes secousses politiques.

En théorie, la France de Louis-Philippe aurait dû avoir la même flexibilité politique que la Grande-Bretagne, la Belgique la Hollande et les Etats scandinaves. En pratique, il n'en était rien. Car bien qu'il fût très clair que la classe dirigeante en France, les banquiers, les financiers et un ou deux industriels, ne représentaient qu'un secteur des intérêts de la classe moyenne, et qui plus est un secteur dont la politique économique était détestée par les éléments les plus dynamiques de l'industrie aussi bien que par divers intérêts en place, le souvenir de la révolution de 1789 était un obstacle aux réformes. Car l'opposition, ce n'était pas seulement la bourgeoisie mécontente, mais aussi le groupe politiquement décisif des classes moyennes les plus basses, spécialement à Paris (qui vota contre le gouvernement en 1846, malgré le suffrage restreint). Elargir le cens électoral, c'était peut-être ouvrir la porte à des jacobins en puissance, les radicaux qui, si la chose n'avait pas été interdite officiellement, eussent été républicains. Le premier ministre de Louis-Philippe, l'historien Guizot (1840-1848) préféra donc s'en remettre, pour l'élargissement de la base sociale du régime, au développement économique qui, automatiquement, accroîtrait le nombre des citoyens ayant les qualifications de fortune exigées pour jouer un rôle politique. En fait, c'est ce qui arriva. Le nombre des électeurs passa de 166 000 en 1831, à 241 000 en 1846. Mais ce n'était pas suffisant. La crainte d'une république

jacobine maintint la rigidité de la structure politique française
et une tension croissante de la situation politique. Dans le contexte
anglais, une campagne politique publique, grâce à des discours
d'après-dîner, comme celle que lança l'opposition française en
1847, aurait été parfaitement inoffensive. Dans le contexte français,
ce fut le prélude de la révolution.

Car, de même que les autres crises dans la politique des classes
dirigeantes européennes, cette campagne coïncida avec une catastrophe sociale : la grande dépression qui balaya tout le continent,
à partir de 1845. Les récoltes — particulièrement celle de pommes
de terre — manquèrent. Des populations entières, comme celles
de l'Irlande et, à un degré moindre, de la Silésie et des Flandres
furent réduites à la famine *. Les prix des produits alimentaires
montaient. La crise industrielle multipliait le chômage et les masses
ouvrières des villes étaient privées de leurs maigres revenus, au
moment justement où le prix de la vie montait en flèche. La situation variait d'un pays à l'autre et, à l'intérieur de chacun d'eux,
d'une région à l'autre. Heureusement pour les régimes existants,
les populations les plus misérables, telles que les Irlandais ou les
Flamands, ou certains ouvriers des fabriques de province, étaient
aussi celles qui avaient le moins de maturité politique : les ouvriers
de l'industrie cotonnière du département français du Nord, par
exemple, pour se décharger de leur désespoir, s'en prirent aux
émigrants belges, aussi désespérés qu'eux-mêmes, qui affluaient
en France, plutôt qu'aux gouvernements, ou même à leurs
employeurs. En outre, dans le pays le plus industrialisé, l'Angleterre, le moment le plus critique de la vague de mécontentement
était déjà dépassé, grâce au grand boom de l'industrie et des
chemins de fer qui commence vers 1845. 1846-1848 furent de mauvaises années, mais moins mauvaises que 1841-1842, et surtout elles
ne furent qu'une brusque pointe creusée dans ce qui était maintenant, visiblement, une courbe ascendante de la prospérité économique anglaise. Mais, si l'on prend l'Europe occidentale et centrale
comme un tout, la catastrophe de 1846-1848 fut générale et elle
entraîna pour les masses, toujours à l'extrême bord du niveau de
subsistance, un climat tendu et passionné.

Un grand cataclysme économique a donc coïncidé, en Europe,
avec une érosion visible des anciens régimes. Un soulèvement
paysan en Galice en 1846; l'élection d'un pape « libéral » la même
année; une guerre civile entre radicaux et catholiques en Suisse,
à la fin de 1847, terminée à l'avantage des radicaux; une des éter-

* Dans les zones de culture du lin, dans les Flandres, la population
baissa de 5 % entre 1846 et 1848.

nelles insurrections autonomistes siciliennes à Palerme au début de 1848 : il ne s'agissait pas là de quelques caprices de la brise, mais des premières rafales de la tempête. Personne ne s'y trompa. Il est rare qu'une révolution ait été aussi universellement pressentie et prédite, bien que pas forcément avec une entière exactitude sur les dates et les pays concernés. Un continent entier était dans l'attente, déjà prêt à faire passer presque instantanément les nouvelles de la révolution de ville en ville, sur les fils du télégraphe électrique. En 1831, Victor Hugo avait écrit qu'il entendait déjà « le bruit sourd de la révolution... »

En 1847, le bruit était tout proche et se faisait entendre avec force. En 1848, ce fut l'explosion.

L'EUROPE EN 1840

~~~ Confédération germanique

CHINE, JAPON
ET
LES PHILIPPINES

PEKIN
TIENTSIN
MER
DU JAPON
TOKYO
Kyoto
Osaka
Nankin
HANKEOU
Tchoung-King
Changhaï
Hang-Tcheou
MER
DE
CHINE ORIENTALE
CANTON
MER DE CHINE MÉRIDIONALE
Manille

INDE
CALCUTTA
Bombay
Madras
OCEAN INDIEN

OCEAN ATLANTIQUE

AMERIQUE DU NORD,
DU SUD
ET MEXIQUE

Philadelphie
Boston
NEW YORK
Baltimore
Mexico
La Havane
OCEAN PACIFIQUE
OCEAN ATLANTIQUE
Rio de Janeiro

Lisbonne
Mad

POPULATION MONDIALE
DES GRANDES VILLES
1800-1850

1800
Edimbourg   Villes de plus
ISTANBOUL   Villes de plus
LONDRES   Villes de plus

1850
Manchester   Villes de plus
NEW YORK   Villes de plus
PARIS   Villes de plus
(Population de Paris en 180

MER DU NORD

Saint-Petersbourg

Moscou

mbourg

ster

ds

gham

RES

Copenhague

MER BALTIQUE

Hambourg

Amsterdam

Berlin

Varsovie

Bruxelles

Cologne

Breslau

Dresdes

PARIS

Prague

Munich

Vienne

Budapest

Odessa

yon

Turin

Milan

Gênes

Venise

Bucarest

MER NOIRE

Marseille

Rome

ISTANBUL

Naples

M E D I T E R R A N E E

Palerme

Smyrne

Tunis

Le Caire

CULTURE OC
lieux et langues dans le
Rossini : « Almavia o sia l'inutile precauzion
Corfou : représentations en français e
BALE : représentations en allemand

ETATS-UNIS

Saint-Louis
Philadelphie ● ●New York

Mexico ● La Havane

OCEAN PACIFIQUE

Guayaquil

AMERIQUE

Lima

DU SUD

Bahia

OCEAN ATLANTIQUE

Santiago

Rio
de Janeiro

Buenos Aires

Batavia
JAVA

AUSTRALIE

Sydney

OCEAN ATLANTIQUE

Dublin
ROYAUME-UNI

PORTUGAL

ESPAGNE

Lisbonne ●

Barce

Madrid

MAROC

A L

s trois opéras populaires :
Ladra » ;   Auber :   « La Muette de Portici ».
eprésentations parfois ou toujours en langue nationale
'ERSBOURG : représentations en langue nationale ou allemande

Les états d'Europe en 1836.

NOM	POPULATION TOTALE (EN MILLIERS)	NOMBRE DE VILLES DE PLUS DE 50 000 H.	TERRE CULTIVÉE EN MORGEN (MILLIONS)	PRODUCTION DE CÉRÉALES EN SCHEFFEL (MILLIONS)	BOVINS (MILLIONS)	FER (MILLION CWT)	CHARBON (MILLION CWT)
Russie, y compris la Pologne et Cracovie	49 538	6	276	1125	19	2,1	—
Autriche, y compris Hongrie et Lombardie	35 000	8	93	225	10,4	1,2	2,3
France	33 000	9	74	254	7	4	20,0
Grande-Bretagne, y compris l'Irlande	24 273	17	67,5	330	19,5	13	200
Confédération germanique (Autriche et Prusse non comprises)	14 205	4	37,5	115	6	1,1	2,2
Espagne	14 032	8	30		3	0,2	0
Portugal	3 530	1	30		3	0,2	0
Prusse	13 093	5	43	145	4,5	2	4,6
Turquie, y compris Roumanie	8 600	5	20	116	2,8	0	0,1
Royaume de Naples	7 622	2	20	116	2,8	0	0,1
Piémont-Sardaigne	4 450	2	20	116	2,8	0	0,1
Reste de l'Italie	5 000	4	2	21	1,4	1,7	0,6
Suède et Norvège	4 000	1	7	5	2	0,4	55,4
Belgique	3 827	4	7	5	2	0,4	55,4
Pays-Bas	2 750	3	2		0,8	0,1	0
Suisse	2 000	0	2		1,6		

L'EUROPE en 1789

- ▨ Royaume de Prusse
- ▧ Empire des Habsbourgs

EMPIRE RUSSE
• Moscou

MER NOIRE

EMPIRE OTTOMAN

Constantinople

Yedisan

Valachie

Bulgarie

Roumélie

Livadie

Morée

Serbie

Bosnie

Montenegro

POLOGNE
• Varsovie

ROYAUME DE HONGRIE

Buda • Pest

Moravie

AUTRICHE

Vienne

Triesse

RÉPUB. DE VENISE

PRUSSE

• Berlin

MER BALTIQUE

ROYAUME DE SUÈDE
• Stockholm

ROYAUME DE NORVÈGE ET DU DANEMARK

• Christiania

Copenhague

HANOVRE

Oldenbourg

SAXE

Bohême

BAVIÈRE

Tyrol

Cologne •

Mayence •

SUISSE

Savoie

Gênes

ÉTATS DU PAPE

TOSCANE

Rome •

CORSE

ROYAUME DE SARDAIGNE

ROYAUME DES DEUX-SICILES

Naples •

MER MÉDITERRANÉE

MER DU NORD

ROYAUME DE GRANDE-BRETAGNE ET D'IRLANDE

Londres •

PAYS-BAS

Bruxelles •

Amsterdam •

ROYAUME DE FRANCE
• Paris

OCÉAN ATLANTIQUE

ROYAUME D'ESPAGNE
• Madrid

R. DU PORTUGAL

Lisbonne •

L'EUROPE en 1810

- Empire français
- Etats sous le contrôle de Napoléon
- Etats alliés à Napoléon
- Etats hostiles à Napoléon

OCÉAN ATLANTIQUE

ROYAUME UNI DE GRANDE-BRETAGNE ET D'IRLANDE

Londres

MER DU NORD

Amsterdam

Bruxelles

EMPIRE FRANÇAIS

Paris

NORVEGE ET DANEMARK

Christiania

Copenhague

SUEDE

Stockholm

MER BALTIQUE

Berlin

Hanovre

Cologne

Mayence

CONFÉDÉRATION DU RHIN

GRAND DUCHÉ DE VARSOVIE

Varsovie

EMPIRE RUSSE

Moscou

SUISSE

ROYAUME D'ITALIE

Milan

Gênes

Florence

Rome

ROYAUME DE NAPLES

Naples

EMPIRE D'AUTRICHE

Vienne

Brünn

Presbourg

Bude et Pest

ILLYRIE

Bessarabie

Moldavie

Valachie

EMPIRE OTTOMAN

Constantinople

MER NOIRE

Montenegro

ROYAUME DE SICILE

CORSE

ROYAUME DE SARDAIGNE

ROYAUME D'ESPAGNE

Madrid

ROYAUME DU PORTUGAL

Lisbonne

MER MÉDITERRANÉE

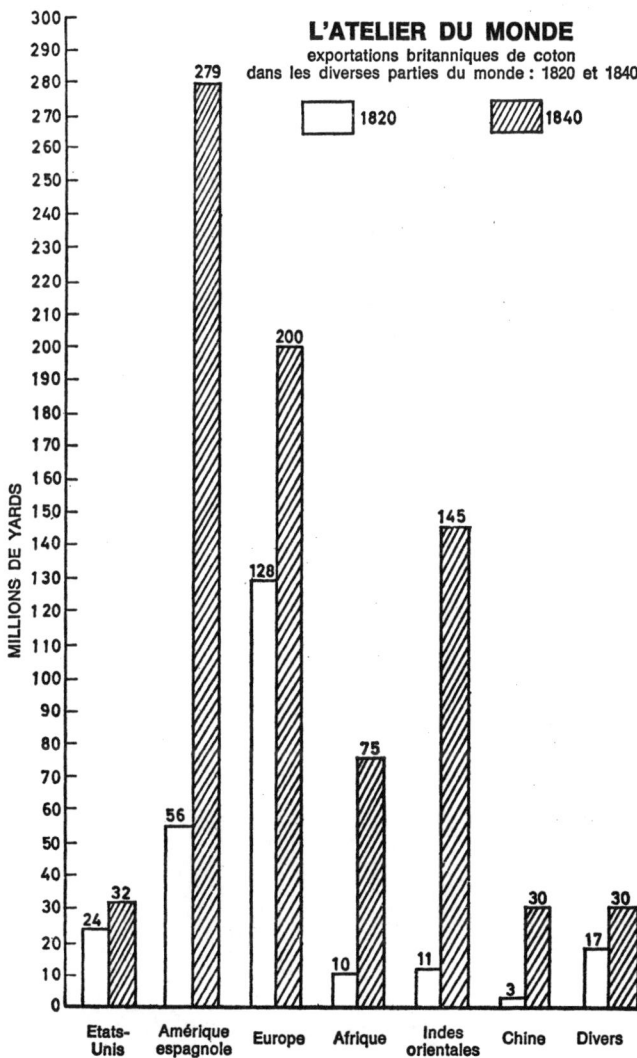

L'ATELIER DU MONDE
exportations britanniques de coton
dans les diverses parties du monde : 1820 et 1840

☐ 1820   ▨ 1840

MILLIONS DE YARDS

	Etats-Unis	Amérique espagnole	Europe	Afrique	Indes orientales	Chine	Divers
1820	24	56	128	10	11	3	17
1840	32	279	200	75	145	30	30

INDUSTRIALISATION
EN EUROPE; 1850

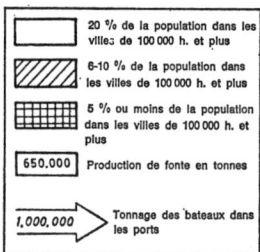

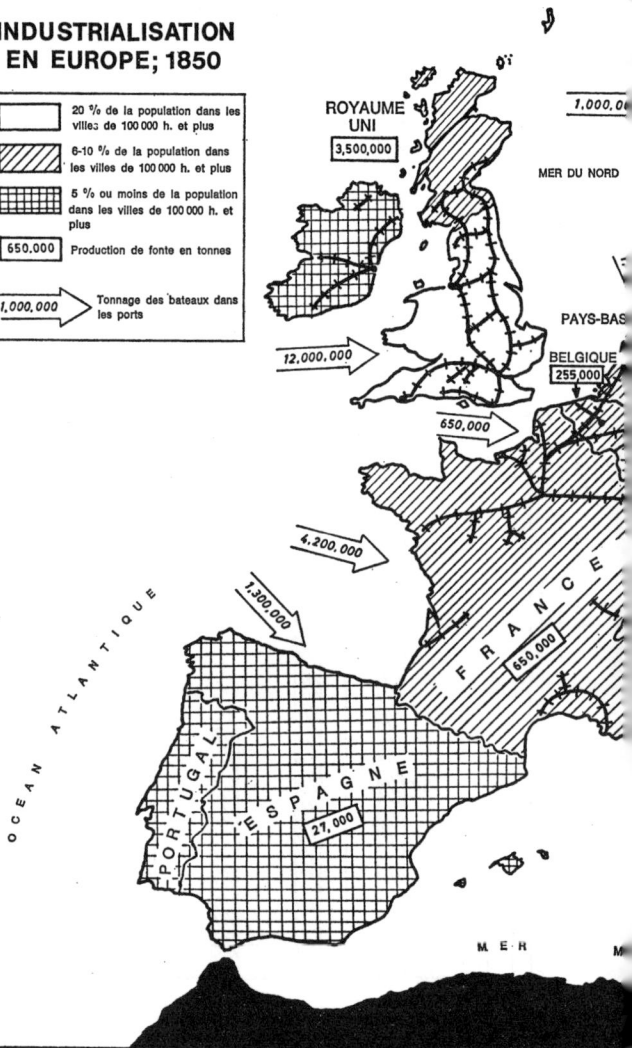

☐	20 % de la population dans les villes de 100 000 h. et plus
▨	6-10 % de la population dans les villes de 100 000 h. et plus
▦	5 % ou moins de la population dans les villes de 100 000 h. et plus
650.000	Production de fonte en tonnes
→ 1.000.000	Tonnage des bateaux dans les ports

ROYAUME UNI
3,500,000

1.000,0

MER DU NORD

PAYS-BAS

BELGIQUE
255,000

→ 12,000,000

→ 650,000

→ 4,200,000

→ 1,300,000

FRANCE
650,000

OCEAN ATLANTIQUE

PORTUGAL

ESPAGNE
27,000

MER

M

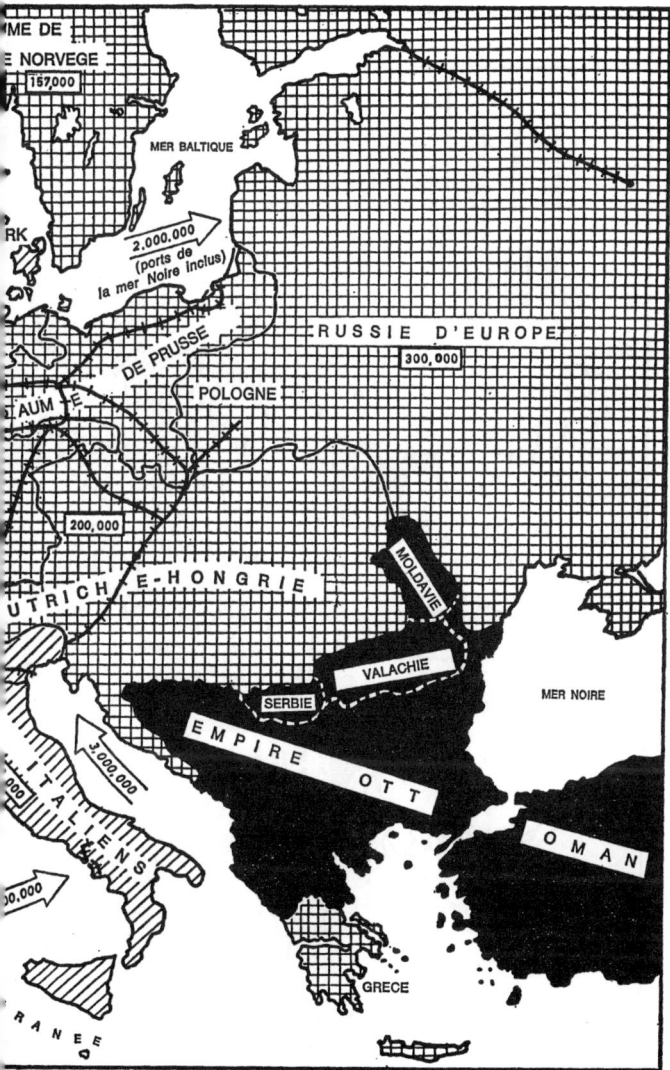

ME DE
NORVEGE
157000

MER BALTIQUE

2.000.000
(ports de
la mer Noire inclus)

RK

RUSSIE D'EUROPE
300,000

DE PRUSSE

POLOGNE

AUME

200,000

UTRICHE-HONGRIE

MOLDAVIE

VALACHIE

SERBIE

EMPIRE OTT

MER NOIRE

3,000,000

ITALIENS

OMAN

00,000

GRECE

RANEE

Légende:

- Zone régie par le Code civil après 1815
- Influence du Droit français
- Adaptations nationales du Code civil
- Egypte 1875 → Influence du Droit français outre-mers

RUSSIE

TURQUIE

MER NOIRE

GRÈCE

ROUMANIE 1865

GALICIE

POLOGNE 1808

HONGRIE

SERBIE

BOSNIE

AUTRICHE

ITALIE 1865

SUÈDE

NORVÈGE

MER BALTIQUE

DANEMARK

PRUSSE

ÉTATS ALLEMANDS

SUISSE

BELGIQUE

MER DU NORD

PAYS-BAS Code civil 1811-38

FRANCE

Code civil 1804
Code de procédure civile 1807
Code commercial 1807
Code d'instruction criminelle 1808
Code pénal 1810

GRANDE-BRETAGNE Droit coutumier

ESPAGNE 1888-89

PORTUGAL 1867

OCÉAN ATLANTIQUE

MER MÉDITERRANÉE

Egypte 1875

Louisiane 1825 - Haïti 1826
Québec 1867

Argentine, Paraguay, Uruguay
Bolivie, Mexique 1871

Notes

1. Le monde en 1780

1. Saint-Just : *Œuvres complètes*, II, p. 514.

2. A. Hovelacque : *La taille dans un canton ligure*, dans *Revue Mensuelle de l'Ecole d'Anthropologie*, Paris, 1896.

3. L. Dal Pane : *Storia del Lavoro dagli inizi del secolo XVIII al 1815*, 1958, p. 135. R. S. Eckers : *The North-South Differential in Italian Economic Development* dans *Journal of Economic History*, XXI, 1961, p. 290.

4. Quetelet, cité par Manouvrier : *Sur la taille des Parisiens*, dans *Bulletin de la Société Anthropologique de Paris*, 1888, p. 171.

5. H. Sée : *Esquisse d'une Histoire du régime agraire en Europe aux XVIIIe et XIXe siècles*, 1921, p. 184. J. Blum : *Lord and Peasant in Russia*, 1961, pp. 455-460.

6. Th. Haebich : *Deutsche Latifundien*, 1947, pp. 27 et suiv.

7. A. Goodwin, ed. : *The European Nobility in the Eighteenth Century*, 1953, p. 52.

8. L. B. Namier : *1848, The Revolution of the Intellectuals*, 1944; J. Vicens Vives : *Historia Economica de España*, 1959.

9. Sten Carlsson : *Ståndssamhälle och ståndspersoner 1700-1865*, 1949.

10. Pierre Lebrun *et al.* : *La rivoluzione industriale in Belgio*, dans *Studi Storici*, 3-4, 161, pp. 564-565.

11. Comme Turgot (*Œuvres V*, p. 244) : « Ceux qui connaissent la marche du commerce savent aussi que toute entreprise importante, de trafic ou d'industrie, exige le concours de deux espèces d'hommes, d'entrepreneurs... et des ouvriers qui travaillent pour le compte des premiers, moyennant un salaire convenu. Telle est la véritable origine de la distinction entre les entrepreneurs et les maîtres, et les ouvriers ou compagnons, laquelle est fondée sur la nature des choses. »

2. La Révolution industrielle

1. Arthur Young : *Tours in England and Wales*, London School of Economics edition, p. 269.

2. A. de Tocqueville : *Journeys to England and Ireland*, ed. J. P. Mayer, 1958, pp. 107-8.

3. ANNA BEZANSON : *The Early Uses of the Term Industrial Revolution*, dans *Quarterly Journal of Economics*, XXVI, 1921-1922, p. 343. G. N. CLARK : *The Idea of the Industrial Revolution*, Glasgow, 1953.

4. Cf. A. E. MUSSON et E. ROBINSON : *Science and Industry in the late Eighteenth Century*, dans *Economic History Review*, XIII, 2 (décembre 1960), et le travail de R. E. SCHOFIELD sur les industriels du Midland et la Lunar Society, dans *Isis*, 47 (mars 1956), 48 (1957)), *Annals of Science* II (juin 1956), etc.

5. K. BERRILL : *International Trade and the Rate of Economic Growth*, dans *Economic History Review*, XII, 1959-1960, p. 358.

6. W. G. HOFFMANN : *The Growth of Industrial Economies*, Manchester, 1958.

7. A. P. WADSWORTH et MANN : *The Cotton Trade in Industrial Lancashire*, 1931, chapitre VII.

8. F. CROUZET : *Le Blocus continental et l'économie britannique*, p. 63, suggère qu'en 1805, il se chiffrait à deux tiers.

9. P. K. O'BRIEN : *British Incomes and Property in the early Nineteenth Century*, dans *Economic History Review*, XII, 2, 1959, p. 267.

10. HOFFMANN : *op. cit.*, p. 73.

11. BAINES : *History of the Cotton Manufacture in Great Britain*, Londres, 1835, p. 431.

12. P. MATHIAS : *The Brewing Industry in England*, Cambridge, 1959.

13. M. MULHALL : *Dictionary of Statistics*, 1892, p. 158.

14. BAINES : *op. cit.*, p. 112.

15. Cf. PHYLLIS DEANE : *Estimates of the British National Income*, dans *Economic History Review*, (avril 1956 et avril 1957).

16. O'BRIEN : *op. cit.*, p. 267.

17. Pour l'état stationnaire, cf. J. SCHUMPETER : *History of Economic Analysis*, 1954, pp. 570-71. La formule clef est celle de John Stuart Mill (*Principles of Political Economy*, IV, chap. IV) : « When a country has long possessed a large production, and a large net income to make saving from, and when, therefore, the means have long existed of making a great annual addition to capital; it is one of the characteristics of such a country, that the rate of profit is habitually within, as it were, a hand's breadth of the minimum, and the country therefore on the very verge of the stationary state... The mere continuance of the present annual increase in capital if no circumstances occurred to counter its effect would suffice in a small number of years to reduce the net rate of profit (to the minimun). Cependant, quand ces lignes furent publiées (1848), la vague de contrecourant — la vague de développement provoquée par les chemins de fer — avait déjà fait son apparition.

18. Par le radical JOHN WADE : *History of the Middle and Working Classes;* le banquier Lorld OVERSTONE : *Reflections suggested by the perusal of Mr. J. Horsley Palmer's pamphlet on the causes and consequences of the pressure on the Money Market*, 1837; JOHN WILSON (qui fit campagne contre la Corn Law) : *Fluctuations of Currency, Commerce and Manufacture, referable to the Corn Laws*, 1840. Par d'autres aussi certainement.

19. BAINES : *op. cit.*, p. 441; A. URE et P. L. SIMMONDS : *The Cotton Manufacture of Great Britain*, 1861, p. 390 et suiv.

20. GEO. WHITE : *A Treatise on Weaving, Glasgow*, 1846, p. 272.

21. M. BLAUG : *The Productivity of Capital in the Lancashire Cotton Industry during the Nineteenth Century*, dans *Economic History Review* (avril 1961).

22. Thomas Ellison : *The Cotton Trade of Great Britain*, Londres, 1886, p. 61.

23. Baines : *op. cit.*, p. 356.

24. Baines : *op. cit.*, p. 489.

25. Ure et Simmonds : *op. cit.*, Vol. I, p. 317 et suiv.

26. J. H. Clapham : *An Economic History of Modern Britain*, 1926, pp. 427 et suiv.; Mulhall : *op. cit.*, pp. 121, 332; M. Robbins : *The Railway Age*, 1962, pp. 30-31.

27. Rondo E. Cameron : *France and the Economic Development of Europe 1800-1914*, 1961, p. 77.

28. Mulhall : *op. cit.*, pp. 497, 501.

29. L. H. Jenks : *The Migration of British Capital to 1875*, New York et Londres, 1927, p. 126.

30. D. Spring : *The English Landed Estate in the Age of Coal and Iron*, dans *Journal of Economic History*, XI, I (1951).

31. J. Clegg : *A chronological history of Bolton*, 1876.

32. Albert, M. Imlah : *British Balance of Payments and Export of Capital, 1816-1913*, dans *Economic History Review* (1952), 2, p. 24.

33. John Francis : *A History of the English Railway*, 1851, II, p. 136. Voir aussi H. Tuck : *The Railway Shareholders' Mauval*, 7ᵉ éd., 1846, Préface, et T. Tooke : *History of Prices*, II, pp. 275, 333-334.

34. Mulhall : *op. cit.*, p. 14.

35. *Annals of Agric.*, XXXVI, p. 214.

36. Wilbert Moore : *Industrialisation and Labour*, Cornell, 1951.

37. Blaug : *loc. cit.*, p. 368. Cependant le nombre des enfants de moins de treize ans a fortement baissé après 1830.

38. H. Sée : *Histoire économique en France*, II, p. 189 n.

39. Mulhall : *op. cit.*; Imlah : *loc. cit.*, II, 52, pp. 228-9. La date précise de cette estimation est de 1854.

3. La Révolution française

1. Voir R. R. Palmer : *The Age of Democratic Revolution*, 1959; J. Godechot : *La Grande Nation*, 1956, Vol. I, chapitre I.

2. B. Lewis : *The Impact of the French Revolution on Turkey*, dans *Journal of World History*, I (1953-1954), p. 105.

3. H. Sée : *Esquisse d'une Histoire du régime agraire*, 1931, pp. 16-17.

4. A. Soboul : *Les Campagnes montpelliéraines à la fin de l'Ancien Régime*, 1958.

5. A. Goodwin : *The French Revolution*, éd. 1959, p. 70.

6. C. Bloch : *L'émigration française au XIXᵉ siècle*, dans *Etudes d'Histoire moderne contemp.*, I (1947), p. 137; D. Greer : *The Incidence of the Emigration during the French Revolution*, 1951, suggère cependant un chiffre très inférieur.

7. D. Greer : *The Incidence of the Terror*, Harvard, 1935.

8. *Œuvres Complètes de Saint-Just*, Vol. II, p. 147, introduction de C. Vellay (Paris, E. Fasquelle, 1908).

4. La guerre

1. Cf. par exemple W. von Groote : *Die Entstehung des national Bewusstseins in Nordwestdeutschland 1790-1830*, 1952.

2. M. Lewis : *A Social History of the Navy, 1793-1815*, 1960, pp. 370, 373.

3. Gordon Craig : *The Politics of the Prussian Army 1640-1945*, 1955, p. 26.

4. A. Sorel : *L'Europe et la Révolution française*, « Les mœurs politiques et les traditions », Ed. Plon, 1885, p. 66.

5. *Considérations sur la France*, Chapitre iv.

6. Cité par L. S. Stavrianos : *Antecedents to Balkan Revolutions*, dans *Journal of Modern History*, XXIX (1957), p. 344.

7. G. Bodart : *Losses of Life in Modern Wars*, 1916, p. 133.

8. J. Vicens Vives, éd. *Historia Social de España y America*, 1956, IV, p. 15.

9. G. Bruun : *Europe and the French Imperium*, 1938, p. 72.

10. J. Leverrier : *La Naissance de l'armée nationale, 1789-94*, 1939, p. 139; G. Lefebvre : *Napoléon*, 1936, pp. 198, 527; M. Lewis : *op. cit.*, p. 119; *Parliamentary Papers*, XVII, 1859, p. 15.

11. Mulhall : *Dictionary of Statistics :* War.

12. *Cabinet Cyclopedia*, I, pp. 55-56 « Manufactures in Metal ».

13. E. Tarlé : *Le blocus continental et le royaume d'Italie*, 1928, pp. 3-4, 25-31; H. Sée : *Histoire Economique de la France*, II, p. 52; Mulhall : *loc. cit.*

14. Gayer, Rostow et Schwarz : *Growth and Fluctuation of the British Economy, 1790-1850*, 1953, pp. 646-649; F. Crouzet : *L'Economie britannique et le blocus continental*, 1958, pp. 863 et suiv.

5. La paix

1. Gentz : *Dépêches inédites*, I, p. 371.

2. J. Richardson : *My Dearest Uncle, Leopold of the Belgians*, Londres, 1961, p. 165.

3. Rondo E. Cameron : *op. cit.*, p. 85.

4. F. Ponteil : *La Fayette et la Pologne*, 1934.

6. Les révolutions

1. Vienne, *Verwaltungsarchiv : Polizeihofstelle*, H 136/1834, *passim*.

2. Guizot : *Of Democrasic in Modern Societies* (London, 1838), p. 32.

3. La discussion la plus lucide au sujet de cette stratégie générale de la révolution se trouve dans les articles de Marx, dans la *Neue rheinische Zeitung*, pendant la révolution de 1848.

4. M. L. Hansen : *The Atlantic Migration* (1945), p. 147.

5. F.C. Mather : *The Government and the Chartists*, dans A. Briggs : *Chartist Studies* (1959), p. 147.

6. *Cf. Parliamentary Papers*, XXXIV, de 1834; réponses à la question 53 (causes et conséquences des soulèvements agraires et des incendies de 1830 et 1831), par exemple Lambourn, Speen (Berks), Steeple Claydon (Bucks), Bonington (Glos), Evenley (Northants).

7. R. Dautry : *1848 et la Deuxième République 1848*, p. 80.

8. St. Kiniewicz : *La Pologne et l'Italie à l'époque du printemps des peuples*, dans *La Pologne au Xe congrès international historique*, 1955, p. 245.

8. D. Cantimori, dans F. Fejtö, éd. : *The Opening of an Era: 1848*, 1948, p. 119.

9. D. READ : *Press and People*, 1961, p. 210.

10. IRENE COLLINS : *Government and Newspaper Press in France, 1814-81*, 1959.

11. *Cf.* E. J. HOBSBAWM : *Primitive Rebels*, 1959, pp. 171-172; V. VOL-GUINE : *Les idées socialistes et communistes dans les sociétés secrètes* dans *Questions d'Histoire*, II, (1954), pp. 10-37; A. B. SPITZER : *The Revolutionary Theories of Auguste Blanqui*, 1957, pp. 165-166.

12. G. D. H. COLE et A. W. FILSON : *British Working Class Movements. Select Documents*, 1951, p. 402.

13. J. ZUBRZYCKI : *Émigration from Poland*, dans *Population Studies*, VI, (1952-1953), p. 248.

14. Engels à Marx, 9 mars 1847.

7. LE NATIONALISME

1. HOFFMANN V. FALLERSLEBEN : *Der Deutsche Zollverein*, dans *Unpolitische Lieder*.

2. G. WEILL : *L'Enseignement Secondaire en France 1802-1920*, 1921, p. 72.

3. E. DE LAVELEYE : *L'Instruction du Peuple*, 1872, p. 278.

4. F. PAULSEN : *Geschichte des gelehrten Unterrichts*, 1897, II, p. 703. A. DAUMARD : *Les Elèves de l'Ecole polytechnique 1815-1848*, dans *Rev. d'Hist. Mod. et Contemp.*, V (1958); le nombre total des étudiants allemands et belges dans un semestre moyen, au début de 1840, était d'environ 14 000. J. CONRAD : *Die Frequenzverhältnisse der Universitäten der hauptsächlichen Kulturländer*, dans *(Jb. f. Nationalök. v. Statistik* LVI, (1895), pp. 376 et suiv.

5. L. LIARD : *L'Enseignement supérieur en France 1789-1889*, 1888, p. 11 et suiv.

6. PAULSEN : *op. cit.*, II, pp. 690-691.

7. *Handwtherbuch der Staatswissenschaften*, 2ᵉ éd. art.: «Buchhaudel».

8. LAVELEYE : *op. cit.*, p. 264.

9. W. WACHSMUTH : *Europäische Sittengeschichte*, 1839, V, 2, pp. 807-808.

10. J. SIGMANN : *Les radicaux badois et l'idée nationale allemande en 1848*, dans *Etudes d'Histoire Moderne et Contemporaine*, II, (1848), pp. 213-214.

11. J. MISKOLCZY : *Ungarn und die Habsburger-Monarchie*, 1959, p. 85.

8. LA TERRE

1. HAXTHAUSEN : *Studien... über Russland*, 1847, II, p. 3.

2. J. BILLINGSLEY : *Survey of the Board of Agriculture for Somerset*, 1798, p. 52.

3. Les chiffres sont tirés du New Domesday Book, de 1871-1873, mais il n'y a aucune raison de penser qu'ils ne s'appliquent pas à la situation en 1848.

4. *Handwörterbuch d. Staatswissenschaften*, 1892, art. « Grundbesitz ».

5. TH. VON DER GOLTZ : *Gesch. d. Deutschen Landwirtschaft*, 1903, II; SARTORIUS V. WALTERSHAUSEN : *Deutsche Wirtschaftsgeschichte 1815-1914*, 1923, p. 132.

6. Cité dans L. A. WHITE, éd. *The Indian Journals of Lewis Henry Morgan*, 1959, p. 15.

7. L. V. A. de *Villeneuve-Bargemont* : *Economie politique chrétienne,* 1834, Vol. II, p. 3 et suiv.

8. C. ISSAWI : *Egypt since 1800,* dans *Journal of Economic History,* XXI, I, (1961), 5.

9. B. J. HOVDE : *The Scandinavian Countries 1720-1860,* 1943, I, p. 279. Pour l'accroissement de la récolte moyenne de 6 millions de tonnes (1770) à 10 millions, voir *Hwb. d. Staatswissenschaften,* art. « *Bauernbefreiung* ».

10. A. CHABERT : *Essai sur les mouvements des prix et des revenus 1798-1820,* 1949, II, p. 27 et suiv. F. L'HUILLIER : *Recherches sur l'Alsace napoléonienne,* 1945, p. 470.

11. G. DESERT dans E. LABROUSSE, éd., par exemple : *Aspects de la Crise... 1846-51,* 1956, p. 58.

12. J. GODECHOT : *La grande Nation,* 1956, II, p. 584.

13. A. AGTHE : *Ursprung und Lage d. Landarbeiter in Livland,* 1909, pp. 122-128.

14. Pour la Russie, LYASHCHENKO, *op. cit.,* p. 360. Pour une comparaison entre Prusse et Bohême, W. STARK : *Niedergang und Ende des landwirtschaftlichen Grossbetriebes in den böhmischen Ländern,* dans *Jb. f. Nat. Ob.* 146, 1947), p. 434 et suiv.

15. F. LUETGE : *Auswirkung der Bauernbefreiung,* dans *Jb. f. Nationökonomie* 157, (1943), p. 353 et suiv.

16. R. ZANGHERI : *Prime Ricerche sulla distribuzione della proprietà fondiaria,* 1957.

17. E. SERENI : *Il Capitalismo nelle Campagne.* 1948, pp. 175-176.

18. *Cf.* G. MORI : *La storia dell'industria italiana contemporanea,* dans *Annali dell'Instituto Giangiacomo Feltrinelli,* II, (1959), pp. 278-279. *Osservazioni sul libero-scambismo dei moderati nel Risorgimento* dans *Rivista Storica del Socialismo,* III, 9, (1960).

19. DAL PANE : *Storia del Lavoro in Italia dagli inizi dei secolo XVIII al 1815,* 1958, p. 119

20. R. ZANGHERI, éd. : *Le Campagne emiliane nell'epoca moderna,* 1957, p. 73.

21. J. VICENS VIVES, éd. : *Historia Social y Economica de España y America,* 1959, V, 2, pp. 92, 95,

22. M. EMERIT : *L'état intellectuel et moral de l'Algérie en 1830,* dans *Revue d'Histoire moderne et contemporaine,* I (1954), p. 207.

23. R. DUTT : *The Economic History of India under early Britisk Rule,* 4ᵉ édit., p. 88.

24. R. DUTT : *India and the Victoria Age,* 1904, pp. 56-57.

25. B. S. COHN : *The initial British impact on India,* dans *Journal of Asian Studies,* 19 (1959-1960), pp. 418-31, montre que dans le district de Benarès (Uttar Pradesh), les fonctionnaires usaient de leur position pour acquérir des masses de terre. Sur 74 propriétaires de grands domaines vers la fin du siècle, 23 devaient leurs titres de propriété à leurs relations avec des fonctionnaires (p. 430).

26. SULEKH CHANDRA GUTA : *Land Market in the North Western Provinces* (Uttar Pradesh) *in the first half of the nineteenth century,* dans *Indian Economic Review,* IV (2 août 1958). Voir aussi, du même auteur, l'étude pionnière et instructive : *Agrarian Background of 1857 Rebellion in the North-Western Provinces,* dans *Enquiry,* N. Delhi (févr. 1959).

27. R. P. DUTT : *India Today,* 1940, pp. 129-130.

28. K. H. CONNELL : *Land and Population in Ireland,* dans *Economic History Review,* II, 3 (1950), pp. 285, 288.

29. S. H. Cousens : *Regional Death Rates in Ireland during the Great Famine,* dans *Population Studies,* XIV, 1 (1960), p. 65.

9. Vers le monde industriel

1. Cité par W. Armytage : *A Social History of Engineering,* 1961, p. 126.
2. Cité par R. Picard : *Le Romantisme social,* 1944, p. 2, chap. 6.
3. J. Morley : *Life of Richard Cobden,* éd. 1903, p. 108.
4. R. Baron Castro : *La población hispano-americana,* dans *Journal of World History,* V (1959-1960), pp. 339-340.
5. J. Blum : *Transportation and Industry in Austria 1815-48,* dans *Journal of Modern History,* XV (1943), p. 27.
6. Mulhall : *op. cit.,* « Post Office ».
7. Mulhall : *ibid.*
8. P. A. Khromov : *Ekonomicheskoe Razvitie Rossii v XIX-XX Vekakh,* 1959, Table 19, pp. 482-483. Mais le chiffre des ventes augmentait davantage. Voir aussi J. Blum : *Lord and Peasant in Russia,* p. 287.
9. R. E. Cameron : *op. cit.,* p. 347.
10. Cité par S. Giedion : *Mechanisation Takes Command,* 1948, p. 152.
11. R. E. Cameron : *op. cit.,* pp. 115 et suiv.
12. R. E. Cameron : *op. cit.,* p. 347; W. Hoffmann : *The Growth of Industrial Economies,* 1958, p. 71.
13. W. Hoffmann : *op. cit.,* p. 48; Mulhall : *op. cit.,* p. 377.
14. J. Purs : *The Industrial Revolution in the Czech Lands,* dans *Historica,* II (1960), pp. 199-200.
15. R. E. Cameron : *op. cit.,* p. 347; Mulhall : *op. cit.,* p. 377.
16. H. Kisch : *The Textil Industries in Silesia and the Rhineland,* dans *Journal of Economic History* (décembre 1959).
17. O. Fischel et M. V. Boehn : *Die Mode, 1818-1842,* Munich, 1924, p. 136.
18. R. E. Cameron : *op. cit.,* pp. 79, 85.
19. Pour cette discussion, cf. G. Lefebvre : *La Révolution française et les paysans,* réimprimé dans *Etudes sur la révolution française,* 1954.
20. G. Mori : *Osservazioni sul liberoscambismo dei moderati nel Risorgimento,* dans *Riv. Storic. del Socialismo,* III (1960), p. 8.
21. C. Issawi : *Egypt. since 1800,* dans *Journal of Economic History* (Mars 1961), XXI, p. 1.

10. Les carrières ouvertes au talent

1. M. Capefigue : *op. cit.,* pp. 254, 248-9.
2. A. Beauvilliers : *L'art du Cuisinier,* Paris, 1814.
3. H. Sée : *Histoire Economique de la France,* II, p. 216.
4. A. Briggs : *Middle Class Consciousness in English Politics 1780-1846,* dans *Past and Present* (9 avril 1956), p. 68.
5. Donald Read : *Press and People 1790-1850,* 1916, p. 26.
6. S. Smiles : *Life of George Stephenson,* éd. 1881, p. 183.
7. Charles Dickens : *Hard Times.*
8. Léon Faucher : *Etudes sur l'Angleterre,* I (1842), p. 322.
9. M. L. Lambert-Dansette : *Quelques familles du patronat textile de Lille-Armentières,* Lille, 1954, p. 659.

10. Oppermann : *Geschichte des Königreichs Hannover,* cité par T. Klein : *1848, Der Vorkampf,* 1914, p. 71 .

11. G. Schilfert : *Sieg und Niederlage des demokratischen Wahlrechts in der deutschen Revolution 1848-9,* 1952, pp. 404-405.

12. Mulhall : *op. cit.,* p. 259.

13. W. R. Sharp. : *The French Civil Service,* New York, 1931, pp. 15-16.

14. *The Census of Great Britain in 1851,* London, Longman, Brown, Grene and Longmans, 1854, p. 57.

15. R. Portal : *La naissance d'une bourgeoisie industrielle en Russie dans la première moitié du XIX* siècle,* dans *Bulletin de la Société d'Histoire Moderne,* Douzième série, II, (1959).

16. Vienna, *Verwaltungsarchiv,* Polizeihofstelle, H. 136/1834.

17. A. Girault et L. Milliot : *Principes de Colonisation et de Législation Coloniale,* 1938, p. 359.

18. Louis Chevalier : *Classes Laborieuses et Classes dangereuses,* III, 1958, discute l'usage du terme « barbares », à la fois par les adversaires et les amis de la classe ouvrière dans les années 1840.

19. D. Simon : *Master and Servant* dans Saville, éd. : *Democracy and the Labour Movement,* 1954.

20. P. Jaccard : *Histoire sociale du Travail,* 1960, p. 248.

21. P. Jaccard : *op. cit.,* p. 249.

11. Les masses laborieuses

1. Le tisserand Hauffe, né en 1807, cité par Alexander Schneer : *Uber die Noth der Leinen-Arbeiter in Schlelesien...,* Berlin, 1844, p. 16.

2. Le théologien P. D. Michele Augusti : *Della libertà ed eguaglianza degli uomini nell'ordine naturale e civile,* 1790 cité par A. Cherubini : *Dottrine e Metodi Assistenziali dal 1789 al 1848,* Milan 1958, p. 17.

3. E. J. Hobsbawm : *The Machine Breakers,* dans *Past and Present,* I, (1952).

4. *About some Lancashire Lands'* dans *The Leisure Hour* (1881). Je dois cette référence à Mr A. Jenkin.

5. *Die Schnapspest im ersten Drittel des Jahrhunderts, Handwörterbuch der Staatswissenschaften,* éd., 1892, art. « Trunsksucht ».

6. L. Chevalier : *Classes Laborieuses et Classes Dangereuses,* Paris, 1958, *passim.*

7. J. B. Russel : *Public Health Administration in Glasgow,* 1903, p. 3.

8. Chevalier : *op. cit.,* pp. 233-234.

9. E. Neuss : *Entstehung und Entwicklung der Klasse der besitzlosen Lohnarbeiter in Halle,* Berlin, 1958, p. 283.

10. J. Kuczynski : *Geschichte der Lage der Arbeiter,* Vol. 9, Berlin, 1960, p. 264 et suiv.; Vol. 8 1960, p. 109 et suiv.

11. R. J. Rath : *The Habsburgs and the Great Depression in Lombardo-Venetia 1814-18,* dans *Journal of Modern History,* XIII, p. 311.

12. M. C. Muehlemann : *Les prix des vivres et le mouvement de la population dans le canton de Berne 1782-1881,* dans *IV Congrès international d'Hygiène,* (1883).

13. E. J. Neumann : *Zur Lehre von den Lohngesetzen, der Jb. f. Nat. Ok.,* 3ᵉ sér., IV, 1892, p. 374 et suiv.

14. R. Scheer : *Entwicklung der Annaberger Posamentierindustrie im 19. Jahrhundert,* Leipzig, 1909, pp. 27-28, 33.

15. N. McCord : *The Anti-Corn Law League,* 1958, p. 127.

16. « Par contre, il est sûr que la situation alimentaire, à Paris, s'est détériorée peu à peu avec le XIX° siècle, sans doute jusqu'au voisinage des années 1850 ou 1860. » R. PHILIPPE dans *Annales* 16, 3, (1961), 567. Calculs analogues pour dans Londres. E. J. HOBSBAWM : *The British Standart of Living*, dans *Economic History Review*, X, I, (1957). La consommation de viande par tête d'habitant en France semble n'avoir pratiquement pas changé de 1812 à 1840 (*Congrès International d'Hygiène Paris 1878* (1880), vol. I, p. 432).

17. S. POLLARD : *A History of Labour in Sheffield*, 1960, pp. 62-63.

18. H. ASHWORTH : dans *Journal Stat. Soc.* V (1842), p. 74; E. LABROUSSE, éd. : *Aspects de la Crise ... 1846-51*, 1956, p. 107.

19. *Statistical Committee appointed by the Anti-Corn Law Conference* ... (mars 1842), p. 45.

19a. R. K. WEBB dans *English Historicol Review*, LXV (1950), p. 393 et suiv.

20. Cité par A. E. MUSSON : *The Ideology of Early Co-operation in Lancashire and Cheshire*, dans *Transactions of the Lancashire and Cheshire Antiquarian Society*, LXVIII, (1958), p. 120.

21. A. WILLIAMS : *Folksongs of the Upper Thames*, 1923, p. 105, donne une version analogue, où la conscience de classe est plutôt plus marquée.

22. A. BRIGGS : *The Language of « class »* in *early nineteenth century England*, dans *A. Briggs* and J. SAVILLE, éd. : *Essays in Labour History*, 1960; E. LABROUSSE : *Le Mouvement ouvrier et les idées sociales*, III (Cours de la Sorbonne), pp. 168-169; E. COORNAERT : *La pensée ouvrière et la conscience de classe en France 1830-48*, dans *Studi in Onore di Gino Luzzato*, III, Milan, 1950, p. 28; G. D. H. COLE : *Attemps at General Union* 1953, p. 161.

23. A. SOBOUL : *Les Sans-culottes de Paris en l'an II*, 1958, p. 660.

24. S. POLLARD : *op. cit.*, pp. 48-49.

25. TH. MUNDT : *Der dritte Stand in Deutschland und Preussen* . . . Berlin 1847, p. 4, cité par KUCZYNSKI : *Gesch.d.Lage d. Arbeiter*, 9, p. 169.

26. KARL BIEDERMANN : *Vorlesungen über Socialismus und sociale Fragen, Leipzing* 1847, cité par KUCZYNSKI : *op. cit.*, p. 71.

27. M. TYLECOTE : *The Mechanics' Institutes of Lancashire before 1851*, Manchester 1957, VIII.

28. Cité dans *Rev. Hist.*, CCXXI (1959), p. 138.

29. P. GOSDEN : *The Friendly Societies in England 1851-75*, 1961, pp. 23, 31.

30. W. E. ADAMS : *Memoirs of a Social Atom*, I, pp. 163-165, Londres, 1903.

12. IDÉOLOGIE ET RELIGION

1. Cité par *L. Dal Pane : Il socialisme e le questione sociale nella prima annata della Civiltà Caltolica*, dans *Studi in Onore di Gino Luzzato*, Milan, 1950, p. 144.

2. *Cf. le portrait du gentilhomme andalou d'Antonio Machado*, dans *Peosias Completas* (Austral. éd.), pp. 152-154 :

> Un grand païen,
> S'est fait frère
> D'une sainte confrérie, etc.

3. G. DUVEAU : *Les Instituteurs*, 1957, pp. 3-4.

3a. J. S. TRIMINGHAM : *Islam in West Africa*, Oxford, 1959, p. 30.

4. A. Ramos : *Las Culturas negras en el mundo nuevo*, Mexico, 1943, p. 277 et suiv.

5. W. F. Wertheim : *Indonesian Society in Transition*, 1956, p. 204.

6. *Census of Great Britain 1851 : Religions Worship in England and Wales*, Londres, 1854.

7. Mulhall : *Dictionary of Statistics*, art. « Religion ».

8. Mary Merryweather : *Expérience of Factory Life*, 3ᵉ éd. Londres 1862, p. 18. Se réfère aux années 1840.

9. T. Rees : *History of Protestant Non-conformity in Wales*, 1861.

10. Marx-Engels : *Werke*, Berlin 1956, I, p. 378.

11. *Briefwechsel zwischen Fr. Gentz und Adam Müller*, Gentz à Müller, 7 octobre, 1819.

12. *Ibid :* Gentz à Müller, 19 avril, 1810.

13. Idéologie laïque

1. *Archives parlementaires 1787-1860*, VII, p. 429. Texte paru dans la Déclaration des droits de l'homme et du citoyen décrétés par l'Assemblée Nationale dans les séances des 20, 21, 22, 23, 24 et 26 août 1789, acceptés par le Roy.

2. Déclaration des Droits de l'homme et du Citoyen 1798, 4ᵉ paragraphe.

3. Condorcet : *Œuvres*, éd. 1804, XVIII, p. 412, *Ce que les citoyens ont le droit d'attendre de leurs représentants*. R. R. Palmer *: The age of Democratic Revolution*, I, 1959, pp. 13-20, prétend, d'une façon assez peu convaincante, que le libéralisme était beaucoup plus « démocratique » que nous ne le suggérons ici.

4. E. Roll : *A History of Economic Thought*, éd. 1948, p. 155.

5. *Cf.* C. B. MacPherson : Edmund Burke, dans *Transactions of the Royal Society of Canada*, LIII, Sect. II, (1959), pp. 19-26.

6. Cité par J. L. Talmon : *Political Messianism*, 1960, p. 323.

7. *Rapport sur le mode d'exécution du décret du 8 ventôse, an II, Œuvres Complètes*, II, 1908, p. 248.

8. *The Book of the New Moral World*, 4ᵉ part., p. 54.

9. R. Owen : *A New View of Society: or Essays on the Principle of the Formation of the Human Character*.

10. Cité par Talmon : *op. cit.*, p. 127.

11. K. Marx : *Préface to the Critique of Political Economy.*

12. *Lettre au chevalier de Rivarol*, 1ᵉʳ juin 1791.

13. Pour sa profession de foi politique, voir Eckermann, *Gespräche mit Goethe*, 4. i. 1824.

14. Lukacs : *Der junge Hegel*, p. 409, pour Kant, *passim* et surtout II, 5, pour Hegel.

15. Lukacs : *op. cit.*, pp. 411-412.

14. Les arts

1. *Œuvres Complètes*, XIV, p. 17

2. *A Report on Byron's 'Vampire'* (1820).

3. Fragmente Vermischten Inhalts, Novalis : *Schriften*, Jena, 1923, III, pp. 45-46.

4. *The Philosophy of Fine Art.*, Londres, 1920, I, p. 106.

5. E. C. Batho : *The Later Wordsworth*, 1933, p. 227, voir aussi pp. 46-47, 197-199.

6. MATIO PRAZ : *The Romantic Agony*, Oxford, 1939.

7. L. CHEVALIER : *Classes Laborieuses et Classes dangereuses à Paris dans la première moitié du XIX⁰ siècle*, Paris, 1958.

8. Ricarda HUCH, *Die Romantik*, I, p. 70.

9. P. JOURDA : *L'Exotisme dans la littérature française depuis Chateaubriand*, 1939, p. 79.

10. VICTOR HUGO : *Œuvres Complètes*, XV, p. 2.

11. ALFRED DE MUSSET : *Œuvres complètes*, Paris 1879, IX, p. 212.

12. *Cf.* M. THIBERT : *Le rôle social de l'art d'après les saint-simoniens*, Paris, s.d.

13. P. JOURDA : *op. cit.*, pp. 55-56.

14. M. CAPEFIGUE : *Histoire des Grandes Opérations Financières*, IV pp. 252-253.

15. *Fames Nasmyth, Engineer, An Autobiography*, éd. Samuel Smiles (1897 end.), p. 177.

16. *Ibid.*, pp. 243, 246, 251.

17. E. HALÉVY : *History of the English People in the Nineteenth Century* (Paperback éd.), I, p. 509.

18. D. S. LANDES : *Vieille Banque et Banque Nouvelle*, dans *Revue d'Histoire moderne et contemporaine*, III (1956), p. 205).

19. *Cf. les disques 'Shuttle and Cage' Industrial Folk Ballads*, (10T 13), *Row, Bullies, Row* (T7) *et The Blackball Line*, (T8), Topic, Londres.

20. Cité par G. TAYLOR : *Nineteenth Century Florists and their Flowers*, dans *The Listener* (23 juin 1949). Les tisserands de Paisley étaient des « fleuristes » particulièrement enthousiastes et rigoureux, ne reconnaissant que huit fleurs comme dignes d'être cultivées de façon compétitive. Les artisans de la dentelle de Nottingham cultivaient des roses, qui n'étaient pas encore (à la différence de la rose trémière) une fleur démocratique.

21. *Select Committee on Drunkeness*, dans Parl. Papers, VIII, 1834, 1571. En 1852, 28 tavernes et 21 brasseries à Manchester (sur un total de 481 tavernes et 1 298 brasseries pour une population de 303 000 habitants dans l'agglomération donnaient de la musique. (JOHN T. BAYLEE : *Statistics and Facts in reference to the Lord's Day*, Londres, 1852, p. 20.

15. LA SCIENCE

1. Cité par S. SOLOMON, dans *Commune*, août 1939, p. 964.

2. G. C. C. GILLISPIE : *Genesis and Geology*, 1951, p. 116.

3. Cité dans *Encyclopédie de la Pléiade, Histoire de la Science*, 1957, p. 1465.

4. *Essai sur l'éducation intellectuelle avec le projet d'une Science nouvelle*, Lausanne, 1787.

5. *Cf.* GUERLAC : *Science and National Strength*, dans E. M. **Earle, éd.,** *Modern France*, 1951.

6. Cité par S. MASON : *A History of the Sciences*, 1953, p. **286.**

16. CONCLUSION

1. HANSARD, 16 févr. 1842, cité par ROBINSON et GALLAGHER : *Africa and the Victorians*, 1961, p. 2.

2. R. B. MORRIS : *Encyclopedia of American History*, 1953, pp. 515, 516.

3. P. LYASHCHENKO : *History of the Russian National Economy*, pp. 273-274.

4. J. STAMP : *British Incomes and Property,* 1920, pp. 515, 431.

5. M. L. HANSEN : *The Atlantic Migration 1607-1860,* Harvard, 1945, p. 252.

6. N. McCORD : *The Anti-Corn Law League 1838-46,* Londres, 1958, chapitre V.

7. T. KOLOKOTRONES, cité par L. S. STAVRIANOS : *Antecedents to Balkan Revolutions,* dans *Journal of Modern History,* XXIX, 1957, p. 344.

Index

Table

Imprimé en France, par l'imprimerie Hérissey à Évreux (Eure) - N° 92878
HACHETTE LITTÉRATURES - 43, quai de Grenelle - 75015 - Paris
Collection n° 25 - Édition n° 01
Dépôt légal : octobre 2002
ISBN : 2.01.279092.5